·教育家成长丛书·

周一贯
与语文教育生命观

ZHOUYIGUAN YU YUWEN JIAOYU SHENGMINGGUAN

中国教育报刊社·人民教育家研究院 组编

周一贯 著

北京师范大学出版集团
BEIJING NORMAL UNIVERSITY PUBLISHING GROUP
北京师范大学出版社

图书在版编目（CIP）数据

周一贯与语文教育生命观/周一贯著；中国教育报刊社人民教育家
研究院组编. —北京：北京师范大学出版社，2019.3
　（教育家成长丛书）
ISBN 978-7-303-24371-6

Ⅰ.①周… Ⅱ.①周… ②中… Ⅲ.①语文课－课堂教学－教学
研究－中小学 Ⅳ.①G633.302

中国版本图书馆 CIP 数据核字（2018）第 283416 号

营 销 中 心 电 话　010-58802181　58805532
北师大出版社职业教育与教师教育图书网　http://zjfs.bnup.com
电 子 信 箱　zhijiao@bnupg.com

出版发行：北京师范大学出版社　www.bnupg.com
　　　　　北京新街口外大街 19 号
　　　　　邮政编码：100875
印　　刷：大厂回族自治县正兴印务有限公司
经　　销：全国新华书店
开　　本：787 mm×1092 mm　1/16
印　　张：27.75
字　　数：450 千字
版　　次：2019 年 3 月第 1 版
印　　次：2019 年 3 月第 1 次印刷
定　　价：65.00 元

策划编辑：倪　花　　　　　　　责任编辑：郭　瑜
美术编辑：焦　丽　　　　　　　装帧设计：焦　丽
责任校对：段立超　王志远　　　责任印制：陈　涛

教育家成长丛书

编委会名单

总 顾 问：柳　斌　顾明远

顾　　　问：叶　澜　田慧生　林崇德　陈玉琨

编委会主任：杨春茂

编　　　委：（按姓氏笔画为序）

于　漪	王瑜琨	方展画	田慧生
成尚荣	任　勇	刘可钦	齐林泉
孙双金	李吉林	杨九俊	杨春茂
吴正宪	张志勇	张新洲	汪瑞林
陈雨亭	郑国民	施久铭	徐启建
唐江澎	陶继新	龚春燕	程红兵
赖配根	鲍东明	窦桂梅	魏书生

主　　　编：张新洲

副 主 编：赖配根　王瑜琨　汪瑞林

总 序

  教育是国家发展的基石，教师是基石的奠基者。古人云："国将兴，必贵师而重傅。"兴国必先强教，强教必先重师。党中央、国务院高度重视教师队伍建设。2013 年教师节，习近平总书记在给全国广大教师的慰问信中指出："百年大计，教育为本。教师是立教之本、兴教之源，承担着让每个孩子健康成长、办好人民满意教育的重任。"2014 年，在第 30 个教师节前夕，习总书记到北京师范大学视察并发表重要讲话，指出："一个人遇到好老师是人生的幸运，一个学校拥有好老师是学校的光荣，一个民族源源不断涌现出一批又一批好老师则是民族的希望。"《国家中长期教育改革和发展规划纲要（2010－2020 年）》也明确提出，"有好的教师，才有好的教育"，要"努力造就一支师德高尚、业务精湛、结构合理、充满活力的高素质专业化教师队伍"。"倡导教育家办学"，要创造有利条件，鼓励教师和校长在实践中大胆探索，创新教育思想、教育模式和教育方法，形成教学特色和办学风格，造就一批教育家。"两个一百年"奋斗目标的实现、中华民族伟大复兴中国梦的实现，归根结底靠人才、靠教育，而支撑起教育光荣梦想的，是千百万的教师。

  时代呼唤好老师。有一流的教师，才有一流的教育；有一流的教育，才有一流的国家。出名师、育英才、成伟业，是时代赋予我们教育战线的神圣使命。"所谓大学者，非谓有大楼之谓也，有大师之谓也。"好学校、好教育的最重要标准，就是要有好老师。一所学校、一个地区，乃至一个国家，如果教师有理想、有爱心、有学识、有高超的教育艺术，那么硬件设施即使有些简陋，家长、学生也会心向往之。教师是中国梦的奠基者。教师的重要使命，就是为每个孩子播种梦想、点燃梦想，并帮助他们实现梦想。每一间平凡的教室，每一节朴实的课，都不仅是知识的传递，更是人类文明精神的接续、人生梦想的起航。正是有亿万个孩子梦想的放飞、绽放，中国梦才更加光彩夺目。如果说中国梦最坚实的土壤是在学校，那么教师就是最伟大的"筑梦师"，他们用默默无闻、孜孜不倦的智慧劳动，让每一颗年轻的心灵都与中国梦激情相拥。

倡导教育家办学，造就一批好老师，首先要尊重、珍惜我们的本土智慧、本土创造。教育家不是凭空产生的，而是扎根于自己的民族文化土壤，同时吸收一切人类文明成果，从而创造出独特而生动的教育实践、教育智慧和教育文明。五千年源远流长的中华文明，不但形成了有我们民族特色的教育理论话语体系，而且涌现出了千千万万优秀的教育家，有被推崇为"大成至圣先师""万世师表"的孔子，有"匹夫而为百世师，一言而为天下法"的韩愈，有"捧着一颗心来，不带半根草去"的人民教育家陶行知，等等。改革开放40年来，随着教育改革的不断深入，教育战线涌现出了一大批杰出教师。他们痴情于教育事业，坚守理想信念和教育良知，在三尺讲台上默默耕耘、刻苦钻研，同时以敢为天下先的精神大胆创新，不断进取、不断超越，形成了各具特色的教育思想和教学风格。正是他们的成功探索和实践，创造了具有中国风格的教育经验，丰富了具有中国特色的教育理论宝库。原由教育部师范教育司组织编写，现由中国教育报刊社人民教育家研究院具体组织编写的"教育家成长丛书"，就是要向这些宝贵的本土创造性的教育经验致敬。

当前，教育领域综合改革正在深入推进，考试招生制度改革的大幕已经拉开，立德树人、培育和践行社会主义核心价值观成为大中小学教育的头等任务。可以预见，中国教育将发生深刻的变革，将从"中国制造"向"中国创造"转变。"没有革命的理论，就没有革命的运动。"没有适合中国土壤、具有中国智慧的教育理论，就不可能为未来的中国教育改革提供有效的指导。我们的教育要向"中国创造"飞跃，

必然要首先创造属于我们自己的教育理论，而不是"言必称希腊"或者老是贩卖欧美的教育理论。170 多年前，美国思想家、诗人爱默生发表了著名演说《美国学者》，号召美国知识界："我们依赖旁人的日子，我们师从他国的长期学徒期时代即将结束。在我们周围，有成百上千万的青年正在走向生活，他们不能老是依赖外国学识的残余来获得营养。"由此，美国迈入精神立国阶段。

如今，我们也面临与爱默生同样的情形。随着我国 GDP 已从世界第二向第一迈进，我们的经济崛起已成为事实，但在道德文明、文化精神等方面，我们还需奋起直追。没有文明的崛起，经济崛起就难以持续。当务之急，是我们需要化解内心深处的文化自卑情结，摆脱对他国文明的精神依附，自觉养成强烈的"中国意识"，独立的中国文化品格，并由此去俯视世界，去改造本土实践，去创造属于我们自己的精神养料——这在教育界显得尤为紧迫。"教育家成长丛书"，旨在把我们本土教育实践中蕴含的中国智慧提炼出来，从而形成具有时代意义的中国特色的教育话语体系，再以此去观照、引领、改造中国的教育实践，为伟大的教育改革提供经验、理论支持，也为未来的教育家提供丰富、可资借鉴的精神养料。

让我们为中国教育的伟大未来一起努力吧！

2018 年 3 月 9 日

前 言

　　见证着中国基础教育半个世纪的春华秋实，代表着中国基础教育教学成果的最高成就——"首届基础教育国家级教学成果奖"，闪耀着李吉林、窦桂梅、吴正宪、张思明、洪宗礼、唐江澎、邱学华、于永正、孙双金、薄俊生、龚春燕等一大批优秀教师的名字。而上述这些杰出代表恰恰都是《人民教育》"名师人生"栏目中最受读者喜爱的名师，都是"教育家成长丛书"的作者。

　　"教育家成长丛书"（以下简称"丛书"），是在第 20 个教师节前夕，为了研究、总结、宣传和推广我国众多优秀中小学教师的先进教育思想和鲜活的宝贵的教育教学经验，培养造就一大批德才兼备的优秀教师和杰出的教育家，促进教师队伍整体素质的提高，根据教育部党组安排，由师范教育司组织编写的一套凝聚着一大批教育家成长智慧的大型教育丛书。

　　"丛书"自 2006 年问世以来，不但得到国务院和教育部领导同志的高度重视，而且先后印刷多次尚不能满足广大读者的需求。这其中的奥秘何在？

　　当你翻开"丛书"，每一部著作都讲述着一位教育家成长的故事。这些著作主要从"成长历程""思想概述""课堂实录"和"社会反响"等方面全景式反映其教育思想、教育智慧、专业精神和专业人格的形成过程与教学实践过程。这是教育家成长的基本素质所在。

　　当你沿着教育家成长的足迹走近他们的时候，你会融进这些带有"草根色彩"，扎根中华教育实践大地，充满田野芳香的真实感人的教育故事中。

当你从"丛书"中，从这些当年和自己一样的普通教师，成长为今天受人尊敬的教育家的成长过程中受到启迪，当你触摸着自己的心，把学生的成长和祖国的未来紧紧连在一起的时候，你会真切地感受到教育家离我们并不遥远。

当你用整个身心蘸着自己的生活积累去品味"丛书"中的每一部著作的"成长历程"时，在一位位名师不断学习、不断超越自我、不断超越学科教学的求索足迹中，你会读懂"教育是事业，其意义在于奉献"的丰富内涵。

当你研读"丛书"中的每一部著作的"思想概述"，和每一位名师展开心灵对话的时候，都会深深地感受到，一名教师对教育独立的理解与执着的追求有多么重要。从一名普通的教师成长为受人尊敬的教育家的过程中，你会读懂"教育是科学，其价值在于求真"的深刻含义。透过"丛书"，你会看到一代代教师用爱与智慧塑造民族未来的教育理想。

随着我们从"知识核心时代"走向"核心素养时代"，教师教育教学活动的视野已拓展到人的生存与发展的方方面面。教师要结合自己的教学实践去感悟"教育理念是指导教育行为的思想观念和精神追求"，应该把爱化为自己的教育行为，让爱充盈课堂，触摸到一个个灵动的生命，让爱产生智慧，让爱与智慧在学生心中留下岁月抹不去的美好回忆，让教育者和受教育者都感受到教育的幸福。这是"丛书"给我们的启示，也是每位教师应有的胸怀和视野。

时代呼唤教育家。为了进一步把我们本土教育实践中蕴含的中国智慧提炼出来，从而形成具有时代意义的中国特色的教育话语体系，以此去观照、引领、创新中国的教育实践并在更大范围加以推广，"丛书"将由中国教育报刊社人民教育家研究院继续组织编写，希望能够在更广大教师的心田中播种教育家成长的智慧，从而出更多的名师，育更多的英才，成就中华民族复兴的伟业。这是时代赋予广大教育工作者的神圣使命。如果广大教师能在每位教育家成长、探索教育智慧的过程中受到启迪，形成自己的教育智慧，则实现了我们编辑这套"丛书"的初衷。

"教育家成长丛书"
编委会
2018 年 3 月

语文教育：应当用生命从事的专业

自序

　　研究、实践语文教育的领域，一直来都是理念迭出、流派纷呈。以"××语文"命名的著述简直数不胜数。这没有什么不好，它足以引发我们对语文学科独特性的思考。

　　语文教育是母语教育，事关民族、国家的命脉沿递、文化传承。它站立于精神高地，传唱着心灵之声，在学科群里自有其不同凡响的独特地位。这种独特性就在于它与生命同在，是人类得以生存的家园。

　　语文教育，是需要用生命从事的专业。

　　这首先是因为人类生命就存活在语文中间。无论是帕斯卡所认为的"人是思想的芦苇"，还是卡西尔的"人是符号的动物"，兰德曼的"人作为文化的产物"等，都表明了与语文的紧密联系。论"思想"，语言是思想的外表；论"符号"，语文是最重要的人类符号系统；论"文化"，语文又是离不开的文化"载体"。可以这么说，人所具有的生理特征、思维特征、社会特征和文化特征都和语文息息相关。人类的生理特征区别于其他动物的是有着一个特别发达的大脑，这在一定程度上正是因为使用了语言而对大脑代代改造所带来的成果。语言是思维开展的工具，也是思维存在的外衣。正是因为有了思维活动，才使人类可以雄踞"万物之灵"的宝座；也正是因为有了思维活动，人类才拥有了丰富的社会生活和延绵不断的文化传承。所以，语文的本质意义，不仅只是字、词、句、篇，而是人类生命的表达与交流，心灵的存在与呈现。语文教育若缺失了这样的生命观，也就丢弃了语文教育的灵魂。

　　另外，我们必须具体思考"语文教育"是什么。若论"语文教育是什么"，首先必须清楚"教育是什么"。这当然可以从不同角度予以定义，而我一直认为教育应当是关爱生命、开发生命的事业。教育当始发于新一代生命成长的原生需要，充满了对受教育者生命抚育的关爱之情。教育又同时需要通过人的生命（学生、教师和一切教育工作者）的倾情投入、积极互动，方能予以实现。而语文这门作为母语的课程，不仅承担着精神的影响、文化之沿递，而且还是学习其他学科知识的基础。如果不是用生命的倾情投入去从事，又如何完成如此艰巨的重要使命。

语文教育需要用生命去行动，就意味着值得用一辈子去奉献。

我从 15 岁（1950 年）参军入伍当文化教员（扫盲）开始，就有幸开始了语文教育的人生之旅。三年后因病转业地方，在农村小学当教师，一直到 1996 年退休。除最后十年在县教研室从事语文教育研究工作外，在课堂上教语文就有 30 多年。退休之后，接受教师进修学校聘请办市县名师研修班，又应多所学校相请出任顾问，直至当下。这又从事了 20 多年的语文教育。这样加起来就有了 67 年的语文教育生涯。这 67 年不要说我无法弄清执教过多少堂课，听评过多少堂课，曾经带过多少中青年教师，仅就在省级以上报刊发表过的语文教育研究文章就达 4000 余篇，如今还以每月不少于两篇的研究文章见刊。出版的语文教育专著和教学用书 176 本，总字数达 4000 余万。每当听到教师们感叹我的研究成果之丰时，我真的觉得不奇怪。因为这全赖一生的积累。"一个人，一辈子，做好一件事。勤奋做人，低调处世，吾道一以贯之"是我的座右铭。为语文教育事业毕生守望，这与是不是退休无关。退休给我以更开阔的空间：或耕耘桃李，以老马识途的体验，启迪培养一批又一批的年轻教师，为语文教育事业输送青春生命的血液；或文海泛舟，以 67 年的积淀，梳理一篇又一篇的论作，展示生命语文的独有才情，去驾驭风帆，驶达"语文生命观"的理想彼岸。

我是一个凡夫俗子，67 年来基本上耕耘在农村教育这方绿色的田野上。这在一些人的眼里看来，可能相当土俗，但这不影响我一辈子对语文生命观的探索和追求。我要求不高，但可以立上等志、结中等缘、享下等福，余愿已足；所幸还可以择高处看、就平处坐、在低处行，又夫复何求？

感恩时代！感恩语文！感恩生命！

周一贯

2017 年盛夏于越中容膝斋

目 录
CONTENTS
周一贯与语文教育生命观

[我的成长之路与教育观]

一、在我的人生历练中感悟语文生命 ·················· 3

二、语文人生滋育了我的语文教育生命观 ·················· 9

[我的生命语文与教学观]

一、识、书汉字：生命在启蒙中开智 ·················· 39

二、生命在"听""读"的养分吸纳中成长 ·················· 67

三、"说"与"写"是无法封闭的生命表达和交流 ·················· 97

四、从习练到运用：人类生命的语文行旅 ·················· 135

五、激励师生生命活力的语文课堂 ·················· 174

[我的生命语文专业发展观]

一、教师专业修炼——语文教师的养护与开发 ·················· 201

二、从"一分为二"到"一分为三"的语文生命哲学 ·················· 225

[社会评说]

一、专家评论："师道一贯"的语文人生 …………………… 265

二、同人奖勉：语文情怀源自对生命价值的追求 …………… 315

[附　录]

一、为中青年名师出版的专著作"序"60篇（序目）　……… 375

二、在省级以上教育报刊发表语文教育研究文章

　　（主要篇目）　………………………………………… 378

三、正式出版的教育专著及教学用书主要书目 ……………… 417

四、"步行道上"（"语文人生"的年表摘要）………………… 420

我的成长之路与教育观

一、在我的人生历练中感悟语文生命

教育是什么？陆续读到过许多种诠释，而我认为教育应当是开发生命的事业。而"语文"这门课程更与生命的成长、精神的建设，有着密切的关系。这不仅是因为语文教育是生命发展的原始需要，直面着对受教育者生命发展的关爱，还需要通过人的生命（学生、教师和一切教育工作者）的倾情投入、积极互动来实现，而最终又是为了人的生命质量的提升。这是以人为本的社会中最能体现生命开发的一项伟大工程。正是语文教育才使一个个鲜活的、充满绿意的生命，在全面、全程、全向的活动中，使人的生命四重构（自然生命、精神生命、价值生命、智慧生命）得到最和谐的开发，教育是如此，作为母语教育的语文就更是如此。

"教育者首先受教育"，承担"开发生命"重任的教师其为师之道，自然首先是生命的自我开发。时光如水，"子在川上曰：逝者如斯夫"，不经意间，我的生命之旅追逐语文教育事业已达67年。67年的路途既有风呼雨随，也有丽日蓝天，然而不管怎样，我一路走来却从不后悔。

生命可贵，因为她具有价值。看今日世界的花团锦簇，享有了高度现代文明，不正是人类生命世世代代苦心经营所产生的价值积淀！生命可贵，还因为她是"唯一"的，这就注定每个人的生命都有其独特性。独特生命的价值，有赖于每个独特个体的自我开发，自我感悟！那么在我的人生历练中，又是如何感悟语文生命的存在与成长的？

（一）寻找生命的亮点

生命各不相同，遭遇殊异：有的一帆风顺，有的命途坎坷；有的先甘后苦，有的苦尽甘来……

中华人民共和国成立不久，1950年3月，13岁的我以初中一年级学生的身份加入了解放军。因为有初中半年的文化水平，居然还在部队当上了"文化教员"，为战士"扫盲"。也就在这时候，我用积蓄了好几个月的津贴费，买了一本字典。也因为我不认识的字太多了。这也是我一生中买的第一本书。也许是那些朴实憨厚的战士对文化的特别热情感染了我，使我对循循善诱、开启心智的教师职业，萌发了向往之心。缘分让我和"教育"走到一起，转业后我毫不犹豫地向地方政府提出了要当农村语文教师的要求。后来我又有机会离职轮训，在两年制初级师范学校学习。这便成了我的最高学历，从此，我与上学再也无缘。

在部队当文化教员，
进入语文教育领域

然而，在弱势的生命中，往往会蕴含着强势的血脉。初师（相当于现在的初中）两年的学历是"穷"，但"穷则思变"；农村教师的生涯是"土"，却"土能生勤"。农村小学教师一样可以有自己的生命风采。这便是我生命的亮点。我醉心于语文教学。正是自感于知识的贫乏和教学的需要，便在公私兼有的动机驱赶下，硬啃了《中国文学史》等自认为是大学课程的十余门学科。在初师轮训期间，以全部寒暑假留校为代价，在一位青年政治老师的指导下，系统地自学了四部哲学著作《辩证唯物主义》《历史唯物主义》《政治经济学》《联共（布）党史简明教程》。我很庆幸自己歪打正着，较早地选准了自学方向。今天看来我对生命的开发，是作了一个正确的、从实际出发的"成本预算"的。然而，时代的恩赐总是带着一丝苦涩；没有进校深造的机遇固然促进了我对自学的浓厚兴趣，而刻苦自学、潜心教学的爱好又给我带来厄运。在极"左"思潮的影响下，"业务挂帅""白专道路""智育第一"的种种罪名就像噩梦一样伴随着我。那种境况，不仅有生理上的重压，更有心理上的超载。但冰心说得好，"在快乐中我们要感谢生命，在痛苦中我们也要感谢生命"。"石压笋斜出，悬崖花倒生"，在艰难困苦中我逐渐有了长进，开始为县内外执教公开课，写写小文章，"知名度"也与日俱增。在朦胧中我似乎享受到了在家长、学生、同行的心目中一个名教师的风采。

韩愈曰："夫大木为杗，细木为桷。"人亦如木，各有所用。西方的谚语说："上帝给你关上一扇门，就会给你开一扇窗"。每个生命的境况不会一样，没有什么可比性，重要的是找到自己的亮点。我毕生在农村小学从事语文教学的实践和研究，虽不免有些孤陋寡闻，但深感乐在其中。也许动荡的时代会是成功的土壤，底层的历

练正是高处的风光。假若怨天尤人，或心灰意冷，只会给心灵平添负荷，而耽搁了"走自己的路"。

（二）"生吞活剥"，为了降低生命的"成本"

由于生命的特殊性，先天不足和后天失调，我已不可能成为学养丰足而又思维敏锐，重大成果迭出的"英才"，便想努力成为学历低、基础知识薄弱，但能够在夹缝中图发展，在扬长避短中出成果的"鬼才"。"鬼才"的优势在于纵向深入，为应用而学习，针针都见血；横向猎取，生吞活剥，船小掉头快，可以努力降低生命"成本"。在科学发展已进入到互相交叉、互相渗透的今天，要学的东西实在太多了，我根本无法样样精通。因此，我决心不给自己画地为牢，而是以语文学科的任务为中心，向邻近学科领域作全方位的思维辐射，找到许多研究的空白点，去种植思想、种植智慧，让它结出累累果实。从事小学语文教学实践研究 67 年，虽说不上有多少真知灼见，但在上下求索上却舍得下"笨功夫"。这之后，尽管工作屡有变动，调到了乡中心小学、区中心小学，工作职务也不断更换，当教师、当教导主任、当少先队总辅导员、当校长……但对于语文教学却还是一往情深，在任何情况下，都舍不得丢下语文课本。在担任区中心小学副校长，分管全区中小学教学的情况下，我还硬是兼教了一门初中语文。可以说，我半个世纪以来一直在探讨农村中小学语文教育改革的"路在何方"。为了语文教育，我不仅学习系统论、控制论、信息论等新兴学科理论，而且，广泛涉猎与语文教学邻近的学科，如符号学、社会学、民族学、效率学、文化学、生态学，乃至模糊理论、全息原理、信息缩微技术、笔迹研究等，以期拓宽语文教学研究的思维视野和理论空间，及时抓住教学研究前沿的新课题。我的 1400 余篇研究文章在省级以上报刊发表，其中有不少是杂学旁搜，为语文教学所用取得的研究成果。我也知道"生吞活剥"自然比不上"入学深造""熟读成诵"，然而生命有限，机遇不再，像我这样起点低、起步晚、路又不顺的凡夫俗子，是不能不计算一下生命"成本"的，也只好在夹缝中曲折前进了。

（三）惜时，让生命增值

"濯足长流，抽足再入，已非前水。"时间如斯，去而不再。因而善于利用小闲而成大事，实乃人生开发生命的艺术。

不少人惊异于我怎么会有那么多时间。他们问我：摞起来有两米高的手稿，1400 来篇公开发表的研究文章，167 册正式出版的教学著述，3000 万字，别说写，光誊抄一遍得用多少时间？然而时间的奇特，就在于珍惜，它可以一以当十；轻视它便会十以当一。只要在懂得"时间可贵"的人手里，时间便能增值。

立体地利用时间，几乎已成为我的习惯。20 世纪 50 年代，我执教的村校离中心小学有 1 小时的步行路程，名目繁多的政治学习、会议，常要去中心校集中，光来回就要步行两小时。为了不浪费这步行的时间，走在乡间的小路上，我便以背《中国文学》中的诗文为乐，书本随带，以备背不下去时瞧上一眼。就这样，一个来回常常可以背诵三五篇诗文，可谓收获颇丰了。

"行动着的人最接近上帝。"学习、研究、工作密切结合，相互促进是最佳策略。我的许多研究成果，都应执教语文课，当分管教学的副校长，当语文教研员、带教名优教师研修班等工作的需要而自然形成的。这也是对时间的立体利用。如我每年在各地要做很多讲座，在这方面我总是有求必应。对方出题，我就按题准备并讲授，而且要求自己不带讲稿。因为这样会十分有益于磨砺思维的敏锐性，也十分有益于在感受现场气氛中激发灵感。一场讲座下来，我能屡屡获得思维的闪光和智慧的火花，往往两三篇文稿的构思便已在其中了。

1984 年，我调任县教研室副主任，我的研究天地更为开阔。为了了解全县小学教育现状，我参与实验、指导教研、听课剖析、讲座辅导、交流信息、检查教学，对获得的材料做去粗取精、去伪存真的整理，然后运用系统原理，制定了适合农村县情的以教研为中心的教学整体优化方案。这期间一家我任兼职编辑达 6 年的省城教学刊物要调我去编辑部，之后省义务教育教材编委会又要调我去省城专职编小学语文教材，但都因农村教育需要而没有成行。也许，在大城市的工作环境我会另有发展，但我感恩于农村教育，因为正是农村的朴实和偏僻，使我能低调地沉潜其中，为我的生命开发赢得了许多宝贵的时间。

（四）"信息吞吐"是生命力的呼吸

我们面对互联网时代信息社会的挑战。信息量已成为一种战略资源，对于任何一个实体乃至一个国家来说，信息的吞吐量、流动率和利用率，都是其强弱的重要标志。开发生命，自然也离不开这一点。我信奉实践研究，乐于在实践中获取信息，在梳理信息中研究问题，成了我的成功招数。我深感生命若没有吞吐信息的"呼吸"，智慧的源泉就会再也流淌不出那种充满了灵性的生命意绪。我得益于水滴石穿、绳锯木断的毅力，十年如一日营造的"人——资（资料）系统个人信息库"。在电脑尚不盛行的年代，我的极具个性色彩的"信息库"分"内储系统"与"外储系统"两部分。内储系统主要是各种笔记和卡片、剪报和书刊。我十分喜欢做卡片，其分类灵动、查阅方便，无论是讲课、著述，都特别得心应手。"外储系统"是虽不属于个人所拥有，但可借阅的资料，这也要略知大概，以便有的放矢。"内储"我力求熟悉，寻找方便；"外储"则力争广泛，渠道畅通。我出版的 167 本著作，发表的 1400 多篇研究文章，大多受益于本人收集的教学信息的综合研究。特别是我在杭州大学出版社出版的《小学语文教学改革研究概观》，在教育科学出版社出版的《小学语文尝试教学设计》，在陕西人民出版社出版的《小学语文优课精彩片段评点》等专著，都是对收集的教学信息综合研究后形成的。这些纵横捭阖、凝聚心血的治学成果，无疑是我发掘生命的重要收获，而生命正因为呼吸着信息才充满了活力！

（五）坚守生命课堂的主流价值观

我的生命成长、发展之旅，离不开课堂这一方绿洲。语文课堂的母语教育，使课堂更具有关爱学生生命发展的要求。正是在关爱学生生命发展的课堂上，在实现学生生命发展的同时我才感觉到自己旺盛生命力的跃动。因此，坚守生命课堂的主流价值——全体学生的学习与发展，一直是我的语文教学实践和研究重点。

始于世纪之交的中国课程改革，正处在自上而下全方位推进的关键阶段。无可否认，新课改的新理念、新思路、新内容、新方法确实激活了课堂，也优化了课堂。但改革并不是一帆风顺的，在解决了一些旧问题的同时，也导致了一些新问题的出现。当下，我们过多地关注了课堂上出新的理念、出色的亮点、出彩的课件、出类拔萃的资源开发和出众的教师才艺，却漠视了课堂的主流价值——学生的学习和发展。尽管新课改的主题是课程应致力于学生整体素质的形成与发展，但在课堂教学实践层面上，学生的学情并没有得到关注。自主学习消解于教师过多的分析与讲解中；必要的训练也因其不够出彩而遭遇丢弃；课堂上少数学生热热闹闹撑场面，多数学生默默"陪读"等现象并不鲜见。可以说，课堂正在从"以生为本"转向"以美为求"，"生本课堂"也正在被异化为形式化的"唯美课堂"，课堂教学的主流价值正在被遮蔽和消解。

课堂教学主流价值观遭遇的挑战，大多来自形形色色的竞赛课、评优课、观摩课、示范课等公开教学的课堂。当然，应该肯定的是，这些公开课确实比较充分地体现出了老师精湛的教学技艺之发挥、独到的驾驭教材之功力、出色地调控课堂之机警及巧妙的教学方法之运用，也确实给广大听课教师作了可贵的引领。但是，如此众多的公开课也无可避免地传播了一些不利于课改的负面信息。公开教学的"非常态"，以及个别教师的急功近利，使得有些教师过多地追求课堂教学形式上的华美和轰动效应，甚至不惜作秀、造假。他们已经淡忘了课堂应当是学生学习、发展的绿洲，而不是教师表演的舞台这一基本定则，也违背了教师是在为学生上课，而不是为评委和听课老师上课这一基本方向。

正因为公开教学对我们的日常课堂起到巨大的引领作用，所以其负面影响也同样不可小觑。当然，课堂需要出新的理念、出色的亮点、出彩的课件，也需要出类拔萃的资源开发和出众的教师才艺，但所有这些都应当为"学生的学习和发展"这一主流价值服务。如果说学生的学习和发展是"1"，那么这些就都是"0"，只有在有益于"学生学习和发展"这个"1"的前提下，其余的"0"才能具有存在的价值。应当说，课堂教学是不可缺失"术"的，但更重要的是要有"道"。我们应当以"术"养"道"，切不可因"术"废"道"。"为了一切学生的学习和发展"便是"道"，这是课堂教学中的"师魂"，如果"魂"丢了，那么，"术"又何为呢？所以，我们必须坚守课堂教学的主流价值观。这是语文教育的生命所在。

（六）事业与生命相伴

智者说：在生命的旅途上，目的地并不重要，重要的是与什么相伴。我的回答：与生命相伴的是事业，即关系到国家荣辱、民族兴衰的教育事业。退休以后的 21

年，因为有了更加开阔的空间，我的生命与事业同行的步子也迈得更大了：或文海泛舟，以生命独有的审美个性驾驭风帆，驶达曾经魂牵梦绕的一个又一个理想港湾；或耕耘桃李，以老马识途的体验启迪一批又一批的后学青年。每本三四十万字的《语文教学优课论》《阅读课堂教学设计论》《新概念作文研究》《研究性阅读教学探索》《儿童作文教学论》《语文教学案例论》等接连问世，在 7 所学校任顾问，穿行于城市、农村间，或指导教改实验，或探讨办学方略，或带教青年教师……21 年来，我在各地带导"语文名优教师专修班"，专修期限不少于 3 年，而结业的学员就有 300 名左右。我认定只要生命存在，对生命的开发便没有完结。

对生命历程的回忆是"夕阳余晖下的醇美享受"，也使我更深刻地体悟到语文教育的生命性，希望青年教师从我这里引起一些思索：生命与事业同行，生命因为有了事业的追求而得到开发、光彩倍增；事业则因为有生命的投入而有了热情流淌的血液，永不衰竭的激情，风暴与欢乐时时交替的敏感心灵。何况语文教育本身又是塑造人的生命家园的事业。有了生命并与关爱生命的事业同行，这条路便会风雨无阻，光耀七彩。于是，美与和谐才得以展示生命与自然的全部骄傲。这是事业的彩虹，也是生命的乐章！

二、语文人生滋育了我的语文教育生命观

语文是人类的家园，

我们活在语文中间。

人所具有的生理特征、社会特征、文化特征和思维特征，

让它可以高踞宝座，成为"万物之灵"。

而语文，是文化的载体，思维的工具，

决定了它必然是生命的表达与交流，心灵的存在与表现！

语文绝非一般学科，正缘于与生命之亲，

我们又岂能忽视了探索语文教育的生命观。

（一）普识意义上的生命教育

生命教育是教育最崇高的境界。因为教育作为人类社会特有的一种行为，其本质就是对生命发展的关爱。雅斯贝尔斯（K.Jaspers）认为：教育，是人对人的主体间的灵肉交流活动，包括知识内容的传授、生命内涵的领悟、意志行为的规范，并通过文化传递的功能，将文化遗产教给年青一代，使他们自由地生成，并启动其自由天性。确实，教育是人类生命之间充满了爱意的活动。就学校教育而言，一般来说，教育双方一方是成熟的、有丰富经验的生命，另一方是正在成长、需要发展的生命，这就决定了教育的过程充满了生命与生命之间浓浓的爱意与深深的柔情。从教育的生命内蕴，我们不难感受到人类生命的一些不容忽视的基本特征。

与杨澜、窦桂梅、王崧舟一起交流"生命教育"话题

1. 人类生命的"两重性"特点

在汉语词汇里，我们会意识到有这样一种现象：用人的肉体器官的名称来隐喻一种人类的精神生活。

首脑：代指国家、政府的领导人。　　头目：代指一个集团中的领导者。

骨架：代指文章或讲稿的框架、提纲。　　骨干：代指一个组织中的主要人物。

骨头：代指品质、气概、精神。　　骨肉：代指亲人。

面目：代指人或事的景象、状态。　　　　耳目：代指替人刺探消息的人。

眉目：代指事情的头绪。　　　　　　　　眉睫：代指相距很近，就在眼前。

鼻祖：代指创始人。　　　　　　　　　　嘴脸：代指人的本质的暴露。

唇齿：代指关系亲近，有着共同利益的双方。唇舌：代指言语。

喉舌：代指新闻宣传机构或代言人。　　　手足：代指亲兄弟的代称。

手脚：代指背地里采取的行动。　　　　　手腕：代指交际处事待人的本领。

手头：代指当下的个人经济状况。　　　　心目：代指想法和看法。

心脏：代指中心或要害部分。　　　　　　心肠：代指想法、用意、盘算。

心腹：代指亲信。　　　　　　　　　　　心肝：代指最宝贝、最心爱的人。

肝胆：代指真诚、忠实的心。　　　　　　肺腑：代指内心。

胃口：代指食量、兴趣。　　　　　　　　辫子：代指把柄。

毫毛：代指极小的数量。　　　　　　　　拳头：代指武力。

口舌：代指说话、言辞。　　　　　　　　……

　　分析这些词语很有意思。前面的词，所指分明是人的肉体生命的各类器官，但在某些场合使用这些词所隐喻的却是人的精神领域里的各类现象。这种语言状态恰恰客观地反映了人类生命所具有的两重性：不仅有一个自然状态的、生理的肉体生命，还有一个社会状态的、心理的精神生命。这就决定了人的生命与一般动物的生命有着根本的区别。一般动物只有一个生理的血肉之躯，按生命的本能反应存活着，它们没有思想、没有精神生活。而作为人，也只有人创造了一系列的符号（语言）来思维、表达、交流、沟通、协同。唯有如此，人类才能以人的生命既具自然性，又具心理性和社会性，而且使三者融和统一而成为万物之灵长，在地球这颗具有众多生命的星球上可以独占风光。天地之间，以人为贵。生命也就一直被人类自己作为美的对象来研究、认识和表现。生命的物态——人体，以其最高妙、最完美的造化，创造了更为丰富的精神世界：热情、智慧，独立、协作，勤劳、创造，和谐、典雅，快乐、幸福，成为人类自身取之不尽的宝藏。而语文在这两者的同舟共济中发挥着无可替代的重要作用。人类生命的这种两重性，难道我们就不能从一个言语的细小处——那些以肉体小小器官之名来隐喻精神世界的博大精深中——得到丰富的启示吗？

2. 人类生命的"一次性"特点

人类生命之所以珍贵，不仅是因为它有"两重性"，更在于它还是"一次性"的。人生一经起步便没有重来。你过了10岁，就不会有第二个10岁；你经历了50岁，也就永远失去了50岁。生命的旅途没有"回程票"，正说明了逝去的值得珍惜，当下的要懂得把握，对未来的更要做好准备。须知每一个生命都没有可以"打草稿"的回旋余地的。

其实，这一次性的生命，诞生是绝对的出于偶然，无非是两个生殖细胞不经意间的结合；而逝去都会是充满了悲壮的时刻，为一生画上一个句号，应该都显得充实而完美。一般地说，"年事已高"不太受欢迎的原因可能是"老"之后便是"老了"（"死"的讳称）。生命异常珍贵，每个人都只有一次，"死"意味着生命的结束，自然不是好事。但再思之后，你就不难发现生命之可贵就是因为它有生死循环的自然规律。如果没有消亡，也就不会有新生，生命也就谈不上珍贵了。泰戈尔说过"生如夏花之绚烂，死如秋叶之静美"。已过世的启功先生不仅是著名的书法家，而且是学养了得的国学大师。他虽在60多岁时患中风，虽左侧轻瘫，但一直很乐观。66岁时还自撰了"墓志铭"："中学生，副教授，博不精，专不透。名不扬，实不够。高不成，低不就。瘫趋左，派曾右。面微圆，皮欠厚。妻已亡，并无后。丧犹新，病照旧。六十六，非不寿。八宝山，渐相凑。计平生，谥曰陋。身与名，一齐臭。"启功先生面对死亡的乐观回应，回顾一生的幽默自嘲，在活得如此洒脱的背后正是他一生的勤奋持学，足以为人楷模。无独有偶，一位叫蒙田的外国人也主张"对死亡的熟思就是对自由的熟思"。他在《探究哲理就是学习死亡》一文中说："我经历了生命的青苗、开花、结果，现在面临生命的干涸，这很好，因为这顺乎自然。我心平气和地忍受着病痛，因为它们来的是时候，也因为它们使我回忆起逝去的、长长的、无限幸福的生活。"而这种生的幸福就在于人生价值的自我体现。活得充实，实现了自我目标，就不会害怕生命的结束。就如著名作家巴金所言："要交出生命是很容易的事情，但是困难却在如何使这生命像落红一样化为春泥，还可以培育花树，使来春再开出灿烂的花朵。"

3. 人类生命的"唯一性"特点

生活在地球上的人类生命虽有几十亿，但每一个生命都是独一无二的。他就是一个唯一的型号，如果没有了他，在这个星球上的就会失去一种型号。这就决定了

每个人存在的可贵，无论他有这样的疾患或那样的缺陷，都不会影响他存在的价值。因为貌若平凡的他，与卓有成就的你都一样体现着"唯一"，都享有平等的尊贵。

人类生命的"唯一性"，不只是源于他们的先天基因各不相同，也缘于后天的发展各有殊异。外科医生阿费烈德在解剖尸体时竟发现了一个十分奇怪的现象：那些患病器官并不如人们以为的特别衰弱，如当他从死者体内取出那只患病的肾时，竟发现那只肾要比正常的大。在多年的医学解剖过程中，他不断地发现包括心脏、肺等几乎都存在类似的情况。原来这些患病的器官在与疾病的抗争过程中，为了抵御病变，往往要代偿性地比正常的器官更强，以准备在一只器官死亡后，由另一只器官来承担起全部的责任。这就如盲人，视觉没有了，但他的听觉、触觉、嗅觉就会比一般人发展得更灵敏；失去双臂的人，其平衡感会更强，双脚更灵巧。所以，人的后天发展，其能量很大。一个人的缺陷有时候就是上苍给他的成功信息；一个人的弱点说不定正是他取得成功的支点。这就说明，生命的后天发展不可限量，当然就会更加凸显生命的各不相同而成为"唯一"。

阿费烈德将这种现象称为"跨栏定律"，一个人跨得有多高、有多远，与栏的高度、个数有着密切的关系。以此来想象一个人的成就大小也往往取决于他所遇到的困难程度，以及在克服困难过程中所获得的人格发展和智慧成长。

人类生命的唯一性，决定了关爱生命发展的教育，必须是多样的。《国家中长期教育发展规划纲要（2010—2020年)》提出：要遵循教育规律和学生的身心发展规律，为每一个学生提供适合的教育。正是基于学生生命的唯一性的认知。所以，我们不能用一种方法去教育100个孩子，而应当用100种方法去教育一个孩子，方能找到对具有生命"唯一性"的孩子最适合的那种教育。因为教育是关爱生命发展的事业，我们当然就要义无反顾地"让每一朵花儿都开放，让每一只鸟儿都歌唱"。

4. 人类生命的"独立性"特点

人类生命不仅有"两重性""一次性""唯一性"的特点，更有其"独立性"。

人的生命的尊贵，正在于它是独立的。唯其独立，才享有了自由；唯其独立，才有可能强大；唯其独立，才拥有了创造。所以，独立性也是现代化人格的基本特征，更是面向未来的人的核心素养之基石。

日本电影《狐狸的故事》曾感动过许多人。说的是一个严寒的冬天，狐狸富来普和莱拉真诚地相爱了。莱拉生了5只小狐狸，它们在海边的沙丘上建立起了一个愉快、幸福的家庭。为了让孩子们能快快成长，父母日夜奔忙寻找食物喂养小狐狸。后来不幸的事接连发生，最小的狐狸双目失明；梅雨季节食物不足，使富来普和莱拉冒险去村里偷鸡，莱拉不幸被夹子夹断了脚，又因为受到了感染而死去。富来普担负起了抚养孩子的重任。当孩子们长大了，它就决心让小狐狸去独立生活。

在一个风雪交加的夜晚，富来普把刚学会走路和觅食的小狐狸们全部赶到了洞外。小狐狸站在风雪中凄厉地哀叫着，一次又一次试图回到洞里，可是每一次都被把在洞口的富来普咬出去了。那些被爸爸咬伤并被赶走的小狐狸眼中充满着忧伤和委屈，但富来普还是义无反顾地坚决和果断。虽然那只最小的狐狸双眼已经失明了，但是富来普也没有给它特殊的照顾，照样把它赶得远远的。因为富来普知道，没有谁能养它一辈子。

小狐狸从这一天起便长大了，那只失明的小狐狸也终于学会用嗅觉来觅食。当狐狸爸爸再一次看到自己孩子的时候，虽然 5 个孩子它只看到了两个，但它们已经变得更加健康强壮，成了真正的狐狸。

这个电影深刻地告诉我们，生命是需要独立的，只有独立，它才能生存，才能长大，才能成为真正的生命。狐狸世界的法则是：成年后就不能和父母住在一起，就不能靠父母养活，得自己去生活。这种生命的独立性，不只是狐狸世界需要，也是自然界所有生命的生存法则。如果你没有能力去独立生存，那么你就会被大自然无情地淘汰。动物尚且如此，何况高踞万物之灵长宝座的人类。

人类生命的这种"独立性"，其实也就是主体性的意识和能力。当然，这是需要从小培养的。有位老师曾总结了以下十种方法[①]：

（1）给孩子一个时间，让他自己安排：要求他科学地分配时间，提高时间利用率。

（2）给孩子一个空间，让他自己处理：要求他自主地活动，提高独立行动的能力。

（3）给孩子一定条件，上他自己去干：要求他主动实践，经受锻炼。

（4）给孩子一个问题，让他自己去找答案：要求他独立思考，自行分析和解决问题。

---

① 参见杨冰：《左右孩子命运的黄金法则》，天津，天津社会科学院出版社，2006。

（5）给孩子一个困难，让他自己去对待：要求他不怕困难，勇于战胜困难。

（6）给孩子一个机遇，让他自己抓住：要求他主动抓机遇，发挥自己的聪明才智而获得成功。

（7）给孩子一个冲突，让他自己矛盾斗争：要求他正确对待，以正确思想战胜错误想法，以积极的态度克服消极心理。

（8）给孩子一个对手，让他自己去竞争：要求他学习对手长处，又发挥自己优势，合理合法地取胜。

（9）给孩子一个权利，让他自己去使用：要求他合理利用权利，正确处理权利与义务的关系。

（10）给孩子一个题目，让他自己去创造：要求他善于开动脑筋，提出自己独特的想法。

《中庸》开篇有言："天命之谓性，率性之谓道，修道之谓教。"这里的"性"是"人性"，包涵了人类生命的基本特点。"率"是"引导"，教育的最终目的是率性修道。只有坚守了人类生命"双重性""一次性""唯一性"和"独特性"等特点（当然还可以有其他特点），教育（包括语文教育）方能引导人性的求真、向善和崇美。

（二）学校教育的生命立场——以鲁迅小学为例

生命教育从根本上说是尊重生命、关爱生命发展的教育。这就必须从人类生命的固有特点出发，如生命的"两重性""一次性""唯一性"和"独立性"等。学校教育在这方面无疑具有特别的意义。人们常说："要让生命在教育中诗意地栖居。"那么可以栖居的"绿洲"便是学校。尽管家庭、社会对人类生命的成长都很重要，但学校毕竟是专职的教育机构，能否持有生命立场，无疑是重中之重。

现实生活中的"生命"与"学校"的关系，也近乎海德格尔所认为的"人"与"大地"的关系。人原本就栖居在大地上，与自然同在，过着天然的、本真的生活。这是一种自由自在、少有拘束的生活。这种生存状态，本来就是富有诗意的。但人类对功利过度的追求，一心想征服自然的盲目冲动，对物质生活的索取无度，结果都只能使人离开大自然的"家"，变成漂泊的"孤魂野鬼"，使"人"这个主体不再是自然中合群的一员，而成了可悲的异化一族。结果是他们以"征服者"自居，但不再成为诗意的栖居者。

如果学校要真正成为人类生命可以诗意栖居的家园，就不可背离了它的生命立场。实践证明，学校过度的知识灌输，僵化的行为管束，用考试和分数作为唯一的教育手段，对不同的生命，施以划一的机械切削，试图让学生成为高度统一的工业流水线上生产出来的零件……实践证明，这只能是完全背离了人类生命特点的残暴伤害。这样的教育不是为"人"的教育，而是缺"人"的教育，甚至是"坑"人的教育。

那么，学校教育应当如何坚守生命立场，使校园真正成为关爱学生生命发展的绿色家园？这就得从构建学校关爱生命发展的教育文化入手，从而使学校教育的方方面面都有益于学生生命的诗意栖居。

我于1996年退休之后曾在多所学校担任顾问。我践行"顾问"的首要准则，便是从学校实际出发打造以生命教育为核心的学校教育文化，以统领各项工作。如我任顾问的其中一所学校是鲁迅小学，这是一所以鲁迅命名的市级窗口学校。我们确立了办学的路径，以研究并承传鲁迅儿童教育思想为切入点，以弘扬鲁迅文化为愿景，以倡导"立人"教育为总纲。"立人"是鲁迅的教育思想，鲁迅儿童教育观的一个聚焦点。他于1907年发表《文化偏至论》中明确提出："是故将生存两间，角逐列国事务，其首在立人，人立尔后万事举，若其道术，必尊个性而张精神。"鲁迅先生在他的许多作品、讲话中都强调了"立人"之重要。他在《狂人日记》中"救救孩子"的呼声振聋发聩；他在《我们现在怎样做父亲》中指出，对下一代的教育，"决不能同一模式，无理嵌定"；他一再批评一些父母对子女的态度，"将他们看作一个蠢才，什么都不放在眼里。即使因为时势所趋，只得施一点所谓教育，也以为只要付给蠢才去做就足够。于是他们长大起来，就这真的成了蠢才，和我们一样了"。

鲁迅的"立人"，就是对生命的全人格的培养。全人格，指一个健全的生命的性格、气质、能力、精神等特征的总和。"立人"要立的就是人类的健全生命。只有人格健全，人，才能首先作为一个人而存在、独立、健康发展。这正是基于生命主场的教育观、质量观、学生观和教师观。

在确立了"立人"这一学校教育文化总纲的基础上，我们继而提出了"独立""独特""独创""独秀"的"四独"校训。也就是将"立人"具体化为"怎样立人"和"立怎样的人"。

1. 培养"独立"的人格

"独立"是人类生命的基本特点之一，也是鲁迅最看重的品格之一。他在《坟·摩罗诗力说》中指出："地球上至强之人，至独立者也！"在《而已集·读书杂谈》中又提到："自己思考，自己做主。"①

对鲁迅小学的教育而言，"独立"，重在唤醒学生的生命主体意识。

"独立"体现在人格培养上，要自信自强，不依赖他人，做最好的自己。要有不懈的追求，矢志不移的坚定信念；要有独立思考、敢于负责的处事态度；要有不惧失败，越挫越勇的意志品质。

"独立"体现在学习中，那就是要养成独立思考和独立完成作业的习惯。

"独立"体现在生活中，就是要学会自强自理，自己的事情自己做。

当然，我们强调"独立"，并不等于不要合作。我们要求学生保持自己的思想和行动的独立性，保留自由选择的权利。但是，人是社会性的动物，无论在工作、学习中还是在生活中，我们都需要学会与他人合作、互助友爱。只有这样，才可以帮助自己找到成功的途径，同时，也帮助别人得以提高和发展，共赢共进。所谓"赠人玫瑰，手有余香"，就是这个道理。

人的快乐，源于自己能决定自己的生活。自主意味着自理，对自己的行为负责。当儿童能够驾驭自我时，这种自理意识就会让他觉得生活是快乐的。人的快乐来自发展，儿童的发展还是要回到儿童那里，按照儿童自己的节奏来进行，当儿童拥有自然成长的状态，也就拥有了从容成长的姿态，也只有这样，才能拥有童年的快乐和幸福的心态。

2. 培养"独特"的个性

鲁迅说过："要适如其分，发展各各的个性。"② 他认为，一个健全的人必有与他人不一样的个性，应当受到别人的尊重。

每个儿童的生命都是不同的，都具有独特的个性。"独特"体现在教育培养上，既要求真务实，又要有孜孜不倦、勇攀高峰的求索精神。尊重学生的独特个性，就要承认学生的个性差异，对不同的学生提出不同的要求。

---

① 《鲁迅全集》，第 3 卷，北京，人民文学出版社，2005。
② 《鲁迅全集》，第 11 卷，北京，人民文学出版社，2005。

现代教育应该承认学生的差异。正是由于存在这个"差异"，每个学生的最佳发展方向、特殊潜力、个性特点都各不相同。但有一点相同，他们的发展只能依靠以自我为主体的自主性发展。因此，我们的教育要认识并尊重学生的个性、专长、私人空间的选择，最大限度地为学生创造自主发展的时空，引领学生自主实现独特健康个性的培养这一目标。

当然，我们强调"独特"，强调张扬学生个性，并不是完全否定实现人的社会化发展之必要，而是说要注重个性的健康发展。独特健康个性的培养就是既个性鲜明，又能关心集体、融入社会。这才是真正的个性发展。教育关注学生个性的健康发展，才是真正意义上的对个体生命的尊重。

3. 培养"独创"的精神

关于人的创造精神的培养，鲁迅在《准风月谈·难得糊涂》中提出："人生却不在拼凑，而在创造，几千百万的活人在创造。"[①] 同时，鲁迅在《坟·我们现在怎样做父亲》中提出，"……后起的人物，一定优异于前，决不能用同一模型，无理嵌定。长者须是指导者，却不该是命令者"[②]，强调要培养儿童的创造精神，父母或教师都应该要明确教育孩子的重要意义，然后循循善诱，用健康的思想教育儿童。

落实在鲁迅小学教育之中，"独创"则重点是培养人的创新精神和能力。创新教育是一种能力教育，全面的教育和面向未来的教育。培养学生的创新精神，就要给学生一个宽松、民主、自由的环境。培养独创精神和能力要从小处做起，要发展每一位学生的兴趣爱好，重视知识的运用能力，敢于大胆探索，伸展智慧的触角去观察和思考，去想象和创造。

独创强调独具慧眼、独辟蹊径，但是，独创并不是否定传承。创新首先要敢于否定，但否定并不是丢弃全部，而是有批判、有发展的继承，在剔除过时的成绩、知识、能力、经验等的基础上，留下本质的、带有规律性的、有特色的精华，与新的发展要素组合，创造出新的事物。因此，创新是继承与发展的统一。

儿童是富于想象和幻想的，他们充满灵性的创新意识，是童心拥抱世界的方式。在鲁迅儿童观的指引下，我们关注儿童创新人格的培养。我们认为，与创新技能的

---

① 《鲁迅全集》，第 5 卷，北京，人民文学出版社，2005。
② 《鲁迅全集》，第 1 卷，北京，人民文学出版社，2005。

培养相比，在基础教育阶段，更应该把创新人格的培养作为重点，要帮助儿童树立创新的志向，帮助儿童形成积极的情绪反应，形成敢为人先、坚韧不拔的意志品质。我们重点关注以下几点。

一是培养儿童能融入群体。帮助儿童打破现实生活中人际互动不足、人际交往过多的局面，更多地去体会与人相处所获得的尊重、信任、赞美、喜悦，培养他们良好的群体交往心态和一定的交往能力，真正让儿童喜欢与人交往，能够体会到与人交往的快乐。

二是克服影响儿童自我认知缺失的负面影响。自我认知包括"清醒地认知自我"和"合理地接纳自我"两个部分。乐观的人生态度、清醒的人生设计都来自认知自我和接纳自我，这也是一个人终生充满创新激情和动力的基础。如果儿童自我认知能力欠缺，弱化了自我意识，就会缺失自主性、自信心，严重影响他们的健康成长。

三是锤炼儿童的抗压力和承受挫折的能力。对于创新来说，往往是成百上千次的失败，才有可能换来一次成功。所以，抵抗压力和承受挫折是创新人才必备的人格特质，它既是创新的需要，也是一个人面对现代社会必备的个性品质。

四是有意识地培养生命热情和"敢为天下先"的创造精神。一个人能有意识地用多种方式调整不良心态，必要时懂得向专业人士求助，是现代人的必备能力，也是一个人创新人格的组成部分。

4. 培养"独秀"的人才

鲁迅在《坟·我们现在怎样做父亲》一文中写道："后起的生命，总比以前更有意义，更近乎完全，因此更有价值，更可宝贵。"[①] 相关的论述，还有："从幼到壮到老到死，都欢欢喜喜的过去；而且一步一步，多是超过祖先的新人"（同前）……鲁迅这些论述，昭示了长江后浪推前浪的永恒定则。

鲁迅小学校训中的"独秀"，意思在于要努力优化学生的生命发展，为祖国培育栋梁之材。而这"后起的""更为完全""更可宝贵"的生命，必然是一个站得更直、更高的人，具备积极的自我和健康的人格。学校要努力培养优秀的人才。

真正的教育是让每个人发现、表现、发展自己的才能，正如有一句名言所说的

---

① 《鲁迅全集》，第1卷，北京，人民文学出版社，2005。

那样："你认为自己是什么样的人，你才可能成为什么样的人。"从这个意义上说，只有让儿童自信地发现自己，认可自己，赞赏自己，才能让他们得到更为充分的发展，成为"基础宽实、素质优良、特长明显、适应未来"的新一代。

就这样，鲁迅小学以"立人"教育思想为纲，又将如何"立人"，"立怎样的人"细化为"独立""独特""独创""独秀"的"四独"内涵，并以此为"校训"。在此基础上，学校又将其具体化，制定出《"立人"教育纲要》，将"四独"衍化为"分年级（一年级至六年级）教育目标""教育内容"和"教育措施"，落实到具体的生活中去。少先队又将"四独"设计成四个卡通儿童形象："立立""特特""创创""秀秀"，作为学校的"形象大使"，深受小朋友的喜爱。与此同时，学校开展了课程改革，以每周三下午作为学校拓展性课程的"课程超市"，实行"报名就读"和"走课参与"相结合的教学方式，同时在校园网上开辟"百草园拓展课程平台"，由指导教师设计课程、制作视频，放在校园网上，由学生自由收看。如果学生有什么体会、意见，可在"留言板"上留言，然后由指导教师在"教学直通车"上与相关学生沟通。学生的社团活动空前活跃，教师的研修形态多种多样，师生自主、自强、自觉、自省的生命活动完全改变了校园的文化生态，以"立人"为纲的学校生命教育，使鲁迅小学成为极具社会影响力的教育优质品牌。

鲁迅小学将鲁迅的"立人"教育思想具体化为"独立的人格""独特的个性""独创的精神""独秀的人才"，充分体现了人的生命的"不确定性"，总是存活于希望之中。布洛赫在《希望的原理》一书中指出，人借助于自身的主动性和超越性，为自身创造他的未来，他的生命进程就是不断地走向一个他所期待的目标。所以，布洛赫认为，人的希望是人性的根本。学校以"四独"鼓励学生不断地自我超越，去实现"立人"的宏伟目标，正体现了教育的生命成长性特点。

实践表明，对学校教育生命立场的重建和坚守，是教育改革的根本方向。学校教育的一切都是为了"立德树人"，而"育人""树人"又都必须以"关爱生命"的发展为出发点和旨归。在这个"根本点"上，舍此之外别无他途。

（三）学生个体发展的生命性——论"儿童观"的发展

学生个体的发展，从根本上说就是生命的发展。在九年义务教育的体制里，小学生也就是儿童。

　　人类的生存，因共同遵守着某些原则与公理，才得以不断地延续发展，终于赢来了今天我们能够充分享用的现代文明。这些原则和公理，不但保护了个体的生命，而且还维护着人们相互间的关系。所以，杜威认为，教育的第一个应该注重之点，是儿童在没有接受教育之前，有一种先天生成的本能、情性和冲动。教育就应该以这些东西为依据和基础，不然便没有教育可施。儿童，虽然没有能力去创造成果，但他们却承接了人类祖先所创造的全部基因，能无偿地享有来自父母乃至所有成人们的关爱和呵护，有权优先享用大自然的馈赠和社会的成果。这种似乎有点不太公正的"分配方式"，却是人类最公正的根本法则。因为儿童是正在成长的新一代，他们是父母的希望，社会的期盼，世界的明天。因此，他们理所当然地成了大人们心中的宝贝，成了祖国的花朵。然而，对于儿童的种种看法，却并非历来就如此一致的，在历史的长河中它同样也是波澜迭起，有着一个充满变化发展的漫漫历程。这个历程，就是人类史上"儿童观"的变化发展，它是文明史中的重要部分。

　　我们要认识小学生个体发展的生命性，首先就必须了解"儿童观"的发展。

在小学语文博物馆开馆仪式上

　　儿童观就是人们在哲学层面上对儿童的认识。儿童是人类成长过程中的一个特殊阶段，所以，对儿童的认识实质上就是人类对自身完整认识的一部分。儿童观的问题，也是对于人的观察问题。怎样认识儿童，也就可以深层地透射出一个时代、一种文化的文明进步程度。

儿童，无疑是人类教育的重要对象，这是由儿童生理、心理发展的需求决定的。正因为这样，儿童观的问题，也直接关系到教育观的问题。有什么样的儿童观，必然会对教育观产生重大影响。在中国漫长的封建社会里，大多表现为对儿童的轻视。如所谓"不打不成器""棍棒出孝子"认为孩子是打出来的，为"体罚教育"寻找了依据；"孩子小猢狲，闯祸小祖宗"，认为儿童是不守秩序的，为"管制教育"寻找了理由；"嘴上无毛，办事不牢"则认为儿童是无为的，什么也不懂，为"灌输教育"寻找了借口……于是，教育便成了惩罚、强制、约束的代名词。

但即使在我国古代，对于儿童先贤也有不少真知灼见。如老子就曾说过，成熟有智慧的圣人的精神状态是与儿童一致的；一个人到达人生智慧和真趣的极致，便是"复归于婴孩"，有一颗真纯朴素的童心。明代的李贽也认为，"夫童心者，真心也。……纯假纯真，最初一念之本心也。若失却童心，便失却真心，失却真心，便失却真人。人而非真，全不复有初矣！"国外也是如此。如古罗马的贾文纳尔就提出应当尊重儿童，认为应当"给孩子以最大的尊严"。普鲁塔克不愧是古希腊的教育家、演说家，在那个时代他就提出了"童年是娇嫩的，可塑性甚强"的论断。古罗马的一位教育家昆体良也十分强调童年时期的重要性："我们都生性自然地清楚地记着童年时期所吸收的东西。"[①] 18 世纪的德国教育家福禄贝尔对儿童的认识就更全面也更深刻了。他认为"孩子就是我的老师，他们纯洁天真、无所做作……我就像一个诚惶诚恐的学生一样向他们学习"[②]。应当看到，历史总是不断前进的，在现代，人们对儿童精神世界的重视和推崇，无疑有了很大的提升。在 20 世纪，成人和儿童的关系，可以说发生了一次哥白尼式的变化。在学校里，过去那种以教师为中心的师生关系，因杜威等著名教育家的倡导，而转变为以儿童为中心的师生关系。把儿童比作太阳，教师应当围绕儿童转，按照儿童的特点来组织课程、教材和教法。21 世纪更是儿童的世纪，全社会更为关爱儿童的心理特征和生命发展，更加承认和尊

---

① ［英］伊丽莎白·劳伦斯：《现代教育的起源和发展》，纪晓林译，北京，北京语言学院出版社，1992。

② 同上书。

重儿童的权益。正是从这个意义上，尊重儿童、爱护儿童成了历史的需要，时代的召唤。

然而，虽然中外自古至今在不同的历史时期都有一些贤达之士主张尊重儿童、关爱儿童，甚至提出成人应当向儿童学习，但作为不同发展阶段社会的儿童观，其主流认识并非完全如此，同样存在逐步进化的过程。

1. "小大人"说：古代的儿童观

原始社会，由于生产力水平低下，总是急切地希望儿童尽快地变为成人，使他们不必再依赖大人生存，能够独立进行狩猎、采集果实、抵御自然灾害。因此，总是把孩子过早地当作"小大人"。他们似乎尚未发现儿童与成人之间有什么根本的不同，也就没有鲜明的儿童观念。当然，这只是就整个社会的认识水平而言，从细处看，原始人当然也具有生物界的普遍属性，父母对幼子的亲情关爱，而特别保护和重视儿童，甚至会通过一些适合儿童天性的方法，如通过游戏、模仿等来教育孩子。但就人类社会发展的总体而言，此时的儿童观毕竟是淹没在黑暗之中而历时漫漫。尽管有着明显的区别，并不以人们是否发现而客观存在，但事实上原始人并没有把儿童作为儿童来看待，充其量只不过是对儿童没有什么特别认识，甚至是视而不见的现象，在人类史上延续了很长的时间。如被后人认定为已是相当文明的古希腊，便是如此：斯巴达人住在旷野之中，共餐而食，过一种军营生活。而各个公民似乎没有私宅和小家庭的生活。所生下的儿童由诸长老根据其体格是否健壮而决定弃留；儿童7岁时即离开母亲，到军营中生活并接受军训……由此可见，其时尽管也有智者开始强调儿童期的存在，但作为社会主流意识的儿童观则并没有形成。

2. "原罪"说：中世纪的儿童观

除中国之外，在欧洲情况就有所不同。教会是最有势力的封建主，他们大力鼓吹"上帝创造世界""君权神授""原罪"等一系列荒谬的教义，麻醉人民群众绝对相信上帝、相信教会、服从帝王统治，并且安贫乐道。所谓"原罪"，意思就是人是生而有罪的，人生便是为了赎罪。这样，儿童也就自然具有原罪了。教会鼓吹这样的谬论，便是为了进行"畏神"的教育，只有敬奉上帝，才有可能消除原罪。在这样的学校里，上帝是至高无上的，只有他才能拯救罪民。儿童如果在学校里学业不良，或出现细小的过失，就必须在神面前忏悔，并遭受体罚。在这种沉重而黑暗的封建迷信统治下，儿童和成人一样在赎罪中生存，不仅根本没有因儿童的特殊性而得到任何宽厚的关爱，甚至在某些方面比对成人的要求更为苛刻。如大人游戏被认为无可厚非，而孩子们游戏却常常要受大人的责打。而事实上，恰恰是儿童最喜欢游戏，也最需要游戏。游戏正是孩子们学习、成长的必要形式。由此可见，在中世纪虽然也不乏有一些对儿童认识的真知灼见，但就社会的主流文化而言，儿童观仍然没有被发现。

3. "人性"说：文艺复兴时期的儿童观

当欧洲资本主义势力在封建社会内部逐步形成之后，一场深刻的变革便发生了。这与中国封建社会的稳定结构就有所不同。当时体现新兴资产阶级利益的一批思想家，高举人性解放的大旗，讲究人道，追求人权，讴歌人的智慧、人的力量，肯定人的价值、人的尊严……这无疑是对神权的全面挑战，也沉重地打击了中世纪基督教会所谓的儿童生来有罪的"原罪说"。当时，许多思想家都发表过对儿童的看法，如胡安·华尔特、柏拉图、伊拉斯谟、夸美纽斯、拉伯雷、维多利诺等。但是，当时的儿童观是从新兴资产阶级人性论、新人类观中推导出来的，也就是从肯定人、尊重人、讴歌人的行动中所涉及的儿童解放，对儿童的自由和兴趣的承认。还远未意识到儿童自身独特价值的存在，当然也不会否定儿童对于双亲的依附和绝对服从的关系。基督教义"原罪说"的余毒和体罚儿童的教育恶习，也仍然存在。

4. "白板"说：启蒙时代的儿童观

从14、15世纪文艺复兴时期的新人类观发展到17、18世纪启蒙时代，在欧洲又有许多学者提出了一种新的儿童观和教育观。洛克的《教育漫话》从理念上概括了这一新的思想倾向，叫作"白板说"，意思就是人类在没有感觉、经验之前的心理状态就如白纸一样，上面没有任何东西，可以随心所欲地做成各种式样。"白板说"的本质意义是认定儿童是纯洁的，它们的精神世界纯洁无瑕，而并非带着罪恶来到世间。这是对"原罪说"的彻底批判和否定，使"原罪说"失去了立锥之地。与此同时，洛克还提出了应当让儿童自由发展的思想，他认为"应允许儿童有适合他们年龄的自由和自主，不要用不必要的约束去限制他们。不能阻碍孩子的特点，不能反对他们去游戏和做孩子想做的事情。但是不要让他们做坏事；除此之外，他们享

有一切自由"。①

　　洛克的"白板说"体现了自由资本主义时期对人性解放的追求。"白板说"一经提出，便引起了学者们的关注和进一步的探讨。重要的发展卢梭的儿童观的逐步形成，他并不认为儿童是"白板"，而认为儿童生来便有自然赋予的冲动，但这种冲动不是天生的罪恶，而是未经污染的纯洁的心灵。显然，卢梭的儿童观是在洛克"白板说"的基础上的进一步发展。他认为儿童长大为成熟的儿童，过完了童年的生活，不是牺牲了快乐的时光才达到他这种完满成熟的境地的，恰恰相反，它们是齐头并进的。在获得他那样年纪的理智的同时，也获得了他的体质许可他享有的快乐和自由。"儿童是有他特有的看法、想法和感情的；如果想用我们的看法、想法和感情去代替他们的看法、想法和感情，那简直是最愚蠢的事情……"②

5. "生命儿童观"："教育心理学化"的硕果

　　19世纪，继卢梭之后，在教育领域中开始重视心理学的研究和应用，出现了"教育心理学化"的运动，代表人物为裴斯泰洛齐、赫尔巴特和福禄贝尔等，他们都以心理学规律为依据来研究教育问题，这当然也包括对儿童心理的认识。关注儿童心理，从根本上来说，就是开始关注儿童的生命状态，研究儿童的生命状态。由此，开始逐步形成科学的儿童观。1879年，冯特在德国莱比锡创设了世界上第一个心理学实验室，标志着实验心理学的诞生。当时的"教育心理学化"运动与之相结合，推动着建立儿童心理学的进程，而德国心理学家普赖在1882年出版的《儿童的精神》一书，则标志着实证的儿童心理学的创立。

　　如果说，19世纪80年代前，对儿童的观察研究还不是很多的话，那么，在19世纪80年代以后，这方面的研究就如雨后春笋般涌现了。这就形成了19世纪向20世纪的过渡中，科学的儿童心理学的建立。在各国广泛展开的教育改革运动中"尊重儿童"的呼声日益高涨。1899年瑞典人爱伦·凯在《儿童的世纪》中便预言20世纪将是儿童的世纪。确实，在20世纪出现了一批著名的儿童教育家，如杜威（美）、蒙台梭利（意大利）；出现了一批儿童心理学家，如美国的格塞尔、瑞士的皮

---

① 参见［英］伊丽莎白·劳伦斯：《现代教育的起源和发展》，纪晓林译，北京，北京语言学院出版社，1992。
② ［法］卢梭：《爱弥儿》，李平沤译，北京，商务印书馆，1994。

亚杰等，形成了空前的儿童研究盛况。在 20 世纪也开始将儿童研究与理解人类精神文化的发生联系在一起，并设立了国际儿童组织，通过了《儿童权利法案》等。总之，20 世纪对"科学儿童观"的奠定使其成了真正的"儿童世纪"。

在中国由于历经的是漫长的封建社会，生产力的发展相对滞后，闭关锁国也阻隔了在儿童观上的革新进步，影响所及，在对待儿童的态度上也是一如既往，少有变化。这种情况直至中华人民共和国成立之后，才有了根本性的改变。

当然，新质的萌生和旧质的消亡，不是一朝一夕就可以实现的，它需要历经长时间的搏击和较量。20 世纪过去了，落后的儿童观并非完全销声匿迹，它依然会顽固地坚守在一些堡垒之中。这也是 20 世纪遗留给 21 世纪亟待解决的问题。因此，21 世纪仍然会是儿童的世纪，而且经济的全球化、社会的信息化、理念的人本化必将会使 21 世纪成为更加光辉灿烂的儿童世纪。

综上所述，从历史的发展进程看儿童观的树立，确实经历着一个不断变化提升的过程。换一个角度，我们也可以作以下这样的归纳。

——忽视儿童阶段。认为小孩子懂什么，小孩子不应当有自己的思想、行为，一切都得听大人的。不听话的小孩子是坏孩子。

——俯视儿童阶段。承认小孩子也是人，也有思想，但是总是居高临下地看儿童，觉得他们十分幼稚，十分不成熟，有些是非常荒谬的。所以处处都得由大人指点，都要照大人的话去做才行。

——平视儿童阶段。意识到儿童也是一个有着自身独特需要的群体，在人格上和大人是平等的，他们的合理需要应当受到成人的关注，并予以满足。

——重视儿童阶段。认识到儿童不仅与成人是平等的，而且童年是生命历程中的一个重要阶段，甚至会影响人的一生。古希腊哲学家亚里士多德甚至说过：儿童可以做成人的老师。鲁迅在 1919 年也提出过儿童胜于成人的结论。这是因为在儿童的身上，比成人更多地保留着纯洁的天性和可贵的灵性。从不少卓有建树的名家大师身上，我们往往会发现一个共同的特点，就是童心未泯。这说明，童心有多么可爱，而童年的影响又有多么可贵。

（四）反思当下儿童生命教育的某些错位

科学的儿童观就是儿童的生命发展观，其出发点和归宿都是为了关爱儿童

的生命成长。这就要求我们的教育应当每时每刻去关注儿童的生存状态。如果他们的生存状态不佳，又哪里谈得上生命的健康发展，自然也谈不上健康的生命教育。

那么，什么是人类生存的理想状态？简单地说便是人与自然、人与社会、人与人之间的和谐相处。人生活在大自然中，需要亲近自然；人生活在社会之中，社会生活需要人与人之间的交往和合作，这就决定了人还需要亲近人类自身；人又具有追求自由的本性，决定了他向往无压力的生活，精神自由的一方沃土，这就决定了人更需要亲近自己的精神世界……这种天、地、人合一的和谐生活，正是人类理想的生存状态。

儿童是人生发展的一个重要阶段，他的良好生存状态与人类的生存理想是完全一致的。我们关爱儿童的生命发展，就得从关注、改善和提升儿童的生存状态入手，使其成为教育的努力方向。无论是学校还是家庭、社会都理应关心儿童健康发展的要求，为他们创建良好的物质精神环境，提升儿童的生存质量。

新华社记者鲍盛华在 2004 年 6 月 24 日《青年时报》上发表的一篇文章《三则笑话引发的思考》确实发人深省。

事情发生在 2004 年 6 月 21 日至 22 日，吉林省加强和改进未成年人思想道德建设工作会议在长春市召开。一位发言人讲了三则小故事，虽然听着都像是"笑话"，却让人心情颇感沉重。

第一则"笑话"

一个小学生，周一到周五上学，每天做作业到深夜。周六和周日又要去学钢琴、学美术。他看到爷爷和奶奶很自由，早上锻炼身体，白天看报纸，晚上看电视。有一天，他忍不住问："爷爷，我什么时候才能退休哇？"

第二则"笑话"

有个小学生中午在学校吃饭，突然发现了一个"重大"而又"奇怪"的问题，跑去问老师："老师，为什么我家的鸡蛋与学校的不一样？"老师问："哪里不一样？"小学生说："我家的鸡蛋没有皮。"老师说："你家得有三四个人给你剥鸡蛋皮，当然与学校的不一样。"老师接着说："那你知不知道鸡蛋是从哪来的？"小学生毫不犹豫地说："冰箱。"

第三则"笑话"

一所小学校组织了两次主题班会，一次是"三个代表"重要思想主题班会，一次是邓小平理论主题班会。有意思的是，同一个城市的一所大学开展了两个思想道德建设活动分别是"借东西要还教育活动"和"禁止随地吐痰教育活动"。小学和大学的活动正好弄反了，小学生理解"三个代表"重要思想和邓小平理论肯定有难度，而大学里的思想道德建设活动与学生的年龄结构又不太符合。

从另一个角度看，这三则"笑话"都牵连着儿童生存状态的问题。第一则"笑话"说明孩子的学习负担太重了，他们的书包太"大"，压得他们喘不过气来。这容易使孩子的心态发生扭曲。第二则"笑话"说明孩子因为得到了过度的"关爱"而受到伤害，他们的动手能力太弱了，这样的孩子很容易畸形发展。第三则"笑话"则说明我们的思想道德教育还存在针对性不强的问题，这对儿童来说同样是难以承受之重。

三则"笑话"不仅呈现了儿童的生存状态，而且在事实背后也显露出导致儿童生存状态不良的原因。第一则"笑话"反映了当前的儿童教育是以社会为本的，社会上形成的氛围是：如果你不加倍努力，就会落在别的孩子后面。于是，孩子还没上小学，一年级的课程就要学完；没上初中，但初中一年级的课程就要提前掌握。孩子的书包怎么能不重？在如此的学业重压下，儿童的生存状态如何见好？"小学生盼退休"也就不足为奇了。第二则"笑话"反映的是儿童的教育是以成人为本的，成人认为孩子需要呵护，所以把一切事情留给了自己，这是典型的溺爱。爱，有时候也可以是一种伤害，溺爱儿童同样可以使他们处在一种不良的生存状态之中。第三则"笑话"反映的儿童教育是以学校需求为本的，学校认为这段时间要搞这个活动就搞这个活动，而没有从儿童的需要和情性出发，没有从儿童是否乐于接受出发。

说到底，这三则"笑话"其实反映了同一个主题，即在某种程度上，儿童教育没有完全做到以儿童为本。脱离了儿童搞儿童教育，就是无源之水，无本之木。成人们在热热闹闹地做教育工作，可对儿童来说，其中有些活动不仅无助于他们的健康发展，甚至可能引发他们的逆反心理，造成了儿童不良的生存状态，这难道还不应当引起我们的高度关注和深刻反思吗？

当然，教育的改革确实在不断向前推进，教育发展的步伐也在加快，但不能说

儿童课业负担过重的问题，儿童在优越的物质生活条件下因受到过度呵护而脱离生活实际的问题，学校的道德教育、人格养护缺少针对性的问题等，已经完全解决。当今，我们再读这三则"笑话"依然有着强烈的警醒作用。

三则"笑话"也说明儿童生存状态不佳总是与教育的错位联系在一起的。这表现在以下五个方面。

1. 生存空间不够开阔

人是一种社会存在，儿童当然也就是一种社会存在了。儿童只有生活在人类社会中，接受和参与社会生活，才能使天赋得到应有的发展，呈现良好的生存状态，健康地成长。理想的生存质量，取决于他们能否在与人交往的过程中理解实际关系，在亲近大自然的过程中感受大自然的美，去快乐地体会人与人之间的真挚感情，感受人与大自然的和谐之美。要做到这些，儿童就需要有开阔的生存空间，然而事实上应试教育给儿童提供的生存空间过于狭小，学校的功课、校外的补习和家庭作业，几乎占据了孩子全部的空间和时间，使儿童的精神空虚得只剩下各种知识符号和抽象概念了。童年的快乐被无情剥夺。这样的生存状态无疑是十分糟糕的。

2. 主体个性不够完全自立

因为我们的儿童被迫接受着太多特别的爱。他们被尊为"小太阳"，是大人们心中的宝贝。大部分家庭的"四、二、一"结构，使得爷爷、奶奶、姥爷、姥姥、爸爸、妈妈都围着一个孩子转，什么事儿都有大人们代劳，导致儿童的主体个性在依赖中无法自立。而理想的生存状态却是应当让儿童去认识世界，进而认识自身。人类为什么要认识生存的世界，又为什么要去推动社会的发展，归根结底都是为了实现自身的发展。每一位儿童都应当是一个独立的主体，他们既是认识世界的主体，也是经验的主体、精神的主体和审美的主体。如果在现实生活中，成人们只是习惯于代替儿童去思考人与世界的关系，去代替儿童对付日常生活的劳作，去排解应当由儿童来克服的困难，这就会导致儿童主体独立性的迷失。这对于儿童生命发展来说，同样不是理想的生存状态。

3. 社会与学校不尽一致

儿童的学校生活和社会还不够一致，也是导致他们生存状态不佳的一个重要原因。这种不一致很容易使儿童成为具有多重性格的矛盾体。

一般来说，儿童在一些学校面对的还是严格的教育，习惯于服从权威、听从师长，在一定程度上难免会失去自由发展的最初的自主动机和力量。在传统作文里孩子的言不由衷，习惯于说假话、大话、空话和套话，不正是这种生存状态的反映吗？

而儿童在社会生活中面临的却是一个开放的、多元的世界。网罗天地、不良读物、低俗文化、无聊广告等强势的传播媒体，都会渗透到每个生活角落。这对于识别能力和选择能力不强的儿童无疑充满了诱惑，从而产生潜移默化的影响。

学校教育过分的强制规定性和复杂纷扰的社会自由度，都不利于优化儿童的生存质量。苏霍姆林斯基在《关心孩子的成长》一书中曾说道："K. 丘科斯基十分形象地把儿童的复杂的精神世界比作一部艺术品的草稿……一个人一生的命运的复杂性、有时也是悲剧性的，虽然'草稿'里蕴藏着成为一个独特的个人的各种素质——卓越的才能，禀赋、倾向性、天才——但是负责对这一'草稿'进行加工，以使其变得更为美好的人，却反其道而行之，他用自己那双笨拙而又漫不经心的手把草图中美好的东西弄的丑陋不堪。"看来，民主、平等的学校教育和健康、向上的社会环境都是修改"草稿"的手，用这样的手来修改，儿童才会变成更为美好的人。

4. 学习负荷不正常

也许是历史的"状元情结"，再加上现实的应试竞争，以及家长"望子成龙""望女成凤"的推波助澜，使今天的孩子还是承受着沉重的学习负担。为了追逐考试的分数，为了能够升入理想的学校，课堂烦琐的知识传授，课外的各类补习训练，铺天盖地的教辅材料，花样翻新的题海战术……压得学生喘不过气来。这就难怪校园里会传唱这样的歌谣："上学最早的，是我；回家最晚的，是我；玩得最少的，是我；睡觉最迟的，是我；作业最多，最累最困的，是我是我还是我。"尽管"减轻不合理的课业负担"的口号，已经提了许多年，但实际上教育还存在某些超负荷，仍然使儿童不堪负担。如此的学习压力，必然会严重抑制儿童的自然本性，精神生活贫瘠，厌学情绪严重，快节奏、单一化、重复性的活动剥夺了学生的自由空间。这无疑是造成今天儿童生存状态不佳的一个根本性的原因。

5. 生理、心理还有些不健康的存在

身心健康是儿童生命发展的重要内容和物质基础。然而，近年来儿童的身体健康问题还有一定程度存在，学习压力过重，减少了儿童参加体育健身运动的时间，导致体质下降是一个方面。另一方面由于不良的饮食习惯，引发了儿童营养不良以及肥胖症等疾病。在当今的社会环境里，一些"少年也识愁滋味"，学习成绩不佳，

人际关系不和，竞争压力过重，家庭父母离异，迷恋网吧或不良读物等，都会造成一些儿童的心理问题。显然，生理和心理的不健康，也必然会造成儿童的生存质量不高。

当然，随着教育改革的不断深化，学校教育正在发生深刻变化，所取得的成绩也是空前的，但是我们必须不断努力去改善儿童的生存状态，把儿童天真活泼的生活环境和自由的精神世界以及他们与自然、社会的和谐关系，完全交还给孩子。

其实，上面的分析的还只是从一般情况出发透视儿童的生存状态，我们更要警惕的是莫使儿童的生命安全遭受威胁。

关心儿童的生存状态，关注儿童的生命教育，是由教育的本原所决定的。因为教育的价值就在于关爱人类社会的生命健全发展。这是学校教育的责任，当然也是学校各门学科教学的共同责任。在教育重在提升学生核心素养的背景下，各门课程的知识学习、能力培养都必须人格化、生命化，即与"全人"的发展相结合，去努力促成儿童生命的健康发展。

（五）以语言和思维的一体性审视"生命语文"

什么是思维？通常的解释是人脑对客观事物的一般特性和规律性的一种概括的、间接的反映过程。

直接的反映过程是感觉和知觉。简单的记忆是过去经历过的事物的印迹，在头脑中的再现。但这种初级的思维能力解决不了人类在生活实践中发生的许多比较复杂，甚至是十分复杂的问题。实践要求我们在已有的知识经验的基础上，通过十分复杂的、间接的途径去解决问题。即对大量的感性材料，作一番"去粗取精、去伪存真、由此及彼、由表及里"的改造制作，而这种复杂的改造制作过程，就是思维活动。

人类复杂思维活动的存在和展开，都有赖于语言。正是语言才形成了人类展开思想、表达思想的手段。思想因语言方得以存在，语言成了思想的"外衣"。它同时又是人类社会最基本的信息载体，人们正是借助于语言才保存和传递了人类文明的成果。共同的语言又常成为一个民族的特征。所以，语言是人区别于其他动物的本质特征之一。

从根本上说，学校的语文课程，就是学习运用语言的课程。

什么是"语文"？这是许多人都关心，而且必须搞明白的话题。

周一贯先生与吴忠豪教授在一起

"语文就是语言和文字。"这是最简单的因名释义，虽然有一定道理，但不全面。

"语文包括了'语言文字'、'语言文学'和'语言文化'。"这相对比较全面，而且还强调了"小学语文以学习'语言文字'为主；中学语文以学习'语言文学'为主，而大学语文以学习'语言文化'为主"。这种说法似乎表明了不同学段各有侧重点，也不无道理。

其实，中华人民共和国成立前的中小学语文课，并不叫"语文"，常称"国文"或"国语"，之后，全国中小学才统一称"语文"。为什么要把"语"和"文"统一起来称"语文"？当时，叶圣陶先生有个说明："平常说的话叫口头语言，写到纸面上叫书面语言。语就是口头语言，文就是书面语言。把口头语言和书面语言连在一起说，就叫语文。这个名称是从 1949 年下半年用起来的。解放以前，这个学科的名称，小学叫'国语'，中学叫'国文'，解放后才统称为'语文'。"①

———————————

① 《认真学习语文》，见《叶圣陶语文教育论集》，北京，教育科学出版社，1980。

　　语、文统一的语文教育，当然要努力实现口头语言和书面语言的统一，这是我国现代语文教育从课程理念到教学方法改革所追求的目标。正是从这个意义上理解语文教育也就是语言（包括口头语言和书面语言）的教育。尽管在学科理念上的"语言学"和"语文学"还存在一定的区别。

　　"语"和"文"统一的语言，无疑与人的生命发展有着相依相生的血肉联系。海德格尔认为"语言是存在之居所"。之后，他还提出"人栖居在语言所筑之居所"。而钱冠连教授又进一步提出"语言是人类最后的家园"都足以说明人类生命和语文密不可分的关系。兰德曼把人类学的未来说成是"文化人类学"，强调了文化是人的"第二天性"。人成为文化的存在，或者说，文化成为人的特性。世界是以人为本体的文化世界，人的意向性则成为文化世界的动力和指向，人的活动也就成了文化世界的运动方式。这里，也正因为文化须以语文为载体，语文也就必然与人类生命发生着独特的、深层的联系。潘新和教授以"表现和存在"的精当概括，对"语文学"作了颠覆与重构，把视点置于语文和生命转向言语生命论，把言语生命的表现和存在视为语文的神圣使命。这在学界特别是中小学语文教学界，产生了巨大的影响。

　　所有这些都说明了语文教育所具有的强烈的生命性。它表现在哪些方面？我们不妨对此作进一步的探索。

1. 语文与生命思维的依存

　　人类生命所具有的思维能力，是人之可贵并有别于所有动物的本质存在。而思维活动的展开，有赖于语言。因为语言是思维的存在与开展的物质基础。没有语言，思维是无法推进的。人的语言有口头语言和书面语言。这是可视、可听的外部语言。除此之外，还有不可视、不可听的内部语言。这种无声无形的语言存在于人的思维过程之中。也就是说，人们正是凭借内部语言活动在那里作"去粗存精、去伪存真、由表及里、由此及彼"的改造制作。所以，不出声的默想，其实就是用内部语言在思索，在寻求问题的正确答案。曾有这样一段文字描述作者在写作时的构思默想："思维的齿轮格格绞动，观古今于须臾，览宇宙于一瞬。乐癫癫如天马行空，悠悠然如闲云潭影。噫！当此之时，唯精神的浩瀚，唯想象的话题，唯心灵的勤奋，唯思维的广度、深度、速度、密度、高度、强度、精度，才是我生命的神经中枢，才体现我生活的质。"这里所表现的作者的思维活动和语言活动便是高度统一的：思维的齿轮用语言在转动，想象的浩瀚凭语言而存在……你根本无法分离哪些属于思维，哪些可以称为语言。语文就在生命思维之中。

2. 语文与生命文化的传承

成为世界的精灵，因为每一个人的生命，都是人类几千年文化的结晶。正如曹明海教授所言"一种语言，就是一种生存方式，就是一种精神载体和情感符号"，"语言是人的一种生命活动形式，是人类文化的重要组成部分"。可以这样认为"人就在语文文化中生存、生活和发展"。所以，语文"负载着民族的文化精神，传承着民族的文化传统"①。

中国有五千年的灿烂文化，以正式有文字记载的历史算起，也有 2500 多年。我国古代优秀的经典古籍着实数不胜数。所有这些瑰宝，都因为有语言文字的记录，才能突破空间和时间的阻隔流传至今。一代又一代华夏子孙的智慧，在代代传递中累积，方有今日的灿烂文化，也才有历代文化熏染下的当代人。所以，诚如中共中央办公厅、国务院办公厅印发的《关于实施中华优秀传统文化传承发展工程的意见》指出："文化是民族的血脉，是人民的精神家园。文化自信是更基本、更深层、更持久的力量。中华文化独一无二的理念、智慧、气度、神韵，增添了中国人民和中华民族内心深处的自信和自豪。"在这里，我们又怎能小觑了语文在承传中的伟大贡献。

3. 语文与主体生命的表达

人类生命的存在不仅需要表达，而且有着强烈的表达欲望。它耐不住寂寞，这是因为人类是社会性劳动的产物。要表达，就得凭借于语文，这就使得语文具有了强烈的生命性。其实就语文本身的机制而言，它本来就是社会约定俗成的音义结合的符号系统，是一种特殊的社会现象。冯骥才先生在《表白的快意》中说："每个人都有两个自己，一个是外在的、社会性的、变了形的；一个是内在的、本质的、真实的自己，就是心灵。""这心灵隐藏在我们生命的深处……那些难言之隐也都在这里完好保存着、珍藏着、密封着。……然而，它也要说话，受不住永远的封闭，永远的自知、自解、自我安慰。它要撞开围栏，把这个'真实的本质的自己'袒露给世界。"②

---

① 曹明海：《语文教育文化过程研究》序，济南，山东人民出版社，2005。

② 《冯骥才艺术随笔·表白的快意》，杭州，浙江文艺出版社，2000。

　　人类总是想把自己心灵深处的世界有姿有态、有声有色、鲜明地呈现出来，无论是倾诉、絮语、描述，抑或是呼喊，都是生命最快意的创造。

4. 语文与生命之间的交流

　　马克思主义认为人既是社会的动物，也是社会性劳动的产物。社会是一个很大的人类生命的群体，是以一定的物质生产活动为基础而相互联系的人类生活共同体。人是社会的主体，劳动（工作）又是人类社会得以生存和发展的前提。物质资料的生产是社会存在的基本条件。人们在生产中形成的与一定生产力发展状况相适应的生产关系，构成社会的经济基础。在这基础上产生与它相适应的上层建筑。这正如钱冠连先生所认为的那样："语言行为虽不是人的全部生存状态，却是人的基本生存状态，即三活状态——人活在语言中，人不得不活在语言中，人活在程式性语言行为中。"[①] 在复杂的社会形态里，人与人之间随时随地都需要有多种形式的沟通，方能保证社会活动中统一性与多样性的和谐统一。语文，正承担着这种沟通的重任。正是因为有了语文这种思想交际的工具，才使人类具有了社会性，即可以让社会成员在参与，适应个人之间或群体之间的活动时，有了协调、和谐的关系。可以这样说，如果没有语文，人类社会根本就无法形成，所以，人类生命正是在表达和交流中显示了它的存在和发展。如此我们就不难理解语文教育的生命性正是它的本质存在。这也是其他学科不能与它比肩的独特之处。

5. 语文与生命活动的审美

　　审美是人类生活中的重要内容。在世界这个审美客体里，存在各种各样的审美属性，如美、丑、崇高、卑劣、幽默、怪诞、典雅、粗俗等。人作为主体必然要对客体的审美价值做出评估。而这种评估需要人通过审美直觉，在想象、认识、情感的基础上展开。这个过程是知、性、意、情的统一，是形象体验与理性判断的统一。受特定审美对象的性质、特征和文化传统、社会风尚的制约，审美具有客观的尺度和时代、民族的特征；又受主体的目的、情趣、习惯、能力和价值观、审美观的制约，审美具有鲜明的主观性、自主性。不同的人对同一事物会做出不同的审美评价，表现出美感的差异性。其实，作为审美对象的美，是为主体而存在的，对美的评价

---

① 钱冠连：《语言：人类最后的家园》，北京，商务印书馆，2005。

是由欣赏和创造美的人决定的，而审美的判断过程，语文是重要的工具。人类正是凭借语言去确定美、欣赏美、评价美、享受美，从而完成生命的审美活动。

我们以语言和思维的一体性审视语文教育的生命观，谁都不会否定语文教育就如一篇浓墨重彩的华章，而这篇文章的字里行间都写着"人的生命"四个大字，处处都闪烁着人的心灵的光辉。语文就是生命诗意地栖居和真情地表现的家园。

我的生命语文与教学观

一、识、书汉字：生命在启蒙中开智

文字，是符号，书面的符号；

汉字，是图腾，生命的图腾。

符号的使用，当以"认识""书写"为前提，

"生命的图腾"赋予它更多的内涵。

传说仓颉造字时"天雨粟""鬼夜哭"，

竟能如此惊天地、泣鬼神！

炎黄子孙历来信奉"敬惜字纸"，

唯因识、书的汉字有着丰盈的生命意蕴！

（一）"蒙以养正"：低段语文教育的"圣功"

《易蒙》曰："蒙以养正，圣功也。"蒙童养正是指童稚上学应先培养其端正的心性和行为，让其正心、正德、正见、正行，以奠定孩子一生勤学敬业、平和处世、幸福成功的基础，这无疑是最神圣的功德。"蒙以养正"，说到底就是生命的正气，精神的推力。蒙童一上学，教师应当关心的就是他们的生命状态，从儿童的特点出发，顺其天性，以"正心"养其意志，以"正德"升其品格，以"正见"开其眼界，以"正行"修其行为。小学低年级的语文教学是母语教育的启蒙，精神家园建设的奠基，不仅关系到小学语文教学的 6 年，中等教学、高等教学的 10 年，乃至人生语文的 60 年，为此，其起步"养正"的重要性当不言而喻。前段时间，上海市曾以"我家的传家宝"为题举办面向全市中小学生的征文比赛。在两万多篇参赛征文中，令评委老师十分惊讶的是，有相当数量的学生都不约而同地将"外婆的一件补了又补的旧衣裳"当成了"我家的传家宝"。如果这样的作文只有几篇，当然还是可信的，问题在于像上海这样的现代化大都市，两万个孩子中，一下子有上千件补了又补的旧衣裳，还当作了"传家宝"，而且又都是外婆的，就不禁令人生疑。① 不少人认为，出现这种作文造假的现象，主要原因就是一学写话，老师就要求"写有意义的事"，而不强调要讲真话，"我手写我心"。这也从一个方面说明了"蒙以养正"的重要。正心、正德、正见、正行也得"从娃娃抓起"。

在"语文教育生命观"的讲坛上

《义务教育小学语文课程标准（2011 年版）》（以下简称《课标》）中明确强调："要根据不同年龄学生的学习特点，以不同学段的目标为参照，抓住关键，突出重点。"对于低年级的语文教学来说，笔者认为它的特点、重点和关键点正是养正启蒙。常言道：良好的开端等于成功的一半。对语文学习的兴趣和良好的学习习惯，不仅关系到能否学好语文课，还关系到学生以后的各科学习，关系到学生能否在获得知识的同时养成健全的人格。正是从这个意义上说，低年级语文教学更显任重而道远。然而，眼下一个不容忽视的问题是在语文教学研究的整体视野里，恰恰是对低年级语文教学特点和规律的关注正在日渐减少，一些重要的、大型的课堂教学观摩研究和赛课活动，也少见于一二年级语文课。记得 20 世纪五六十年代，全国小学语文特级教师多数都在低年级段，我们外出听课，也大多是低年级的语文课，对低

---

① 陈军民：《孩子们为什么要在作文中"说谎"》，载《人民教育》，2016（24）。

语教学的研究显得很火热。而现在似乎中高年级段的特级教师会更多一些，关注度也更高。在我比较熟识的教师圈里，一些在当地颇有名气的小学低年级段语文教师，以前一直是某些学校招揽新生的挂牌名师，而现在有一部分教师以跟班为由，转向并定位于中高年级，而让新手教师执教一二年级。另外，由于对低语教学特点和规律研究的匮乏，导致出现"低语教学高语化"的现象，具体表现为轻识字、重讲析；轻基础、重深度；轻习惯、重知识……所有这些现象的出现，都会有各不相同的"必须"的理由，但低年级语文教师队伍的削弱和教学思想的错位，却是大家都不愿看到的结果。这同时也相对地造成了对低语研究的弱化，对语文教学的整体而言，实在是釜底抽薪。为此，我们关注并强化对低年级语文教学的研究和实践，确实很有必要，而首当其冲的当是低年级语文教学的特点和重点（不是全部），即必须从"蒙以养正"的那些"圣功"上着眼和入手。笔者认为尤其是以下的几个方面。

1. 要有坚实的"识字为先"的基础

"蒙学之时，识字为先，不必遽读书"（王筠《教童子法》）。在历史上，这几乎已成共识。原因很明显，这是由汉字的特点所决定的。汉语以汉字为基础，而汉字完全不同于极大多数国家所采用的以标音为主的拼音文字，汉字的一字一音一义，基本上是要一个一个认的。汉字的组合能力很强，每一个字都如活跃的化学原子，在千姿百态的滚动中组成丰富多彩的词语。所以，中国人要过语文关，必先过文字关。学语文就一定要打下牢固的识字基础。另外，识字的过程绝不是机械呆板的识记，而是充满着音、形、义的有趣的联系，这不仅能培养儿童识字的兴趣，而且这种联系的内涵有益于触发学生的智力和潜能，培养儿童的审美能力。正如鲁迅先生所认为的，汉字可以音美以感耳，形美以感目，意美以感心。世界各国文字中没有一种文字能像汉字这样源远流长，其存在发展的历史从未中断；世界上也没有一种文字能像汉字这样，是按照自己民族语言特点形成的文字。所以，《课标》明确规定第一学段的语文教学以识字、写字为重点，是很有道理的。

2. 打好习字书写的根基

不仅写字关系到巩固识字，而且练写的过程也是学习性情、态度、习惯审美趣味养成的过程。明代的《教子良规》中就明确提出："小儿初就学时，固宜以识字为先，而写字尤不可不慎。古云'心正则笔正'，笔之不正则知其心之不正矣。故养蒙者必养之以正，而后圣功从此而始。"

　　鲁迅先生十分重视写字，他对写字不认真的态度，曾提出过尖锐的批评：写字必须使人一看，就认识，年轻人现在都太忙了……他自己赶快写完了事，别人看了三五遍看不明白，这费了多少工夫，他不管。反正这工夫不是他的，这存心是不太好的。

　　叶圣陶先生在《改变字风》一文中也说过："常听人说起，写字潦草已成风气，为了工作和实际，不得不看连篇累牍的潦草字，实在头痛。我也有同感，读一篇稿子，看一封信，往往要顿住，因为好些字面生，一眼认不清，必须连着上下文猜想，跟本件中相似的字比照，一遍不成再来一遍，才认得清。"①

　　《课标》强调，"按照规范要求认真写好汉字是教学的基本要求"。低语教学要为写好字奠定基石，岂可等闲视之。

3. 实现语文知识、能力的人格化

　　学习语文的基础知识，培养基本能力，是语文学科的本体要求。但是作为人的这种"双基"教学，不是以纯工具、纯技巧的状态来学习、训练的。从教育具有的"生命性"特征来审视，基础知识、基本能力的教学都是人格养成、生命成长的一种过程。从当代培育学生核心素养的视角看问题，所有学科的知识教学都必须自然地、本质地实现人格化、生命化的途径。小学生的每一次学习过程，从根本上说都是对大脑的一次改造。比之其他学科，语文这种知识能力的学习应具有的人格化、生命化特征无疑会显得更强烈。这是因为语与文本身就是生命的存在与表现，思想的表达与交流。无论是读还是写，其内容或者是文质兼美的经典之作，或者是生命本真的倾情表达，展现的都与人的生命家园、精神绿洲相关，又怎么能不与人格养成、生命发展相关呢？教育部审定的九年义务教育教科书小学语文第一册（部编教材）"识字"第一课《天地人》，虽然只6个字"天地人，你我他"，但它对刚入学的小学生来说却是关于自然与社会的庄严话题。"天地人"说的是抬头都能看到的蓝天和脚踏的大地，而"人"作为主体，就生活在天地之间。这是小学生能感受到的大自然。"你我他"说的是我们不仅生活在自然里，还生活在社会里，正是由你、我、他许多人的和谐相处、合作共生，才构成了我们的社会生活。教师无须讲许多大道理，只

────────────

　　① 《叶圣陶语文教育论集》（上册），北京，教育科学出版社，1980。

要稍加点拨就能说明其中的丰富蕴意。难道这仅仅是识 6 个字吗？在识字的同时，相关知识都在培育他们的人格养成与生命成长。

4. 激发学生喜欢语文的情趣

兴趣作为一种心理现象，是人对外界的一种特殊反映形式，它在人的实践活动中产生和发展，所以兴趣一样应当可以激发，更应当持续地得到培养，并逐步地向高深处引导。在这里，教师负有不可推卸的责任。在《课标》第一学段的目标中，把培养兴趣置于首位："喜欢学习汉字，有主动识字、写字的愿望"；"喜欢阅读，感受阅读的乐趣"；"对写话有兴趣"；"对周围事物有好奇心"……以此反思，在我们的低语教学中兴趣又践行得如何？儿童的厌学情绪是不是正在"低龄化"？

谁都知道"兴趣是最好的老师"，儿童是天生的学习者，因为他们的好奇心很重，如果方法得当，学生是很容易对新事物产生兴趣的。语文课是孩子最容易产生兴趣的课程。如果你去调查一下就会发现，小学生在开学伊始，拿到一摞新课本，最喜欢翻看的肯定是语文书。这不只是因为它色彩缤纷，有许多图画，更由于里面有许多好看的故事。学生即使不能完全读下来，也能大体上看懂它的意思。有些人可能会问：既然翻新书时那么喜欢语文，为什么到后来并不见有许多人喜欢语文呢？这里的原因当然会因人而异，但有一条却不得不承认，那就是因为有些教师引导无方，让学生慢慢地讨厌起了语文。如教师分析得太多，没能让学生积极参与；为了考试得分，布置了许多重复、呆板的作业；过度实施了死记硬背的方式，让学生厌烦；课堂教法僵化，消解了学生的兴趣等。

5. 终生受用的良好习惯

教育的本质是养成良好的习惯。儿童刚入学，一切都处于起步阶段，也是好习惯或坏习惯形成的关键时期。为好习惯的养成多花一些力气，应当比多传授一点知识更重要。

习惯是指由于重复或练习而得到巩固的行动方式，并成为一种自觉的行为。古贤云，"习惯若自然也"，指的便是习惯是一种高度自动化的行为反映。从心理学的角度解释，是由于反复的同样的刺激在大脑皮层中形成一个以一定方式巩固起来的稳定系统。也就是说，习惯的养成是因为大脑皮层受到了反复、同质的刺激而实现的。这样，在遇到相似的情况时，就可以排除外界的种种干扰，而做出固定的行为反映。这就可能极大地提高学习和工作效率。但如果形成的习惯是不良的或者错误的，就会起到不良影响了。

著名语文教育家叶圣陶先生就十分重视良好学习习惯的培养。他说："有好习惯，也有坏习惯。好习惯养成了，一辈子受用；坏习惯养成了，一辈子吃亏，想改也不容易。"他甚至把习惯培养视为教育的一条基本规律，说过："养成良好的习惯，直到终身由之的程度，是一条规律。"所以习惯的养成也有赖于扎实的知识基础和持之以恒的实践锻炼，有相当长时间的历练，坚持着这样去做，直到习惯成自然，"不待强制与警觉，也能行所无事的做去，这些就是终身受用的习惯了"①。

语文是每一个人一辈子的"课程"，我们永远离不开母语的怀抱，而低年级的语文教学，从某种角度看无疑是"人生语文"的"起点"和"基石"。这正是"蒙以养正"的"圣功"所在。

（二）以国民的"文字功底"，反省识字教学

记得在《文汇报》上读到过著名文史专家周汝昌先生的一篇短文，说某大学一学生宿舍 6 个人都写不出"钥匙"两个字，最后，要外出给来访者留条的大学生只好写了"钥匙"的英语单词。

在现实生活中，人们提笔忘字或写错别字的现象越来越严重。有人将此归因于"电脑依赖症"，虽有一定道理，但最根本的原因还是人们对学好祖国语言文字的轻视和语文教学实效的滑坡。这导致国民语文素养的整体下降，是语文教学应当深刻反省的问题。

汉语是以汉字为基础的。汉字是重在意会的表意文字，它与拼音文字的根本区别在于集"三码"（形、音、义）于一体，兼有形象思维（一个方块便是一幅图像）和抽象思维（每个汉字的组合有其一定字理）的"复脑"文字。这就决定了每一个汉字基本上都是一个有意义的词，于是这些字便在随意的滚动碰撞中，实行着交替组合。其具体的含义则要取决于上下文语境中所产生的语义关联。一个单音节的"打"，在《新华词典》中就有二十多种解释，取哪一个义项要在具体的语境中确定。所以，文字的教学在中国语文教学中具有基础性、战略性的特殊地位。识字教学绝

---

① 《叶圣陶序跋集》，北京，生活·读书·新知三联书店，1983。

不仅仅是解决"认字"的问题，它关系到一个人的"文字功底"，而"文字功底"又可以决定他的语文素养生命状态。这是不争的事实。

应当说，语文教学的课程改革确实给我们带来了许多新的重要理念；国外的新课程论思想让我们拓宽了视野；对语文课堂知识的过度训练的反思，使人文精神的建设得到了重视和强化；现代教学技术的应用又极大地丰富了语文教学方法——这些时代性的进步无疑是十分可贵的。但发展总是和新的问题同在，也许因为我们在语文教学过程中应当关注的方面太多了，而忽略了中国语文的特点，其必须多用中国的经验来进行教学的这一基本规律。今天，对"学语习文，识字为先"这一传统经验的重要性，并没有丝毫改变，因此在小学语文教学中仍然要十分重视识字教学，为读写能力的培养打好坚实的基础。然而，现实不但不容人乐观，而且不免忧心忡忡。在当下的语文课堂上，我们屡见不鲜的是一课书中的生字"一锅端"，只求一次性解决；识字教学沦落成"认字教学"，似乎只是为阅读课文服务；低年级课堂的写字指导总是在下课钟声快要响起时"虚晃一枪"；以及中高年级基本不再进行识字教学……这些现象必然会使识字教学在小学语文教学中的逐渐式微，导致学生的文字功底太差，而最终影响了国民整体语文素养的提高。

识字教学从本质上说应当是"汉字教学"，而不只是"认字教学"。《课标》指出，"识字写字是阅读和写作的基础"，"识字教学要将儿童熟识的语言因素作为主要材料，同时充分利用儿童的生活经验，注重传给识字方法，力求识用结合"。在这里"初步领悟汉字的文化内涵"，"力求识用结合"都关系到识字教学如何打好"文字功底"的问题。

1. 在识字、写字中丰富词语积累

从语言学的角度看，汉语是一种单音节分析语。虽然现代汉语词汇中双音节词很丰富，但从根本上看，每一个汉字基本上就是一个独立的词，而许多多音节词汇都是由字组合而成。这与印欧语中把每个词的数、格、时态、语态、词性等有形地表现在词语上，其规定严格而又单一的特点是完全不一样的。所以，在传统识字教学中注重以字组词或"一字开花"的经验就显得十分重要了。因为这样做既可以把识字和用字有效地结合起来，又可以使儿童少写错别字；另外，还丰富了他们的词语积累，充分利用儿童熟识的语言因素，达到温故知新、触类旁通的目的。请看一位老师教《黄山奇石》（人教版第三册）一课的"盘"字时所采用的"辐射组词"

片断。

> 师：（在学习音节"盘"时，先用简笔画了"盘"的图，说奇石的顶上平平的，就像一个盘子，然后引导学生扩词）你看到过哪些盘？
> 生：我家有盛菜的大盘和小盘，都是圆的。
> 生：还有椭圆形的盘。
> 生：我家的厨房里有方盘。
> ……
> 师：那是从盘的形状方面来组词的，那么从做盘的材料方面说呢？
> 生：有瓷盘，还有塑料盘。
> 生：还有玻璃盘。
> 生：木盘也有的。
> ……
> 师：如果我们能从用途方面说又有哪些盘？
> 生：盛菜的叫菜盘。
> 生：我家有水果盘是专门放水果的。
> 生：还有点心盘，是放点心的。
> 生：放茶壶、茶杯的盘叫茶盘。
> ……
> 生："棋盘"是一张纸，怎么也叫盘？
> 生：那上面是放棋子的，不就像盘一样吗？
> 师：你还从哪里看到过"盘"字。
> 生：我在古诗中读到"谁知盘中餐，粒粒皆辛苦"。
> 生：我会背"小时不识月，呼作白玉盘，又疑瑶台镜，飞在青云端"。这是李白的诗。
> ……

　　一个生字"盘"，通过组词，不仅激活了学生熟识的语言因素和生活常识，丰富了词语的积累，而且对"盘"字的识记和活用也达到了新的境地。

2. 在出声朗读中关注文字疏漏

学生的读与写不仅是识字能力的具体运用，而且在运用中得到了巩固，夯实了文字功底。如课堂上学生的朗读常常发生读多、读少、读倒、读破、读错等问题，其中极大部分都与文字功底不足有关，都可以看成是对识字教学成果在应用中的考问。认真对待这些问题，作现场的点拨讨论，不仅深化了识字教学，更可以让学生的文字功底得到提升。如《搭石》（人教版第七册）一课，课文中有这样一句："每当上工、下工，一行人走搭石的时候，动作是那么协调、有序!"一位学生在朗读课文时读成了"……一/行（xíng）人走搭石的时候……"停顿不对，不是"一/行人"，而应当是"一行/人"。"一/行人"是指一个行路的人；"一行/人"是指一群同行的人。由此可见，读书不仅是加强阅读理解、获得情感陶冶的问题，而且也巩固了识字用字，提高文字修养的问题。宋朝的朱熹说过："凡读书……需要读得字字响亮，不可误一字，不可少一字，不可多一字，不可倒一字，不可牵强暗记，只是要多诵遍数，自然上口，久远不忘。古人云：'读书百遍，其义自见'。谓读得熟，则不待解说，自晓其义也。"（《训学斋规》）在语文教学中，"读"占鳌头，"读"领风骚，这正是植根于汉字汉语特征的宝贵教学经验。"读"之功可谓大矣，它不只是理解感染，也关乎识字的巩固和应用。问题在于教师要有重视识字教学，打好文字功底的思想意识，才能在学生读书时独具慧眼，把重视汉字教学的精神贯穿于语文教学的全程，而绝不可以认为只有一二年级才应当强调识字教学。

3. 在教学目标内辨析一字多义

汉字作为书面符号是直接写义的，所以叫作"表意文字"。汉字的灵魂是义，象形、会意都具有表意的功能，占汉字中大部分的形声字，形旁表意自不必说，即使声旁，很多也有相关的含义。例如"教学"的"教"，是从孝从文的形声字，"孝"是声符。但"孝"在古文字中是一手揪住了"子"（孩子）上的头发。《说文解字》中称"教"乃"上所施下所效"，"孝"也含着这样的意思。所以，汉字的义是作为系统而存在的，且包含了中华民族精神及其反映出来的文化观念。正如宋永培先生所认为，多少年来，对汉字的认识与研究是不合理的，人们无意或有意地把汉字的定义限制在脱离了意义的一串声音或符号的范围内。这样做，是受苏化、西化影响的结果。为此，他强调"只研究汉字的音和形，轻视或拒绝研究汉字的义"是没有根据汉字形、音、义合一，而且义是灵魂的特点。这是由我们的民族精神、文化观念决定的。确实，汉字的一字多义，正是作为表意文字的一大基本特征，正确理解和应用"一字多义"，正是打好文字功底的关键所在，当然也是解决别字问题的最有效途径。一位教师教《温暖》一课时的一个教学片段，颇能印证这一点。

师："深秋"的"深"是什么意思？（出现暂时冷场）你们一定能讲明白的。想一想，上学期在那篇课文中也学过"深"字？

生1：（想了一会儿）在《日月潭》里学过"日月潭的水很深"。那是说日月潭的水深得看不到底。

师：说得太好了！同学们再想一想，还在哪篇课文里学过"深"？

生2：在《送雨衣》里也学到过。"夜深了，周总理还在灯下紧张地工作。"是说时间已经很晚了。

师：你的理解很正确，记忆力很好。说"水深"是看不到底，说"夜深"是时间很晚，那么说"深秋"又是指什么呢？

生3：秋天到来已经有很长时间了，冬天都要来了。

师：说得真好。同样一个"深"字，用在不同的地方意义就不一样。如果我们能细细地辨认辨认，是很有味道的，对吗？

当然，在课文中有很多一字多义的地方，我们自然不可能处处都去辨析，应该是根据教学目标的要求和现场生成之必需来进行，体现不是"教教材"而是"用教材教"的原则。

4. 在貌似平常处挖掘用字之妙

宋朝王安石的《泊船瓜洲》中"春风又绿江南岸"中的"绿"字，不过是一个常见的普通字，但在这里却妙用无穷。王安石写诗讲究炼字，"春风又绿江南岸"这一句中的"绿"字，他开始时用"到"，以后又改为"过"，再改为"入"，又改为"满"。却总是不满意，最后决定用"绿"字。"绿"本来是名词，但在这里作动词用，春风吹拂，绿遍江南大地，遂成千古绝唱。王安石的这种炼字精神，深为后人所称道。

炼字，在中国文学创作中是一条最可宝贵的经验。意思是以写作的切情、切境、

切题为前提，对文字的使用进行反复推敲、锤炼、修改，以达到形象鲜明、情趣浓郁之目的。有些汉字虽然十分普通、常见，但用在特定的语境之中，会十分准确。广义的识字教学绝不只是"认字"，其实更重要的是在"用字"上。要用好字就得炼字。文字用得准确、鲜明、生动、才是真正的文字功夫。

在语文教学中于貌若平常处挖掘用字之妙，关键在于教师要有识字教学的意识，有敬畏汉字的心态。如《燕子》一课中有燕子点水时荡起的"小圆晕"这一词语，"小圆晕"是什么？当一学生说就是水面上的"小圆圈"时，另有几位学生提出："那就写'小圆圈'好了，为什么要写'小圆晕'呢？"由于教师事先没考虑到这一点，一时也说不清楚，只好不了了之了。其实，这里的"晕"字用得很妙。"晕"是形声字，从日军声，本义是"日晕"或"月晕"，指的是一种天气现象，在太阳或月亮的边上有一圈模糊不清的光环。课文中不用"小圆圈"，而用"小圆晕"，确切而生动地描写出燕子点水时水面上的小圆圈是一圈一圈地荡漾开，渐渐变得模糊不清的那种美妙动态，就像日晕或月晕的光环一样。这个"晕"字在此处显然不是一个"圈"字可以承担的。"晕"的用字之妙背后有着相关的文字知识。教师毕竟不是万能的，一时说不上来也不奇怪，但不可不了了之，既然学生有这样的学习需求，就应当运用工具书（字典）与学生一起探究才对，把识字教学落到实处。这是我们应有的对汉字的敬畏之心。

5. 在课文主线上品味汉字意蕴

导读《景阳冈》（人教版第 10 册）一课，在深读探究时，一位老师要学生带着这样一个问题再读课文："老虎对武松进攻了几次？武松是怎样对付老虎进攻的？"教师把学生讨论的结果写在黑板上：

一扑 ⟍
一掀 — 一闪
一剪 ⟋

这是课文的主线，自然也是解读的重点所在，而武松的"闪"则是教学的重点、难点、悟点的纠结点。"闪"虽然只是一个普通的字眼，对五年级的学生来说，更不是生字，但却成了解读课文意蕴的重点所在，值得在这个字上下点功夫。于是教师问学生"闪"是什么意思？学生从课文的语境中理解，"闪"在这里是躲的意思，查字典也说"闪"是"侧转身体躲避"。教师接着又问："既然'闪'就是'躲',课文里为什么用'闪'而不用'躲'呢?"让学生再读课文。教师解读相关的文字学知识,"闪"是个会意字,是人在门中窥视,只是一闪而过。根据这一本意,可以引申为快速地急避、侧转的动作。于是学生得到了启发,有的说:"'闪'显得快,'躲'显得比较慢了。"有的说:"'闪'的动作灵活、敏捷,而'躲'有点儿笨手笨脚。"有的说:"'闪'是主动地躲开,'躲'显得被动,是没有办法才躲开的。"还有的说:"'闪'是勇敢地去对付老虎,'躲'是因为害怕老虎才躲避的。"……原来近义的"闪"与"躲"在这里还有着如此大的区别,表现的意思是完全不同的两种生命意态。

语文教学就要这样咬文嚼字。当然不可能在所有地方都这样做,但在课文主线的关键词上必须这样做。因为,这不只是一种深化了的识字教学,更是悟得课文主旨的重要通道。特别是名家名篇很讲究炼字,总是会呕心沥血地寻求最贴切的字眼,来准确地表情达意。我们就要紧紧抓住这些闪耀着作者智慧之光的"亮点"不放,指导学生在反复练习中得到感受,提高驱遣文字的能力。这种对准确用字的推敲,多数分散在课文导读过程中进行,看上去有较大的随意性,仿佛信手拈来,其实却是教师独具匠心的文字教学艺术,这对于提高学生的文字功底,无疑具有十分重要的作用。

(三) 关注"课标":汉字教育的生命意识

《国家中长期教育改革和发展规划纲要 (2010—2020 年)》(以下简称《纲要》)在对语言文字工作提出的要求中特别强调了要"把语言文字工作融入教育发展",在教育活动中应大力推广普及国家通用语言文字,提高应用水平。在学生综合素质方面,注重提高学生的语言文字应用能力,提高语言文化素质,承传和弘扬中华优秀文化传统和革命传统。《课标》不仅总结了十年课改的经验和问题,也遵循着"纲要"指引的方向。面对"当今世界,经济全球化趋势日渐增强,现代科学和信息技术迅猛发展,新的交流媒介不断出现,给社会语言生活带来巨大变化,对中华民族优秀传统文化的继承,对语言文字运用的规范带来新的挑战"(《课标》)的严峻态势,强化汉字教育意识,无疑是我们实施新《课标》应予以关注的重点之一。电脑的频繁使用,书写的日渐式微,汉字被错用错改,国人语文水准下降……都是语文

教学绕不开的话题。小学是基础的基础，无论是识字也好，还是写字也罢，小学阶段奠定的基础，养成的习惯，都会影响人的一生。记得是 2009 年绍兴文理学院在举办小学语文课堂教学观摩研讨活动时，几位大学教授不经意间说到最头痛的工作竟是为本科毕业生修改毕业论文，那真是错字连篇，病句累牍，惨不忍睹。当时，于永正和我在座，连忙站起来赔不是：这是我们小学语文没教好。语文真的是跟"人生"连在一起。

与张田若及外国专家一起讨论汉字教学

确实，中国人过不了汉字关是一个十分严重的问题，这里的归因很多。但最值得反思的是当下小学语文课中的汉字教学正在不断被淡化：低年级的识字教学似乎不再是重点，把一课的生字集中呈现，拼读正音之后便忙不迭地进入逐段讲问，已屡见不鲜；写字指导大体放在快下课的时候，难免仓促处置难以完成；在五六年级的语文课上，更难见的还有识字教学的行动……"识字为先"是汉语的特点和汉语教学的传统经验、客观规律，为何在小学语文教学中被冷落？这在学习和实施《课标》的当下更应受到我们的关注。那么，"提高国家通用语言文字应用水平"又是怎样体现于《课标》之中的？

1. 强调"语言文字"，凸显了语文课程的基点

"语文"是什么？曾是语文界讨论的一个热门话题。有人说应当是"语言文字"，也有人认为是"语言文学"、"语言文章"，甚至是"语言文化"。当然，这些都是"语文"应有之义。正因如此，就有了一种颇显公允的说法：在小学要多侧重于"语言文字"，在中学可以多一点"语言文学"，至于大学，自然更应当体现"语言文化"。其实，这里的"文章""文学"都是以"文字"为载体的书面作品，而这一切又都在"文化"的范畴之内。作为语文课程，其最具包含性的基点，便是"语言文字"。《课标》阐述了这样一种理念："语言文字是最重要的交际工具和信息载体，是人类文化的重要组成部分。语言文字的运用，包括生活、工作和学习中的听说读写活动以及文学活动，存在于人类生活的各个领域。"在"课程性质"部分，《课标》更是明确地指出"语文课程是一门学习语言文字运用的综合性、实践性课程"，从根本上澄清了"语文"是什么的问题。在《课标》的"前言"和"课程性质"部分，一共有七处地方提到了"语言文字"，而旧版"课标"的"前言"和"课程性质"部分只有一处"语言文字"，其余均以"语文"表述。笔者认为，这应该不是无意而为吧。强调"语言文字"确实会更具体、更明确地凸显容易被忽视的汉字教育在语文课程中的地位和作用。它与当下国人的文字功底退化，汉字书写危机加剧的现实应当说不无关系。这无疑也是《纲要》"把语言文字处理工作融入教育发展"的具体要求的体现。

2. "致力于培养学生的语言文字运用能力"事关提高公民的汉语水平

"致力于培养学生的语言文字运用能力"是《课标》特别强调的核心理念之一，这不仅表现在"前言"部分所高度概括的"语言文字"在当今社会的重要作用，而且着重提出了因信息技术的迅猛发展和新交流媒体不断涌现对语言文字处理运用的规范所带来的新挑战。因此，语文教育的根本任务和时代要求应当是"致力于培养学生的语言文字的运用能力，提升学生的综合素养"，并且明确指出"学生学习运用祖国语言文字"的基本策略是"在大量的语言实践中体会、把握语文的规律"。笔者认为，这一切不仅直接构成了学生的综合素养，还关系到提高全体公民的汉语水平的大局。2011 年 5 月，教育部在当年第 1 次新闻发布会上所提出的 2010 年"中国语言生活状况报告"中表示：社会广泛关注公民语言能力问题，特别是母语能力和书写能力的问题。一项对北京部分大学生汉语应用能力的

测试显示，不及格的学生占 30%，得分在 70 分以下的占 68%，测试结果不容乐观，人们不得不质疑学生的汉语应用水平。确实，在当今的日常生活中，键盘敲打替代了用笔书写，短信、QQ 代替了书信，博客替代了日记，网络论坛取代了书面撰文……一句话，电脑的频繁使用和网络语言的混乱正在使许多中国人对母语的运用和书写变得不规范。法国语言学家莫里斯曾说"捍卫法兰西语言和加强国防同样重要"。这没有任何夸张之处，中国人母语能力下降，正在使很多人担心中华文化失传。国家语委在《国家中长期语言文字事业改革和发展规划纲要》中首次提出了"语言文字事业"这一概念，而且首次强调要提高公民语言应用能力的问题，这具有深远意义。因此，《课标》"致力于培养学生的语言文字处理运用能力"绝非仅仅关乎语文学科的教学质量问题，它更是提高公民母语能力和优化生命素养的重要战略举措。

3."以童为本"需要调整好识字教学的课业负担

小学语文要强化汉字教育意识，首先是识字教学问题。在《课标》的"教学建议"中"关于识字、写字与汉语拼音教学"部分，不仅提出"识字、写字是阅读和写作的基础，是第一学段的教学重点"，而且新增了"贯串整个义务教育阶段的重要教学内容"。如此至关重要的强调，无疑具有重新定位的意义。对于识字教学我们历来的定位只是低年级语文教学的重点，但《课标》也提出识字、写字是阅读和写作的基础，现在作这样的改动应引起我们足够的关注和思考。当然，也正因为识字、写字教学的重要，我们就更应关注如何以儿童为本来提高它的教学质量和效益。在这方面《课标》作了合理的调整：如根据一、二年级儿童的生理、心理特征，必须让他们保持对识字、写字的浓厚兴趣，对语文学习的浓厚兴趣，就要降低难度、放缓坡度。一、二年级的识字量由原先的"1600～1800"降到 1600 左右，写字量由"800～1000"降到 800；三、四年级须累计认识常用汉字 2500 个，其中会写 2000 个左右降低为会写 1600 个左右。从总体来看，这些量的降低，课业负担的调整，在一定程度上却为"质"的获得提供了保障。因为第一学段和第二学段减少的识字量和写字量，都会在高年级时相应增加，整个小学阶段识字、写字的总量保持不变。这样的调整凸显了教学要求更符合不同年龄段小学生的特点和能力，体现出"以童为本"的理念。又如《课标》还明确给出了"先认后写"的 300 个字，提出"识写分流"，减少了写字量，却为"练习基本笔画，基本部件，基本结构，为写复杂的字作基本功准备"。"多认少写",减轻了儿童的负担,也为以后的写好、写快,为真正提高识字、写字教学效率创造了条件。

4. 重认汉字书写的教育价值和时代意义

汉字是方块字,集音码、形码、义码于一身,既有象形的形象思维功能,又有字理结构的逻辑思维功能。汉字的如诗如画,它的象形之美,结构之美,意蕴之美和音韵之美,可以说是独步天下、举世无双。《课标》针对当下"提笔忘字""胡乱写字"的严重问题特别强调了汉字书写教学,明确指出,"按照规范要求认真写好汉字是教学的基本要求";要全面认识写字的教学价值,"练字的过程也是学生性情、态度、审美趣味养成的过程";并提出了写字教学的具体要求,"每个学段都要学生写好汉字","要求学生写字姿势正确,指导学生掌握基本的书写技能,养成良好的书写习惯,提高书写质量";还做出了明确的时间规定,"第一、第二、第三学段,要在每天的语文课中安排十分钟,在教师指导下随堂练习"。不仅如此,还要"在日常书写中增强练字意识,讲究练字效果"。

(四)从"突围"到进入"新常态"的识字教学

国家《课标》充分强调了识字教学的重要地位,在当前大力落实"中华优秀文化教育指导纲要"的行动中,如何培养学生"热爱祖国语言文字的情感"更是一个具有战略意义的根本问题。汉字是世界上历史最悠久,使用者最多的文字,不仅影响着中国文明,也关乎不少国家,特别是东南亚一带的文化生活。早在20世纪50年代,印度总理尼赫鲁就对他女儿说过:"世界上有一个伟大的国家,她的每一个字,都是一首优美的诗,一幅美丽的画,你要好好学习。我说的这个国家就是中国。"

然而识字教学的现状却并不尽如人意,比较突出地存在"四化"现象。

一是"粗放化"。随着语文教学整体发展的推进,阅读教学受到普遍关注,十分重视阅读量的扩大,当然没有错。问题是在这个过程中,识字教学粗放了,甚至被认为识字只是为了"扫除阅读障碍",只要读准字音就好了。于是,识字教学出现了"一锅端",即在课件或黑板上一次性出现全部生字,让学生读准字音就行。明显缺少了以生为本、因字而异的形、音、义、书(要求书写的字)综合性的精细指导。

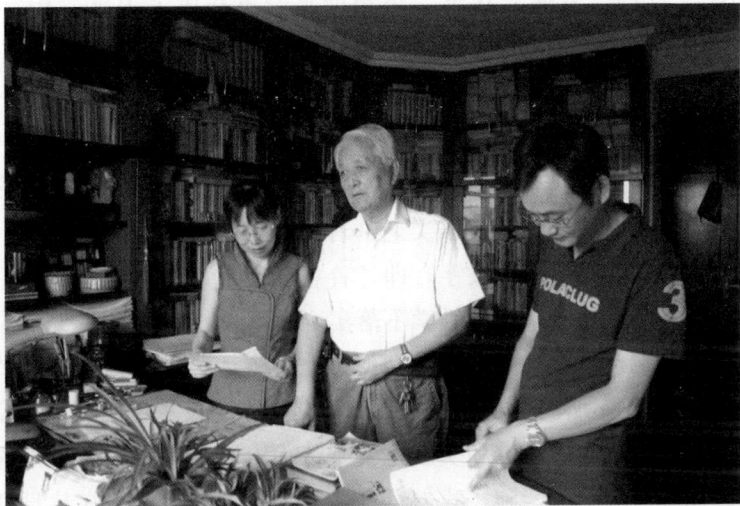

与特级教师王自文、季科平交流

　　二是"扁平化"。对一篇课文中的生字不分青红皂白都视为生字，似乎全班学生都不认识，于是教师以同样的力气作扁平处理，逐个教读。这样完全否定了文字作为语言符号和信息载体，本来就充斥在学生的现实生活之中，有的生字学生确实不知，但有的生字学生并不陌生，有的可能早就是他们熟识的朋友了。这种扁平化处理，不仅是一种高耗低效的行为，而且严重地忽视了学生的学习需求，排斥了他们的主动参与性，会严重挫伤他们的识字兴趣。

　　三是"模式化"。识字教学不仅是认识一个符号，而且更重要的是开启儿童的心智。这是因为汉字是方块字，其特点是信息量大。几何常识告诉我们，就储存信息量来说，点不如线，线又不如面。汉字是平面文字，它比线形文字储存的信息量要多得多。所以，一个汉字就是一个信息的集成块。它不以表音为主，而是表义的文字，一个字就是一个词，而且具有多义性，需在上下文的联系中去意会。如"背道而驰"的"背"，不是指人体的某一部分的名称，而是指"朝着反方向"，但这两者又不是毫不相干，而有着引申的关系。所以，有效的识字过程是开启心智的过程，而如何开启，则需要教师精心设计、科学实施。

　　四是"边缘化"。信息化时代，电脑、手机的普及，"打字"在很多场合代替了"写字"。只要记着"音"，就会找到现成的字，人们似乎不用费心去辨析其写法、用法。这种"方便"从另一个角度来看也造成了识字、用字质量的下降，更不要说所带来的写字的荒废。于是，识字教学的重要性降低，日渐走向了"边缘化"。

语文教学要重在培养学生的读写能力，但不能因此淡化了识字教学，因为读写能力必须以高质量的识字为基础。中学语文特级教师韩军认为："语文课之独立价值是文字，语文课首要上成文字课。语文老师首要是文字师。若关注精神，也要由文字引发、由文字贯穿，终落脚于文字，即'着意于精神，着力于文字'。"我们的母语是以汉字为基础和载体的，识字教学不落实，又何谈语文教学。

语文教学改革在现代信息技术浪潮中似乎陷入疏远了汉字识、写的"后识字时代"。于是，诸如"汉字听写"等电视节目一炮打响，引发了中国人对识字、写字的空前关注。语文教学对此的研究和实践也要乘势而上。随着课改的不断深入，特别是"语文课程标准"的全面实施，我们可喜地看到了识字教学正在从日渐式微的误区中突围，找到了新方向，而且还正在逐渐形成为一种"新常态"。

1. 掌握好三套识字工具，变"被动识字"为"自学识字"正在成为"新常态"

拼音、字形分析（笔画结构、偏旁部件）、查字典是小学识字教学中的三套识字工具。"工欲善其事，必先利其器"。小学识字教学要提高质量，关键还在于教师不仅要让学生"识会字"，还要培养他们"会识字"的能力，变单纯接受教师教的"被动识字"，转化为可以自己学的"自学识字"。实现这种转机的关键，便是儿童对三套识字工具的熟练运用。在这方面，"拼音"和"字形分析"一般都会比较受重视，但对"查字典"能力的培养，似乎还不在当下的日程上。这绝对是一个误区。尽管发放字典已与课本一样，成为义务教育小学生的"标配"，但很少在语文课堂上能见到学生带着字典，更鲜见在学生识字学词有疑时教师指导学生查字典来自行解疑。

学生对"查字典"这个工具的运用之所以很重要，不仅是因为字典正在淡出课堂，更是因为字典在识字教学中兼有着温习拼音、分析字形（查偏旁部首、数笔画）和辨别字义等多种功能，并且还能为日后使用各类工具书打下坚实的基础。

实践证明，使用好三套识字工具，学生就可以自学识字了。这无疑会极大地推进学生自学能力的发展。当然，学生自习识字不等于教师可以放弃"导"

的责任，教师在课堂上落实检查、组织交流，在疑难处的点拨引领，仍然是不可或缺的。

2. 联系儿童实际生活，变"课内识字"为"全方位识字"正在成为"新常态"

笔者曾做过多年的"全方位识字教学"实验。这种识字教学法的理论依据是文字作为一种信息传输载体，充斥在孩子们的日常生活之中，孩子们和这些文字经常见面，有的已经熟知，有的一知半解，这一方面使儿童不自觉地积累了自己的识字经验，另一方面又会刺激和强化着他们的识字愿望。所以，识字教学必须打破只局限于课堂和教材的做法，应当密切联系孩子们的生活环境，把课内的自觉识字与课外的无意识字的经验联系起来，构成全方位的识字氛围，以激发他们的识字兴趣，强化识字能力，扩大识字量。据调查，儿童的自我识字渠道主要有以下几方面。①来自社会环境，如地名、路名、桥名、名牌、招牌、广告、春联等，由于经常见面，在无意中竟成了熟字。②来自人际关系，如亲属、同学、老师的姓名，在交往过程中不自觉地也熟识了。③来自其他学科，诸如数学、思想品德、科学、音乐、美术、体育等，都会有一些字经常见到，也就不再是生字了。④大量的识字成果更多来自课外阅读，从绘本到文字读物，都可以使小朋友兴致勃勃地认了许多字。⑤来自影视活动。电影电视是小朋友的最爱，无意中也会识不少字，而且几乎没有任何负担……

听过一位老师讲《难忘的泼水节》（人教版第四册），她对课文中的生字是这样教学的：让学生初读课文，画出生字拼读，并想想哪些生字是已经认识的，怎样认识的；哪些生字认识有困难。然后组织大家交流。在交流中学生的积极性很高，充分显示了孩子们的识字潜力。如"凤凰"这两个生字，全班学生都认识。有的说是电视上学到的，广告中有"凤凰珍珠霜"；有的说是从自行车上学到的，我们家有一辆"凤凰"牌自行车……这样，其他如"祝福""盆""毯"等，都是在日常生活中无意学到的。生字"铺"，不少小朋友还是从本地地名"东浦"的"浦"推测而知的。总观这样的交流过程，不仅让学生因参与了教学而学习情绪很高，同时教师对这些已识和半识字只需稍作点拨就可以了，可以将重点放在认识有困难的几个生字上，大大提高了教学效率。

3. 传承汉字文化，变"狭义识字"为"广义识字"，正在成为"新常态"

汉字的方块特征，使它主要地不是一个标音符号，而是具有了"三码""复脑"

的价值，即一个汉字既是"音码"，也是"形码"和"义码"；同时，从文字的象形上可以充分发挥学习者的形象思维功能，而构字内含的字理，又具有了抽象思维的功能。显然这与仅仅是表音的拼音文字相比有着本质的区别。教育部基础教育司2000年1月20日在其《关于当前九年义务教育语文教学改革的指导意见》中强调指出："应充分考虑汉字的特点，以提高识字教学效率。同时，让学生在识字过程中初步领悟汉字的文化内涵。"由此可见，识字教学的价值绝非仅仅是识记字音，为阅读扫清障碍，而且必须让孩子在识字过程中去初步领悟汉字的文化内涵，开启心智能力，实现生命成长。

绍兴的一位语文老师教《白鹅》时是从兰亭《鹅池碑》入题的。作为生字"鹅"是左右结构，但以前也可以写成上下结构，就是"我"字在上，下边写一个"鸟"字（出示课件照片）。同时，教师让学生思考：为什么现在是左右结构？（结构安排更合理，便于书写）可碑上的"鹅池"两字好像不太统一，又是怎么回事？教师便顺势讲了书法家王羲之爱鹅、养鹅的事。一天，王羲之刚写完"鹅"字，将要书"池"字时，忽然圣旨到，就搁笔迎旨。这时儿子王献之，趁父亲离开之际，提笔补上了"池"字。所以一碑二字，一肥一瘦，竟成了父子合璧的千古佳话……一个"鹅"字的教学，又如何只要识得便成，串连上一段绍兴的乡土史话，富含的不正是足以启迪心智的汉字文化内涵吗？

4. 充分开掘学情资源，变"授予识字"为"互动识字"，正在成为"新常态"

传统的识字教学比较多见的往往是教师单向地授予给学生，先念准音节，然后再分析字形、解释字义。为了加深这种单向的授予效果，教师还要让学生千篇一律地作口诀化集体发声，如教"柏"字，便要学生念"b—ɑi—bǎi，左右结构，木字旁，白字边，柏—柏—柏，柏树的柏"。这种固定不变的模式，怎能不使一些小朋友厌倦。大家鹦鹉学舌一般在那里学读，没有开动脑筋的参与互动，就很难促成学生在识字过程中的真正"内化"。所以，在识字教学中如何改变教师单向的"授予识字"，实行"因字制宜"，让学生积极参与的"互动识字"就显得十分重要。

一位老师在教生字"辛"时，问孩子"辛"字可以怎么记？学生积极参与；在互动启发下，交流了不同的记忆方法——

生1："辛"字有七笔，是点、横、点、撇、横、横、竖。

生2：我不是这样记，这样记不住。"辛"字上面是点横头，下面是"羊"字少一横。

生3：我把"辛"和"幸"比较着记。下面的部分全一样，"羊"字少一横，上头不同，一个是点横头，一个是土字头。这样两个字就不会写错了。

生4：我的记忆方法不一样，"辛"字上面是个"立"字，下面是个"十"字，我想到妈妈是商店的售货员，每天要立着上班十小时，真辛苦。这样，我就不会把"辛"字写错了。

……

"辛"字的识记传递出来的却是不同的生命节律。

别以为这样是在浪费时间，其实，这样才是让学生自己识字。如果细加分析，这些学生的参与体现了不同的思维水平。第一位是最简单的思维方法——记笔画；第二位已经运用部件（整合模块）来识记了；第三位当然更进一步，用形近字相比较进行识记，可以避免因形近而写错；第四位更不简单，把识字与生活感受相联系。这显然是因为交流的相互启发，讨论必然会越来越深入，智慧的火花也就在思维的碰撞中迸发出绚丽的光彩。

中国的民族文化传统里是十分敬重汉字的。《淮南子》记载："仓颉作书而天雨粟、鬼夜哭。"也就是说汉字的形成是一件惊天动地的大事。许慎认为，文字乃"经艺之本，王政之始，前人所以垂后，后人所以识古"，而不是简单的记录语言的工具，应是载道之器。为此，民间就一直有着"敬惜字纸"的习惯，即写有汉字的纸屑不可乱丢，那是罪过，都要存起来，到庙里专门的化纸炉里去焚烧。在中国古代漫长的岁月里，学问则被分为"大学"和"小学"。"大学"是义理之学，重在修身养性，培养君子的品德；而"小学"是文字之学，从识字到训诂，虽属启蒙，但意义十分重大，是求学问和学做人的根基。足见古人对汉字学习的重视。所以，对汉字和识字教学，我们应当永存敬畏之心！而五千多年的汉字发展的历史和汉字足以开启心智的特异功能，又为今天的识字教学之推陈出新，能行进在时代前列，开辟了广阔的前景。识字写字之学，不就是生命成长之学吗？

（五）写字教学中的"开笔礼"

在语文教育的生命观中，写字教学一样充盈着人的生命意蕴。"字为心迹""字如其人"都说明一个人写出来的字与他的思想、性格有着密切的联系。"笔迹学"是一门人文科学，就是研究笔迹与一个人的性格、特点、社会态度和思想倾向的内在联系。心理学家、精神病学家，案情侦破专家等都会以笔迹作为分析人的工具。《课标》对写字教学的要求十分明确，在第一学段就提出"掌握汉字的基本笔画和常用的偏旁部首，能按笔顺规则用硬笔写字，注意间架结构。初步感受汉字的形体美"，要"努力养成良好的写字习惯，写字姿势正确，书写规范、端正、整洁"。第二学段就进一步提出"能使用硬笔熟练地书写正楷字，做到规范、端正、整洁"，并开始"用毛笔临摹正楷字帖"，"写字姿势要正确，有良好的书写习惯"。在"第三学段"（五六年级）要求就更高了。要"能用毛笔书写楷书，在书写中体会汉字的优美"。同时，继续强调"写字姿势正确，有良好的书写习惯"。在"教学建议"中还特别强调了认真写好汉字是语文教学的基本要求，"练字的过程也是学生性情、态度、审美趣味养成的过程"，充分显示了写字教学与儿童生命成长的内在联系。为了保障有一定的练写时间，《课标》还建议在每天的语文课中安排 10 分钟随堂练习，还要"在日常书写中增强练字意识，讲究练字效果"。

所谓"开笔礼"就是教师将一年级新生开始写字，设计成一项隆重的仪式，以唤起儿童对开始写字的重视，充满庄重感。

在使用新教材的教学中，一位优秀的教师设计了一种"开笔礼"的写字教学活动（拓展性课程）。即在进入"识字"的第二课《金木水火土》（第一次写字教学），以一节课的时间，隆重举行了"开笔礼"。她特意将教室作了布置：黑板上挂了孔子像，两边一副对联是"做好中国人；写好中国字"，黑板上的横幅写着"××小学 17 届一（四）班开笔礼"。"开笔礼"由一位科任教师作司仪，先由语文教师讲话，表明从今天起我们要开始用笔写字了。然后讲了中国字的特点和意义，讲了做好中国人、写好中国字的道理。接着，具体指导了写字时应有的坐姿，应该如何执笔，说明了养成这样习惯的重要性。然后，教师隆重地开始下发"开笔帖"。"开笔帖"是一张浅红色的纸，式样如下：

××小学（××届）一年级（×）班 开笔帖

写好中国字　做好中国人

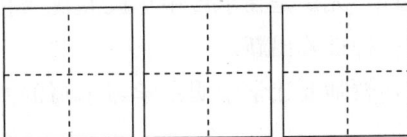

教师示范

学生临写

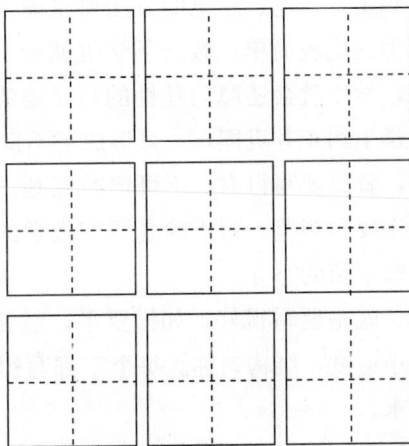

不忘初心　·　一生保存

　　"开笔帖"的内容主要是让学生学写自己的名字，一方面每个学生都会对自己的名字特别关注，对学写自己名字很有兴趣；另一方面在"开笔帖"上先学写自己的名字，也有从认识自我起步的意思，把它作为开笔帖的内容，自有其特别的意义。

　　"开笔帖"的"教师示范"，要求语文教师提前用红色硬笔写好每位学生的名字，要求写得规范、美观。学生临写可用黑色硬笔，只要求认真书写。这样，可以保留学生写字初始的原生状态，保存下来是很有意义的。"不忘初心·一生保存"的意义也是这样，这不仅可以体现"开笔礼"的隆重感，而且保留自己开笔的记录，也是一种生命成长的起步。学生长大了，留着这份情意，这个"足迹"，有时拿出来看看，自然是思绪绵绵，可以让他们想到许多。

　　显然，"开笔礼"的设计会使学生初学写字具有了更深厚的生命意蕴和精神价值，从而成为他们的一次心灵洗礼。以这样一种庄重的"仪式"显现，对于帮助他们进一步培养热爱中国文字的思想感情，提高对写字教学重要性的认识，牢固地养成写字姿势、执笔方法等良好习惯，培养写字的兴趣，都具有十分重要的意义。教师对"开笔礼"的设计，无疑是在承传中华民族优秀传统文化，提升写字教学的人格化、生命化方面的一种推陈出新。

在"开笔礼"上，教师要让学生明白学习书写的基本要求。这些要求主要有六个方面。

一是写字姿势要端正，执笔、运笔的方法要正确。这对于能否写好字有十分重要的关系。一般总以为这比较简单，教一下学生就会了。其实不然，看似已经正确了，但教师稍有疏忽，学生就会还原为任性的写字姿势和执笔、运笔方法。如果教师不能持之以恒地让学生纠正并巩固，一旦形成了不良习惯，以后就很难纠正了。

二是要写得正确，就是要写得对，不可增减笔画，不能改变字形、笔顺，间架结构符合规则，简化字要写规范。写正确是写字教学的最基本要求，在这方面教师要有充分的耐心和一丝不苟的坚守。

三是要写得端正。就是要写得好，如横要平，竖要直，撇出尖，捺有顿。笔画工整，字形方正，大小适度，结构匀称。每个字都写得认真、不潦草，工整而不歪斜，能体现审美的要求。

四是写得整洁。要求纸面干净，不留污迹；文具清洁，手指洁净。不乱涂乱画，不撕页卷角。这也关系到写字是否认真，文具是否爱惜，能否在写字中培养良好的行为。

五是写成一页字时要注意行款整齐。款式的要求是上下左右都要适当留白，页面的字行排列要做到大小、高低、宽窄、粗细、间距等都要整齐匀称符合款式要求。

六是在写好的基础上，逐渐提高书写速度。初步写字当然要慢一点，但随着年级的升高，写字的速度，也就要相应快起来。这是因为写字的技巧熟练了，速度自然也就会快些。

（六）字典：自主学习识字的"神器"

培养学生的自主学习能力是"改课"的主要着力点，促进了课堂的结构转型，即由以教师讲解为主的"授予式"课堂转为以学生学习为主的"学导式"课堂。但在教师如何引导学生自主学习的节点上，仍使不少教师深感困惑，总希望有什么新的套路可供袭用。其实从实效出发，一些被人们所忽视的"老法子"，也不妨作新的

在研究汉字教学文化的论坛上

研究。如"带着字典进课堂"，让学生在教学过程中勤用、熟用，就可以让字典成为自主学习不可或缺的"神器"。特别在低年级初学识字、写字的阶段，学生养成以查字典帮助识字学词的习惯，意义特别重大。

1. 字典历来就是最好的"老师"

有人说，人们的阅读总是借助字典开始的。此话不无道理。尤其在好书匮乏的特殊年代，字典甚至成为许多人的启蒙读物。中国诺贝尔文学奖得主莫言就是如此。他大哥管谟贤回忆：莫言上小学二年级就学会了查字典，所以他很小就能查着字典读"闲书"（以前农村人对小说的称呼）。在不再有什么书可借可读的情况下，莫言就翻《新华字典》。他想把字典背下来，便反复读，竟把一本《新华字典》翻得稀烂。意想不到的是背字典竟也帮助莫言认识了许多字，掌握了大量词语，这为加深他的文学功底带来很多好处。无独有偶，著名中学语文特级教师钱梦龙也曾回忆自己"从小就淘气"，"念到五年级时，就已经留过三次级"，人家叫他"老留同志"。好在五年级时换了个姓武的老师，武老师想了解钱梦龙三次留级的原因，是出于脑子笨还是不用心，就想测试一下，便顺手拿了一本《王云五四角号码大字典》教他查字。教过之后就让钱梦龙试着自己查。令武老师没有想到的是他居然很快就学会了。武老师很高兴，拍拍钱梦龙的肩膀说："你不笨，很聪明，跟着我一定能学好语文的……"令人意想想不到的是钱梦龙竟然从此迷上了查字典,一有空就翻字典,他的语文成绩也大步提升,"老留同志"竟成了学业成绩优异的佼佼者。

用字典帮助自主学习语文好处确实很多:对不认识的生字,学生可以按偏旁部首查字法,查出它的读音,包括一字多音的读法;对不了解意思的字,学生可以用音序查字法,更便捷地了解它的多种意思和一般用法;对容易写错的字、词,学生也可以查阅字典学会正确书写,有效地减少和消灭错别字。字典用熟了,学生还可以通过字典了解字词的同义、近义和反义。多读、多用字典对学生提高识字量、积累词汇乃至提高整体语文素养更是大有助益。为此,《课标》在"课程目标与内容"中明确规定"学会使用常用的语文工具书",并且具体落实在第一学段就要"学会用音序检字法和部首检字法查字典"。

2. 字典这"神器",离学生还有多远

2012 年 10 月,《新华字典》被纳入国家免费提供教科书范畴。但这并不等于所有孩子都已经把字典当成他们学习旅程的重要工具。笔者在见过的不少课堂里,很少可以看到学生把字典和教科书放在一起,更鲜见在具体的教学过程中有教师要求学生用字典学习生字、解决疑难的环节。一句话,在学生自主学习的课堂里,字典并没有成为学生学习最好的"老师"。

我们先来读解一个教学案例。

导读《颐和园》(人教版前版本)一课,文中有这样的句子:"昆明湖围着长长的堤岸,两岸栽着数不清倒垂的杨柳"。一位学生提出了疑问:杨柳是一种怎样的树?教师觉得这个问题很简单,便随口回答:"杨柳就是杨树和柳树"。不料旁边的一位同学又有了问题:"课文中说'倒垂的杨柳',可杨树的枝叶不是倒垂的呀!"教师觉得有道理,便说:"我们就要为教材挑刺,这句话有问题,你们觉得应当怎么改才好?"于是,大家很有兴趣地议论开了:

——"可以分开来说,'两岸栽着碧绿的杨树和倒垂的柳树'"。
——"干脆把'倒垂的'去掉改成'两岸栽着数不清的杨柳'"。
……

教师称赞大家改得好,课后请学习委员写封信给编辑老师,提出我们的修改意见。

　　这时，一位女同学举手了："你们说得都不对，我在查字典，字典对'杨柳'有两种解释：一是专指柳树，还有也可以指杨树和柳树。我想，课文中的意思便是专指柳树的，而不是杨树和柳树。"

　　老师情不自禁地带头鼓起了掌，说："我们都要向她学习，能够自觉地运用字典来解决疑难，这有多好呀！"

　　从这个案例中我们可以感受到学生运用字典自主学习有多么重要了，字典确实是学导课堂的"神器"。但也看到了无论是教师还是学生自觉运用字典学语文的意识都不强。

　　学生有没有字典是一回事，带不带字典进课堂随时助学又是另一回事。有了字典为什么不进课堂随时翻检呢？原因可能是复杂的，但主要的一点是让学生翻检字典会花时间，会打破课堂的教学节奏……这从根本上说，教师还是为了追求"教"得精彩，而无视了教学的本质在于学生自己学，无视了学生有个性差异的"内化"过程，并从中获得的丰富体验。钱锺书先生的女儿钱瑗说，从小她在学习中遇到困难，父亲并不手把手依葫芦画瓢地教她，而是推给她十几部词典，让她自己查找。实在遍寻不得，父亲才给予指导。这造就了她极强的独立性和良好的自学习惯。钱瑗后来在英国进修期间，一开始读不懂导师指定的那些英国古代典籍，正是靠了父亲"不教之教"培养起来的功力——自己查字典，终于克服了困难，取得了好成绩。[①] 显然，钱锺书为什么要让女儿费时费力地自己查词典呢？答案很简单：让学生自己查字典解决疑难，绝不是浪费时间，而是让学习真正发生在学生身上的重要过程。

3. 让字典成为学生最好的朋友

　　怎样让学生查字典成为学导课堂的新常态？关键在于教师必须改变观念：课堂是学生自主学习的平台，学习中的疑难应当先让学生自己去解决（包括查字典），在真的解决不了时，教师才加以必要的指点和帮助；学生自己解决问题所获得的体验，要极大地优于教师告知；让学生养成查字典（运用工具书）的良好习惯，也就是养成思考、求索、独立解决问题的习惯，这将会使其终生受用……当然，要让字典成为学生最好的朋友，是有一个过程的，教师适当地运用一些教学策略也是完全必要的。

---

① 张南：《无言之教》，载《解放日报》，2003-07-11。

（1）用"需要"挑起动机。

最早让孩子接触字典，最好能找到一个他们有强烈需要的事由。例如，开始读一本十分吸引孩子的绘本，而里面有些字怎么读、什么意思又是学生迫切希望知道的。正在这欲罢不能的当口，教师把一位不能开口但什么都知道的"老师"——字典——适时地介绍给学生，并指导他们在查找字典中解决问题。这是最能使学生对字典产生好感的方法。《课标》十分强调"爱护学生的好奇心、求知欲"，"激发他们的问题意识"，关注"不同的学习需求"。让学生能接受字典、喜欢字典，进而达到在学习中的形影不离，就要给孩子在首次接触中留下愉快的印象，因此，"好奇心""问题意识""学习需求"是必须予以充分关注的。

（2）用"口诀"教"秘诀"。

虽说查字典的方法并不复杂，但教师也一定要换个法子让学生乐于接受。孩子最喜欢顺口溜的歌诀，因此，一些查字典的方法若能编成口诀，实现游戏化，就容易被孩子记住了。这样，怎么查字典的难题，也就会在快乐的游戏中轻松地解决了。如《字典查字歌》："熟字查音序，字典帮我'抓'。生字不知音，就按部首查，先看清部首，再来数笔画。翻开部首表，再依照笔画。部首一找到，页码在后现。再翻检字表，来把生字检。数出共几画，部首不计算。生字找到了，页码跟后边。按码找到字，音义一起现。"

这种口诀歌，教师可以边指导学生查字典边引出口诀，一定要指导得仔细，教学生如何翻页，如何区别正文页码和附录页码，并结合投影仪演示，再让学生边念口诀边查字。在多数学生掌握之后，教师还要注意检查每个同学是否都能找到了这些关键页码。口诀读几遍就能记住，重要的是要与实际操作联系起来，才能真正帮助学生熟练地使用字典。

（3）用"争论"信服"神器"。

要让学生真正认识到查字典的重要，莫过于在发生课堂争论时，让学生求助于字典，找到正确答案，从而真正感受到解决问题的快乐，因此信服了字典真的是学习的"神器"。

读《孔子拜师》一课（人教版第五册），课文中有这样一句话："在洛阳城外，孔子看见一驾马车……"有一位同学提出了质疑："这个'驾'是什么意思？如果是表示数量，应该用'架'才对。"于是大家就翻开了《新华字典》，竟有了很多发现。

有的说"'驾'字有三个注释，但没有说可以作数量词，课文肯定错了。"有的说："我在查'架'，'架'的注释中就有'量词，多指有架的东西'。"正在大家议论纷纷时，又有一位同学站起来大声说："我在查《现代汉语词典》，在'驾'字那条中说可以作量词'多用于马拉的车'，课文中说得没有错。"在教师的引导下，学生明白了不同的字典、词典，功能同中有异，所收录的数量也不一样，所以若能多查几种字典，互相印证，就会更有助于问题的解决，大家觉得还是"神器"厉害，它可以解决我们在语文学习中的许多疑难。

（4）用"竞赛"激发兴趣。

在学生学会了查字典之后，不妨多开展一些查字典的比赛活动，来激发兴趣，熟练方法，并逐步养成良好的习惯。如可以开展经常化的"每日一查"，每天公布一两个难查的字，比比谁查得对、查得快。也可以举行较大型的查字典比赛，如让学生读一篇课外阅读材料，对规定的生字难词，查字典并联系上下文作读解等。

查字典这个老法子，很容易被热心于追赶时尚的人们所忽视。然而，在改课深入到了向学导课堂转型的当下，教学回到了重视学生自己学的原点，这既是超越也是回归。所以，学生查字典助学也理所当然地应该成为学导课堂务实的"新常态"。在字典已成为义务教育"标配"的今天，如何更好地发挥字典的价值，希望不再被视为是一个无足轻重的小问题。

二、生命在"听""读"的养分吸纳中成长

"听"是耳朵的"读"；

"读"是心灵的"听"。

"听"和"读"让我们广收外部世界的信息，

在吸纳中养育着我们的生命。

纵横亿万里，

上下五千年。

有了"听"与"读"的绿色通道，

才有了人类生命的成长、发展！

（一）阅读缔造了人类生命的精神史

　　每个人听到的和读到的信息都是对外部世界的一种了解。每个人都不是孤立于世，而是生活在环境之中的；人又是"社会的动物"，他们生活离不开社会的这个"大天下"。所以，人只有不断地通过"听"和"读"，才能了解自然，了解社会，从而促进自身生命的成长。

在"听读教学研究"的讲座上

　　先说"听"。听人说什么，这并不困难，难的是你必须充分理解听到的信息的全部内涵。有这样一个故事：歌德在魏玛公园与一位批评家相遇，那位批评家傲慢地说："对一个傻子，我绝不让路。"歌德听后，微笑地往旁边一站，说："我却让的。"批评家的言语很直接，但歌德的话其含意也一样骂批评家是傻子，只是歌德的说法不同而已。他只是成功地用一个表示转折关系的副词"却"，巧妙地承接了批评家的语意。但歌德的态度截然不同。可见，如果不仔细听，可能就不会明白，还以为歌德对批评家很尊敬地让了路。由此可见，"锣鼓听声，说话听音"，听别人说话并不那么简单。

　　听话是如此，读书就更不易了。书本依靠文字符号记录万物，大大超越了时间和空间的局限性。所以，我们把阅读视为人的生命成长之旅。

听和读又不是完全割裂的，因为读中还有听，听中也有读。如鲁迅先生评价《红楼梦》说，"能使读者由说话看出人来"。这就是说读书的人会从书中说话人的种种表现去窥见不同人物的内心世界。如第 83 回中写到一个管园子的老婆子对着自己的外孙女嚷道："你是什么东西，来这园子里混搅！"林黛玉一听，却以为是在说她，大叫："这里住不得了！"这种"误听"当然是和林黛玉寄人篱下的处境和多愁善感的心情分不开的。这一切书中并没有明说，全靠读者自己去体会。

阅读当是人类特有的最普遍、最持久的学习方式。读书不仅能让人获得知识，还能形成健全的人格品性和美好的精神家园。阅读的本质是一种从书面语言和其他书面符号中获得意义的社会行为、实际活动。在阅读中晓事明理，汲取智慧，成就个人的精神史。具体地说，阅读具有以下一些基本特点。

1. 阅读活动的交际性

阅读首先是人与社会（包括古今中外）之间的一种最基本也是最重要的交际活动。这种交际以书面材料为中介，由作者——文本——读者这三方面构成了一个完整的书面交际流程。"作者"是发出交际信息的一端，通过"文本"这种信息载体，让另一端的"读者"接收到信息。正是这样的一个完整而有效的书面交际过程，使我们得以博闻而广识，悦目而养心。

对此，管谟贤（莫言的大哥）在回忆莫言儿时读书的如痴如醉，可见一斑。莫言读欧阳山的《三家巷》时，才十来岁，"看到书里的美丽少女区桃牺牲之处，禁不住流泪，看完此书，小小年纪便怅然若失，上课无心听讲，在课本的空白处写满了'区桃'二字，被同学讽刺、告密，受到了老师的批评"。有位老师曾借给莫言一本奥斯特洛夫斯基的《钢铁是怎样炼成的》，书中保尔和冬妮的爱恋，同样让他着迷，当"读到二人分手时，也禁不住为之伤心流泪，一连几天，好像害了相思病。这说明他是真的读懂了，是用心在读"。"为了读杨沫的《青春之歌》，他不去割草放羊，钻在草垛里，一个下午就读完了。身上被蚂蚁、蚊虫咬出了一片片的疙瘩。"① ……这足以说明由作者——文本——读者相连接的这种交际活动，是充满了多么诱人的魅力，它对人的生命成长的影响确实是不可小觑的。

---

① 管谟贤：《早年莫言的读书故事》，载《中国教育报》，2014-05-02。

2. 阅读活动的个体性

阅读是一种个体的行为和活动，体现了阅读主体的心智性。这种心智活动的工作机能则主要是思维。显然，思维在阅读心理过程中的作用是巨大的，处在核心地位。真正完成一次有效的阅读，其思维的功能体现在感知、理解、想象、分析、综合等心智活动和情感意向上，只有这样读者才能准确把握文本所反映的客观事物及意义。

3. 阅读活动的实践性

实践是人能动地改造客观世界的活动。首先，如上所述阅读作为一种实际的社会交际过程，本身就属于一种社会实践。这种实践活动的机制是通过阅读的实践把书面文字这种密码式的符号系统地还原为真实的生活场景，并发现其中的内蕴。这样复杂的过程无疑是充满了实践性。还有更为重要的一点是这种阅读的实践正是对阅读者自身的改造。

叶圣陶先生曾说，"语文学科乃是'为学童开发心灵'的学科"。语文教育中的"听"与"读"，其实就是人类生命面向外部世界的伟大交际与沟通，正是在这种交往的过程中才缔造了每个个体生命独特的精神史。

（二）课堂倾听：师生的心灵之约

师生之间的相互倾听与对话是课堂沟通的纽带与桥梁，而课堂沟通的关键在于教师的耐心倾听。这种基于教师耐心倾听的沟通不仅是唤起学生自主、积极地投入学习的重要条件，也是课堂教学赖以健康推进的载体和动力。所以，它是师生的心灵之约。

教师的课堂倾听，不完全等同于一般的"听话"。"听话"只是通过听觉器官接收和理解口头语言信息的行为。而教师的课堂倾听，不只是能力和意愿的问题，同时还是一项特殊的职业要求和道德责任。然而在"师德尊严"作为一种主流文化统治课堂的传统教学中，以教师为中心的权力主义，总是试图以全面规范的控制去支配学生，在遗忘了学生是独立存在的同时，也忽视了来自学生主体的反馈，形成了一种可怕的"失聪"。久而久之，必然会使教师忽略了倾听的教育价值。教师课堂倾听的弱化造成了教学过程中学生生命的"缺席"，学生发出的声音被不同程度地漏听、遗忘甚至拒斥，学生在课堂上的主体地位自然就难以真正落实。

在"以学生的发展为本"理念指导下的课程教材改革，把我们试图带给学生的和学生通过经验得到的一切都广义地视为课程。于是，学生在课堂上能表现出来的鲜活"学情"，便是最重要的教学资源。课堂教学的现场生成要求教师必须机敏地把握学生即时的学习情绪和认知需要，灵活地组织教学环节，在这个过程中教师的倾听更具重要意义。

那么，教师应当如何倾听呢？

1. 善于倾听要做到童心相待

课堂倾听的根本目的是倾听生命和呼应生命，这里的生命并不是一个抽象的概念，而具体指的是儿童鲜活的生命。教师要平等地接纳儿童，就必须最大限度地尊重、理解儿童，以自己的未泯童心相待，方能达到与儿童心心相印、声息相通。如果教师只是把儿童看成全由"我"来主宰的不懂事的孩子，把他们置于自己的对立面，也就不可能有真正意义的倾听，即使听到了学生的声音，也会被强行纳入以教师为中心的"听力场"内，并且被这个场域的运行规则所改造。

　　教学《丑小鸭》一课，一位女学生说："课文中的'他'字写错了，因为是鸭子，应该用'它'。"遭到了一些学生的反对，认为课文中有"鸭妈妈""哥哥""姐姐""小伙伴们"，当然都是"他"或"他们"，"书上怎么会错"！教师应当怎样以童心去倾听他们的争论，并予以积极引导？于是教师说："老师觉得秀珍同学能大胆提出和课文不同的意见，很好。我们应当这样用心地读书。因为是鸭子，应当用'它'，这也是有一定道理的。大家说呢？"这时，只认为"书上不会错"的同学，找出了更多的理由：

　　"因为这篇课文是童话故事，不是真的写鸭子。"

　　"在这个故事里作者把鸭子是当人来写的，会说话，所以当然要用'他'。"

　　"如果一面小丑鸭叫'哥哥''姐姐'，一面又用'它'来称呼，这就不统一了。"

　　……

于是，争论得到了一致的认可，用"他"没有错，但认识不同的孩子都得到了教师认真倾听的呵护。争论的收获远远不限于取得一个结论。

2. 善于倾听要能够"闻"微"显"著

一堂作文课上，一位学生口述："暑假里，我和爸爸有事到杭州……"在这一般老师可能会忽视的话里，特级教师贾志敏听来却并不如此。他马上说：这个开头不错，但句子有几处地方还得改一改，你们听出来了吗？于是，在教师的引导下，大家发现：

（1）暑假年年有，是哪一年的暑假，要交代清楚；

（2）"我和爸爸"不妥，孩子去杭州，用"我随爸爸"更合适；

（3）"有事"放在这里不当，上海到杭州很方便，如放在前面"我有幸随爸爸……"会更好；

（4）在上海说"去杭州"会比"到杭州"更适当；

（5）"去杭州"干什么要交代清楚，因为前面交代是"有幸"，因此加上"去游览"比较好。

贾志敏先生凭着敏锐的语感，在瞬间的倾听中，闻其微而知其著，在短短的12个字的句子中就发现了5处不妥，并且把它及时开拓为鲜活的教学资源，有的放矢地开展了一场言语训练。

3. 善于倾听要联系察言观色

课堂倾听的要求，不能仅仅局限于听觉器官的功能，还必须同时辅以察言观色，与其他感觉器官联动，方能充分达到倾听的全方位效果。这是因为倾听是生命与生命之间的交流，学生在课堂上不仅通过话语，同时也通过表情、身姿、动作表达自己的欲望、需求、情感和思想。显然，所有这些方面都和话语一起共同抒发着学生的生命情怀。请看优秀青年教师虞大明在教学《五彩池》一课时的片断实录。

师：读得不错，只是面部表情不到位，有点儿阴沉。同学们看到如此形状多样，如此神奇的五彩池他激动吗？（齐答：激动）你们激动的时候脸上会怎样？

生：会哭。

师：是啊，流泪是激动的最高境界。像奥运冠军站在领奖台上，很激动，往往会热泪盈眶。但是，激动的时候脸上多数是笑眯眯的。来，请大家露出灿烂的笑容，把这个句子读好。

（生齐读，以愉悦的神色读得很入神）

　　这里，由于教师细致观察了学生朗读时脸上的表情，方能帮助倾听出读得尚不到位；而当学生以"会哭"来回答"你们激动的时候脸上会怎样"时，教师又听出了言外之意：显然学生把"热泪盈眶"的那种激动，与笼统的"哭"相混淆了。在学生因为模糊了两者的区别而显得有点词不达意时，教师正是凭借着敏锐的倾听，才作了恰当的引申解释，获得了良好的教学效果。

4. 善于倾听要继以多谋善断

　　如果说教师的课堂倾听只是一种信息纳入，这是不完整的，十分重要的一环是对倾听获取的情况必须及时做出教学决策，形成完整的教学行为，以积极推进课堂教学，并成为达成教学目标的有机组成部分。因此，善于倾听必须能继以多谋善断，方能把握好每一个教学良机，使其适时转化为效益。

　　一位老师执教《林海》一课时，学生把课文中说大兴安岭的岭和秦岭的岭"大不一样"错读成"不大一样"。这仅仅是一字顺序之倒，但没有被老师的倾听所疏忽，于是，以"错"为契机，当堂生成一个教学新环节的想法，立即在教师心头涌起，并付诸实施：

　　　师：课文中写的是"不大一样"吗？（生齐答：是"大不一样"）"大不一样"与"不大一样"有什么不一样？

　　　生："不大一样"是只有一点儿不一样；"大不一样"是非常不一样。这里的区别可大了！

　　　师：说得好，"大不一样"是十分不一样，那么大兴安岭的"岭"与秦岭的"岭"大不一样表现在哪些方面？请大家从课文中找出具体的根据，再说说自己的体会。

　　　……

　　教师的善于倾听，没有放过一处细小但有很大教学价值的错误，并立即把它作为宝贵的教学资源，及时地转化为一个随机生成的教学环节。这就足以说明教师的"多谋善断"对于倾听的重要作用了。试想如果教师仅仅是听出了错误，只用简短的一句话把它调整过来，那就错失了一个极好的教学机会，倾听的功能也就受到了局限。

5. 善于倾听更要善于识情知性

一个具有倾听意识和习惯的教师不会满足于仅仅听到了学生的言辞，他还善于倾听言辞背后的思绪和性情、欲望和需求，并加以热情呵护和细心引导。当学生发现自己那些隐藏的性情能被教师认可和爱护时，他们就会与教师建立起更深一层的信赖和交往的关系，同时也使自己更自信，真正感受到作为一个独立生命而受人尊重、爱护的喜悦之情。如特级教师王庆丰教《海上日出》一课时，一个学生问："一刹那间这深红的圆东西发出夺目的亮光——什么叫'夺目'？"王老师请同学们回答。这时，一个小女孩怯生生地站起来说："夺目，就是把眼睛突出来了。"话音刚落，全场哄堂大笑。王老师等大家静下后却说："你想得并不错——能不能再换个说法？"本来那个小女孩满脸通红，低着头，觉得很不好意思，听了王老师的话，她又抬起头举起了手说："就是光线太强，刺人的眼睛。"听了这个回答，在王老师带动下，全体学生都鼓起掌来。小女孩的回答，因为词不达意而遭到哄笑，使本来就胆小的她更不自在了。教师若轻易否定，也许会使一颗稚嫩的心雪上加霜。现在正由于教师善于倾听，不仅能听出距离正确答案不远了的一面，而且听出了小女孩无奈痛心的一面，而给予了此时此刻最需要的鼓励和呵护。"你想得并不错——能不能再换个说法"是肯定在前，鼓励在后，终于使小女孩成功了。

课堂倾听，就是这样。这应当是一个充满爱的行动！教师的倾听是如此，学生之间、师生之间的倾听，更是一个变幻无穷的大千世界。关注倾听，学会倾听，研究倾听，是对"心的呼唤"的珍爱。

（三）为生命成长点灯的鲁迅"儿童阅读"观

鲁迅的教育思想是以"立人"为核心的，"人立而后万事举"。"立人"，也就是人的全面彻底解放，每个人都具有独立的精神自由，指向个体人格的现代化。

"立人"当然得从"人之初"始，为此鲁迅一直大声疾呼"救救孩子"，因为这"于我们民族前途的关系是极大的"（《立此存照（七）》）。在鲁迅极其丰厚深邃的儿童教育观中，对儿童阅读的关注和一贯的身体力行，是留给我们的一笔巨大财富。他的儿童阅读观，同样体现着他"不任儿孙作牛马"的宏愿，把提倡儿童阅读放在一个培养"完全的人"整体背景之中，即"健全的产生，尽力的教育，完全的解放"，以"养成他们有耐劳作的体力，纯洁高尚的道德，广博自由能容纳新潮流的精

深入研究鲁迅的儿童观

神，也就是能在世界新潮流中游泳，不被淹没的力量"（《我们现在怎样做父亲》）。①少年时期正是儿童求知欲最旺盛的时候，又是思想极易受熏陶的阶段，可塑性较大。所以，他主张应当鼓励儿童读书，这不仅可以激发心智，还可以获得乐趣、陶冶身心，养成良好的读书习惯。周海婴在《记忆中的父亲》一文中提到：在他小时候拥有的图书中有商务印书馆出版的《儿童文库》和《少年文库》两套丛书，每套各有几十册，内容包含文史、童话、常识、卫生、科普等。当时，母亲只让他读《儿童文库》，把《少年文库》藏了起来。周海婴反复翻阅了多遍之后，就想读《少年文库》的书，而母亲让他长大些再看。在周海婴执意要看的嚷嚷声中，父亲听到了，便让母亲从柜子里把书取出来，放在周海婴的专用书柜中任凭他自由取阅。这也许只是一件生活琐事，但也从一个侧面体现了鲁迅的儿童阅读观。

从鲁迅先生多次著文回忆自己儿时的读书生活，到对当时儿童阅读的关注和引导。再到先生身体力行，亲自做了许多儿童读物的编译工作，这在当时是那些自诩为大文学家的人认为是不屑一顾的小事……于此，都足以说明一代伟人甘于为儿童阅读点灯的崇高品格，渗透其中的是许多弥足珍贵的儿童阅读思想。这是值得我们

———————————

① 参见《鲁迅全集》，第1卷，北京，人民文学出版社，2005。

细细梳理和学习继承的。

1. 重视培养儿童读书的兴趣

儿童时代应当是人生读书的蔚蓝天空，孩子们渴望自由地阅读，快乐地阅读。鲁迅十分重视对这种读书兴趣的培养。他在《读书杂谈》中提出，读书"至少，就有两种：一种是职业的读书，一种是嗜好的读书"。对职业的读书，有时就"非看不喜欢看的书不可"。可"嗜好的读书"就不一样，那是出于自愿，全不勉强，离开了利害关系的。鲁迅著文回忆自己儿时的读书，就是寻找爱看的书。他说"一认识字，对于书就发生了兴趣，家里原有两三箱破烂书，于是翻来翻去……这样就成了习惯……"（《随便翻翻》）。为了寻找爱看的书，放学之后他便经常到启蒙塾师周玉田家去，对其中的一本《花镜》特别感兴趣。为了想自己有一本，竟用节省下来的全部零花钱去买了一本《花镜》。当他听周玉田说曾经有过一本绘图的《山海经》时，便十分向往那书里描绘的长翅膀的人，人面的兽，三脚的鸟，九头的蛇……以后，他就拿积蓄起来的压岁钱去买《山海经》，但就是买不到。一次，长妈妈探家回来，高兴地把一包用粗纸包的四本书递给了鲁迅，说"我把你想要的'三哼经'买来了"。这使鲁迅喜出望外，马上翻开来看，以后就一直看着，越看越爱看。甚至，竟改变了小鲁迅对长妈妈"并不怎么喜欢她"的看法，直到数十年后，鲁迅还怀着深深的感情写道"这四本书，乃是我最初得到，最为心爱的宝书。……书的模样，到现在还在眼前……"。

鲁迅十分理解儿童的阅读心理，孩子们往往并不以成人的功利逻辑来看待读书，他们"想到月亮怎么会跟着人走，星星究竟是怎么嵌在天空中"，"他常常想到星月以上的境界，想到地面下的情形，想到花卉的用处，想到昆虫的言语；他想飞上天空，他想潜入蚁穴……"以此对照当下的儿童阅读，总是受成人的严重干预，使他们很难享受到自由阅读、兴趣阅读所带来的那种精神快乐。

2. 提倡可以闲杂地读书

儿童的兴趣阅读，离不开读书的自主和自由，这就无法排斥个人闲杂的读书状态。应当说，鲁迅是主张闲杂地读书的。他在《随便翻翻》一文中曾提到"这里只说我消闲的看书——有些正经人是反对的，以为这一来，就'杂'！'杂'，现在又算是很坏的形容词，但我以为也有好处。"对于学生，他也一样认为：我们虽然不可能"退了学，去看自己喜欢看的书去"，"但大可以看看本分以外的书，即课外的书，不

要只将课内的书抱住"(《读书杂谈》)。他把闲杂地读书，比喻为"必须如蜜蜂一样，采过许多花，这才能酿出蜜来，倘若叮在一处，所得就非常有限，枯燥了"(《致颜黎民》)。他幼时就常到塾师周玉田家去看书，不仅对故事书感兴趣，对中国古代的科学读物，如《毛诗草木鸟兽虫鱼疏》《释虫小记》《南方草木状》《广群芳谱》等，都特别爱读。也许，正是从小就喜欢闲杂地读书的习惯，才成就了他的博学多识。他对儿子海婴孩提时代的阅读也是这样，不仅认为可以自由地翻读《儿童文库》《少年文库》的那几十册书，而且从来"不问我选阅了哪些，更不指定我要看哪几篇、背诵哪几段，完全'放任自流'"。(《记忆中的父亲》)

　　杨绛曾把读书比作"串门儿"，这正是一种闲杂读书的状态，完全是放松的、自由的。可是，对照当前的儿童阅读，似乎就缺少了这份闲杂的味儿。笔者做过一次小范围的聊天式调查，发现大部分小朋友不爱读书，主要原因是"没味道，读的书是老师规定的"，"太麻烦，读了书还得写读书笔记，摘好词好句……"我问"那你为什么不找些自己喜欢的书翻翻?"，有的孩子竟说"看到书就烦了，哪有工夫啊!"看来，鲁迅先生主张"随便翻翻"式的闲杂地读书，还是很有道理的。当然，孩子读书是需要引导的，但前提是他们必须喜欢上书。闲杂地读书也许就是所有爱读书的人的一种相似状态吧。

3. 主张读书与生活实践的联系

　　读书应当联系生活实际是鲁迅一贯的主张。他说"专读书也有弊病，所以必须和现实社会接触，使所读的书活起来"(《读几本书》)。他认为盲目地、迷信地读大家的书，就是叔本华所谓的"脑子里给别人跑马"。因此，"更好的是观察者，他用自己的眼睛去读世间这一本活书"。因为，"实地经验总比看、听、空想确凿"。他小时候读《花镜》，一面向周玉田请教看不懂的地方，一面便在周玉田家的庭院里对着插图辨认。尔后，还在自己的家里栽种了一些《花镜》里有的花草。

　　鲁迅先生在这些脍炙人口的回忆文章中所提及的孩提时代的往事，当然不仅仅只是怀旧。从儿童阅读的视角，也给了我们极大的启示：儿童读书应当让他们在自由的阅读中去自由地思考，去获取联系生活实践的可贵感悟，真正使阅读成为孩子们的一种生活，一种极大地丰富和延长他们生命的独特体验的生活。

4. 为"完全的人"健康地读书

　　鲁迅说："读死书是害己，一开口就害人；但不读书也并不见得好。"(《读几本书》）辩证地指出要在一个"完全的人"的背景下健康地读书。这种"完全的人"鲁迅寄希望于"后起的生命，总比以前的更有意义，更近完全，因此更有价值，更可宝贵"（《我们现在怎样做父亲》）。他在《从孩子的照相说起》一文中认为孩子应当是健康、活泼、顽皮，没有被压迫的瘟头瘟脑。

在这方面，鲁迅的《五猖会》给我们留下了深刻的印象。文章讲的是极其平常的一件小事：鲁迅迫不及待地要去离城几十里地的亲戚家，看那里的迎神赛会，父亲却偏偏在即将起篙开船的当口要他背书，而且书背不出不能去。这件事使鲁迅一直铭刻在心，"我至今一想起，还诧异我的父亲何以要在那时候叫我来背书"。孩子总是很渴望到热闹的、陌生的、特别的地方去，这是天生的好奇心。这就难怪童年的鲁迅把到东关去看五猖会认作"这是我儿时所罕逢的一件盛事"。父亲的一句话"给我读熟。背不出，就不准去看会"，无疑是在小鲁迅的"头上浇了一盆冷水"。于是，心里不服，却也只能读下去，读下去："'粤自盘古'就是'粤自盘古'，读下去，记住它，'粤自盘古呵！生于太荒呵！'……"好不容易，终于背下来了，等在一旁的众人露出笑容，十分地高兴，可小鲁迅"却没有他们那么高兴……"留下的，竟是终生难忘的一个"强迫背诵"的记忆。

一个人的童年记忆是十分重要的，难忘的记忆往往会影响他一辈子。然而，作为大人，他给孩子留下了什么样的童年记忆，却是绝对不了解的，而且也不想了解。因为这似乎无足轻重。鲁迅先生把这段童年记忆写成文章，不也正是从一个侧面强烈地显示出他对儿童读书的某种主张吗？

叫儿子读书、背书，当父亲的当然希望孩子好。这应该没有错。可是，父亲却没有考虑儿子的感受，没有考虑到儿子此时此刻的企盼。于是，父亲一个好的愿望却变成了对孩子终生难忘的伤害。由此反观当下的儿童阅读，如果显性或稳性地将大力提倡所谓的"课外阅读"，被大人们视作"课内损失课外补"的举措，依然强行捆绑在"提高考分""提高升学率"的战车上，而不是置于儿童身心的全面发展之中，愉悦的自由健康阅读的环境之中，仍然可能是一种有损孩子成长发展的伤害。报载有一份"每周阅读统计表"对小学生课外阅读的督查记录，项目竟有十二个之多：阅读时间、阅读内容、读物种类、读书态度、字数统计、优美词句摘抄、家长评价、每周组内评比、朗读内容摘抄等。这就难怪众多小学生对读书的兴趣，就这样消解在名目繁多的"要求""规定"之下了。真的希望今天的儿童阅读，不再是

"唯有读书高"阴影下的某种扭曲。

5. 身体力行，为了儿童的精神食粮

鲁迅非常不满意某些作者和出版界对儿童读物的不负责任的态度。他深感当时的儿童读物"诚然是一个大问题，偶然看到一点印出来的东西，内容和文章都没有生气，受了这样的教育，少年的前途可想"（《致杨晋豪》）。为此，他身体力行，大声疾呼应当给儿童健康的精神食粮，他在《通俗教育研究录》第一期中指出：童话等"亟须编纂发行"，"其适合儿童心理"；又在所写的《拟播布美术意见书》里，提议对歌谣、童话等进行整理，"发扬光大之，并以辅翼教育"。同时，他又十分认真地为孩子们工作。一方面，他积极扶持优秀儿童读物的出版。如他支持孙用翻译出版了裴多菲的长篇童话叙事诗《勇敢的约翰》。对此事，许广平曾在《鲁迅回忆录》中谈及，"这本小书如果不碰到鲁迅，大约在中国未必有和读者见面的机会。"另一方面，他自己又先后译出了科幻小说《月界旅行》和《地底旅行》，有俄国的《爱罗先珂童话集》《桃色的云》《小约翰》《表》等优秀的儿童读物，还校订了《小彼得》。他在《表》的《译者的话》中说："译成中文时，自然也想到中国。十多年前，叶绍钧写的《稻草人》是给中国的童话开了一条自己创作的路的。不料此后不但并无蜕变，而且也没有人追踪，倒是拼命地在向后转。"表达了他对当时儿童读物出版的暗淡和冷清，是如此痛心疾首。而在说到译介童话的目的时则强调："第一，是要将这样崭新的童话，介绍一点进中国来，以供孩子们的父母、师长，以及教育家、童话作家来参考；第二，想不用什么难字，给十岁上下的孩子们也可以看。"他还引用了日本镇木楠郎《全时计》中的一段话，强调创作或译介儿童读物必须讲究质量："旧的作品中，就只有古时候的'有益'，古时候的'有味'。……而像现代的新的孩子那样，以新的眼睛和新的耳朵，来观察动物、植物和人类的世界者，却是没有的。""为了新的孩子们，是一定要给他新作品，使他向着变化不定的新世界，不断的发芽滋长的。"鲁迅在自己的不少作品中，就生动刻画了孩子的形象和故事。如《风波》里的六斤，《社戏》里的双喜、阿发，《故乡》里的闰土等。由此可见，鲁迅先生十分注重儿童读物应当面向新的时代要求，面向新的社会现实，一切为了"新的孩子们"的健康成长，其良苦用心，可见一斑。

阅读造就一个时代的风情。当今的儿童阅读正在进入一个多元时代：文本的电子化、网络化打破了印刷文本的老格局；绘本读物的风行，被人们称之为"读图时代"的到来；"流行阅读"与"经典阅读"一起充实着人们的读书生活……然而万变不离其宗，当年鲁迅先生对儿童阅读的观念和所显示的巨大热情，在今天依然不减亮度和温度，理应为所有关心儿童读书生活的人所深省、称道。

（四）鲁迅与图画书：读图时代应当仰望的背影

认为"我们走进了读图时代"的理由可能很多，但一个重要方面是形形色色的图画书正在走进儿童的阅读生活，无字书、绘本、现代动漫、儿童漫画和有着中国传统元素的连环画等，构成了一支蔚为壮观的"图画书"大军。也深深地影响着成人的阅读天地，正如金波先生所认为：好的图画书是"一辈子的书"，因为在这里可以让"孩子读故事，年轻人读情感，老年人读思想"。

然而，即使在今天对于图画书的教育价值持怀疑态度的成人尚不在少数。许多人（包括家长）总是习惯地认为看文字书才能使孩子增长知识，开启智慧。翻翻图画书，看看五彩缤纷的画面，不用动脑子，对学习不会有什么帮助。特别在当下，高考仍然被认为是唯一公正的选拔人才的制度，更觉得已经认识了一些字的孩子应当读纯文字的书才会丰富知识、提高阅读能力，以有助于在激烈的应试竞争中胜出。显然对被誉为"生命的第一本书"图画书的不应有的歧视，会深度地影响着"书香人生"的构建。为此，我们很有必要重温鲁迅对图画书的童年记忆与童心情怀，在仰望民族文化伟人的背影中，全面正确地认识图画书在漫长读书生涯中所承担的无法替代的作用。

1. 图画书：童年的天使

可以说，图画书是孩子在人生道路上最初见到的书，而成为童年的恩物。一个孩子在图画书中能体会到多少快乐，将决定他一生对书的情感。因此，一个书香人生，总是从图画书起步的。鲁迅先生在著作中对童年生活的回忆，足以使我们感受到孩子的天性是喜欢图画书的。尽管图画书只是人们一生可能拥有的多种阅读方式中的一种，但却能获得十分微妙的在精神和心智上的沉淀，而成为一生的美好记忆。鲁迅曾深情地回忆他最初的读书的地方是私塾，第一本读的是晦涩难懂的《鉴略》。然而，他对图画书却是情有独钟，"家里原有两三箱破烂书，于是翻来翻去，大目的是找图画看……"（《随便翻翻》）。在鲁迅对童年的温暖记忆里，莫过于那些图画了。他经常用节省下来的压岁钱去买图画书，就有了很多画谱，如《海山画谱》《海上名

人画谱》《椒石画谱》《阜长画谱》等。这些书买来之后，他都精心保存，不使上面沾上一点污迹。晚上，做完作业后，便常常在母亲书房里的八仙桌上，把画册摊开，一张一张地细看。鲁迅的父亲周伯宜是个仕途失意的秀才，加上鲁迅祖父入狱的打击，总是郁郁寡欢，不苟言笑，显得十分严肃，但对鲁迅喜欢买《山海经》一类的"闲书"却从不干涉，而且有时也去翻翻，似乎颇感兴趣。这使鲁迅的童年一直享有图画书陪伴的快乐。就是这些现在看来不免太粗糙、太简单的图画书却抓住了他幼小的心思，不仅开始获得某些心灵的力量，也从此播下了一生好读的种子。

2. 图画书不完全等于"浅阅读"

以为读图画书是少儿读物一味走"浅"的看法是不正确的。首先，阅读的深度来自读者对读物内容的解读程度，而不是由读物的表达形式决定一切的。好的图画书一样可以承载富有思想的内涵和发人深省的力量，从而深度开发读者智力，触动丰富的情感世界。鲁迅童年对所接触的图画书也不是一概接受，而是引发着他对读物内容好恶的强烈情感。例如他对《文昌帝君阴骘文图说》《玉历钞传》等图画书就十分反感，觉得看了后毛骨悚然，"不但做人，就是做鬼，也艰难极了"。可见儿童有自己的阅读视角，有自己的审美诉求，读图画书一样会激荡他们的情感世界，只是与成人的功利阅读没有任何一点联系而已。一本不健康的图画书，就像"马队"一样会肆意残踏着他们幼小的心灵；而一本好的图画书却可以成他们精神家园的一方绿洲。图画书又怎么就注定会是"浅阅读"呢？

其实，图画和文字一样也是一种书面符号，而且是比文字更直观的一种语言。孩子用想象来理解世界，他们的思维特点是具体的、形象的，用图画表达的方式更符合他们的接受能力。图画书用图像代替了文字，不再受文字的限制和由此带来的抽象化的干扰，使孩子的解读有了无限的可能性，只有想象力才是它的边界，而想象力又是创造力之源，会决定孩子的学习成长和一生作为。把图画书等同于浅阅读，讥以幼稚，实在是一个危害不浅的认识误区。

正因为图画书不等于"浅阅读"，鲁迅先生就一直十分重视图画书的出版质量。他在《南腔北调集·上海的儿童》一文中说："现在总算中国也有印给儿童的画本了，其中的主角自然是儿童，然而画中人物，大抵倘不是带着横暴冥顽的气味，甚至于流氓模样的，过度的恶作剧的顽童，就是钩头耸背，低眉顺眼，一副死板板的脸相的所谓'好孩子'"。他在多篇文章中谈到民间的"看图识字"，对中国传统的

"连环图画"，更是十分推崇和关注，认为"连环图画是极紧要的，对其取材和画法，提出了很好的建议。在《且介亭杂文·连环画琐谈》中提出"连环画不但可以成为艺术，并且已经坐在'艺术之宫'的里面了"，呼吁应当"一样看重并且努力于连环图画和书报的插图"。这一切不为别的，只是因为"大众是要看的，大众是感激的"！

3. 读图与读文的互动效应

当然，我们强调读各类形式的图画书重要，只是因为在当下它受到了不应有的忽视和排斥，而并不否定图画书只是一种读本的形态。画本与文章虽然形态各异，但都是阅读生活中不可缺少的重要内容。它们不仅不矛盾，而且在营造书香人生中有着良好的互动效应。由于幼童时期的生理和心理特征，"读图"自然会多一些，但这并不影响他们会对"读文"产生兴趣。幼时的鲁迅虽然酷爱图画书，但由此引发的阅读兴趣却使他如饥似渴地去阅读各种文字，而为他以后成为民族文化的标志性人物打下了坚实的基础。他跟周玉田塾师读的第一本书是《鉴略》，其中的历史知识和社会知识十分丰富，鲁迅读得很用功，也很开心。周玉田还把自己写的100首《鉴湖竹枝词》讲给鲁迅听，指导鲁迅读，更仿佛把鲁迅带到了风景如画的鉴湖之滨，绍兴水乡的美丽风光如在眼前。13岁那年，因家庭遭遇变故，鲁迅寄住在小皋埠大舅父家。大舅父家里有很多藏书，尤其是石印和铅印的小说几乎完备，他便常常一个人躲到楼上去看书。在这里，少年鲁迅第一次读到了《红楼梦》以及许多在私塾里看不到的随笔、野史和杂记，给他增长了许多在三味书屋里所未曾接触过的知识，为他以后著作《中国小说史略》和讲"中国小说史"打下了早期的基础。

就在鲁迅贪婪地广读文字书的同时，他对图画书，以及文字书中的插图，绣像依然保持着浓厚的兴趣。在读书之余，鲁迅喜欢用荆川纸来影描小说中的人物，一段时间下来，就画了厚厚一大沓。

鲁迅的童年时代不仅爱读小说、诗歌，也爱读散文。在这方面的书比较难找，他就把平日一点点积蓄的钱去买新书，如《池北偶谈》《容斋随笔》《酉阳杂俎》等，他都买到了。他还买了一部心爱的《徐霞客游记》读得津津有味，眉飞色舞。

这说明"读图"与"读文"总是互动互促地构筑着一个人的读书生活。以为读图的轻松会使阅读者惧怕读文的繁重，因而远离了文字阅读是没有根据的。对阅读者来说，阅读行为的真正推手是对读物内容的好奇心和求知欲。童年的鲁迅是这样，所有拥有书香人生者又何尝不是如此。

4. 图画书审美情怀的影响力

加拿大的培利·诺得曼在《阅读儿童文学的乐趣》中认为，"严格说来，所有的图画书都是拼图。图的细节要我们注意其含义；静止的画面则需要我们解开所代表之行动与动作的迷惑"。图画书的乐趣不仅在于所述说的故事与暗示的故事谜底之间的关联性，这是开启智慧之门；更在于表述这个故事的形象和意境所传达的立体的美，满足和发展了儿童的审美诉求。图画书这种审美情怀往往会对人的一辈子产生强大的多方面的影响。

鲁迅童年对图画书的喜爱，就带动了他对美术的特别爱好。他对自己用积蓄的压岁钱、零用钱好不容易买到的图画书、画谱爱不释手，不仅经常翻读，而且想把它画下来。他读图画书总会特别琢磨这些画的特点，看完之后，就用毛笔照着影描或模拟，画到手腕都疼了，还不肯休息。他读了《西游记》，竟整整描了一大本《西游记》中的绣像。他在《朝花夕拾·狗、猫、鼠》一文中，对儿时两张贴在他床前的花纸，印象极其深刻："我的床前就贴着两张花纸，一是'八戒招赘'满纸长嘴大耳，我以为不甚雅观；别的一张'老鼠成亲'却可爱，自新郎、新妇以至傧相、宾客、执事，没有一个不是尖嘴细腿，像煞读书人的，但穿的都是红衫绿裤。"

随着年岁的增长和见闻的丰富，他仍如童年爱好图画书那样不断地收集着各国的画本和名画。他先后收集了日本、英国、美国、德国、瑞士、瑞典、法国、意大利、西班牙、葡萄牙、苏联等许多国家的名画和名册，还编印过《死魂灵百图》《士敏土之图》《比亚兹莱画选》《蕗谷虹儿画选》《十竹斋笺谱》《北平笺谱》等许多画集。他积极倡导木刻运动，热情关心和指导青年木刻家，为"全国木刻联合展览会专辑"作序，认为木刻"还有更光明，更伟大的事业在它的前面"。他十分重视书籍装帧的艺术性，并为自己所著之《野草》《热风》《三闲集》《二心集》《准风月谈》《南腔北调集》《伪自由书》《中国小说史略》和多种译作、刊物，设计了各显异彩的封面，具有单纯、明快、朴实、大方的民族特色。……鲁迅在文学和艺术上所取得的伟大而广泛的成就，不能不认为与童年图画书中所养成的审美情怀有着内在的血脉联系。

在人类物质世界越来越依赖于科技的时候，人类精神世界的追求也必将越来越依赖艺术。科学从一个方面把分类不断细化的同时，精神却从另一方面更要求整合性的发展。让形形色色的图画书能在这方面以新的理念和姿态，进入我们的阅读生活，尤其是至关一生的童年的阅读起步，而成为生命发展的重要食粮。仰望鲁迅这一历史伟人的背影，无疑会给我们以深刻的启示。

（五）适应生命需求的阅读课堂新常态："1＋X"

联合国教科文组织在1970年确立了"阅读社会"这一新概念，它与中华传统的"书香社会"有异曲同工之妙，都表示阅读应当成为每个人日常生活中不可缺失的重要部分。也许正因为阅读如此重要，在中国语文教学中也就有了"以阅读为本位"的课程传统。教语文似乎就是教阅读，一本语文书，基本上就是供阅读教学用的课文。说话、写作等，都只是顺便捎带，似乎可有可无。这种现象，反映了我国语文课程的基本特征。基本上以阅读一统天下。虽然我们也认为语文教学的能力培养关乎"听""说""读""写"，而基础知识自然离不开"字""词""句""篇"。于是，这八个字就一直被称为是语文教学的"八字宪法"，但在实施层面上，并没有一视同仁。当然，在语文的基本能力中，"读"无疑是重要的，这就难怪不少人都奉行"阅读是写作的基础"这一道理。这些似乎都无可非议。但"读"毕竟不是语文课程的"唯一"，特别在当今课改大潮的冲刷下，人们对传统阅读教学引发了诸多反思：什么是阅读？阅读的心智活动机理又是怎样的？阅读教学只是对课文内容作按部就班的讲问吗？阅读教学又如何体现于"学习语言文字的运用"？又如何落实"语文是一门综合性、实践性课程"？

显然，这些思考和探索具有重要的课改意义和时代价值，它自然也就会反映在一些全国性的重大语文教学研究活动中。如"全国青年教师阅读教学观摩活动"是一个历时25年的传统品牌项目，有着十分广泛的影响力，但在2014年时已不称"阅读教学观摩活动"，而将观摩课分为"阅读系列课"和"表达系列课"。这种变化体现了阅读教学正在从过分窄化、僵化的传统樊篱中突围，向以提升学生的"核心素养"总目标靠拢，走综合化的新路，让阅读真正成为阅读者的生命成长之旅。而且，这种态势正在成为阅读课堂的一种"新常态"。显然，出现这样的发展景观绝非偶然，自有其课程改革向纵深推进的必然逻辑关系。

第一，从阅读的本体意义看，阅读质量和效益能否提升的关键在于能否从低效率的"线性阅读"向高效率的"网状阅读"推进。阅读如果只是从某一角度出发，按阅读材料某一方面的知识序列和逻辑顺序，沿着单一的思路去理解，叫作"线性阅读"。如果能充分发挥读者的主动性，能将读物内容旁及同一层面上的相关认知，

与教师们讨论阅读课堂新常态

并找到它们之间的某种内在联系，从而对阅读材料有一个新的建构。这样的阅读活动，就不是按读物的结构线性地向前推进，而是呈现一种全方位联系的网状展开，我们就可以称之为"网状阅读"。如果说，"线性阅读"是一种机械地局限在课文内容之内的阅读，也正是旧的阅读教学中学生聆听教师对课文逐句逐段作讲解的那种"课文内容分析式"，以致延续到当下，还需要不时提醒"要与课文内容分析式说再见"。在"网状阅读"中，学生对课文内容已不再是简单的"印入"，而是在汲取信息、习练语言的同时，也在作不断的联系比较，并输出自己的知识、经验和情感。这正如弗西斯·格瑞莱在《培养阅读技巧》一书的序言中所认为："阅读是读者积极活动的过程。读者带入这一过程的东西，往往比他从读物中所找到的东西还重要。"所以，高效的阅读必然是一种开放的、综合的心智活动，那种画地为牢、囿于文本的机械阅读遭遇时代的挑战也就不奇怪了。

　　第二，从阅读的课程状态看，阅读教学只是语文课程中的一个内容，不是语文的全部；而语文课程也只是众多课程中的一门课程。更新课程观念是一种世界趋势。国际上普遍认为，以个人发展和终身学习为主体的"核心素养"模型，应该取代以学科知识结构为核心的传统课程标准体系。在2014年3月由教育部印发的《关于全面深化课程改革　落实立德树人根本任务的意见》，已将"核心素养"置于深化课程改革的重要地位。所谓"核心素养"，指的是学生应具备适应终身发展和社会发展需要的必备品格和关键能力，突出强调个人修养、社会关爱、家国情怀，更加注重自主发展、合作参与和创新实践。从"知识核心时代'走向'核心素养时代"，必然要辐射到学科的课程改革和课程教学中去。语文课程丰富的人文内涵对学生精神世界的影响是广泛而深刻的，学生对语文材料的感受和理解又往往是多元的。正是这样的课程状态，必然要求阅读教学，从过度依赖课本，教学内容狭窄，教学形式单一的束缚中走出来，向"综合性""实践性"课程的方向奋力前行，为发展学生的"核心素养"，更好地彰显课程的自身价值。

第三，从阅读的时代发展看，传统的阅读与当代或未来的阅读，正在经历一场剧烈的嬗变。即阅读活动越来越指向把不同空间的文字信息（如纸质文本、电子文本等），用超链接的方法组成一种"超文本"的阅读。这就要求今天的阅读教学，必须突破那种画地为牢、从课文到课文的死板教学模式，而能够最佳地体现语文课程"是一门综合性、实践性课程"的精神。

当然，2014年的"全国青年教师教学观摩活动"将展示的课型分为"阅读系列课"和"表达系列课"并不一定是一种完善的命名方法，但它确实较好地反映了当今阅读课堂的一种新常态。所谓"系列"，《现代汉语词典（第7版）》的解释是"相关联的成组成套的事物"。"阅读系列课"当然指以阅读为主线的各类综合性的变式课型。如果说"阅读"是一个单一的"种概念"，那么"阅读系列"就是包容宽泛的一个"类概念"了，是"阅读＋X"，也就是"1＋X"。这里的"1"是指"阅读"，"X"是指与阅读活动相关的各种认知实践活动，可以是"阅读＋阅读"，也可以是"阅读＋口语交际""阅读＋习作表达""阅读＋社会实践"等。"X"应当是任何一种与阅读材料相关，而且是有内在联系的生命活动。这里，还应当特别关注的是"＋"，这种"＋"不是简单的复选，而是必要的互补，和谐的融合，关键的增量，建构的合力，是"1＋1大于2"的"＋"。下面不妨结合案例作些分类阐述。

1. 阅读＋群文串读

教师指导学生阅读一篇课文，不能仅仅满足于从课文到课文的狭隘视野，可以读一篇带一篇或片断的方式，为解读课文提供参照式串读。这样做，不仅有助于扩大学生的阅读量，而且使阅读活动因为有了对照读物的参与，而激活了学生的阅读思维，深化了对课文的理解，提升语文的核心素养。这种串读不一定局限于"读一

篇带一篇（或片断）"，还可以根据需要适度扩展为"读一篇带多篇（或片断）"，后者也可以称为"群文串读"。

"群文串读"多见的是异文的群读，但也可以有同文（不同语体或不同文体）的群读。如一位教师在教学《女娲补天》（人教版第五册）时，人教版课文、湘教版课文（略有不同）和《淮南子·览冥训》的古文原版开展参照阅读。教学流程的设计脉络清晰，依次为识字学词、了解故事大意——比较同为现代汉语写的人教版文本和湘教版文本的不同——再学有古汉语写的原文本，让学文借助言文对照，在教师帮助下初步读通古文——最后独立讲述故事。群文阅读中既可以有异文群读，也可以有同文群读，无疑丰富了群读课型。

2. 阅读＋口语交际

虽然说，"口语交际能力是现代社会公民必备能力"，"语"（口语）和"文"在语文课程中应当同样重要，但在实践层面却并非如此，口语交际专项训练意识和运作策略系统，都丢失了应有的位置，严重存在重"文"轻"语"的现象。当然这不是我们应当去条分缕析地向学生讲解口语交际的重要意义或方法要领，问题在于在教学活动中严重缺失了本来应该有的口语交际情境。这使许多本来可行的课堂口语训练，因教师缺失了这方面的意向而逐渐淡出，这是很不应该的。

神话原本是远古时代人们的一种口头传说，在口耳相传中逐步形成并得到不断丰满。在神话（民间故事）类体裁的教学中，适度结合口语交际的训练，应当是一种不错的选择，但很少见到老师在这些课文的阅读教学中去主动创设口语交际的教学情境。反之，著名特级教师周益民就不是如此，他在导读《夸父逐日》（人教版第六册）一文时，让文本复归于口耳相传的神话故事讲说原生态。他不是先让学生读课文，而是先让大家倾听老师讲《夸父逐日》的故事，听了之后让学生尝试讲故事。先要求大家自己讲给自己听，觉得讲顺口了，再来讲给大家听。讲一个，请大家评议一下。怎样才能把故事讲得更好？在大家急有所求之际，才让大家自己读课文。然后把同学所讲的故事对照课文，讨论如何才能讲得具体生动。在大家的热烈探讨中，教师帮助归结出了：先"厘清大结构"，再"说清小细节"，争取讲得更好……这是比较典型的"阅读＋口语交际"课型，实现了以口语交际深化阅读理解，又以阅读提升口语交际能力的"1＋1＞2"。

3. 阅读＋词句训练

阅读教学不只是理解读物内容，拓展认知领域。作为语文课程的一个组成部分，它更有学语习文的责任担当。而在学语习文中，遣词造句的训练，必然是重要基础。如果语言是一栋高楼，词句便是搭建高楼的砖石。所以阅读与词句训练的关系极为密切，因阅读而忘记了字句训练，这样的阅读充其量只能是一种"生活阅读"，而完全失去了语文课程的阅读本性。这是十分不可取的。

那么阅读＋词句训练应当如何做到水乳交融呢？这就有赖于教师在学生阅读过程中的相机诱导，因势生成。特级教师赵昭在导读朱自清的《匆匆》（人教版第十二册）一文时，当学生赏读文中"于是——洗手的时候，日子从水盆里过去……"那组排比时，及时叩问"这时的'我'会有怎样的感觉?"于是板书出现了"××的时候，日子从××中过去，我感到××是匆匆的"。教师让学生按着这样的句式，我们还可以表达哪些相似的情境，于是随机板书就形成了如下的图示。

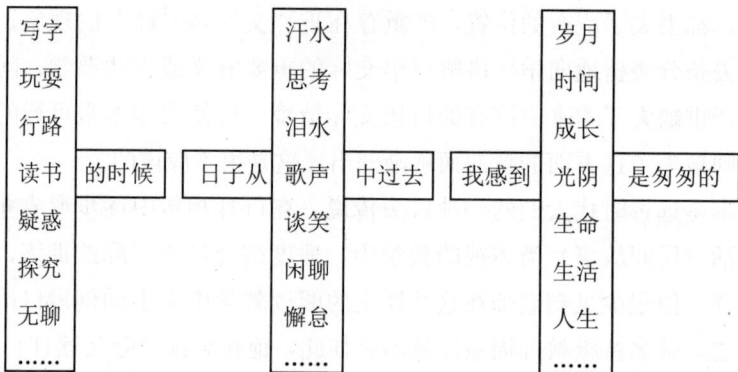

写字 玩耍 行路 读书 疑惑 探究 无聊 ……	的时候	日子从	汗水 思考 泪水 歌声 谈笑 闲聊 懈怠 ……	中过去	我感到	岁月 时间 成长 光阴 生命 生活 人生 ……	是匆匆的

教师故意作错乱的书写，最后还要让学生用线条连接相组合。这样在一组组复句合中，包含了词语的合理搭配，并感受了时光之匆匆，我们又应当如何珍惜光阴的思想情感。同时，对课文中警句的品读，又因为有了词句训练的放大效应，而有了更为深切的感悟。

4. 阅读＋习作表达

在语文课程的学习机理中，"读"与"写"是相辅相成的一个整体活动。阅读是吸收，写作是输出，就相当于人体生命中的"吸"与"呼"所构成的循环运动。

"吸"乃"呼"所依，"呼"是"吸"所致。由此理解"读"与"写"也是同理。我们不能只看到"阅读是写作的基础"，也应当明白"写作是阅读的动力"。两者若分而治之，则事倍而功半；若综合推进，则事半而功倍。正是从这样的角度看问题，阅读＋习作表达方能更好地体现语文课程的性质是"学习语言文字的运用"。

听一位老师导读《卖火柴的小女孩》（人教版第十一册），在学生初读课文之后，屏幕出现一幅画面：第一幅是大年夜在街道卖火柴的小女孩；第二幅是没人买火柴，蜷缩在街头的小女孩，似乎在对自己说什么；第三、第四、第五幅是小女孩三次幻想的画面。教师让学生对照课文的意思，为每幅写上几句话作描写说明。这是阅读中的第一次写作，重点在落实两种心理活动描写。交流后，教师点拨：第一幅画面是"旁观分析"的心理描写法；第二幅大家写的多用了"内心独白"的心理描写法。在这篇课文里著名童话大师安徒生还重点用了另一种心理活动描写方法，这就是第三、第四、第五幅"幻想表现"的心理描写法……同时引导学生深读课文中出现的三次幻想。最后，让学生想象小女孩还可能出现怎样的幻想，自己尝试来补写一次……

如此，把"读""写"一体化推进，不仅是阅读为写作开路，使写作学有范例；而且又是以写作深化阅读，使理解更具情怀。如此相得益彰，我们又何乐而不为。

5. 阅读＋社会实践

在人教版的通编教材中，有"语文园地"等栏目来引导学生开展综合性学习活动，以体现"语文知识的综合运用、听说读写能力的综合发展、语文课程与其他课程的密切沟通、书本学习与生活实践的紧密结合"。确实，语文的天地很广阔，学生的语文学习必须与生活、与社会的实践活动密切联系，才能学得更好。如何将课堂阅读与学生的社会实践（包括家庭生活）融合，就成了语文改课的重要内容。《猴子种果树》是苏教版二年级的教材。这是一篇知识童话，围绕农谚"梨五杏四""杏四桃三""桃三樱二""樱桃好吃树难栽"等有关不同果树结果需要的年份，编成了"猴子种果树"的故事。著名特级教师薛法根对这一课的导读很有启发性。他巧妙地引导学生以自读为主，学得颇为主动、灵动、生动，并让学生补写了一节："猴哥正在伤心，一只小麻雀'唧唧'地对猴子说：'猴哥猴哥，你不要伤心了＿＿＿＿。'"课后，薛老师又设计了一个难度更高的话语框架，让学生回去和爸爸妈妈一起编编："小猴子正在伤心，一只狐狸来了，说：'林子大了，什么鸟都有，这些都不是好鸟，都是骗你的。'猴子一想，说：'＿＿＿＿＿。'"

　　这是一道比较难做的作业题，答案是极富不确定性的。让学生带回家去，与爸爸妈妈一起讨论，也具有一定的"社会实践"性质，可以说是一项很有意义的"亲子共做"。

·············

　　"阅读＋X"的形式很多，当然不只是这样五种。"X"本身就意味着一种无限量。如果说世界有多大，语文学习的天地就有多大，那么，阅读也必然会是语文天地里的一个高度开放的系统。从阅读课文到课文阅读，虽然是基本所在，但绝不能因此就限于一隅。从"文本阅读"到"超文本阅读"。不仅是阅读本身的应有之义，阅读连接着阅读者宽广的生命天地，更是对阅读教学改革，指向人的核心素养发展的时代要求。

（六）改课命脉：让学生自主解读课文

　　"为什么我们的学校总是培养不出杰出人才？"这是令国人颇为揪心的"钱学森之问"。当然，这个问题的归因会有许多，但与我们一直来的课堂教学状态，并不切合儿童的生命诉求，应该不无关系吧。

　　课堂教学的问题会有许多，以语文教学来说，为什么由教师来解读课文给学生听，这种很不正常、很不合理的现象，竟能一直被大家熟视无睹？为什么学生就不能在自主解读课文中获得人格独立和思想自由，也真正提高阅读能力？

　　我们的语文教学以阅读为本位，在阅读教学中的一个核心环节便是对课文的解读。解读应该是一种个性化的再创造的过程，是对阅读生命的一种唤醒，应当是学生在教师指导下主动探索，而不是被动接受教师的解读。因为解读的过程是把课文中的新信息和学生个体已知的旧信息不断结合的过程。在这种结合里寻找、发现关系，也就是学生有所感悟、有所创造的过程。这个过程更是学生把文字密码的符号系列，转变为一种意义世界。在转变的过程中，学生获得了知识，锻炼了技能，丰富了精神世界，提升了思考力和创造力。然而遗憾的是这样珍贵的解读机理，却由教师在备课中完成的：确定解读的方向、展示解读的思路、编制解读的顺序乃至解读的细节，然后在课堂教学上详尽地呈现给学生，让学生七折八扣地去接受，不管他们爱听不爱听。

与青年教师在一起

这正是语文教学之所以高耗低效、遭人非议的关键所在！

首先，从解读的价值看，课文的意义不是一种凝固不变的现存物。从现代哲学解释学的角度说，课文的意义是在学生自主解读过程中不断生成的。不同的学生对同一课文生成的意义不会完全一样。如果教师不让学生自己去解读，而只把自己生成的解读意义强加给学生，给以标准化的定格，其实就是使解读活动趋向僵化、狭隘化和教条化。

再从课文的价值看，课文的优劣不在于向学生提供多少信息，而在于能否刺激学生审美的欲望和对事物的联想，并通过对文字符号密码的驱遣和运用引发信息和意义的扩展。这就必须由学生直接地、原生态式的去"拥抱"课文，直接形成个性化的感知、感受和感悟。教师在学生与课文之中去发挥一些助力是必要的，但不是要教师把课文嚼烂了再一口一口喂给学生，这只会使课文的真正价值消弭流失。

当然，我们更应当从学生的学习和成长的价值看，教师无论是因袭教学指导书或独立钻研教材所获得的解读成果，都不应在课堂上作全盘展示去试图给予学生，代替学生的自主解读。因为这样的方式往往会形成学生对教师的依赖，排斥了学生自主的、自由的、自然的解读探究（包括其中必然会遭遇到的可贵的困惑和挫折），结果使真实的学习活动并没有发生在学生身上，却阴错阳差地只发生在教师的备课之中。这样，学生的成长发展，当然也就难以实现。也许有人会说，教师在展示自己的解读成果时不是有提问让学生参与吗？其实，大家都清楚，这类简单的提问只是形式上让学生配合一下教师的讲说，以避免唱独角戏的尴尬而已，其教师解读的思路、内容、程序是不容学生打乱的。

从本质上说，解读课文是学生应有的一种权利，是他们获得生命发展、全面提升语言素养的重要途径。为此，《课标》已十分强调，并提出种种警示：

"学生是学习的主体"，要"充分激发他们的问题意识和进取精神，关注个体差异和不同的学习需求"——这是解读课文要"以生为本"的基本原则；

"阅读教学应引导学生钻研文本，在主动积极的思维和情感活动中，加深理解和体验，有所感悟和思考"——这是对学生解读课文的基本要求；

"要珍视学生独特的感受、体验和理解"——这是对应当呵护学生自主解读课文的提醒；

"不应以老师的分析来代替学生的阅读实践，不应以模式化的解读来代替学生的体验和思考"——这可以说是对当下课堂由教师单边解读课文现象的尖锐批评；

…………

综上所述，我们把学生自主解读课文看成在当下"课改"行动中"改课"的命脉所在是有充分理由的。问题是学生可以自主解读课文吗？答案是肯定的。笔者在这里通过梳理一些优秀课例也可略见端倪。

1. 板块式的学生自主解读

学生学会自主解读当然不可能一步到位，必然会存在一个逐步训练提高的过程。板块式解读便是这方面的一种策略。所谓板块式解读，也就是根据不同课文的结构特点，在学生初读课文、读通课文的基础上，将课文内容在梳理出线索之后分成几个合理板块（一般会大于段落或等于段落），然后化整为零，由学生分板块作解读准备，然后再聚零为整，由学生作系统的整体解读。如此由易到难、由简入繁会十分有利于学生自主解读能力的培养。《猫》这篇课文（人教版第七册），在深读课文时，上课伊始，教师先作词语和朗读检查，再以简洁提问来提炼主线：①课文写了哪两种猫？②课文写了多少只大猫？多少只小猫？要找出课文中的根据。（一只大猫、一群小猫）③课文写了怎样的一只大猫？怎样的一群小猫？请找出课文中的依据。（一只古怪的大猫。一群淘气的小猫）④作者写大猫的古怪和小猫的淘气，是讨厌猫吗？

为什么？（不是讨厌，而是强烈表现了作者对猫的喜爱）至此，教师根据学生的梳理，逐步形成了如下板书。

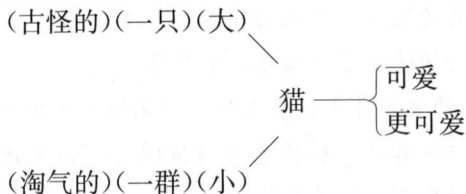

　（古怪的）（一只）（大）

　　　　　　猫 ┤可爱
　　　　　　　　更可爱

　（淘气的）（一群）（小）

由此，大家已把课文分成了，"大猫""小猫"两大板块。教师便要学生为深读课文作准备，可以先解读大猫的"可爱"，也可以选择读小猫的"更可爱"。在准备时可以同桌互助，可以在书上作圈画批注或写上解读要点。准备好了再一起参加全班交流。教师在学生自发交流时因势利导，让大家互相补充、评点。最后要大家把两个板块合起来自己先尝试说一遍，再上讲台来向全班同学展示个人的解读。教师在各个阶段都注意随机帮助、点拨和提升，只是把本来由教师逐段讲问解读的时间和机会都让给了学生。

2. 主问题式的学生自主解读

在传统由教师讲问解读的课堂里，教师的问题往往烦琐而又简单，缺失了学生思考和表达的训练力度。教师简单地问，学生则用课文中的一个词或一个句子作答，留下的大量时间便由教师作内容分析式的单边解读。显然，在这样的课堂里学生的简单回答是无法代替自主解读课文的。如果教师能够在一篇课文中提炼成一个主问题作为学生进入自主解读课文的抓手，无疑是可取的策略。当然，这个主问题应当具有较大的课文覆盖面和穿透力。探究这个主问题又必须以学生读通课文，了解结构、初知大意为基础。

一位教师教学张志和的《渔歌子》（人教版第八册），教师设计了一个主问题让学生统领解读全词："斜风细雨不须归"，为什么刮风下雨了诗人还是不回家？找一找"不须归"的原因有哪些？

> **生**：我从"桃花流水鳜鱼肥"这句中明白诗人"不须归"的原因是这个季节应该是桃花盛开的春天，鳜鱼特别肥美，很好吃。渔人想多钓些鳜鱼，所以即使是斜风细雨也不想回去。

师：说得有点道理。还有更重要的原因吗？

生：我认为诗人是因为爱这里的景色美，才"不须归"的。因为第一句写的就是"西塞山前白鹭飞"又有盛开的桃花，流淌的春水，多美的景致。

师：不错，你很会想象，从一句话读出了一幅春江美景图。

（教师接着就插入了介绍张志和钓鱼的特点：每垂钓，不用饵；不用弯钩用直钩……以及他的哥哥张松龄也写过一首诗《和答志和渔父歌》："乐是风波钓是闲，草堂松径已胜攀；太湖水。洞庭山，狂风浪起且须还"……）

很可惜的是教师并没有把主问题的解读进行到底，若教师能进一步引导，学生还可以从"青箬笠，绿蓑衣"中读出，因为渔人是有备而来，全副武装，本来就打算斜风细雨"不须归"的；还可以从最后一句解读出这里的"斜风细雨"是什么时候季节的风？是"吹面不寒杨柳风"。是什么季节的雨？是"像牛毛，像尖针"的春雨。并不是狂风暴雨，所以是可以"不须归"的。这样，全诗每一句都回答了"不须归"的理由。诗人寄情山水，隐居乡野对大自然的喜爱之情，也就在字里行间满溢了。在学生相互补充的解读之后，教师可以再让学生把全词连起来解读，从说几句话到能够说一段话。在课堂讨论中教师重视让学生作总结性陈述，实际上就是以学练为基点的学生自主解读，这可能会比引入张志和与张松龄的趣闻轶事更为重要。因为后者毕竟用三言两语道不明，是儿童难以理解，可说可不说的话题。

3. 学生质疑式的自主解读

苏霍姆林斯基在《给教师的建议（下）》中说过："有经验的教师总是牢记着亚里士多德的那句名言：思维是从疑问和惊奇开始的。"教师组织引导学生的自主解读，若能从疑问开始（尤其是学生的质疑），会十分有利于激发和形成学生对课文解读的内部诱因，从而深层地调动学生的生命活力。当然，现实的问题是学生在课堂上鲜见有质疑的行为，这并不等于学生没有疑而是没有质疑的气氛和习惯。正如李政道博士所言，"学问学问是要学会问，而不是只学会答"。的确，学生的只会答不会问，难道不正是教师的讲问式教学长年累积而成的状态？

在课堂上给学生提问质疑的时间和氛围是必须有的。一位教师在导读《五彩池》（人教版第七册）一课时，让学生提问，一学生说："五彩池可以游泳吗？"乍一听，这是一个不太靠谱的问题，但这也是出于孩子的好奇。好奇便是一种求知的需求，

教师应当尽可能给予满足。于是灵光一现，不妨让学生借着这个问题去自主读懂课文，便放弃了原先的讲课安排，跟学生说："看一个水域能不能游泳，要看四个基本条件：一是水域大小，二是水域深浅，三是水质是否清洁，四是水底有没有危险物。我们就不妨从四个方面去细读课文找出答案，然后自己解决能不能游泳的问题。"学生兴致很高，积极投入自读课文当中。一会儿，便进入了课堂的讨论交流。学生结合课文的解读分析，得出了唯一的结论：不能游泳。因为一是池子太小（第二小节），"大的面积不足一亩"，"小的像个菜碟"；二是池子太浅，"水很浅，用小拇指就能触到池底"；三是水底有危险物，"池底长着许多石笋"。所以，虽然池水是干净的（第三小节），"都来自同一条溪流"，但总的来说还是不能游泳。同时也有学生说不能游泳还有一条更重要的原因是五彩池十分美丽，是人间的瑶池，旅游的胜地，这样的地方如果游泳就破坏了生态环境！

显然，学生在解答一个似乎不太靠谱问题的过程中，自主有效地达成了解读课文的要求，而教师的参与指点，又自然、无痕地起了组织作用，推进了解读的深度，更加激发了课堂的生命活力。

4. 换位互助式的学生自主解读

我国著名教育家陶行知推行过"小先生制"，即在课堂上不仅有先生教学生，也有学生教学生，学生当先生。在国外，一度提倡的"伙伴教学法"，也具有相似的性质和效能。实行伙伴教学法的优势是明显的，因为同龄人之间的认知水平相仿，心理特征相近和思维方式相似，会更易于相互沟通，找到相似的表达方式。所以，让学生做小先生，开展互教互学，更容易激发儿童的兴趣，调动学生学习的主动性和积极性。

5. 读写一体式的学生自主解读

中国的语文教学一直以阅读为本位，虽然也有一些如口语交际、习作等方面的内容，但在数量和体系上，无法与阅读相提并论。当然，也有一些学校尝试以写作为本位组织语文教学的主张和实践，但毕竟少之又少。

其实，从语文是人的一种生命存在的角度看，读写本来是一回事，这恰如人的"吸"和"呼"是生命存在和表现的一个"共同体"。"读"是读人家的"写"；写，是为了自己的和别人的"读"。从这个意义说，每一篇阅读课文同时也具有写作范文的功能。所以，对某些课文的解读，就可以让学生用"作文"的方式来实现。著名特级教师于永正和戴建荣就作过这样的尝试。教学《珍珠鸟》（人教版第七册）一课，第一节由戴建荣完成指导学生初读课文、识字、学词、厘清层次和初识大意。第二节便由于永正指导学生自行深究课文，让学生以反写课文来深化解读。所谓反写课文，就是用一节课的时间，指导学生以珍珠岛的角度反写一篇《我的主人冯骥才》。两节课在"读写一体"思想指导下实现了"读"中寓"写"，让课文现身说法，"写"中促"读"，以"写"解读课文。当然，这样的两节课如果由一位教师完成，效果会更好。由此推想，一册语文书中的部分课文，是否都有可能既当阅读教材，又当作文教材？抑或以"读写一体"编出一套全新的语文课本？

6. 针对课文特点的学生另类解读

选入语文课本的文章，一般都是文质皆美的佳作，不同的课文又以不同的题材、格调、文笔、结构而显示其独特的品格。课文的万千气象，当然也会极大地丰富解读思路。所以，教师在引导学生自主解读课文时，应当十分重视针对课文的不同特点来因文制宜，力避解读的模式化。

我听过一堂印象颇为深刻的课《手术台就是阵地》（人教版第六册）。这位教师抓住课文最后一小节"齐会战斗进行了三天三夜，胜利结束了。白求恩大夫在手术台旁，连续工作了六十九个小时"，设计引导学生解读。他让大家体会这句话的含意再细读课文，完成两道数学题——

（1）白求恩大夫三天三夜在手术台旁连续工作了 69 个小时，他每昼夜工作多少小时？白求恩在三天三夜中每昼夜可以休息多少小时？

（2）计算以后再读课文思考：你认为白求恩在休息时间里应当做什么？他可能会做什么？从这里你又感受到了什么？

计算的结果使同学们大为感动。因为白求恩每天在手术室旁工作达 23 小时才休息 1 小时，包括了吃饭、上厕所、打盹……可是就在这 1 小时里他肯定还得去看看刚做完手术的伤员，他会去特别帮助手术后反应不太好的伤员，他还得去关照刚抬进来准备手术的伤员……

这样在计算和讨论中学生的交流和感受便是对课文最好的解读。学生在这样的另类解读中所获得的体验会更加深刻。

我们强调学生自主解读课文，绝不是贬低教师在教学活动中应发挥的重要作用，只是希望教师不要只按照自己主观预设的解读方案，依循预设的解读顺序，用讲问

分析的方式去固定不变地展示自己的单边设计。而应当把解读课文的权利归还给学生，让解读的这一重要学习过程能真实地发生在学生身上。教师不应该硬性地把自己的解读给予学生，而只是在学生解读的过程中给予适度引导。对教师来说，最重要的是必须尊重学生的生命诉求。

三、"说"与"写"是无法封闭的生命表达和交流

"说"是口舌的"写"，

"写"是笔头、指头的言。

生命耐不住幽闭，

它要表达、交流，歌唱。

从"听""读"的吸纳，

到"说""写"的表现，

正是思维的往复循环，

生命的不息强音。

（一）思想缺位：口语交际与作文教学的"脑瘫"症

"口语交际"与"作文"（第一学段为"写话"，第二、第三学段为"习作"）都属于儿童的表达能力。"表达"是人类生命的最基本要求。人的思想和情感每时每刻都需要表达，求得与外部世界的沟通，方能形成社会生活中的认知和协同。人是社会的动物，只有主观世界与客观世界实行无阻碍的交流，方能有和谐、互动的、丰富多彩的生活内容，也才能在这样以交流为基础的生活中实现人的生命的健康发展。为此，《课标》明确提出了这方面的要求："具有日常口语交际的基本能力，学会倾听、表达与交流，初步学会运用口头语言文明地进行人际沟通和社会交往"，"能具体明确、文从字顺地表达自己的见闻、体验和想法。能根据需要，运用常见的表达方式写作，发展书面语言运用能力"。

正因为"口语交际"和"写话""习作"都属于"表达"，所以两者之间有着密切的内在联系。口头为语（口语），把"语"写下来就成了"文"（作文）。儿童练写

在作文教学研讨会上

"作文"就得先练说"口语"，口头能说清楚、说明白了，写下来的自然就清楚、通顺。如果写不好，多半是因为说不明白自己的想法，甚至自己还没有想清楚，所以，思想缺位是口语交际、写话习作都不能到位的根本原因。作为生命的真实表达，表达的当然就是思想。思想应该是自己的真实想法，如果表达的不是自己的思想，那多半是模仿别人的，甚至是抄袭别人的。当然，向别人学习，包括有一点模仿，这并不奇怪。实际上这种模仿已经过模仿者的消化吸收，融入了自己的思想。

我之所以要细说这一点，是因为小学作文教学是以模仿为主，还是以思想的真情表达为主，一直是引人关注，并且争辩不休的问题。这里，之所以强调"为主"一词，因为它是讨论这一问题的基点所在。世间万物，大多以混合体的形态存在，而不是在实验室中提取的单质。作文教学的方法体系也一样。主张以思想的真情表达为主，并不排斥也会有模仿的存在，无论是显性的还是隐性的。至于认为以模仿为主的，当然更不会否认作文需要思想的真情表达。模仿，作为人的学习心理的一种机制，当然也会存在于作文教学。所以，问题的焦点不在作文教学要不要模仿，或要不要思想的真情表达，而在于这两者中应当以什么为主。也就是说，作文教学的主流价值观应当是什么。

有一个事例应当引起我们的注意：2006年全国"冰心作文奖"揭晓，荣获小学

组一等奖的《妈妈回来了》，全文如下：

> 前段时间，妈妈去杭州学习，去了好长时间，可能有一个月吧。今天，妈妈终于从杭州回来了，我非常高兴！因为妈妈的怀抱很温和，因为妈妈回来会给爸爸过生日，因为妈妈在家里会给我读书……妈妈不在家的时候，我很想她，想妈妈的感觉，是一种想哭的感觉。

这篇仅 107 个字（不含标点）的短文，显然是篇幅太短了点，甚至被认为"不太像一篇作文"。但最终还是打动了评委们的心，从五万多篇参赛作品中胜出。参赛作文中，文辞华丽的、结构精巧的数不胜数，可为什么比不过这样一篇"不太像作文"的作文？可能的原因只有一个，那就是这些作品虽有很好的模仿功力，但由于思维缺位、真情缺位而导致落选。作文的原点应当是生命的真实表达和倾情交流，离开了这个原点，作文就不再拥有"言为心声"的本质，不再是生命的真情倾诉，而仅仅只是一种完全着力于模仿、矫揉造作的"技术活儿"。这是作文教学的悲哀。

强调作文教学以模仿为主，让小学生写出成人心目中的"像样"作文，从根本上说，有着漫长封建社会科举考试"八股文"的历史阴影。当然，在我们的传统作文教学理念中，并不缺少精华，如"读写结合""言为心声""纸上得来终觉浅，绝知此事要躬行"等，都是难能可贵的真知灼见。但是，如"八股文"那样严格地崇尚形式，确实也反映了封建统治者刻意提倡模仿，以形式束缚文人思想的险恶用心。这已是历史的定论，人们的共识。今天的小学作文教学如仍然奉行以模仿为主的方法，就不能不认为与八股文有一脉相承之印痕。这不仅不利于作文教学的时代改革，而且学生以现成套话，模仿组装成篇的"雷同作文"更会大行其道，而形成小学生作文思想缺位、"套"声依旧的积疾。这是可怕的"脑瘫"症。

在新课改的环境下，特别是《课标》的颁布，对传统作文教学改革的幅度之宽和力度之大，不可小觑。小学作文分为"写话"与"习作"两大块，使其更贴近儿童作文的实际；明确提出了作文应当"具体明确、文从字顺地表达自己的意思"。写作教学"应贴近学生实际，让学生易于动笔、乐于表达，应引导学生关注现实，热爱生活表达真情实感"……所有这些都强调了作文应以思想的真情表达为主，而不提倡以模仿为主，误导了学生只醉心于借鉴和套袭，屏蔽了真实思想的自由表达，造成"模仿依赖症"。

小学作文教学要提倡以思想的真情表达为主，而不宜实施以模仿为主，还因为小学生写作文是在已掌握了口头言语表达和文字书写的基础上进行的。孩子在与小伙伴闲聊时会很有话说，为什么到写作文时就笔下无话了呢。主要原因就是已经习惯了模仿，习惯了因循的套路，不能把自己的感受、思想真实的写出来，这无疑加剧了对自我思想的遮蔽。学说话、学写字都是在掌握一种技术，自然应当多借助于模仿。然而，作文不应是以模仿训练为主的"技术活儿"，而是真实的思想表达的生命倾吐。叶圣陶先生早在 19 世纪 30 年代就提出作文教学要注重学生"立诚的倾吐"，即指作文时要有诚实的态度，"有什么说什么"，"内心怎样想、怎样感、笔下便怎样写"。这与《课标》提出的"要求学生说真话、实话、心里话，不说假话、空话、大话"是一致的。作文教学应当从"人"出发，即从"写作主体"出发，去实现作文是思想的表达和交流这一主流价值。这就要抓住"真实思想"这一要素，因为它在作文的生成过程中，始终居于核心地位。唯此，作文教学才能真正提高质量，也才能使学生在作文过程中获得真正的生命发展和精神成长。如果作文教学过度关注从"文"出发，只是在模仿章法、学习写作技巧上下功夫，即使写出了比较规范的作文，往往也会流于模式化，出现雷同文倾向。显然，这种缺乏生气，缺乏灵气，缺乏个性，缺乏生命活力的作文，只是一种复制的、可以批量生产的物质产品，而不是体现作文本质意义上的精神产品。

小学生作文是儿童作文。童年是人一生中最为重要的一段时光，它关系到人的终身发展。正如苏霍姆林斯基所说，童年是人生最好的时期，这不是对未来生活的准备时期，而是真正的、灿烂的、独特的、不可重现的一种生活。儿童的世界是奇妙而梦幻的世界，一个充满灵性的天地，他们有自己的价值观念和游戏规则，有与成年人完全不同的快乐和哀愁，憧憬和企盼。正是从这样的视角看，作文应当是一种儿童文化，如儿歌、童话、儿童剧、儿童游戏一样，是他们生活的一部分。所以作文应当更多地表达他们的自由思想和真实感情，让真实的自我、自由的情感、个性的创造和无拘无束的游戏，在作文中如星光一样洒满所有的童年；让作文回归儿童的生命天地。

（二）教"教材"作文，还是"用教材"教作文

人教版小学语文课本，从三年级开始，在每组的"语文园地"中都编有"习作"教学的内容。在没有独立的"作文教材"的情况下，语文课本中有了"习作"的系统安排，无论对学生还是教师来说，都是一件好事。俗话说，"课本课本，一课之本"，作文教学自然也需要有教材的凭借。然而，怎样用好课本中的"习作"教材，却令教师频生困惑。

一方面，正如有些人所认为，现在已进入"后作文时代"了。"前作文"的传统是作文以得到教师的欢心和高分为目标，绝对以社会规范的核心话题为准则，实行以公共的话语系统（套话）隐蔽自己的真情实感来为他人立言。这样的习作训练自然会走通过"模板"来"模铸"的捷径。"后现代作文"的变革在于强调作文是生命的自由表达和真情交流，它本应是放飞思绪、抒写性灵、展示才情的平台。尽管人教版教材对作文教学内容和要求的安排已有了很大的自由度和灵活性，但毕竟有其规定度和局限性，很难适合各地、各学校的不同儿童，很难真正实行"我手写我口"，放飞心灵、自由表达的要求。

另一方面，人教版语文教材的"习作"安排体现了小学作文教学的目标和训练序列，有知识、能力、情感发展内在规定性的重要价值，如果完全弃之不顾，另搞一套自由表达无疑会有违《课标》习作教学的具体要求和科学程序。教学是促进学生科学发展的有组织行为，习作教学自然也应当一样有序。

还有不可忽视的一点是作文教学虽要强调生命的"自由表达"，但也不可小觑了"规则指导"的重要。这是因为作文要自由表达好，让人家看得懂、乐意看，就得讲究表达的规则，如正确的书写标点，规范的遣词造句，合理的谋篇布局，为了表达得生动，还得讲一点写作技巧。如果不讲规则，只讲自由，有些小学生作文也会陷入崇尚"猎奇""标新立异"和追求"另类"。当下出现的某些"灰色作文""疯狂作文""火星文作文"，便是从旧的造作滑入新的造作，从旧的套路陷入新的套路，同样远离了"真情实感"。所以遵循教材的引领作用，对于实现习作教学自由表达和规则指导相结合的原则还是有重要意义的。

要正确对待教材中的"习作"安排，就不应当是一成不变地去教"教材"作文也不应当完全弃教材于不顾，而应该是"用教材"教作文。前者的态度是把教材视为"圣经",只是一字不落地按教材教,完全是僵化的照本宣科。教材编得再好也难以适应不同地区、不同学校、不同班级、不同学生的要求,依教材的"葫芦"画瓢,其教学效果不免"照猫画虎反类犬"。"用教材教作文"就完全不一样了,教师只是把教材作为一种"媒介",充分考虑了本地、本校、本班的不同学生的学习需求,在充分发掘教材教学价值的同时,作必要的发展创造,使习作教材更能激发不同学生的生命歌唱,从中找到自由表达的广阔天地。如果说教师"教教材作文"只是一种僵化的执行,那么"用教材教作文"便是对教材作了因时、因地、因人的再开发和再创造。教师不仅是教材执行者,更是教材的创造者。

那么,教师应当如何对习作教材实行再开发,创造性地用教材教,更好地体现自由表达与规则指导相结合呢?

1. 从写作意识上深化

儿童作文的原点应当是孩子有发自心灵深处的表达欲望和交流需求,这样才能真正触发他们的兴奋点,使表达的状态达到一种自然的境地,既不陷入"硬逼"的无奈,又不会走到"落套"的捷径。这就必须从写作意识上引导学生向深处推进。

如五年级上册教材第三组的习作是写说明性文章:"读了本组课文,你一定体会到了说明性文章的一些特点,学到了一些说明方法。本次习作,我们就练习写说明性文章。你可以选择一种物品介绍给大家,如蔬菜、水果、玩具、文具或电器。在习作之前,通过观察、参观、访问、阅读说明书等方式,尽可能多地了解这种物品,然后再想一想,可以从哪些方面、按照怎样的顺序来介绍,能用上哪些说明方法。写完以后读给同学听,看看介绍清楚了没有,不清楚的地方再改一改"。显然,教材的说明是十分全面详尽的,但实践告诉我们,学生在完成这一习作时写得并不出彩。究其原因是学生往往随便选一种身边的物件,从外形、特点、性质、用途等方面作一番全面的介绍,凑齐六七百字完成习作任务。这里的关键是学生在为作文而勉强写说明,并没有触及想要表达的强烈欲望。所以,作这样的习作训练必须引导学生在写作意识上深化,不可为写说明性文章而写,先要明确选一个你觉得最有必要说明的物件,然后才能突出说明的重点在哪里,获得一种表达的快乐。如蔬菜水果类的,可以选一种很少能吃到的而你知道或吃过了的,这样就有了说明的欲望,可以集中去说明它的外形特点、产地或栽培、营养价值、口味和食用方法等。说明的如果是一件学生特别喜欢的玩具或艺术品,也会因"特别喜欢"而产生说明的欲望,

因为这样的表达过程，其实也是交流和分享学生情感的过程。

2. 从写作范围上泛化

在教教材作文时，虽然编教材者对习作范围的表述已相当灵活，没有了如过去命题作文那样的局限性，一般只是设定一个范围，给学生自由表达的空间。但即使这样也并不见得就都能让学生有话想说，有话可说。在这种情况下，教师用教材教作文，就是应对教材作些因地、因时、因人制宜的拓展，作一些泛化，使学生的自由表达能各得其所。如人教版三年级教材第五组的习作"去过的地方"："我们向同学介绍了自己去过的地方（指'口语交际'内容），现在就来写一写。要写出这个地方怎么吸引人，使别人读了也对这个地方感兴趣。写同一个地方的同学，可以交流交流，互相取长补短。如果不想写去过的地方，写想去的地方也可以。"怎么才能使这次习作真正激活全班同学的表达欲望和写作情趣呢？一位教师在执教时便对教材做出了更为宽泛的处理："去过的地方"可以说是实际去过的地方（这是教材要求），但也可以写自己"梦中去过的地方"，"画中看过的地方"，"书中读过的地方"，"物中赏过的地方"（如雕塑、盆景一类）和"心中想过的地方"（也就是"写想去的地方"）……关键是这个地方必须确实打动了你，给你留下了极其深刻、美好的印象，你很想写出来与大家分享。经这样一拓展，全班学生无不跃跃欲试。一个学生写下的"去过的地方"是如此美不胜收：山峦起伏千姿百态，怪石突兀若有灵性，小桥流水曲径通幽，大江浩荡帆影逐波……最后，小作者点明：这地方原来是爷爷制作的一个山水盆景。

3. 从写作选材上强化

教材中的习作提示，虽还算具体但因限于篇幅，总得考虑到"要言不烦"。这样一来，往往在指导学生个人选材时，缺失了启发的力量。在这种情况下，教师用教材教作文时，就必须密切关注从学生的实际出发，在如何选材上加大力度，让学生笔下有话，心中有情。如人教版五下册第七组习作训练的要求是："一个特点鲜明的人，总是给人留下深刻的印象，即便偶然见上一面他（她）的音容笑貌，举手投足，也会留在心中挥之不去。这次习作，我们就来写这样一个人，可以是身边熟悉的人，也可以是偶然见到的陌生人。写的时候，试着运用课文中一些写人的方法写出他某一方面的特点。写完以后，同学之间互相评一评，改一改，让人物特点更加突出。"这个提示应当是够具体了，但教学的结果往往是学生笔下的人物从性别到年龄，从身世到外貌，从衣饰到性格，从话语到行为，都写得面面俱到，却没有特点。怎么办，关键是要明确重点（写出人物特点）、强化选材（写谁的什么特点）。一位教师正是从这个视点用教材来教，而不是照搬教材。他在引导学生正面读解了课本中的"习作"提示之后，先回忆本册课文，《人物描写一组》《刷子李》等的写作特点，再让学生讨论：你在生活中见到的人有哪些特点，并留下了深刻的印象，并让同学逐一写在黑板上。大家写出来的有"特别节俭的人""吹牛大王""会侃会聊的高手""特别喜欢帮人的人""风趣搞笑能人""不爱说话的闷葫芦""手脚不停像得了多动症的人""十分唠叨的小老太""天下第一马屁精"……在这个基础上教师再让大家确定自己准备写谁，通过哪些事情来表现出人物特点。接着，再让大家研究可以运用哪些学过的方法来写（列举的如正面描述、侧面映衬、反而烘托、细节表现、对话写真、动作传神……）。最后，让学生完成填表式的写作提纲，供师生交流互正：

写谁	抓什么特点	选哪些事例	用什么方法	拟什么题目（与特点相关）

4. 从写作要求上活化

教材中统一的习作训练要求，可以顾及大多数，但无法顾及每个人。可是，作为小学教育来说，却必须认真地去呵护每个孩子的发展，"一个也不能少"。这就要求教师必须用教材教，还得为少数，甚至个别学生去"量身定做"，开发教材。人教版三下册第五组课文的习作是"要在口语交际的基础上，用一两件事，写写父母对自己的爱。也可以写发生在自己和父母之间别的感人的事，要表达真情实感。写完以后，读给爸爸妈妈听，请他们提提意见，再认真改一改"。这对大多数学生当然都不会有什么问题，但实际情况是并非每个孩子都可以写出"父母对自己的爱"。据一位教师的事前调查：因各种原因，班上有 11 个孩子缺少父母之爱，占全班学生的18.3%，其中对父母有怨恨心理的多达 7 名，由奶奶或爷爷、外婆带大的有 3 名。教师必须将本次习作要求活化，除了"可以写自己和父母之间别的感人的事"以外，也可以写写"不开心的事""怨恨的事"，而且不仅可以写父母，也可以写"给自己爱"的其他亲人，如爷爷、奶奶、外婆等。在这里，教师不必担心学生的情感不健康，写出来了才可以得到老师和同学的帮助。有了这样对教材的再开发，将教材要

求活化，才使本次习作训练给全班每一个孩子有了表达真情实感的机会。

5. 从写作步骤上细化

儿童缺乏持久的注意力是其心理特征之一，也就很难跳出这种"浅思维"的惯性。习作也是这样，他们一读教材中的"习作要求"，总会从最容易想到的地方入手，急于下笔去完成任务，不愿意，多找出几条写作思路进行比较。所以，教师用教材教作文，更多地应当去开发教材，从本班学生的实际出发，帮助他们在写作步骤上细化，生出自由表达的真情实感来。如人教版第七册的一次习作训练是《看图写话·胜似亲人》，其要求是：观察《胜似亲人》这幅图注意图中人物的服饰，想一想她们可能是谁，她们之间可能发生了什么事。再把你想到的写下来，内容要具体，语句要通顺。可以用"胜似亲人"做题目，也可以根据习作的具体内容自拟题目。显然，完成好这次习作的关键在于学生对图的细致观察和由图及意的丰富想象。教师对教材的再开发，着力点就在于引导学生在观察、联想的步骤上细化，对教材实现超越，才能写出好的作文来。

——由此及彼：从画面主体两个人物形象的服饰猜想她们各是什么民族的人，她们会是什么关系……

——从小见大：她们在做什么，不妨观察画面所展示的生活场景入手，木盆、木桶、面盆、洗衣的棒槌，晾着的被单……小姑娘在围裙上擦手……小姑娘做了什么，才使大娘十分感动……

——隐处求显：大娘身边有一根拐杖，应该不是多余的道具，这又说明了大娘的健康状况怎样，又与小姑娘的行为有什么联系……

——由里到外：画面的"由里到外"，可以从画内联想到画外，事情发生的环境、天气，画外可能会有的人物，他们又会议论些什么……题目的"由里到外"，"胜似亲人"暗语的意思自然"不是亲人"，那么不是亲人又可能是什么关系？为什么要用"胜似亲人"作题目，她们之间为何能称得上比亲人还亲呢……

正是这样的细化，教师才有效地引导学生摆脱了"浅思维"的干扰，把学生的写作思维引向了"深水区"，观察到的、想象到的会更多，这就容易使每个学生触发自己的兴奋点，避免了因粗放的思考而写出雷同的作文。只有这样，才能使学生的写作真正成为心灵的倾诉、生命的歌唱。

（三）儿童习作：名正则"行"顺

要彻底摆脱"科举文""应试文"的历史阴影，首先应当为小作文教学正名。"作文"这名称从小学到大学是十六年一贯制的沿用，实在欠妥。从本质上说，它们应该有严格的"生命原点"和"课程原点"上的区别。《论语·子路》中说："名不正则言不顺；言不顺则事不成。"可见"名正言顺"很重要，名分不正，说话做事就缺少正确的理念依据和践行的正确方向、方法。所以"名正"不仅可以"言顺"，而且"行"也顺。

儿童习作改革论坛上的发言

笔者认为小学生作文的生命原点应当是"儿童"。因为"小学生"只是一个学历概念，不是生命概念。儿童是人生发展中最重要的一个生命阶段。那么小学生作文的课程原点又应当是什么呢？是"习作"，是练习写作文的"作文起步阶段"。《课标》已十分明确地规定：小学生一、二年级是"写话"，三年级至六年级是"习作"。为什么要作这样明确的定性、定位。"写话"与"习作"区别在哪里？"习作"与"作文"的区别又在哪里？这样的"正名"又应当如何落实到我们的教学实际中去，难道不是我们首先要搞清楚的问题吗？

1. "儿童"：与成人不一样的生命阶段

"小学生作文"应该是"儿童作文"，这不是巧立名目、变换花招，而是十分重要的小学生作文的观念转变。"小学生"只是一种学业程度，上小学的也可以是失却了上学机会的成人，所以它不是一种生命阶段，并不具备共有的成长状态。而"儿童"则是生命历程的一个特定阶段，是人生之旅十分重要的驿站。"童年"会对每个人终身发展产生极其重要的影响。童年留下的印痕，往往是一生都不会磨灭的。可以这样认为，"儿童"这个词广义地说是"希望""未来""成长"。但在无视儿童的观念下，却常被成人们视为"无知""幼稚"和"不须有"。这就是当下小学生作文受着或深或浅的"成人化"的祸害。成人总要求小学生在作文中能深明大义，说一番"豪言壮语"，成为懂事、懂礼的"小大人"。因此，总觉得他们写不出"有意义"的好作文。这不能不使孩子误以为作文不是写自己的真情实感，而是另有玄机的、为自己所根本不熟悉的一套话语。这就难怪学生会陷入虽有自己的生活，但笔下确实无话可写的困境。

记得 2003 年 6 月 27 日的杭州《都市快报》开展过"这样的作文是否侵犯了家庭隐私"的讨论。一位小学生家长在报上公布了被撕掉了后半篇的儿子的作文，认为这样的作文侵犯了家庭隐私，老师应当加强指导、教育。

我的爸爸

我的爸爸很好酒，他每天都喝好多好多的酒。我经常被迫接受替爸爸买酒的光荣任务。

爸爸喝了酒，总是会有一些家务事情和妈妈吵架。记得那是中秋节的晚上，我们全家都在外婆家吃团圆饭。还没吃完饭，妈妈为了搓麻将就催爸爸回家。爸爸就很不高兴的（地）回了家。回到家，妈妈要去搓麻将，但爸爸不同意，爸爸和妈妈就吵了起来。吵到厉害的时候，妈妈给了爸爸一个巴掌，于是爸爸挥出老拳……妈妈走了。

我不知道谁对谁错，我也不知道大人为什么总是这样。如果……（后面半篇被爸爸撕了）

这应当就是儿童作文状态的一个可怜侧面：文中"我不知道谁对谁错"，反映出孩子郁结于心就想一吐为快，便"我手写我口"了；"我也不知道大人为什么总是这样"，那是儿童纯洁的心灵因读不懂大人的无奈。儿童读不懂大人是正常的；但大人不理解儿童是不正常的，因为大人也曾经是儿童。小学生作文的生态堪忧，一个主要问题便是成人读不懂儿童而"瞪眼"，使儿童们在大人们（包括家长、教师、乃至社会）面前无话可说、无话可写。所以，让小学生作文回归到作文的生命原点——儿童，是首要的。因为作文不仅是一门学科作业（如数学学科作业），它更是生命的真实表达和倾情交流。

2. "作"即是"说"，"我手写我口"

写作就是把想说的话写出来。如果按心理科学研究，婴幼儿三周岁就基本学会了说话，足以应付日常生活中他们所需要的表达和交流。到了七八岁，儿童口语更流畅了，也学了一部分常用字，如果真的能"以我手写我口"的话，学作文不但不成问题，而且必定会是一件很快乐的事。一位一年级学生写的《中山陵》被老师判了"不及格"："昨天我到中山陵去玩，看到三个孙中山。下面的一个站着，是铜的。爬到山上，房子里有一个坐着，是白色的。屋子里还有一个是睡着的。"若按"我手写我口"的要求，能写得如此清楚、天真，为什么会是"不及格"，当然是"没有写出意义"。我们习惯于把"意义"定位在远离孩子真实生活的高处，用成人的"有意义"的标准去评判。这就为儿童设置了一道暂时无法跨越的屏障。殊不知这种想让孩子"一口吃成胖子"的好心人，其实正是在儿童写话起步时就给了一顿"杀威棍"，让他们在开始接触书面表达时就被打得信心全无，当然也就说不上有兴趣了。他们以为作文要写一种特别的思想，而不是自己的思想；要用一种特别的话语，而不是自己常用的话语。于是在《课标》有"写话"的明确定性、定位的要求下，并不鲜见的各式教学实践却开始走上一条背离"我手写我口"的歧途，使"写话"远离了儿童自己的生活、思想和话语，成了一件无法快意表白的苦差事，以适应那种与真情实感可以关系不大，但不能没有套话、大话、空话、假话的应试作文范式。你能说，这不是儿童习作的莫大悲哀吗？

3. "习"：多次练习，在"习"中学作，才能"会作""爱作"

"课标"明确强调："关于'写作'的目标，第一学段只是'写话'，第二学段才开始'习作'，这是为了降低学生起始阶段的难度，重在培养学生的写作兴趣和自信心。"这样的定位，是当下小学生作文教学改革至关重要的航向，可惜并没有引起我

们足够的重视。

"习作"与"作文"一样吗？它们之间的区别在哪里？我们在实践中又应当如何改革课堂运作呢？

"习作"与"作文"的区别就在"习"与"文"。《说文解字》中认为："习，数飞也。"这里的"数"是多次之义，即多次反复地练习。显然，"课标"把"作文"改为"习作"，强调的正是必须放低作文教学的要求，小学三年级至六年级应当只是一个逐步练习到能写成作文的过程。即在"写话"的基础上，要通过练习写段、写片断、写语段到学写独立成文的过程。"要贴近学生实际，让学生易于动笔、乐于表达"；"要求学生写真话、实施、心里话"都为"习作"放低身段，提出了明确的教学策略。什么是"贴近学生实际"，就是必须以儿童为本位，而不能以成人（教师、家长）为本位。怎样写才能"让学生易于动笔"，就是教师不能过度地把作文看成一种远离儿童生活、思想、认知能力的"技术活儿"，过早地在首尾圆合、呼应严密、结构逻辑给力，情节一波三折上下功夫，企望儿童习作就能成为脍炙人口的美文。什么是"乐于表达"，那就是要写儿童喜欢写的话，表达儿童想要表达的思想。作家梅阁曾著文说到他 11 岁儿子写作文，常常"头不像头，尾不像尾"，甚或"身子"都难见。儿子说，这叫"苗条"作文，头小、身子细、腿长……酷着呢！儿子曾到上海借读一年，以后又回南京复读，开学没几天，老师布置了一道作文题《开学啦》。他在作文里大发牢骚："星星还是那个星星，月亮还是那个月亮，学校还是那所学校，老师还是那位老师……就是自己的地位改变了，在上海是中队委，回到南京却成了老百姓，我不服气！……"从成人的眼光看，也许会觉得他小小年纪就追求地位，不甘心当"老百姓"，思想不够"主流"。"开学啦"这样的命题，应当多写写新学期新气象、"我"的新决心、新行动才好。然而，这并不是他在当下"乐于表达"的内容，现在他把自己最想说的话表白出来，显得坦诚而率真，在带有童真的"牢骚"里，甚至我们也可以感受到他的奋发上进的另一面。应当说，这才是真实的"儿童习作"。

4. 童言无忌：解放学生的表达意愿

出于儿童的单纯、天真，他们喜欢实话实说，不会去分析说话的场合、口气，是否合宜妥帖；更不会去察言观色，见风使舵。这种单纯、天真、朴实正是人性中最美好的东西。这正如英国大诗人弥尔顿所言："儿童引导成人，如同晨光引导白昼。"儿童之所以觉得作文难写，不喜欢作文，一条重要的原因是成人（教师、家长）的话语霸权所致。在传统的作文教学领域里，教师从命题立意到选材组材，从作前指导到作后评讲，基本上就是教师一统天下，而学生在习作中从个性自主到真情表白，势必会日渐萎缩与泯灭。久而久之，教师的话语霸权一方面逐渐转化为学生只驯服于霸权，为他人立言，而不敢说心里话的"自觉"行为；另一方面，学生的趋同、顺应与盲从心态日渐形成。这不仅影响到作不好文，而且也关系到做不好人。"为什么我们的教育培养不出拔尖人才"这一振聋发聩的钱学森之问，不是跟我们传统的作文教学也有着深刻的联系吗？学生在写作中惯于说假话、空话、套话，放弃了个性的权利，也意味着会放弃个性的义务。信仰和追求的娇艳花蕾，从小就嫁接在没有自我的虚幻之中，缺失了自觉的选择与体认，以后又必然会缺少了奋发的努力和浇灌，便注定会难以摆脱凋零的命运。

5. 模仿：对"脑萎缩"保持高度警惕

儿童习作举步维艰，从模仿入手，似乎是绕不开的话题。然而，模仿不是学习的唯一方法，模仿有不同的课程区别和程度区别：习字的模仿，是跟字帖越像越好，习作的模仿如果太像了那就叫套袭或抄袭。在习作中用词造句可以模仿，结构搭配可以模仿，文从字顺、标点齐全可以模仿，但作为习作中的心灵，即所要表达的自己的思想是不能模仿的，因为每一个人的想法都是不一样的。因此，在习作中一定要处理好"写真"（写真实的思想、真实的话）与"模仿"的关系，要立足于在写真的基础上作适度的表达方式上的借鉴。而千万不可提倡为模仿而模仿，乃至让模仿遮蔽了写真，使儿童一开始写话就走错了道。当学生总以为作文是要有另外一套语言，用一些特别的手法，按常见的套路来表达时，无疑就会加剧了对自己思想的忽视，对自身感受的淡漠，对自主表达需求的弱化，而习惯于用套语、假话、大话来拼凑成文。这是儿童习作中可怕的"脑萎缩"现象，我们要以十分的警惕，不让他们在习作这片真正属于儿童自我的天地里，从小就失去了思想的自由，造成主体人格的弱化。

放低重心，让小学作文教学回归"儿童"生命的原点和"习作"课程的原点是当下作文改课的重中之重。不要为了"拔高"而让儿童在作文中产生人云亦云的复制思维了。那些味同嚼蜡的公式化的语言，造成与"儿童习作"教育价值相悖的"人"与"文"的分离。"儿童习作"应当期待的是儿童生命主体血管里奔涌而出的

天真情思，哪怕有些幼稚、偏激乃至错误，都不要紧，都是可以得到教师温暖指点和关爱呵护的。

（四）在网络"自写作"时代儿童习作的"履新"

在信息时代的网络世界里，微信、微博，乃至电子杂志、手机作品等，构成了极具个性化的写作传播的庞大空间。在文学领域也就突破了传统只属于精英文学或国家文学的话语霸权，开启了市场化的个人文学时代。这种现象，被文学批评家们称为"自文学时代"。当然，并不是所有的网络写作都可以被称为"文学"。可否这样认为：写作在今天已从传统少数文人的书斋，走进了几乎是每个人（从儿童到成人）的生活世界。写作已不再神秘，人人都成了屏幕写作的主体。据此，我们完全可以认为一个网络"自写作"的时代已经来到了世间。这对于当下小学习作教学的改革和发展来说，不能不成为我们认识新问题、创设新境界的一个基点。这应该也是儿童习作的"履新"吧。

这种网络"自写作"时代所具有的特点，给习作教学带来了许多可贵的启示。

第一，写作已不再神秘，而被赋予了真正的生活。学生讨厌或害怕作文，一个十分重要的原因是传统作文的神秘。它是要用另一种言语，按照教师命题的严格规定性，遵循一定的章法，运用一定的技巧，写出一篇教师喜欢的文章。所有这些，都使写作远离了学生的真实生活，违拗了他们的真实心声（我手写我口）。而网上的"自写作活动"，使写作真正成了一种现实生活的需要，有啥说啥，想啥写啥，可以话出文在，一挥而就。这在一定程度上使学生真正回归了写作的原点，感受到写作并不神秘，完全是一种现实生活必需的行为。

第二，真切地展示了习作的自由化。这会有利于逐渐培养学生说真话、抒真情的习惯。以前，我们十分不满于学生作文中说假话、空话、大话、套话。其实，这也不是孩子真正喜欢的，它只不过是不正确的写作教学逼迫下养成的坏习惯。而网上写作，正可以使学生无所顾忌地作自由表达与真情交流，变"要我写"为"我要写"。这对于当前习作教学的改革，无疑提供了一个良好的生态环境。

第三，充分展示了写作的开放性。网络写作虽然有一定的私密性，但更多的是开放性。因为你尽管也可以为自己的某些日志加密，不愿意被不相干的人所了解，但你进了网络也就等于参与了与他人的交流，进入了不同范围的公共领域，其开放性原本就是网络写作的本质特征。应当看到互动"交流"是生命的社会生存之需要，它不只是写作的目的之一，更是提升写作能力的重要手段。交流，开阔了作者的视野，更可以推进作者的思考，学习、借鉴别人的认识，有益于凸显写作的精神价值与社会价值。

网络写作虽然大多数是碎片化的，有的只是只言片语，但完全具备了书面表达的各种基本元素，可以积小成大，对于运用和驾驭言语能力的提高，特别是促进书面表达的准确、鲜明和生动，都是一种很有效的锻炼。而网络写作的经常化特点又会极大地使这种锻炼处于一种"拳不离手，曲不离口"的日常化状态。这对提高学生的习作表达水平无疑是十分有益的活动。

然而，网络写作虽与儿童习作有着密切的联系，但毕竟不可等同。网络是有"边界"的，不是无法规的"自由王国"。"习作"这一门小学教学课程，有其独立存在的理念、性质、目标、要求、内容和教学程序系统，和网络写作不是一回事。我们关注它们之间相联通的一面，目的是为了使习作教学能充分借鉴和运用网络写作的一些特点和作用，改革与优化习作教学，以顺应信息时代的优势，推动小学习作教学的发展进程。因此，儿童习作在网络世界"自写作"时代的"履新"，必须有以下五个方面的"需要"，方能促其有效对接，无阻碍联通。

1. 需要有助推的引导

小学的"写作"课程，在《课标》中要求学生"能具体明确、文从字顺表达自己的见闻、体验和想法。能根据需要运用常见的表达方式写作，发展书面语言运用能力"。因此，习作应"贴近学生实际，让学生易于动笔，乐于表达，应引导学生关注现实，热爱生活，积极向上表达真情实感"。这显然不是松散、自由的网络写作能够胜任的，它需要有明确的教学目标，系统的教学内容，严谨的教学程序和科学的教学方法方能实现。《课标》也提出要"积极合理利用信息技术与网络的优势"。可见，网络写作已受到关注，但它对于习作来说，只是一个"积极合理"的"利用"关系。如何利用好，就有赖于教师的"引导"，而这种"引导"的目的，只有一个，那就是要有利于习作教学的"推进"。

特级教师张祖庆在和班上学生的网络交流中，一次心血来潮，不经意给班上的周周写了一篇短文《飞向生命的庆典——祝周周生日快乐》，称赞她最近阶段来的进步。不料，一石激起千层浪，学生和家长读到这份特别的生日礼物，纷纷跟帖，祝

福周周。意想不到的热浪，一拨高过一拨。这令张祖庆老师深受感动，便有意识地加以引导，以此为契机，开展了"网络庆生"活动。每当班里一个孩子的生日到来，教师和学生便纷纷给"寿星"写诗、写信或作文表示庆贺。在网上过了生日的同学，往往会更积极地投入以后为其他同学过生日的活动中去。于是，诗越写越激情，信越写越热烈，文也越写越感人。这一份"贺礼"成了孩子们最用心去完成，最乐意去动笔的习作。显然，这样的"引导"才极大地提升了孩子们对网络写作的兴趣和质量。

2. 需要有展开的平台

网络写作与学生习作的沟通，关键还在于要开拓一个特别的空间，作为展开沟通过程的平台。这是因为网络写作的特点是随意的、松散的、不可控的；而习作是一门课程，有其特定的指导思想、目的要求、系统步骤的教学行动。自然状态的网络写作，虽然对小学生习作水平的提高也会有所帮助，但那是隐性的、自发的、缺少效率。如果我们要将网络的"自写作"与习作教学相融合，就不那么简单了，不能"任其自然"就会达到融合、促进的目的。为此，是否有一个合适的平台，实现网络写作与儿童习作相汇流，便成了关键的一环。这种写作形式，都是书面的表达和交流，对提高学生的习作能力都会有所帮助，但毕竟是随意的、松散的。我们从网络写作对习作教学的融通、促进来说，更需要有一个相对集中、主旨明确、便于组织引领的独特空间。张祖庆老师是通过组建班级博客"梦起飞的地方"这样一个平台来实现的。其实，他班里原来有博客的同学并不多，只不过是三五个学生的个体自发行为，但当教师几次把他们的博文投在课堂的大屏幕上进行赏读、评点后，逐渐引起了大家的兴趣。教师又将一些同学的博文以"连载"或"个人专刊"的方式，转载在班级的《作文周报》（纸质媒体）上。如此的双向流动，使学生们的兴趣大增，教师又及时把学生的博客地址全部链接在班级主页上，开展"博友互访"，组联"家长粉丝团"等。张老师自己又以"37 号粉丝"（班级里 36 个人）在班级博客中神秘地穿梭、留言、煽风点火。学生虽然一直不知道这"37 号粉丝"是谁（家长还是教师，或班外来客），但参与博客写作的热情却越来越高涨。

绍兴市鲁迅小学的孙老师（语文教师、班主任），也是通过构建班级博客"宝贝园"作平台的，所不同的是她实现了网络写作、班级管理和儿童习作的三联通。她自称是"宝贝老师"，一个个同学则是各有其名的"小宝贝"。这样的平台，不仅实现了网络写作与习作的联动，而且更是网络写作、习作与班级的现实生活和思想教育的三联动。如"爱心寄四川灾区""流行性感冒来袭""为了孩子——怀念鲁迅""一本可怕的日记"等，都是对班级中大家关心的问题或新近发生事件的思考讨论与争辩。

3. 需要有群体的互动

网络写作与儿童习作的融合，我们的着眼点还是对学生习作兴趣的激发、习作运用机会的扩展和习作能力的提升。这些着眼点的落实反过来又丰富了网络写作的内容，极大地提升了学生网络活动的正能量。要达到这样的预期，关键还在于群体的互动频率和质量的提高。一方面，通过互动可以逐步实现全员的参与，扩大网络写作与学生习作联动的受益面；同时，互动还可以让讨论的话题不断向纵深推进，从中发展参与者的思维能力和表达能力；另一方面，同学们热烈的参与互动，必然会"众人拾柴火焰高"，使"班级博客"这个平台越办越红火，愈加得到大家的关心和喜爱。

4. 需要有真实的生活

生活是习作的源泉，而网络写作十分有助于让学生去面对现实的生活，养成在发生的事件里去观察、体验、思考和表达。我读到孙老师班级博客"宝贝园"中这样一段"流感来袭"的博文互动——

　　宝贝老师（摘要）：这次流感来势汹汹，班里好多孩子都病倒了，上周五还只有两个，今天早上一下请假了五个，到了傍晚增加到了八个……孩子们的症状无一例外都是发烧，而且体温都挺高，挂两三天盐水还不见好。晚上给所有请假的孩子打了电话……真担心明天又有新的病号产生。走了那么多人，上课就没那么有味道了，总感觉零零散散的……希望明天生病的都健康起来，早点来上学，上学的不要再倒下了，让大家都快乐健康！……

　　锦涛小宝贝：孙老师我的病有好转了！

　　宝贝老师：那真的太好了，希望明天能看到你来校！当然，前提是完全病愈。

　　敏之妈妈（摘要）：孙老师，我是余敏之妈妈，余敏之这几天勤洗手，勤洗澡，尽量不去人多热闹的地方……让她下课后多到教室外呼吸，活动活动，保

佑她能躲过这该死的流感……孙老师，你每天写博客，与学生进行交流，走进了学生的心灵深处，让孩子有一种被爱的感觉，而不是被管着……你对学生的影响很大……你对学生太好了……

　　游客小宝贝：我还没生病，但是我要多喝开水，多锻炼，预防流感！

　　宝贝老师：是啊，我们班是"重灾区"了，多喝开水，锻炼身体是预防感冒的好办法。

　　小不点宝贝：孙老师，我也生病发烧了，哎，还是抵挡不住可恶的流感呀，不知周一能不能来上课。妈妈说我得多锻炼，增强体质。

　　宝贝老师：如果发烧了，那就在家好好休息吧！身体要紧，落下的课以后再补。

　　鬼崽喵喵：孙老师，鬼崽喵喵就是我孙非可，忘了告诉你了，呵呵呵……要记得哦！我生病了，谢谢孙老师的关心！我会在家做好作业，不让你失望。

　　宝贝老师：别顾着上网，好好休息，有精力再写作业。

　　……

　　那一种体贴入微的关心呵护，那一份浓郁绵长的师生之情……不正是儿童习作的极佳素材吗？如果没有网上的这番自由传递和灵动沟通，无疑就会失去许多珍贵的生活体验。正是有了网络的便捷，使真实生活与学生习作密切地联系起来了。写作真正成了一种生活的表达和交流的自然需要。

5. 需要有习作水平的提升

　　为了让现代的信息技术在习作教学中发挥更大的作用，我们还不能仅仅满足于一般的网络写作活动，而更应当致力于借助现代信息技术来实现习作教学的整体优化。对此，《课标》中对于如何"积极合理利用信息技术和网络优势"也提出了五个方面的明确要求：即"丰富写作形式""激发写作兴趣""增加学生创作性表达"促进"交流"和"互相评改"。

　　要实现凭借网络提升儿童的习作水平，关键是充分利用"班级博客"调动孩子的写作兴趣。行之有效的方法有以下几点。

　　——开展"博客点评"活动。同学们写了博文，是给人看的，自然希望听到各种反映。开展"博客点评活动"不仅可以提倡及时读同学的博文，相互关心，而且可以激发自己的读后感想，并把这种真情实感，及时反映在博客上。这对于激发思维，即兴表达，推进互动都有重要作用，无疑会十分有助于提升各自的写作能力。

——开设"美文赏读"专栏。教师或学生自己的阅读生活中都会不经意间发现一些美文（同学的作品或书报上读到的作品等）都可以推介到"美文赏读"的专栏上来，从而在分享赏读中提高写作能力。

——举办"写作讨论会"。同学们在写作中碰到的难题，可以在班级博客中提出来请求教师和同学的帮助，或组织一个专题讨论会，大家各抒己见，自然会其乐融融。

——怎样修改自己的习作，是提高习作水平的重要一环。这也不妨在"班级博客"上"晒晒自改"。把原作和修改展示出来，会使大家获益匪浅。

——给"博文评奖"是同学们最感兴趣的。评奖可以票选，如能在"选票"上带上几句"评奖辞"，说说获奖的理由，那就更有情趣了。

……

现在，将网络写作融入"习作指导"课的内容，已引起了一些语文教师的关注。在2014年12月举行的《全国首届新体系写作青年教师教学观摩研讨会》上展示的十堂习作课，就有一堂是《微写作，边写边享》的博客写作课，并且获得了一等奖。显然，将网络写作与小学习作教学有机地联系起来，从而从根本上提高写作质量，不仅是课程开发的需要，时代进步的必然，更是让习作回归生命的践行。

（五）"后作文时代"：在自由表达中提升核心素养

中华人民共和国成立以来，作文教学历经多次改革浪潮的冲击，特别是"新概念作文"的洗礼，作文教学由"为他人立言"逐渐转向了"为自我言说"，由注重技巧模仿开始关注真实的思想表达。在小学则已将"作文"课程放低难度，一、二年级叫"写话"，三年级至六年级称"习作"。这也可以说，我们已进入了"后作文时代"。

"后作文时代"是一种怎样的状态。通过一位小学生的周记也许可以帮助我们获得一个视角："这个星期老师说要写周记，要求写够100个字，现在再写90个字就达到了，还有大约80个字就够了，还有大约70个字就写完了，还有大约60个字写完了，还有大约50个字就写完了，还有大约40个字就写完了，还有大约30个字

就写完了，还有大约 20 个字就写完了，还有大约 10 个字就写完了。我好开心啊！终于写完了。"

这个小故事可以从侧面呈现出"后作文时代"的一个缩影。一方面，作文还不能完全摆脱在教师指令下被迫完成的"痛苦作业"这种状态；另一方面，小学生似乎已不太喜欢用套话、假话、大话来凑字数，而更倾向于大胆暴露自己的真实感受。

从"伪装神圣"到"自由思想"，从"模仿套袭"到"敢于写真"，从"为人立言"到"为己说话"，无疑是"后作文时代"的转型节点。从"传统作文时代"向"后作文时代"华丽转身的实质是作文正在由基于言不由衷的套袭，向基于真切体验的表述转轨。实实在在地抒写自己的感受，真真切切地表达自己的思想，使写作回归生命的原点，这正是基于体验的写作本色。所谓"体验"是在个体亲历亲为的践行过程中所获得的感受，而不是立足于人云亦云的鹦鹉学舌。《课标》在第二学段（三、四年级）就提出"观察周围世界"，第三学段（五、六年级）更进一步要求"养成留心观察周围事物的习惯"，而这一切又都在指向"关注现实，热爱生活"，去"表达自己的见闻、体验和想法"。这些都凸显了真切体验的价值所在。

在后作文时代，无论是"写话"还是"习作"都必须以表达生命的真切体验为依归。那么，正是因为习作所具有的真实、真心、真情的表达，才使它更有待于提升习作者的核心素养。鉴于未来社会对今天人才养成的严峻挑战，教育更加关注受教育者在终身发展和社会发展中的必备品格和关键能力，已成为世界教育改革的共同关心问题。《中国学生发展核心素养》的核心之一即人的自主性、自立性、自信心和自强心。让小学生习作关注自己的内心世界和思维活动，真实自由地表达、交流在生活体验中的真切感受，正是核心素养得以发展的重要基础。尽管儿童的内心活动、所思所言，不一定正确、完善，但这是正常的成长过程，说出来、写出来肯定能得到教师家长和同学的帮助，不正确的会日渐正确起来，不全面的也会逐渐全面和完善。真实地学，真实地说，真实地写，真实地做人，比什么都重要。正因为这样，后作文时代的自由表达、真实表达十分有益于学生核心素养提升。笔者认为，这应当成为"后作文时代"习作教学研究和实践的焦点和亮点。

1. 表达需求要大于意义追寻

小学生写作是一种思想表达，而表达的动力则源于小作者有表达的需求。有需求才有表达的冲动和欲望，也才会有表达的兴趣和快乐。儿童受其年龄特征和认知水平的局限，保护好他们的天真和童心，对其一辈子的发展都至为重要，更不应在所谓的"意义"层面去干预他们本来应有至善至美的"天籁之音"。即使表达得有些不够正确，也是在他们成长过程中的正常现象，教师、家长都可以作适度的引领。"写话"与"习作"都应当是"我手写我口"，写得天真、实在、清楚，即使"没写出意义"。我们总是习惯于把"意义"定位在远离孩子真实生活、真实思想的那些地方，这就会给孩子设置一道自我表达所难以跨越的屏障，而完全消解了他们的表达欲望与自信。一起步就开始害怕写作是另有一套要求和标准的技术活，这正是小学生写作的莫大悲哀。

2. 真切思想要先于文字技巧

有人比喻学生作文就像木匠制作一件家具。先要根据总体目标和尺寸（如做一把椅子或是桌子）制作好各个部件，由粗到细的加工，然后再把部件经过调整和精细加工，组合成一件木器。问题是木工所需的木材是现成提供的，木工只要有制作技术就可以了。而作文所需的原材料却要出自作者内部的思想和体验，并不是现成的。所以，光有写作技术不行，首先还得有思想，有体验。要有真切的思想和体验需要表达（这是内容），而后才是表达的技巧（这是形式）。当然，写作技巧或形式也很重要，内容总是要通过一定的形式来承载，但毕竟内容是第一位的，是内容决定形式。作文就要从内容入手。因此，真切的思想无疑应优先于文字技巧。

显然，作文能感动自己、打动别人的无疑是作者思想情感的真切动人。这不是说文章的结构，文字技巧不重要，问题在于写作的原点毕竟是思想的真切表达和情感的倾心交流。

3. 实话实说要优于模仿掺假

作文不宜有太多的模仿、掺假。按理说，模仿是学习之母，许多学习都会从模仿起步。但在不同领域，模仿的性质、程度是不一样的。作文是思想的表达和交流，而思想是不能模仿的，因为每个人都要有自己的思想，它与别人的思想是不一样的。如果思想认识上也去模仿，就难免会"掺假"。若一定要说作文也离不开模仿，那只能是"读书破万卷，下笔如有神"的吸收与再造，是隐性的模仿。最多也就是在文章结构布局、用词造句上的借鉴，但也不能照搬，否则就成了抄袭或套袭。所以，作文的实话实说无疑要优于模仿掺假。

4. 真情实感要高于矫揉造作

余秋雨先生在《作文连接着健康的生命》中认为：作文训练，说到底，是生命与生命之间表达和沟通的训练。所谓生命的表达和沟通，简单地说就是四个字"表情达意"。然而"表情达意"应当是有要求的，这个要求便是表真情，达实意。但传统作文教学中的严重弊端，恰恰就是这种真实的表情达意的缺席，一如八股文那样的习惯于无病呻吟，矫揉造作。为此，"课标"十分强调学生的写作要"说真话、实话、心里话，不说假话、空话、套话"，要"表达真情实感"。《北京晚报》（1994 年4 月 6 日）刊载过这样一则趣闻：某女教师批阅学生入学试卷时，正巧看到自己儿子的作文，题目是《记我身边一位最难忘的人》。女教师心中正为曾给儿子辅导过类似的作文而暗暗高兴，可映入这位母亲眼里的第一句话竟是："我母亲在我 3 岁那年就去世了……"当时，她气得几乎晕倒。回家后，就跟儿子说，"你怎么能这样写作文？"不料孩子不仅不接受妈妈的批评，还理直气壮地说："这不是作文吗？作文能这样较真吗？我要得个好分数，就得把事儿写得不一般……"

这正是写作教学背离了"生命与生命之间的表达与沟通"这一原点所结下的苦果。按理说"表真情、达实意"不是难事儿。问题看来就出在这个"作文"的"作"字上。过度地为了"作"就要刻意加工，就要做作，就会无中生有，就会弄巧成拙，就会闹出各种各样的虚情假意。这样处心积虑地"作"的结果，本来可以写得清楚明白、说得自然顺畅的文章，反而变得别人看了很不舒服、大倒胃口的文字了。而学生也因为这种矫揉造"作"的不自在、不舒心而变得害怕作文、厌烦作文了。

5. 直面生活要重于无病呻吟

何捷老师的作文课《备受关注的大事件》，在当下小学生习作选材的导向上确实别开生面。这不仅关乎小学生（特别是高年级）如何把习作指向对现实生活的直面与思考，而且体现了能否坚守写作原点去育人、立人的根本方向。何捷老师从"写一写自己关心的事"入手，把从"身边事"的个体性，逐步引向"大事件"的社会性，为由近及远地"关注现实、热爱生活"铺平道路。特别值得肯定的是何捷老师对"备受关注大事件"的引导方略：先在亲切的对话中说孩子们关心的事，激起"话语欲"；进而由学生自行讨论大家都感兴趣的事，来确定"话题圈"；然后再就作业量等感兴趣的诸问题来集中"话题点"。如此"步步设台阶，一步一重天"，使"大事件"变成了学生有话要说，有话可说的"关心事"。

　　一位朋友对当下的小学生习作颇有感触：现在的小学生习作是幻梦多了，真实少了；抒情多了，记叙少了；"小资"多了，童心少了；矫揉多了，平实少了；臆想多了，现世少了；阴柔多了，阳刚少了；"上帝"多了，自己少了……总结起来是一句话：模拟"天马行空"的多了，直面现实生活的少了。对写作的要求明确指出"能具体明确、文从字顺地表达自己的见闻、体验和想法"，显然，丰富的见闻、真实的体验和个性化的想法，都应当来自我们的现实生活。"备受关注的大事件"这样的习作选题，瞄准的正是当下儿童写作（特别是高年级）直面现实生活的严重缺失。应当说它对于克服当前小学习作教学中的虚拟化、矫情化、伪圣化和新套话化有十分重要的开拓意义和救失作用。这不仅关系到能否坚守写作的主旋律问题，而且还直接关系到如何为学生形成正确的世界观、人生观、价值观，形成良好个性和健全人格打下基础。

（六）中华人民共和国成立以来小学作文教改皈依童真本色的求索

　　历史常常以标志性事件作为其发展的里程碑，沉淀成为认识记忆的一种生命刻度。那么，在我国小学作文教学改革的过程中，给我们留下哪些难忘的记忆，可以浓缩成一条作文教改的发展轨迹呢？笔者在这里试作一次个性化的梳理以求证大方之家。

1. 在思想道德教育背景下作文教学的文化生存

　　重视文章的文道结合和修性立身，是中国文章学的基本观点之一。自古至今，中国人历来看重"道德文章"，便是最有力的佐证。《尚书·尧典》说"诗言志"。宋人孙复的《答张洞书》则阐发得更为明确："夫文者，道之用也；道者，教之本也。故文之作也，必得之于心而成之于言。得之于心者，明诸内者也；成之于言者，见诸外者也。明诸内者，故可以适其用；见诸外者，故可以张其教。"

　　所以，中华人民共和国成立以来，作文教学的一大特点便是十分强调作文教学的教育性，注重作文思想道德教育内容，从"作文"与"做人"的密切联系上，努力凸显作文的教化功能。这既有中国"道德文章"的历史传统，更有革命时代的红色经典血脉。如1978年颁布的《全日制十年制学校小学语文教学大纲》就明确提出"作文是学生思想水平和文字表达能力的具体体现"；在不同时期颁发的"教学大纲"，几乎都十分强调小学作文要写"有意义"的事物。于是，我们常常会看到学生

与崔峦先生、董建芬女士在一起

在作文中以各种形式"汇报"自己受到的思想道德教育的成绩，并同时表明自己在政治思想或道德奉行上的立场和态度。

当然，作文教学的"教育性"是客观存在的，因为写作从来没有被认为是一种单纯的技术训练。我们历来视作文为一项教育性活动，而且从整体上构成为语文课程情感陶冶的育人功能。

今天，我们对这一问题的认识，还不能仅仅局限于作文教学的狭小范畴之内，更要在广阔的时代、社会背景中去关注写作文和教作文的"人"在当时的生存状态，与具体的时代要求和社会文化对"人"的影响相联系，如此才能比较客观地、辩证地从多方面去评价其文化生存的合理性和价值意义。

在作文教学中体现育人功能是必要的。这是因为从文化视角分析，教育的原点之一是社会对未完全社会化的成员必须进行规劝和教化，使所有的社会成员都能通过教育分享主流社会共有的价值观念、伦理道德，形成正确的世界观，从而产生一种精神上的归属感和依赖感。这也是所有国家希望通过母语教学将学生纳入社会生活规范的共同要求。

应当看到，中华人民共和国成立以来许多优秀教师在寻求作文教学的"教育性"

上所做的许多探索是卓有成效的，这些探索在不同的历史时期所发挥的重要作用功不可没。其早期具有代表性的如下。

——20世纪80年代广东省潮州市六联小学著名特级教师、全国"五一劳动奖章"获得者丁有宽老师的"寻美作文"。丁有宽老师从"美"的角度，鼓励学生主动到社会生活（包括学校生活、家庭生活）中去寻找自己爱写的题材。确实，在社会生活的各个领域，新人新事不断涌现，处处闪烁着美的火花。"寻美作文"调动学生好动、好新、好奇、好仿、好问、好胜、好想的心理因素，结合班队活动、课外活动开展各种寻美活动，同时，又鼓励学生从社会生活环境中去寻美。在这个基础上，再选择最能引发自己情感积蓄的题材写成作文，不仅使孩子们获得了审美情感的精神提升，而且大大提高了儿童自主作文的程度，鼓励引导学生去直接面对、干预现实生活，并从中去发现多种多样的习作题材，强化写作欲望，培养对写作的兴趣。

——著名特级教师、全国"五一劳动奖章"获得者，江苏省南通师范学校第二附属小学李吉林老师的"情境作文"。她对作文教学"教育性"的追寻，植根于儿童心理特点和儿童认识事物、学习语言的的规律之上。把客观的"境"（生活、景物）与主观的"情"（思想、感情），自然地在儿童作文中融为一体。李吉林老师的情境作文，吸取了我国古代文论中有关情境论的有益养分，又借鉴了当代西方教学论中"启发学"的某些做法，在自己长年的探索实践中，不断融合、提升，创造了符合中国国情，又从儿童生命特点出发的中国作文教学流派，即使在今天也仍然发挥着重要的影响。

在体现作文教学的育人功能上，人们更重视以开拓作文题材来达到既丰富作文思想教育内容，又避免命题作文的规定性带来的说教机械化倾向。如"艺术作文"，这是《人民教育》（1987年第5期）介绍的四川省彭州市南城小学语文组在反复实践中探索的一种新作文教学形式。他们把音乐、美术、舞蹈、戏剧、体育等引进作文教学。具体做法是：选取儿童喜闻乐见、具有实践意义的题材内容，通过师生表演、幻灯演示、竞技活动、作品欣赏等形式，把艺术创造与作文教学融为一体。教师以直观、真切、生动的艺术形象，展现出一幅立体的环境、人物、事件图，以启迪学生积极思维，引起联想，为学生提供可视的、感人的写作素材，使它们在经受艺术感染的基础上，迸发强烈的写作热情，轻松愉快地完成习作。"照片作文"则是先请学生选交一张自认为有欣赏价值的积极、健康的生活照片，在班级的墙报上展

出，让学生们去议论。然后，教师布置一项习作，选取一张自己最喜欢的照片，为它写"说明词"，或一篇有具体情节的作文。照片可以反映广阔的富有教育意义的生活图景；又因观察角度不同，可以产生不同的联想和想象。大家的写作思路被打开了，领悟了作文应当怎样去开掘新意。

……

但是，在思想道德教育背景下作文教学的文化生存也是十分逼仄和尴尬的。因为要从中把握好分寸并不容易，过分地把学生书面语言表达能力的培养过程，简单化地变成思想道德教育过程，就很容易误导学生违背了生命真情的表达自由，不自觉地用假话、大话、空话和套话来虚饰应付使作文陷入"伪圣化"的误区。一篇篇作文就成了一道道缺乏生活情味的道德证明题。作文的这种单极的"思想道德"思维，只能造成虚空乏力、远离心灵的"道德说教"，而最终恰恰是疏远了作文与做人的密切关系。这显然是一种令人悲哀的教育失误。

2. 以章法、技巧为构架看作文教学的文化反思

以章法和技巧的训练为核心是我国传统作文教学的另一个特点。

古人认为作文要"先规矩而后巧"，这"规矩"说的也就是作文的基本方法。小学作文尚在学文的起步阶段，给以一定的方法指导，还是不可缺少的。所谓"规矩"换一种说法也就是作文的规律性、根本性的常识、常规，如观察取材、审题立意、谋篇布局、造句成段等。掌握这些常识、常规，作文才能从"有法"走向"破法"，从模仿走向创新。所以，《课标》也不反对写作知识的教学，只是强调："写作知识的教学力求精要有用。应抓住取材、构思、起草、加工等环节，让学生在写作实践中学会写作。"应当说，中华人民共和国成立以来我们对作文知识教学所做的探索和从方法层面对学生的引领，对于提高作文教学的质量，还是发挥了重要的作用。其具有标志性的教学理念与实践研究如下。

——朱作仁教授等提出的"模仿中介"说。小学作文要不要模仿，应不应该模仿，是作文理论探讨中热烈争论的问题之一。浙江大学朱作仁教授从写作心理的角度提出模仿作为学生学习写作的中介是必不可少的。他认为，对小学生来说，不管哪种技能，模仿都是不可少的，学生从现有水平进入最近发展区，要借助模仿这个阶梯。实验表明，学生写观察作文光观察还不行，还要加上读范文。把模仿和写作，阅读和写作结合起来，才是提高作文水平的有效途径。读写结合是以模仿为桥梁的。

中央教科所郭林同志在《探索小学作文教学规律性问题》一文中，也主张"从模仿到创作"，认为给学生以范文，让他们模仿，帮助学生写好文章的作用是很大的。当然，他还指出：模仿是手段，创作是目的，儿童的作文往往是从模仿到创作的。只要学生作文有了一定基础，就可以要求学生向创作过渡。他认为模仿有三种形式：一是全文仿写；二是片断仿写；三是单项仿写。无论采用哪种形式模仿，都必须注意从作文实际内容出发，内容决定形式，形式服从内容，切忌把模仿变成机械照搬，忽视了内容和形式的统一。

——吴立岗教授的"素描作文"。上海师范学院教授吴立岗同志率先提出并积极倡导了素描作文。这是他在中华人民共和国成立之后第一个为我们介绍国外作文教学的理论和经验，又能紧密结合中国小学作文教学的实际而做出的创新。绘画中的素描，是一切造型艺术的基础，而作文中的素描，也是写作中的最重要的基本功。把绘画中的素描借用到小学作文教学中来，形成了一整套迎合心理特征的训练体系，这就不是一般的术语转换，而是一项影响深远的作文教学创举。这是一种取材广泛、简单易行的作文练习方法。玩具、文具、动物、植物、人物、场景均可作为题材，让学生能面对实物，抓住特征，用准确明白的语言把对象的特点、情状集中勾勒出来。通过这类题材的作文，首先有助于培养学生的观察能力，养成学生注意对周围平常的、细小的事物进行观察的习惯，帮助学生掌握观察和分析的顺序，抓住事物的特征，做到观察全面、细致有重点。素描作文可以有效地提高学生的分析能力，有助于学生积累生活知识和常用词汇，掌握段和篇的写作技能。随着学生素描作文能力的提高，描写对象还可以进一步从室内转向室外，从静态转向动态。可以说，素描作文不仅开拓了作文方法训练的一方绿洲，而且为学生开拓了写作题材的一个新天地。所以，它在我国小学作文教学改革进程中是一座影响甚为深远的里程碑。

与此同时，在小学作文教学的研究领域里，我们还看到过的诸如"四步作文法""三环节作文教学程序""作文分格训练序列"等的探讨，尽管说法不一，但本质上都是对作文教学文体、章法和技巧的训练。这些众多的流派在一定时期都发挥过积极的作用，但之所以没有长时间发挥积极作用，其原因便只是在寻找方法中轮回往复而显得大同小异，都没有直达作文是生命表达的这一本原。这也是作文教学过分看重章法、技巧的局限性所在。

当然，形式与内容、思想与技巧的关系是辩证统一的，章法、技巧的讲究并非

完全不重要，但如若过分追求形式技巧，忽略内容的真实、本色，就会令小学生对作文产生畏惧心理，以为这是一种高深的"技术活儿"，而忽略本来应该是"我手写我心"的那份可亲可为。把学生的习作与文艺创作混同起来，把儿童作文与成人作文混同起来，都是人为地拔高了作文教学的要求，造成小学作文教学的文学化，成人化倾向，而脱离了儿童的生命本真，又怎能不令孩子望而生畏。

3. 从思维、内容入手探作文教学的文化追求

小学作文教学改革往何处去？在我们感受到小学作文教学太为形式、技巧所累的同时，合乎情理地把目光转移到从思维、内容入手来寻找出路。

——袁微之"作文教学必须与发展思维、提高认识能力相结合"的观点，在这方面有很大的影响。如何从丰富小学生作文的思想内容入手，是作文教学理论探索的一个热点，得到广泛的赞同。早在20世纪80年代初袁微之同志曾多次强调作文训练应当把如何认识事物和如何用语言文字表达结合起来，要把如何认识事物提到更重要的位置上，"要抓紧认识事物，这是作文训练最关键的一点"，"要指导学生认识自然，认识社会……顺着这个路子去指导学生观察思维"。训练作文与发展思维的密切相关性，在当时便成了作文教学研究深入讨论的一个问题。夏廷林、李俊晔认为观察"并不是作文范畴的事，更不能列为作文教学的任务。作文是在学生平日对写作材料有所储备，对事物有所认识的基础上从提出信息（材料）开始的"。他们十分重视处理认识事物和作文训练的关系，认为"对事物只需先认识它，才能去反映它，才能写成文章"。田本娜教授在《作文与思维的关系》一文中明确指出：语文和思想，语言和思维是统一的。学生对所认识的事物，要经过思维过程，才能用语言把思维结果表达出来。学生写作能力低的问题，也反映了学生思维能力差。

思维、认识说，虽然从总体上得到小语界广泛赞同，但对某些方面的看法、角度，还有不甚一致的地方。当然这在理论研究中是完全正常的。

——"作文"从内容入手的研究。1986年12月颁布的《全日制小学语文教学大纲》（以下简称《大纲》）明确提出："作文教学要从内容入手，指导学生选择有意义的内容和恰当的形式，写自己熟悉的事物，表达自己的真情实感。"如何才能做到"从内容入手"呢？《大纲》还作了明确的阐述："（1）要有具体内容。每一段话或是每一篇文章，想告诉别人一件什么事，想说说自己的什么想法，就把这件事、这个想法写下来，不写空话。（2）要真实。写一句话、一段话，以至一篇文章，要把自己想写的事情老老实实地写下来。（3）要看对象。作文时要想到，文章是写给谁看的。（4）要注意选词用语。写一句话、一段话，要想一想，该怎样写才能把自己想说的意思准确生动地表达出来。要用恰当的词语，采取恰当的表达方法。要注意词语的规范化。（5）要注意前后连贯。文章总是有开头、中间、结尾的。要想一想这篇文章的中心，围绕这个中心，先写什么，再写什么，最后写什么，才能使人家看得明白。（6）写完以后要修改。要注意有没有不通顺的句子，有没有使用不当的词语，有没有写错别字，有没有用错标点符号。要一句一句念下去，把文章改得好一些。"

在"大纲"中如此详尽地对小学生作文全程提要求，以解决"作文要从内容入手"的问题，足见当时对这一作文教改态势的重视程度。这些要求即使在今天依然给我们以很多启示。

——潘自由、于永正的"言语交际作文"研究。与作文"从内容入手"相呼应，潘自由、于永正等同志研究和实验了"言语交际作文"。当时《湖北教育》1987年第7、第8期刊载的潘自由的《按言语交际需要改革作文教学》，提出了作文的言语交际需要理论，并在湖北省黄石市、江苏省徐州市等地开展了实验研究。特别是徐州市的于永正老师创作了一系列言语交际读写训练课堂，并结集由《小学教学》编辑部在人民日报出版社正式出版，对全国小学作文教学和口头交际训练，产生了重大影响。"言语交际说"认为语文教学的特殊本质就是言语交际性，语言教学要从言语交际的需要出发，为言语交际的需要服务。作文是运用语言的一个方面，作文教学无疑也要从言语交际的需要出发，为言语交际的需要服务。他们认为，长期以来小学作文教学普遍存在的根本弊端，就是脱离生活实际，脱离学科自身实际，作文教学本来就是言语交际中的表达训练，小学作文教学更是言语交际中最根本的表达训练，能学会一般日常的写作本领就不错了。如果脱离这个实际，小学作文训练势必拔高要求，走向成人化、文学化的道路。他们认为：交际没有对象，是目前小学作文最大的毛病。他们不同意"按语言交际的需要改革小学作文教学是实用主义"的说法。他们认为：我们要反对实用主义，但要十分重视实用。语文本来就是一门应用学科，作文不会应用，又学什么作文呢？但是，正如杨再隋、雷实在《当代中国小学作文教学风格》一书中指出：对于"语文教学的本质属性就是言语交际性"这一论点，尚有不同意见。如有的同志认为，语文（含作文）是工具性和思想性高

度统一的一门学科，语文教学（含作文教学）具有不能忽视的思想教育属性和审美教育属性。这些意见不能忽视。因为语言的属性并不完全等同于语文教学的属性；思想教育和审美教育同样是实际生活对作文教学的需要。

在"作文从内容入手"的导向下，当时的"小语界"在开拓作文题材方面作了许多有益的尝试，比较有影响的如"剪贴作文"（让学生把自己喜爱的、认为有故事可编的图剪下来，或描下来再剪，拼贴成一幅有主题的画，再写下来），"拼图作文"（让儿童从貌似不相关联的一些图片中，挑选组合，写成一个故事），科学作文（以一次科学观察或一项科学实验为作文题材），再生作文（借助一些文学名著或课文，生发出新的故事作为作文题材）。显然，开拓作文题材，丰富命题手段，可以激发孩子的写作兴奋点，使作文笔下有话，有具体内容可写。

从思维、内容入手，使小学生作文多少能从追求虚泛的形式、技巧中摆脱出来，走上求真、求实的健康作文之路，确实是一种很好的引领。

4. "新概念作文"对传统作文教学的文化解构

我国作文教学体系的深层改革，发生在世纪之交的"新概念作文"的冲击波之中。这二者确实有着十分深刻的内在联系。

1997 年，《北京文学》发表了"忧思中国语文教学"的专栏文章，由此引发了一场历时数年的全国语文教学大讨论。来自各方的意见，因视角、观念不同，难免见仁见智，但有一点是共同的，即中国语文教育，改革成绩虽然不容抹杀，但问题也不少，已经到了非改不可的地步了！而问题的焦点之一，用杨东平先生的话来说，"一言以蔽之，是人文价值、人文底蕴的流失。将充满人性之美、最具趣味的语文变成枯燥乏味的技艺之学、知识之学，乃至变为一种应试训练……20 世纪 90 年代以来，对中小学素质教育的呼唤，正是出于对学校教化功能式微，人文养成薄弱的回应。"[①] 正是在这样的时代坐标上，1998 年 12 月由上海《萌芽》杂志社联合国内 9 所著名高等学校共同举办了面向全国中学生的"新概念作文大赛"，并组成由全国著名作家、编辑和人文学者参加，由王蒙任评委主任的阵容强大的评委会。"新概念作文大赛"在全国引起了强大的反响。在 20 位一等奖获得者中，有 9 名佼佼者，分别

---

① 王丽编：《中国语文教学忧思录》，北京，教育科学出版社，1998。

被北京大学、复旦大学、华东师范大学、南京大学和南开大学破格优先录取。于是，首次"新概念作文大赛"所产生的强大冲击波，一发而不可收；1999 年 12 月 1 日，由《中国校园文学》杂志社、全国中小学幼儿基金会和清华大学、北京大学等六所高校共同举办的"2000 年全国创新作文大赛"启动；《中国青年报》和著名企业联合举办的"顶新杯全国中小学作文大赛"，也开始筹备；与此同时，各省（市、区）也相继举办名称各异但主旨基本相似的作文赛事……所有这些以培养创新精神和想象能力，提倡实话实说、自由表达为主旨的作文比赛，成了中小学作文教学改革的一道亮丽风景，形成了蔚为壮观、席卷全国的"新概念作文现象"。

"新概念作文大赛"带来了作文教学的新概念。那么，什么是作文教学的"新概念"呢？

显然，当时新概念作文的本意是希望通过探索，对传统作文过分强调章法、技巧、命题、立意的应试模式有所突破，在放飞心灵、自由表达中使作文更能体现弘扬个性精神和创新意念。它本身主要原因是一种行动，是一种大于理念的行动。这正如发起单位《萌芽》杂志主编赵长天先生所理解的："所谓'新概念'，其实也谈不上'新'，只是带着对现实教育的疑虑，我们套用了《新概念英语》中的名词，设计和发起了第一届'新概念作文大赛'。"①

在"新概念作文大赛征文启事"中对"新概念"的解释主要是"两新一真"，即"新思维——创造性、发散性思维，打破旧观念、旧规范的束缚，打破僵化保守，无拘无束；新表达——不受题材、体裁限制，使用属于自己的充满个性的语言，反对套话、反对千人一面、众口一词；真体验——真实、真切、真挚地关注、感受、体察生活。"虽然这只是描述性的并不十分清晰的解释，更不是对"新概念"的科学精确定义，但却从思维品质、方法、表达手段和要求上提出了有别于传统应试作文的具体解释。

"新概念作文大赛"的积极意义基本上已为社会各方面认可。正如评委们评价：没有它，就不会有今天那些出色的"新概念人"。在北京大学、清华大学、南京大学、中山大学等学校，"新概念族群"以丰富的阅读面、出色的写作才华、对新事物

---

① 《新概念作文教育创新的有益尝试》，载《探索和争鸣》，2000（2）。

的包容以及充分的自信凸显。

　　尽管对于"新概念作文"的认识在学术界尚有不同的争议，而"新概念"本身作为一个作文教学探索性的改革行为，存在模糊性和不确定性，也有待发展和完善。但"新概念"本身只不过是个名称而已，能否长期存在并不重要，其实质，对传统应试型作文教学的改革、突破意义，则无疑是十分积极和影响深远的。它深层地反映了在中国作文教学改革领域里时代的变革和历史的进步，传达着新世纪的前进节拍。对小学作文教学的人本觉醒、人文弘扬，人性自由，也起着根本性的推动作用。

　　在"新概念作文"强调突破传统命题作文的章法束缚，提倡放飞自由表达的氛围里，有人提出"作文还需要教吗"的质疑，甚至主张干脆以"日记""周记"替代作文，并指责那些"课堂指导作文"束缚学生思想。那么，应当如何正确认识这些问题呢？

　　——王有声老师认为作文需要教。他说：作为课程表中的一门功课，其他课程需要教，作文也需要教。从备课写教案到上指导课、作文批改、上讲评课、做出教学小结和主要环节，一步一个脚印地走。

　　——贾志敏老师的"课堂作文指导"，称得上是小学作文教学界的一个知名品牌。他对这个问题的观点是"作文，需要教又不需要教"。他认为作文可分为两大类：一类是课堂作文，又称训练作文；另一类是生活作文，又称自由作文。当学生还不明白作文是怎么回事的时候，教师要在课堂里教学生，从写好一个句子、一段话开始，让他们抄写、听记、复述、改写……这个过程就是教学生运用语言、组织语言，进而达到掌握语言的过程。这是必不可少的训练，这种训练有可能由于统一指导，学生写成的作文大同小异，似曾相识，这很正常。就像孩子学写字，初写总是差不多的。但学了一段时间之后，每个人写的就都完全不一样了。所以，课堂作文仅仅是一个过程，目的还是为了把学到的本领用到实际生活中去，这就是自由作文。总之，小学生学作文既要教会他们掌握语言的规律，也要充分尊重学生，热情鼓励孩子大胆去观察生活、表现生活。

5.《课标》语境中作文教学的文化重认

　　世纪之交，我国第八次课程教材改革风生水起、波澜壮阔。其改革的深刻意义已远远超出了课程教材的范畴，中国教育对经济全球化、社会信息化的知识经济时代，做出的积极回应。课程教材改革关系到中国教育能否培养出具有国际竞争力的创新一代。

作为课程教材改革的重要成果是义务教育阶段各学科"课程标准"的制定和颁布。中华人民共和国成立以来，对于各学科"大纲"有过5次修订，分别反映了当时我国政治经济状况和教育发展水平，这五次修订都发挥过历史的积极的促进作用。而现在以"课程标准"取代"教学大纲"的做法，就不仅仅是一个名称的改编，而是教育理念、课程内涵发生了深刻的变化。"语文课程标准"也就不再仅仅是语文教学的一个"大纲"，而是体现着许多新的构成元素。如不只是教学目标，也包括了教学过程本身的价值；不只是学科内容，也指向着学生主体的生活经验和生命体验；不只是教材的一个因素，而是包括了学生、教师、教材；不只是显性课程，也联动着隐性课程的运作。

在《义务教育语文课程标准》（2011年版）中应该引起我们特别关注的一点是对传统作文教学提出的改革幅度和力度之大，也可以说是作文教学新的定性和定位。其改革的特点主要有五个方面。

第一，对习作教学目标的定位是："能具体明确、文从字顺地表述自己的意思。能根据日常生活需要、运用常见的表达方式写作。"什么"思想健康""中心明确""有意义"这些要求不提了，已不再是孩子作文的束缚。

第二，强调"写作教学应贴近学生实际，让学生易于动笔、乐于表达，应引导学生关注现实，热爱生活，表达真情实感"。明确地指出作文教学是儿童生命的表达和交流，应当最贴近写作主体的心灵世界和生存状态。

第三，明确"要求学生说真活、实话、心里活，不说假话、空话、套话"，这切中了传统作文教学的根本性弊端，明确提出作文必须求真、求实。

第四，要"为学生的自主写作提供有利条件和广阔空间，减少对学生写作的束缚，鼓励自由表达和有创意的表达。提高学生自主拟题，少写命题作文"，这深刻地体现了把活语权还给学生，是改革作文教学的本质所在。

第五，"写作知识的教学力求精要有用。应抓住取材、构思起草、加工等环节，让学生在写作实践中学会写作。"淡化了对写作技巧的要求，重视了学生"自我修改"的能力培养。

显然，新"课标"体现作文教学的变革是深刻的，它集中反映了中华人民共和国成立以来作文教学改革的丰硕成果，展示了一种以关爱学生生命的自由表达和真

情交流的新作文概念，开启了我国小学作文教学的新阶段。

在《课标》语境中的作文教学，开始了向写作主体生命表达的回归之旅，也是中华人民共和国成立以来作文教学的一次真正的解放运动，小学作文教学园地也就显得格外欣欣向荣。其中有代表性的如：

——快乐大作文。这是上海大学文学院中文系教授李白坚老师在小学、初中、高中和大学一以贯之的一种"现场演示作文"的创新体系。其基本特征是在课堂"演示"一个预设的，具有科学性、趣味性、系统性的游戏活动，吸引学生激情参与，展示过程让其观察，然后再进行写作。将游戏的观念引入课堂，是现代教学理论与实践都十分关注的课题。它直面学生的生命需求，在情趣高昂的积极参与之中，忘却作文动机，产生直接的表达需求。快乐大作文注重"前"作文的启发准备，避免了传统"后"作文中学生缺乏生活积累和"无动于衷"的心理状态下写作文，从根本上体现了"为学生的自主写作提供有利条件和广阔空间"的要求。

——开放式作文。《课标》的创生是中国实行改革开放的产物，它同时也是语文课程实行进一步改革开放，以迎接新世纪挑战，面向世界培育一代新人所做出的应对。正是从这个意义上说，开放式作文是时代的必然。

主张作文教学必须进一步改革开放的研究很多，这无疑是切中时弊，改革以"文"为本，而不是以"人"为本的作文教学机制的必然抉择，以消除学生作文的消极心态，开放作文"领空"，全方位创造一个民主、宽容、弘扬个性、利用终身教育的作文教学新环境。在这方面比较有代表性的，如徐应桥、肖华美、张云鹰等，所提出的一些观点和策略：①开放作文"理念"。要破"升学教育"为"终身教育"；破"以文为本"为"以人为本"；破"文以载道"为"文为心声"。②开放作文"要求"。要放宽要求，降低难度，提升高度，"以人定位"注重"个性"光彩，重视有一点"过人之处"，实行"先放后收"。③开放作文"通道"。提倡作文的"八沟通"：与教学沟通、与同学沟通、与教师沟通、与社会沟通、与自然沟通、与内心沟通、与优秀书籍沟通、与媒介沟通。④开放作文"思想"。鼓励多角度思维，宽容非主流思维。表达出来可以得到帮助，比"捂起来"好。⑤开放作文空间。让作文走出教材，走出课堂，走出校园。⑥开放作文"时间"。改限时作文为自由作文，改定时作文为随意作文。⑦开放作文"形式"。变单一的作文训练形式为多样化、多功能、多个性特点的训练形式。⑧开放作文"过程"。改变过去"教师命题→审题立意→范文引路→学生画瓢→教师评改"的程式，代之以"感受生活→诱发激情→交流信息→尝试实践→合作评改"的开放式教学结构。

——生命作文。作文是什么？余秋雨在为《"太阳风"中学生随笔系列》的"序"中认为"作文训练，说到底，是生命与生命之间表达与沟通的训练"。为了表达生命和沟通生命，虽然，必须掌握一些基本的技术手段和共通规则，但这些都是为了更好地实现生命表达，它不可能代替学生要表达的自我生命。

把生命的自由表达和真情交流放在第一位，这正是生命作文的主旨所在，也是新课改时代对作文教学的一种召唤。在生命作文中，当然也有章法和技巧，但只是沉淀在作者生命意态的后面，成为一种善于表达的动力。人类的写作活动本来就有"生命写作"与"生存写作"的矛盾，反映在作文教学中也有着宣泄作文真情的自由写作和为了得分、升学的应试写作的矛盾。而生命作文总是把生命的自由表达和真情交流放在首位，来处理两者的关系，正如尤立增老师所认为的那样：既要追求理想，也要考虑存在，我们只能在两者之间寻找一个"平衡点"，但即使戴着"镣铐"也别忘记自己是个"舞者"。确实，作文若缺失了生命质感，即使技巧有多么娴熟，章法又如何上乘，也是十分可怕的。

——个性化作文。教学的原点是对所有个体生命的关爱。因此，作文应当是最具有个体性的学习行为，也是最具有个体特征的精神产品。作文应当是习作主体的一种创造，是主体生命以大千世界为观照对象，以个体心灵的体验和感悟，作创造性反映的过程。所以一篇真正的作文应当是写作主体的生命活力的尽情释放，即它的全部想象力、表现力的自由展示。显然，这是最具有个性特征的行为。所以说，个性化应当是作文的"魂"和"本"，是用我的自由之笔，写我的自得之见，抒我的自然之情，叙我的自立之志，显我的自在之趣。在《课标》的导引下，小学作文教学有很多的关于"个性化"作文的研究和实践探索。它们反思传统的小学作文往往过分凸显其学科性、知识性、作业性特点。小学生只是按照统一的命题，揣摩教师的意图，用现成的公众语言，依凭简单的章法知识组装而成的一项学科作业。这样的作文必然会造成全班雷同。共性得到了过分强调，而学生的个性和意志遭到了不应有的消解，更无任何创造性可言。而强调作文的个性化，也就是要求学生能具体明确、文从字顺地表述自己的意思。要达到这样的要求，其实就是很"个性化"的，也是很不简单的。

6. "关爱儿童发展"是作文教学对生命之本的文化皈依

在"关爱儿童生命发展"的旗帜下，当下，许多有益的探索是很值得我们关注的：

——归顺"儿童文化"的"儿童作文"。2003年首先在《新作文》刊物上以5期连载发表《儿童作文宣言》的周一贯，率先提出"儿童作文"的概念，此后又在多家杂志上发表了多达30余篇有关"儿童作文"的研究文章，并于2005年正式出版了34万字的专著《儿童作文教学论》。其主要观点认为："小学生作文"其实更应称之为"儿童作文"。这绝不是为了"标新立异"，乃是传统的作文观太注重"小学生"的学力阶段，把作文仅仅看作是一项学科作业，一种单纯的知识体系：从章法之学到技法之术的灌输；从拔升立意到追求崇高的做作；从优美词语到模仿语段的套袭，使作文完全成了一种"技术话儿"。然而作文与答题、计算毕竟是不一样的，作文，更重要的是表现一种生命的存在——儿童生命的存在与表现。正如苏霍姆林斯基所说："童年是人生最好的时期，这不是对未来生活的准备时期，而是真正的、灿烂的、独特的、不可重现的一种生活。"儿童的世界是奇妙而梦幻的世界，一个充满童心的天地。这个世界的主人是儿童，他们按照自己的价值观念和游戏规则生活着，有与成年人完全不同的快乐和哀愁、憧憬和企盼，正是从这样的视角"儿童作文"应当"让星光洒满所有的童年"。可惜的是在以成人为本位的社会里，并不很重视儿童的存在。虽然成人都曾经是孩子，但它们长大以后，便很快遗忘了属于儿童的真正价值。他们总是希望儿童都是懂得大人"心思"的"乖孩子""小大人"，总是不同意孩子用自己的眼光看世界，用自己的话语说喜恶，甚至粗暴地干涉儿童的思想自由和表达自由。如此写成的作文，从选材到结构，从思想到语言，其实都不属于儿童，充其量，只是成人作文的"克隆版"而已。这样的"小学生作文"也许可以勉强算是一种"依葫芦画瓢"式的作业，但并不是真正的"儿童作文"，因为它缺失了最可宝贵的儿童精神，只是一种不正常的写作而已。

美国文化人类学家卡·恩伯在《文化的变异》一书中说过："我们每个人都诞生于一种复杂性的文化教育之中，它将对我们往后一生的生活产生巨大的影响。"既然人是文化的动物，不同的人群也就会有不同的文化特征：老年人有"老年文化"，儿童也就有"儿童文化"，诸如玩具、童装、儿童剧场之类是儿童的物质文化，而儿歌、童话、儿童剧之类则是儿童的精神文化，儿童作文是儿童的一种生命状态的自我表白，又怎能只是一种课堂作业，它更应当是一种重要的"儿童文化"。而儿童文化与成人文化的根本区别在于儿童文化精神是游戏精神，即一种自由想象和创造的精神，一种平等的精神，一种过程本身就是结果的非功利精神。所以，儿童文化首先是自由的文化，可以无拘无束，随心所欲地展开想象和创造；儿童的文化还是平等的文化，在儿童的交往中奉行人人平等的游戏规则。儿童作文就应当体现这种自由、平等的儿童文化精神。正是基于这样的理念，周一贯先生对"儿童作文"的教学体系作了比较全面的、体现《课标》精神的具体建构。

——追寻"童本"的"作文革命"。江苏省的管建刚老师践行在教学第一线，以自己的实践与研究，吹响了作文教学革命的"集结号"。他创造性地将课堂的作文教学与课外儿童的生命活动融为一体，以让学生编写"班级作文周报"作为基本操作过程，做了全新、全面、全程的构架。他以自己的实验颠覆了"重学历制约""重学科知识""重教师授予""重课堂作文""重作业操练"的传统作文观，把作文教学与教师指导下儿童自主的办报、写稿、评稿、编稿、改稿的全过程结合起来，实现了让作文教学真正融入了儿童的生命活动之中，取得了显著的成效。这对于如何让作文皈依儿童的本性本真，无疑是极其有益的探索。

——来自金近家乡的"童话作文"。浙江省上虞市是我国著名童话作家金近先生的故里。当地的小学也是金近的母校，已命名为金近小学，校长何夏寿以守望童心、呵护童真、亲近童趣的儿童教育思想，深入浅出地开展了"童话作文"的研究实验。他从一年级开始就让学生读童话、讲童话、用几句话写微型童话，一直到六年级按童话写作的不同要求编成教学序列，充分运用金近家乡的地域文化资源，和校园中以"金近纪念馆"为中心的、丰富的童话教育资源，在全国儿童作文报刊上发表了大量小学生童话作文和20余篇关于童话和童话作文教学的研究文章。

——"童化作文"让童心飞扬。江苏省海门实验学校的优秀青年教师吴勇和他的团队，开展了"童化作文"的实验研究。他们深入浅出地反思传统小学生作文只不过是成人作文的"微型版"，并不真正属于儿童的现实，决心要将其"化"为儿童所有、所爱。何谓"化"，毛主席曾说过"化"是彻头彻尾、彻里彻外之谓，在"童化作文"里的"化"就是要"用儿童的精神阐释作文教学，用儿童的文化观照作文教学，用儿童的生态构建作文教学。""童化作文"的本质是为了儿童——儿童的阅读、儿童的视界，儿童的想象，儿童的体验，儿童的时尚。在实

施"童化作文"的过程中，他们则运用了"化习作于儿童的阅读"；"化习作于儿童的视界"；"化习作于儿童的实践"；"化习作于儿童的想象"；"化习作于儿童的创造"；"化习作于儿童的体验"；"化习作于儿童的时尚"；"化习作于儿童的诉求"等，有很强操作规程性的策略。

……

中华人民共和国成立以来，我们有幸见证了共和国的辉煌崛起和曲折发展，各行各业共同经历了"天翻地覆慨而慷"的沧桑之变。小学作文教学虽然只是其中的小小一隅，但一样有着风起云涌的景色可供回忆，温暖成长的历程值得梳理。它在历经了时代的种种风云变幻，一路走来，总于皈依了童真本色，把作文还给了孩子。面对岁月的厚重，我们更需要以历史唯物主义的眼光，去抚摸那些曾经发生的时代记录和生命刻度，并多角度、多层面地去发现这些轨迹留给今天和明日的重大价值，去迎接小学作文教学更加灿烂的未来。

四、从习练到运用：人类生命的语文行旅

> 语文存活在"运用"之中，
> 所以，它必须"习练"。
> 子曰"学而时习之，不亦说乎？"
> "学而必习，习又必行"，语出颜元。
> 语文习练不应是机械之作，
> 更非应试操练。
> 当关乎"实践出真知"，
> 乃是"行旅"中的生命征程！

（一）语文的"习练""运用"：立"道"方能得法

语文教学是什么？简约地说便是学习语言文字的运用。要想运用得好，自然离不开习练。习练和运用都是为了生命的存在和表现。这是实施《课标》中认同度颇

高的一个基本点。但认同度高并不等于实施的满意度高。2011 年 21 世纪教育研究院等机构所进行的"教师对于课改的评价"网络调查显示：教师对新课改理念的认同度高达 74%，而对其实施满意度却只有 25%。对语言文字的运用问题也是如此，认同度很高，但如何有效落实，在当下的语文课堂上却不尽如人意，大多表现为加强训练，穿插了一些动笔的练习。

以童为本的语文习练和运用

请别以为这只是操作实践层面的方法问题。如果说我们对"运用"作深层思考的话，你就不难发现，影响不得其法的背后还是对"运用"观念的认识问题。

《课标》对语文"运用"的完整表述是"语文课程是一门学习语言文字运用的综合性、实践性课程"。但不少教师所关注的往往只是在课堂上如何运用的方法，于是便有了五花八门的操作秘籍，生发出许多有形体可寻的具体之物。这虽然也很重要，语文教学确实离不了实践经验的积累，但这些方法的孰优孰劣，还是要有形而上的"道"（正确的观念）来对照反思、科学甄别。笔者认为《课标》对语文"运用"的完整表述，正是我们得以树立正确观念的根本依据。

1. 本体观：从"讲析"到"运用"是课程思想的转轨

新"课标"对语文"运用"的完整表述是作为"课标"中"课程性质"部分开

宗明义的首句提出来的。即"语文课程是一门学习语言文字运用的综合性、实践性课程"。确切地说，这是对语文课程"性质"这个争论已久问题的时代定义，所以，是牵涉到语文教育本体观念的一个根本性问题，标志着课程思想的"转轨"。中国语文教育从出现甲骨文算起，已有五千年的悠久历史，但在漫长的古代语文教育的行程中，语文并不单独设科，而是与经学、史学、哲学、文学混合在一起，论典解经，道统教化，只能主要依赖于教师的"讲析"与"传授"，自然谈不上由学生来"学习语言文字的运用"。直到清末民初，西学东渐，新学堂代替了家塾书院，语文才单独设科，小学为"国语"，中学为"国文"。然而百年语文，难以完全摆脱五千年的课程思想的阴影，以教师"讲析"为主，仍然是教学的不二法门。1949年以后，中国的语文教育无疑展现了新的天地，但多年来受极"左"思潮的影响，对语文课程的性质一直争论不休，以政治说教、道德灌输为重的语文课堂，由教师讲析主宰的况味，难以完全摆脱。现在《课标》明确提出以学生学习语言文字的运用为基点，对于历来以教师讲析为基点的课程现状，无疑是一场根本性的转轨。这表现出在课堂操作层面上就不是局部"小修小补"的问题，而是体现着教师教育战略思想的整体转移。

一位教师在导读《草地夜行》这篇课文后，因势而下："老红军为了让小红军活着，毫不犹豫地把死亡留给了自己。小红军在老红军无私无畏的精神激励下，迈开大步朝前行进，战胜了千辛万苦，终于找到了大部队。当小红军来到军部后，便压抑不住激动的感情，向军首长报告了老红军战士英勇牺牲的经过。如果你就是那位小红军，此时此刻会怎样向军首长报告。请大家再仔细读课文，认真思考准备一下。"

一个学生的复述是："那是一天的傍晚，我又累又饿，拖着两条沉重的腿，正在一步一步向前挨的时候……"但遭到一些同学的否定。一个同学站起来纠正说："这不是小红军向军首长报告，而是在讲故事。我想，他开头应当说：'报告首长，我胜利找到了大部队，向您报告。但是为了救我，老红军战士不幸牺牲了……'"这位学生的纠正发言，得到了教师的赞赏。因为，这个特殊的复述运用，不是只要把事情讲清楚就完了，而还有话语的交际性要求。向首长报告和"讲故事"不是一码事，它必然有特殊的语体要求。学生和教师注意到这一点正说明了对语文本体的认识，已有了根本性的提高。

2. 主体观：确保由"运用"的主体来"运用"

强调"学习语言文字的运用"，也就是要求学生对语言文字的运用。语文课堂以学生的学习和发展为主是不容动摇的铁律，这就必须彻底颠覆语文课堂教学太关注教师"精彩"输入的习惯，而不顾学生成长发展的"产出效益"。据美国华盛顿邮报报道，美国弗吉尼亚州要求把学生的学习成就作为重要因素纳入教师评价之中，即应当十分重视学生在上课时的表现，而不再仅仅观察教师上课的方式或技巧。这种关注点的变化，反映了现代课堂正在从重教师的输入模式向课堂的产出（学生的学习和发展）模式的转变。输入模式注重的是教师信息输入的方式和技巧，而课堂质量的产出模式则更注重学生是这样运用语言文字的，学到了多少东西，有了怎样的成长。

一位教师执导《蝙蝠与雷达》（人教版第八册），一改以教师讲问为主线的课堂模式，将课文说明文体的"连续性文本"，在学生初读课文之后要大家当堂改变为表格式的"非连续性文本"，在这样的转换过程中，确保了"运用"的主体——学生——来实现主动"运用"的全过程。表格由教师设计，括号内是学生在自主解读课文之后的填写，如下表。

试验对象	（蝙蝠）		
试验场地	一间屋子里（横七竖八地）拉了（许多）绳子，绳子上系着许多（铃铛）		
试验顺序	试验方式	试验求证	试验结果
第一次 第二次 第三次	（眼睛蒙上） （耳朵塞上） （嘴封住）	（飞几个小时） （飞） （飞）	（没碰上绳子，铃没响） （到处乱撞，铃响个不停） （到处乱撞，铃响个不停）
结论	（蝙蝠夜里飞行，靠的不是眼睛，是用嘴和耳朵配合探路）		
科学家揭开秘密	（蝙蝠边飞边从嘴里发出超声波，遇到障碍物反射到耳朵，就立刻改变飞行方向，避开障碍物）		

整堂课集中体现了由"运用"的主体学生来"运用"，边读、边思、边议、边写、边改，教师只是从旁作必要的组织和引领，而没有太多近乎干扰和替代对"运用"的说道，课堂时间的主要"消费"者已不是教师的授予讲析，而真正是学生的

实践运用。

3. 对象观：认识"运用"的对象是具有综合性的"语言文字"

语言文字是民族文化的载体，思想交际的工具，具有高度的综合性。"语文学习的外延与生活的外延相等"是公认的定则。这也就给语文课程的性质带来了多元的特点，如工具性、人文性、文学性、社会性、知识性、思想性等，从而形成了语文学科教学的综合性，表现为教学目标的多元性、教学功能的多重性、教学内容的广泛性、教学原则的复杂性、教学程序的灵活性和教学方法的多样性，这也决定了在语言文字的"运用"上一样具有了综合性的特点。因为在运用语言文字符号的背后紧连着一片广阔的认识世界，这里有对人性的敬奉、人格的养成、思维的碰撞、视界的开拓、情志的陶冶和人生的磨砺。人教版第四册有一篇课文《守株待兔》，不少小朋友一读课题就被难住了：什么叫"守株待兔"？有的问"守"是什么意思？有的问"株"是一种什么东西？还有的问"待兔"为什么不是"捡兔"？……教师叫大家别急，我们先来好好读读课文。为了培养儿童自主解读课文的能力，教师要大家找一找课文中的哪句话可以帮助我们理解课题中的这些词语。有学生找出了"整天坐在树桩旁边等着"，教师板书后说，那么"守"是这句话中的那个词语？"株"呢？"待"呢？学生纷纷回答："'株'应该就是树桩"，"'守'相当于句子中的'整天坐着'"，"'待'就是'等着'兔子来撞死"……在读到"白捡"时，老师又让学生找找课文中那一句说的就是'白捡'的意思？学生很快就找到了"没花一点儿力气"那一处。于是教师把"整天坐在树桩旁边等着"想"没花一点儿力气"来"白捡"许多撞死的兔子，提炼出了一个主问题"你觉得这个人思想上出了什么问题？"引发了小朋友们热烈议论的兴趣。在这样一个"运用"的过程中，难道仅仅只是对"守株待兔"这个课题的词语理解吗？显然不是，它蕴含了阅读方法的引领，自主解读能力的培养，口头表达能力的训练，对"不劳而获"的深度思考，乃至对思维僵化的哲理初识等。这便是对"运用"综合效应的深度开发和智性把握。它一样要基于教师对运用之道的理性认识。

4. 过程观：在学生"运用"的过程中指导运用

新"课标"明确指出语文教学"要关注个性差异和不同需求"。学生对学习语言文字的运用也应当从他们的学习需求出发来形成学习"运用"的内驱力，而不能只是把"运用"视为教师单边的训练设计让学生去被动执行。不仅如此，教师还要善于在学生"运用"的过程中，及时发现新问题来刺激学生产生新需求。唯此才能保持学生高涨的"运用"热情和兴趣，使"运用"获得更多更好的成长价值。教学《自己的花是让别人看的》这一课（人教版第十册），课文中的"人人为我，我为人人"很容易使学生陷入教师说教的误区，强行作不适当的道德捆绑，认为德国人个个都是先人后己的伟大楷模。于是就有学生质疑："德国人个个思想都那么高尚，为什么第二次世界大战时德国法西斯强盗都那么坏"，虽然对这一质疑，教师不难以"分清德国人民和一小撮法西斯分子，不能混为一谈"来释疑，但更为重要的是课文中写得很明白：德国人是一个特别爱花的民族，他们爱花之真切，"养花是给别人看的"，其结果，大家竟看到了"一个花的海洋"。这只是德国民族的一种文化风情，可以体现出"人人为我，我为人人"这一生活哲理而耐人寻味。为了引导学生有一个辩证的认识定位，教师就针对学生的这一需求，把"自己的（　　）是让别人（　　）的"这一课题作为一个句式，让大家填空，来说明生活中本来就存在这样的道理。于是，有的学生填写"自己的（新衣服）是让别人（欣赏的）"；有的写出"大厨认为自己的（手艺）是让别人（品尝）的"；有的认为"马路清洁工觉得自己的（辛苦）是让别人（舒服）的"；有的表示"理发师傅觉得自己的（技术）是让别人（漂亮）的"……至于在学生"运用"过程中不可避免的出错，更是难能可贵地表现了他们的一种学习新需求，教师更应当抓住不放，指导"运用"的不断深化。《和时间赛跑》（人教版第六册）文后有这样一道练习题："以后我常做这样的游戏，有时和太阳赛跑，有时和西北风赛跑，有时一个暑假的作业，我十天就做完了。——请用上带点的词语写一句话。"学生大多写成了"妈妈有时休息，有时洗衣、有时上街买东西"或"我有时在操场上玩，有时看课外书，有时练字。"……这样的"运用"其实没有到位，因为三个"有时"虽已齐全，但并没有用来表达一个共同的意义。只注重言语的形式，却忽略了言语的目的和内容之间的统一。于是，教师改为，"读上面的句子写话：为了（　　），有时（　　），有时（　　）、有时（　　）。"使学生进一步明白了其中的道理，提高了言语表达运用的能力。

从教育哲学的层面看"运用"，"运用"的实践操作只能是在"运用"的观念统领下的具体行为。要真正提高学生从"语文是生命行为的载体"的高度来"学习语言文字的运用"，这就还得在端正"运用"的观念上下功夫。只有观念正确了、清晰了，"运用"的操作设计和变化出新，才能形成理想的教学价值和效益，既左右逢

源、生生不息，而又万变不离其宗：语言与思维在生命践行中相辅相成。

感受"以学为主"的课堂

（二）语文课堂：不要浪费"错误"

课堂是最容易发生错误，也最应当发生错误的场所。错误是学生学情的鲜活反映，是生命发展的成长节点，也是教师因学设教要解决的首要问题。教学的本质也许就在不断地发生错误并不断地纠正错误之中。而语文课堂会比其他课程有更多的错误，不仅学习的知识内容会出错，而且交往的手段（言语）有误，也理所当然地会成为关注的焦点。因为这体现了在运用语文中学会运用语文的根本要求。

在语文课堂上，教师对发生的错误置若罔闻，这当然不对。但如果只局限于"有错必纠"，也还不能算是"物尽其用"，真正重视了对错误资源的充分开发。语文课堂要做到不浪费错误，就要十分重视"治错"，树立"治错"的正确理念，讲究"治错"的可行策略，不断改善"治错"的有效方法，把"错误"成为滋润生命发展的营养。

"治错"的重要性是可以"防错"。错误是可防的，还是不可防的？如果说错误是可防的，为什么从来没有出现"无错之域"或"无错之人"的奇迹？如果说错误是不可防的，为什么又有"防微杜渐"之说。其实，我们说错误可防，不是说一切错误从此不再发生，而是可以少犯错误或不犯重复的错误，低级的错误。这对学生来说便是进步，便是发展。

"治错"的重要性更在于可以"化错"，"化错"是错误的转化过程，化错误为知识、经验、成长。一句话，也就是化错误为可贵的教学价值，生命发展价值。

那么，语文课堂如何有效地"化错"？我们不妨将发生在课堂上的那些常见之错，作一个不算严谨的大致分类，然后按"错"论"治"，在具体的案例中去研究一些转化的艺术。

1. 主观性错误的转化

主观性错误是由主体自身的原因引发的错误。语文课堂的主观性错误，多由学生主体因知识、能力或思维方式的缺陷而产生的。一处错误往往暴露出致错学生的某一认知缺陷。又由于学生的同年龄、同学业水平的特点，这种知识缺陷往往具有普遍意义，这就决定了化解这一错误，会有很大的教学价值。

如教学《观潮》一课时，对其中的一句，一位学生错读成"霎时，潮头奔腾西去可是余波还在漫天卷地（de）涌来"。教师、同学发现读错了，只是口头纠正了事。其实，这一处读错，暴露学生语文知识的严重缺陷，也是给教师提供了一个最为宝贵的教学资源，为什么不在现场生成精彩呢？"漫天卷地"是一个固定词组，而且"×天×地"这类词组，学生并不是第一次见，如果教师在指出这是一个独立词语的同时，让学生再说说我们过去还学过哪些"×天×地"这类词语，让学生列举如"欢天喜地""惊天动地""昏天黑地"等。这不仅可以强化学生对这类短语的认识，而且也起到了积累词语的作用。同时，教师再让学生去体会，如果读错成"漫天卷地"涌来（把"地"错当成了结构助词），意思能通顺吗，"漫天卷"这样的词语能单独用在这里吗？所以，这处错误不只是读错了一个字，它至少暴露了两个知识缺陷：一是对"×天×地"这一固定词组不熟悉缺少积累；二是对结构助词"地（de）"这类短语也没有形成相应的语感。教师若能把这一错误深入浅出地循循善诱，不仅对读错的孩子是一次针对性的救失，而且对全班学生来说也是一次极有价值的语言训练。

2. 客观性错误的转化

客观性错误由于客体本身存在一定的复杂性、模糊性和相似性导致了学生的认识错误。这不是说这种错误不是学生主体发生的错误，而是因为它的致错原因往往

不容易在学生主体的可控范围之内。

　　一位教师在执教《骆驼和羊》一课时，一个孩子把"园"读成了"院"。"园""院"不仅字音相近，而且意义也相近，确实不易区别。这是客观的相似性所带来的模糊性，往往不容易为小学生主体所精确控制，连这位教师也没有当场察觉。但同样是这两个字，在全国著名特级教师孙双金教《落花生》的课堂里就不一样了。也是一位学生将"后园"读成了"后院"，孙老师就不失"化错"机遇，启发学生思考："你知道'后园'和'后院'有什么区别吗?"学生一时答不上来，孙老师就让大家用"园"和"院"组词，学生分别组出了"花园""菜园""医院""庭院"等。在此基础上孙老师再引导学生辨析"园"与"院"在音节、意义上的区别。学生领悟到"园"（yuán）是指种植树木、花卉或蔬菜等植物和饲养、展出动物的绿地、公园、菜园、植物园、动物园等。而"院"（yuàn）则是房屋围墙之内的空地。有时也指房屋周围相连的空地，如四合院、大杂院等。

　　显然，由于客观性错误是由客体的复杂性和相似性引起的，更容易造成错误的普遍性、顽固性，也就更具有教学的价值，更是教学中不可掉以轻心的问题。

　　3. 习惯性错误的转化

　　习惯性错误是由于习惯性的致错因素造成的，如学生的粗心、马虎，不好的读写习惯等。习惯性错误定型之后往往比较顽固，虽多次纠错，但很难根除。在教学中我们当然不能因此就轻易放弃，仍然应当一丝不苟地坚持治错。因为习惯是后天形成的，只要持之以恒，不良习惯是完全可以改变的。另外，学生的有些习惯性错误，会致错在读、说、写的某个关节上，教师不仅不能轻易放过，而且要大做文章，让学生看到致错的严重后果。如有位教师在教学《马背上的小红军》一课时，一位学生在读到"陈赓被小红军说服，只好爬上马背往前走"这部分时，把"爬上马背"读成"跨上马背"，把"陈赓终于被小红军说服了"一句中的"终于"也漏掉了。确实通常我们总是说"跨上马背"，很少用"爬上马背"，现在，由于学生粗心，自然就顺口读成了"跨上马背"。当其他学生指出了这一错误之后，教师表扬了学生听得认真，便紧扣读错之处做了文章——

　　　　师："跨上马背"通顺不通顺呢?

　　　　生：通顺的。

师：在这里能不能将"爬上马背"换成"跨上马背"呢？

生：不能。

师：为什么？

生："跨"说明人很有精神，可当时陈赓已经是筋疲力尽，只能"爬"上去，换成"跨"就不正确了。

师：那么，漏掉了"终于"又有什么关系呢？先让我们来看看陈赓是不是很轻易地就被小红军说服了。

生：不是。陈赓对小红军一直是半信半疑，但是都被小红军"骗"过去了，这可以看出小红军很机灵。

师：小红军为什么要费这么多口舌去说服陈赓呢？

生：他也知道陈赓干粮不多而且疲惫不堪，他宁可把困难留给自己，也不拖累别人。说明他很爱护首长。

师：陈赓为什么要坚持小红军骑他的马呢？

生：他看到小红军瘦弱，担心他走不动。他自己又累又饿，还想方设法照顾下级，他真是一位爱护战士的好首长。

师：不错。极其平常的一个"爬"，一个"终于"，生动地体现出革命队伍内个个舍己为人，官兵之间互相爱护的高尚情怀。这两个词蕴意丰富，确实不能少，可不能读错呀！

4. 常识性错误的转化

学生在语文课堂上发生的错误源于知识的不足，或因词不达意，对这一知识表达不够清楚，这好像很容易纠正，不值得花太多力气。其实，对于这类错误教师也不该掉以轻心，忽略错误背后可开发的资源，错失宝贵的教学机遇。如全国著名特级教师程玲执教《一粒种子》，在学生说到"种子听见外面很热闹，就想出去"时，问大家"热闹"在课文里指什么，一位学生说"热闹"就是"很乱"。按理说"热闹"的意思是什么应该是个常识问题，孩子说得不对，不是不懂，而是"词不达意"。可程玲老师看到了这背后的教学价值，没有轻易放弃，而是不慌不忙，因势利导："你说的'乱'在课文里指哪些事情？"大家便齐读课文：春风在唱歌、泉水在唱歌、小鸟在唱歌、小朋友也在唱歌。"教师便趁热打铁：它们在唱什么歌？"

——"春风在唱：沙沙沙，沙沙沙，小种子快长大！"

——"泉水在唱：哗啦啦，哗啦啦，我要流到小河里！"

——"小鸟在唱：春天在哪里呀，春天在哪里……"

——"小朋友也在唱……"孩子们一下子说不上来，老师说："怕不是唱《小树苗》吧？来，老师指挥大家唱一个。"

快乐的歌声停下后，老师又问"这个'热闹'是'乱'吗？"

那位学生站起来说："这不是'乱'，是可爱的春天来了，大地醒来了，在欢迎春天！"

正是强烈的化错意识和导学意识，才使程玲老师的指引恰如行云流水，融纠错释疑、煽情激趣于一体，而浑然天成！

5. 偶然性错误的转化

偶然性错误是由偶然的原因造成的，它可能是主观的，也可能是客观的。如主体偶然的疏忽，注意力不集中或客观条件的突发变化，不在主体的意料之内等，都可能产生偶然性错误。鉴于它所具有突发性和意外性，往往突如其来，使主体一时难以防范。它虽发生得不多，但也较难以防范。偶然性错误不仅会发生在学生身上，也会发生在教师身上。有些偶然性错误同样具有很大的教学价值，关键在于如何及时把握、正确运用。

一位教师在教学《一夜的工作》时，请一位同学朗读课文，把"一小碟花生米"中的"小"漏掉了。另一位同学站起来纠正，并说"一碟花生米"的意思与"一小碟花生米"的意思不一样。教师肯定了这位同学的纠正，说："这个'小'字不能丢，因为它表现了值班室送来的夜宵很少，花生米也只有一'小'碟。"这时，又一位同学举手了，他站起来说："我觉得老师说得不准确，'一小碟'的'小'只是碟子小，并不等于花生米少。如果一小碟的花生米装得很满，花生米也是不会少的。"这时，教师也觉得自己说得不全面，问学生："那么，课文中有写花生米少的句子吗？"学生回答："有，课文中就有这一句'花生米并不多，可以数得清颗数'。"教师说："你说得确实比老师好，'一小碟'只能说明碟子小，花生米'数得清颗数'才说明花生米少，连起来的意思是碟子小，花生米又数得清颗数，才真的使我们体会到花生米太少了，这个夜宵太简单了。"

这是发生在教师身上的一个偶然性错误，是一时疏忽才说得不够准确。现在，学生提出来了，教师纠正错误、表示感谢，也就可以了。但这位教师并没有这样简单的处理，而是让学生来辨错，研究怎样才说得更完整，让这一偶然性错误同样充分发挥了它的教学价值。

6. 探索性错误的转化

学习的过程是对未知探索的过程，新课程强调学习方式的变革，教学更注重于培养学生自主合作探究的能力。在学习活动中，学生自主探索的程度越高，出现错误的概率也可能会越高。因此，面对新课改背景下的语文课堂，我们会遭遇更多的探索性错误，教师引导转化这些错误就能把探究活动步步推向深入。

一位教师正在执教《惊弓之鸟》，同学们都在赞佩更羸高超的箭术，但是有一位同学却表示了不同的意见，"我觉得更羸根本就不应该为了炫耀自己的箭术，把那只已经受伤的大雁吓下来，这算是'能手'还是'凶手'？"这不同的声音响起，大家似乎都愣住了。于是教师相机引导："这位同学很有自己的思想，我们不妨再仔细读读课文，看更羸到底是'能手'还是'凶手'？"于是，课堂上展开了热烈的讨论。赞成是"凶手"的同学说："更羸不应该再去伤害这只大雁，他确实没有同情心。""更羸杀害大雁只不过是为了讨好魏王，宣扬自己，不值得。""大雁也是人类的朋友，更羸的行为是破坏生态环境"……但更多的同学表示更羸是射箭"能手"；"课文要告诉我们的是更羸善于观察、分析，只拉弓不射箭就把大雁吓下来了。这确实可以说明他是射箭能手。""'惊弓之鸟'是个成语，课文告诉我们是这个成语的出处，'惊弓之鸟'是怎么回事，这跟'凶手'是不沾边的。""'破坏生态环境'是现代社会的事儿，因为人口数量增长很快，野生的鸟类大量减少，生态平衡被破坏。可我觉得在古代就不是那么回事。""古代人很少，鸟兽太多，古人还靠打猎、捕鸟作为食物来维持生活，这不是破坏生态环境"……于是，探索性错误得到了转化，学生的认识深入了，思维开阔了，探究活动也随之向纵深推进。

7. 原则性错误的转化

原则性错误是有悖于原则的根本性错误。在课堂上一旦出现这样的错误，就必须循循善诱地引导学生辨析清楚，不可有丝毫的含糊和马虎。对原则性错误的治错，要讲究转化的方法，不可以简单化的说教，抽象的架空分析作强行灌输；而应当放

手让大家讨论、思索，引导学生自己来获取正确的认识。另外，在今天开放的语文课堂上，由于学生感悟的主体性和自由性，产生一些不太正确的思想，有的严重的甚至是非不分，这对于小学生来说，也是正常的。再说学生说出来了，也会比捂起来好。因为说出来可以得到教师、同学的帮助，而这种辨析过程也正是难能可贵的教学机遇。教学《孙悟空三打白骨精》一课，教师让学生说说对于课文中的唐僧、孙悟空、猪八戒、白骨精等你喜欢谁，不喜欢谁。许多同学当然都喜欢孙悟空，但有一位同学却说喜欢白骨精，因为她很勇敢，打败了再打。这时，另一位同学也来帮腔："我还觉得白骨精很孝顺，吃唐僧肉了，还不忘把老母亲接来。"如此混淆是非，当然需要教师旗帜鲜明的价值引导。然而，如果教师只是简单的灌输，指出这样是黑白颠倒，妖精害人，怎么可以赞美她呢！这并不能解决问题，因为它只是价值灌输。现在，教师没有这样说，而是让大家进一步讨论"白骨精的这种'勇敢'带来的结果是什么，如果她越'勇敢'，结果会越加怎么样？白骨精的这种'孝顺'，'孝顺'了谁，她拿什么去'孝顺'？……"教师这样与学生作"价值探讨"，才真正提高了学生的辨析、认识能力。

8. 疑似性错误的转化

对错有时候并不是泾渭分明、一眼就能让人看明白的。特别在新课程引领下的课堂，由于学生思维活跃，创意迭出，某些貌似错误的认识，说不定还可能是可贵的创见。如果我们轻易地加以否定，可能就泯灭了一朵难能可贵的创新的火花。

在一堂三年级的语文课上，教师正在带领孩子学习《找骆驼》这篇课文。对于"为什么那位老人知道那骆驼的左脚有点跛"这一问题，答案便是因为老人看见路上骆驼的脚印"右边深，左边浅"，所以断定的"左脚有点跛"。这在课文中写得很明白，历来也都是这样认为。但是，就在这样不成问题的问题面前，一位学生却说："我认为这位老人的判断不正确。如果骆驼背上右边的米比左边的蜜重很多，走起来肯定是右脚吃力，留在地上的脚印也会右边深，左边浅。"老师问"你是猜想的吧，有什么依据吗？"不料学生不慌不忙地回答："有一次下大雪，我和爸爸去买炭，爸爸右肩上扛着满满一袋子炭，有100多斤，爸爸在前面走，我跟在后面，我发现爸爸留在雪地上的脚印就是右边深、左边浅的。"多么真实的依据，又多么符合科学道理。如果我们对学生这种来自实践的正确见解，视为"错误"而简单地予以否定，就会对孩子带来伤害。所以，在课堂上我们面对各种各样错误的时候，还得多留个心眼，警惕有些疑似性错误也成了"治错"的对象。

人类的文明进化史从根本上说是一部探索史。人的生命之舟永恒地航行在探索的辽阔海洋里。在她的身后是经历探索的成功记录，在她的身边是正在探索的诸多问题，在她的前方更是有待探索的万千疑虑。人们总是在不断地解惑过程中获得自由，体验着奋斗者睿智索释的愉悦；但同时也经受着时时发生的错误，并且在错误的历练中，不断地把探索推向前进。正是从这个意义上，我们把"错误是制胜之道"奉作经典。语文课堂又何尝不是如此。

（三）"习导"才是语文教学之道

学语文总是从学口头语言开始的，这本来就是很自然的行为。婴幼儿学话，靠的就是他自己的"习得"，而不是"教"。这是否可以认为语文教学之道，也应多看重学习者自主习得的这一自然机理。

"习"在甲骨文中上部是两根羽毛，代表鸟的两个翅膀，下部是个太阳，表示百鸟在阳光下练习飞翔的意思。许慎在《说文解字》中认为"习，数飞也。"这里的"数"是多次的意思。《礼记·月令》中也有"鹰乃学习"之说，不是指"老鹰也学习"，而是"老鹰多次练习飞翔"。《论语·学而》中的"学而时习之"，也就是强调学习要仰仗学习者自己的温习和练习。那么，语文为什么是可以习得的？这应当有许多理由，这里只能择要而论。

1. 人生来就具有学习言语的天赋

据语言学家平克的研究，儿童不仅具有语言的本能，还有着文法的本能，语言的表意本能。所以，他认为这就意味着语文基本上就不依靠教，而是可以依靠自我习练的。婴幼儿不上学校、不进课堂、不请教师、不做作业，就只凭生活中的无意习练竟然就能学会口语，便是最好的证明。语文教学虽然包括了听、说、读、写，但重点还是在儿童基本上掌握了口语的基础上，顺势提升到掌握书面语言，充分发挥其自我习得的天赋。当然自我习得不是一蹴而就，这就要求教师必须少教乃至"不教"（只是相机诱导）。为此，教师就需要充分腾出为过度讲析所占用的时间和空间，让学生有充分的自我习练的机会。

2. 每个生命都具有最深沉的母语情结

母语和人类的个体生命之间有着割不断的血脉相通和情感联系，而语文又是最

重要的思想交际工具，经年累月的耳濡目染，这就为母语基本上不依赖于教，而可以自我习得创造了重要条件和最佳环境。问题在于教育是一种慢的艺术，生命在不断的成长阶段，对母语的喜好倾向和学习规律有其内在的特点和程序。生命的成长要走完一辈子的历程，每个阶段母语的学习总是会陪伴着思想的成熟而逐步向前。教师在引导学生理解和运用祖国的语言文字过程中，要顺其自然，不要把成熟期的做法强行植入生长期中来。实践证明，想过早地收藏成熟的甜美，结果摘到的往往会是青涩。小学语文是儿童语文，无论从母语的教学内容和教学方法来说，都应当坚守儿童立场。

3. 充分认识语文教材在编排上的"习得"条件

中国的语文教材，自语文独立设科开始，基本上采用的是"文选型"编排，即不是按照语文知识的系统作直线式安排，而是选用合适的现成文章为课文，寓知识、能力训练于背后的螺旋式安排。孩子读一篇新课文，98％以上是熟字、熟词和已经掌握的句式。课文内容又大多是生活事件、社会图景，学生完全可能凭借个人的生活经历和相似体验来感知理解。即使是学生没有学过的那些生字、新词，因为已经掌握了三套识字工具（拼音、字形分析和查字典）也可以自行习得。个别难懂的句子，则可以通过上下文的联系来揣摩。语文教材的这些编排特色，完全不同于其他课程，为学生可以更多的"习得"创造了极为有利的条件。这就别说还是在教师的组织引领下了。所以，我们常说一个孩子缺了一个月的数学课，他就会赶不上进度，听不懂新课；但如果缺了一个月的语文课，还可以照读不误，不会有多少影响。

4. 从汉语文的特点和传统教学经验看，足以证明自然习得乃语文之本

汉语文以汉字为基础。汉字是表意文字，强调的是"意合性"，显示出一种以形示意的文化形态。每一个字兼具"三码"（形码、音码和义码）和复脑（既可形象思维，又有字理可供抽象分析）的特点。在学生借助汉字的象形认识了笔画、部首和一些独体字之后，就可以凭借结构组合的字理，获得独立的识字能力。这些汉字又基本上全是单音节词，有独立的意义，它们犹如活跃的化学分子，在滚动碰撞中可以自由地组成词语、连句成篇。以此构成的汉语，也重在意会。这种特点，对语文教学可以"习得"具有根本性的意义。著名语文学家王力先生认为："西洋语言是法治的，中国语言是人治的。"所谓"法治"讲究的是规律和逻辑，大多需要通过"教"去认识和把握；所谓"人治"，讲究的就是直觉感悟，重要的是学习者的反复练习。我们常说，语文可以"无师自通"，因此也认识到语文教学传统经验中最基本的一条就是"多读多写"。所有这些都从根本上揭示了语文教学的"习得"之道。

5. 语文教学"高耗低效"的现状，从一个方面说明了学生"习得"的缺失

小学语文教学"高耗低效"的老大难问题，因何一直不能解决，值得我们深思。当下，国内的许多媒体都在感叹"国人语文水平下降"，虽然原因很多，但小学语文教学也难辞其咎。2009年由中央教科所、《中国教育报》联合推出的《中国义务教育质量检测报告》表明，在小学语文、数学、科学、品德与社会四门被测课程中，合格率最低的竟是语文，仅为62.8%。"报告"还特别提到语文科还有近30%的学生，只处于基本合格水平，对一些基本知识和基本技能掌握明显不足……我们不能不认为这里的原因多与课堂教学模式有关：教师的过度讲析导致学生习练实践的严重缺失。

当然，我们讨论语文教学要强化学生的习得机制，是针对语文教学的现实而言的，这并不否定教师的重要作用。因为儿童自主习得语文的课堂形态，离不开教师的组织和引导。但研究问题要从实际出发，今天我们要克服的是教师因过度讲析而排斥了学生自主习练实践的不良倾向，其目的正是要构筑"习"与"导"和谐共建的课堂学习形态，充分尊重学生在课堂中的主体地位，焕发他们的生命活力。这才是语文教学之"道法自然"的境界。

强调语文的"习得"机制，正是语文教育生命观的根本体现。因为作为重要的生命活动学习而言，它主要不是靠外因的"教"，而应当仰仗于生命内因的"学"。外因只是条件，内因才是起决定作用的。如果学生没有主体习得的需求和愿望，无论外因怎么"教"，都是教不会的。孟子说得好："君子深造之以道，欲其自得之也。自得之，则居之安；居之安则资之深；资之深，则取之左右而逢其源。故君子欲其自得之也。"孟子的"自得"学习理论，强调的正是主体生命的习得之道。

（四）请多让学生享用课堂"自助餐"

在新课改氛围里的小学语文课堂，确实有了不少新改变，出现了很多新景观。但是，遗憾的是不少教师依然沉迷于以"指令"编序、"讲问"打造的教学方略，把40分钟的上课时间安排得密不透风。即使是一些名师的"示范"之作也会使我们感到这种逼人的课堂强势，排挤了真正属于学生的发展空间。尽管教师的思路出新了，

技巧提升了，手段现代化了，方法多样了，但"星星还是那个星星"，学生的主体地位、自主意识，仍然令我们为"千万里追寻着你"而困惑不已。

讲座《多让学生课堂自助》

当今社会"自助"已经成了一种以人为本、以满足自我需求为表现形态的主动的生活方式，"自助餐""自助游""自助购物""自助公寓"……"让自己做主"已成为时尚与传统的激烈碰撞，倡导着尊重人、发展人的现代文明。课堂本来就应当是学生的"学堂"，为什么就不能多一点"自助"的春风，让《课标》主张的"自主、合作、探究"的学习方式真正落到实处呢？

"自助"按字面理解，应该是自己帮助自己。然而在语文课堂里的自助，无疑有着更深的意蕴："我的课堂我做主"、自主性、主动性个体差异的自我满足、个性化的解读和表达等，都会大有益于学生的生命成长。

让我们的课堂多一点学生自助，首先是教学的根本规律使然。教学，不只是"教师教学生学"，而更应当是"教师，教学生学"，学生学是主体，"教"因"学"的需要而设，是为"学"服务的。世界上有许多事别人可以代替，唯独"学"是无法代替的，必须由学生自己来实践、完成。因此，学习本来就应当是以"自助"为主的行为。教师指导的必要是为了更好地提高"自助"的效益。

"自助"，可以更好地发展学生的个性。个性的解放和自由发展，绝不只是文艺复兴时期正处于上升的资产阶级提出的口号，它也是马克思主义的命题。每一个人的自由发展是一切人自由发展的条件，培养学生的个性应当更多地从他们的学习生活、学习方式中入手，这才是最有效的。如果在课堂上学生只有听讲、应答的义务而没有自主探究的权利，显然是极不利于儿童个性发展的。

另外，自助的过程正是学生"从语文实践中学语文"的必不可少的载体。在这个过程中，学生的策划能力、交往能力、发现能力可以得到最有效的培养，而思考力、探究力乃至克服困难的耐挫折力，又会得到最全面的锻炼。

这里，还应当特别强调的一点是，"语文"尤其是一门特别适合于自助的课程。有学者言"语文可以无师自通"不无道理。因为语文是母语，人们在孩提时代已经无师自通地学会了口头语言，有了口头语言打底，学习书面语言就自助有道了。哲人说"语文学习的外延与生活的外延相等"，生活中处处有语文，这又为学生"自助"创造了重要条件。但是，语文教学历来教师讲风太盛，实在不符合语文课程特点。本来应当是以学生的听说读写实践操练来学习语文，现在竟以教师洋洋洒洒的人文演说，"大卸八块"的情节分析来替代，能有效提高学生的语文素养吗？即使教师讲得很"文学"，又怎能代替学生自助的语文实践。

那么，如何在语文教学的各个环节，给学生更多的"自助"使传统的"教"的过程更多地转化为在教师指导下"学"的过程，唤醒学生的自主意识呢？

1. 自助解题入文

题目是文章的"窗口"，常有"立片言以居要"的功能。"题"的本义是"额头"，"目"则为眼睛。额头和眼睛对一个人来说无疑是最重要的脸面。所以解读课文审题切入是为主要；而初读课文之后再回顾题目含义更会有相得益彰，豁然开朗之感。如此由题入文，便可以因文审题，使语文教学中"解题"这个环节，有让学生充分自助的条件。

一位教师在教学《爬山天都峰》（人教版第五册）一课时，布置学生自助解题：读前先想一想从题目中看课文应当写哪些内容？（如天都峰在哪里，有什么特点，谁爬天都峰，为什么用"爬"，而不是"登"……）在读一遍课文之后再回头想想这题目有什么特点？实践证明，学生的现场自助十分有效，甚至胜过了老师的讲。

——这题目中"爬"字用得真好。天都峰很高很陡，上去时要手脚一起使劲，所以用了个"爬"字，而不是"登"。

——我觉得重要的是爬天都峰的是一位小姑娘和老爷爷，他们要登上天都峰不容易，所以才是"爬"。

——我的理解是因为小姑娘和老爷爷在登山时要开展竞赛，谁都想快些，不甘落后，所以手脚都使上了。

——通常"登山"也可以说是"爬山"，意思是一样的。但在这篇课文的题目中用"爬"确实更生动、更合适，也更有意思。

……

2. 自助识字学词

汉语基本上是以汉字为中心的，任何一篇文章都是汉字的不同排列组合，由字生词，组词为句，联句成段，串段为篇。因此，识字学词是语文教学中具有战略意义的基础一环，在小学阶段更应当得到重视。在识字学词的范畴里，几乎所有的生字都是由学生熟识的笔画、偏旁、部件组合而成，在学生掌握了三套识字工具（拼音、字形分析和查字典）之后，就拥有了自助识字的条件，教师只是从旁点拨。这样，反而会使学生的识字能力获得真正的发展。请看一位教师教学"冫""彳""扌""刂"四个偏旁，学生的自助热情。

师：同学们，现在有四个偏旁娃娃急着想与大家交朋友，你们愿意认识他们吗？瞧，他们来了（课件显示四偏旁）。谁来说说，你认识谁，是怎么认识的？现在他们藏在课文中要和大家玩捉迷藏，你们能找出他藏在哪里吗？

生1：我认识"刂"旁，老师说过刀字在旁叫立刀旁，与锋利的刀箭有点关系。

生2：我认识"冫"旁，三点水去掉一点水，这一点水因为天气太冷，结成冰了。带两点水的总是说"冷"的。

生3：老师，我想给大家介绍剩下的两个偏旁"彳"和"扌"。"彳"旁表示有很多人，叫双人旁。"扌"旁与手的动作有关系。

生4：我从课文中找到了"刂"旁藏在"到"的右边，"秋一来到"的

"到"。"到"的读音与右边的"刂"旁读音差不多。

生5："冫"旁藏在"凉"字的左边，"凉快"的"凉"。

生6：两点水的"京"就是"凉"，凉风、凉气。

生7：在课文中的"往"字左边，就是"彳"旁，"向往"的"往"。我们很向往飞上月球拍张照片。

生8：我听姥姥说，旧社会有地主欺负老百姓，"往"字的左边就像很多老百姓，右边有个地主。

生9："排"字带"扌"旁，排队要伸手，与手的动作有关。

生10：老师，我觉得"排"字右边像小朋友在排队，两边各三横是三排小朋友。

…………

这里教师除引领、赞赏外，没有教什么，全是学生以自助的方式完成了识字任务。所以，在教学一篇课文进入识字环节时，教师不妨告诉大家："这篇课文共有×个生字，哪些是你已经认识的，你是怎么认识的；哪些是你现在能够学会的，你是用什么方法学会的；哪几个是你认识时觉得有困难，需要人家帮助的。"这样让学生在自助识字之后再将学习成果进行交流，会比以教师的教为主，平均使用力量在每个生字上，更具教学价值。

3. 自助厘清层次

在初读课文阶段，为学生的自主探究打好基础，教师通常会花力气去指导学生厘清课文层次。其实，这一教学环节的实现，让学生自助解决，为更好地体现"有效教学"的要求。在教学《记金华双龙洞》（人教版第八册）一文时，教师未加任何暗示，让学生独立自助，用自己喜欢的方式，把课文的层次表现出来。结果学生的分析不仅清楚正确（虽然稍有不同，但都没有曲解课文的结构），而且有多种方式，体现了乐于创新的潜质。

（1）用文字叙述的。

第一层，写路上所见；第二层，写洞口和洞外；第三层，写乘船通过那个孔隙的惊险；第四层，简要的点出内洞更好玩。

（2）用线条表述的。

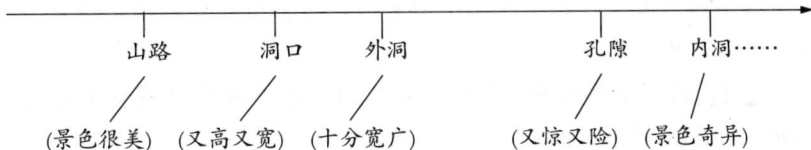

山路　　　洞口　　外洞　　　　　孔隙　　　内洞……

（景色很美）　（又高又宽）　（十分宽广）　　　（又惊又险）　（景色奇异）

（3）用图示简述的。

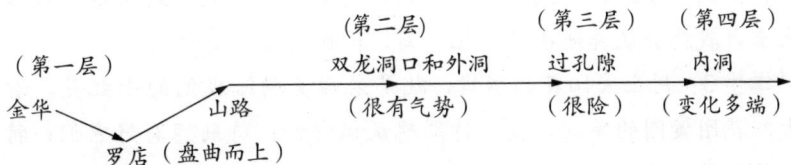

　　　　　　　　　　　　　　(第二层)　　　　　（第三层）　　（第四层）

（第一层）　　　　　　　　　双龙洞口和外洞　　过孔隙　　　内洞

金华　　　　　　　　山路　　（很有气势）　　（很险）　　（变化多端）

　　　罗店（盘曲而上）

（4）用剖面图描绘的。

山路（第一层）　　洞口（第二层）　　外洞（第三层）　　孔隙（第四层）

内洞（第五层）

　　显然，这种丰富而精彩的生成，会优于教师可能只是单一的预设，也只有在学生的"自助"中才能出现。

4. 自助"圈、点、画、注"

　　"不动笔墨不看书"是重要的读书方法。在语文教学中也应当大力倡导让学生以"圈、点、画、注"来自助读书，凸显"学"的过程。在这方面，教师常常习惯于严格按照指定的"圈、点、画、注"符号来操作。其实，具体的学习方法，总是十分个性化的，"强求一律"往往会使孩子平添束缚，减少自助的乐趣。在这方面，万茂皎老师的一个案例，颇能说明问题。

　　中午，学生正在午休，我收起一组同学的语文课本来检查，看看他们在书上圈画的情况。各式各样的圈画映入眼帘。

　　有的学生用上了苹果图案把字词圈出来；有的学生用上了桃心图案把字词圈出来；有的学生用上了太阳花瓣图案；有的学生用上了热带鱼图案；有的学生用上了五角星图案；还有的学生用上了小闹钟图案。

午休过后，我按照语文书上的姓名找到了孩子们，让他们告诉我为什么要用上这些不同的图案来圈出课文中的字词，而不用最常用的、简单的圈。孩子们的回答让我出乎意料。

学生 1：用上苹果图案，就让我感觉到这些苹果字娃娃特别可爱，每读一个字就可以尝到苹果香香的、甜甜的味道。

学生 2：用上桃心图案，是因为万老师经常提醒我们要用心去学习，做到眼到、口到、手到、心到，什么知识都能掌握。每次看到这些用桃心圈起来的字宝宝，我就会认真地去读、记、写，很快就记住了它们。

学生 3：用上太阳花的图案，就是老师奖励给我们的小红花，看到这一朵朵太阳花图案圈的字词，我就特别想认识它们；特别想写好它们；特别想得到老师的夸奖！

学生 4：我用上小闹钟图案圈字词，是想让小闹钟时时提醒我，要抓紧时间把这些生字记住。万老师你不是告诉我们，今天的事情今天做，明天还有新功课吗？

学生 5：我喜欢用五角星图案圈字词，因为我识字的速度特别快，就当是自己奖励自己呗！

……

学习是快乐的，自助更应当是快乐的。既然是"自助"应该让孩子"自主"，用怎样的方式去圈、点、画、注，完全可以让孩子自己去经营，给"自助"一份真正的权利。

5. 自助设计提问

学须有疑，有疑有问，才会去思考、探究，真正的学习才会发生。为此，语文教师总是十分重视提问设计，讲究提问的艺术。于是，提问似乎也就成了教师的"专利"。其实，本着设疑而学的原则，提问也应当可以由学生自助，自己发现问题，自己提出问题，自己解决问题正是读书之道。事实上，要学生提问质疑，确实能从另一种视角，提出很有质量的问题。《李子核》这篇课文是一则要讲诚实，不可说谎的儿童故事，讲瓦尼亚小朋友趁家人不注意，偷尝了一颗李子。妈妈知道后问大家吃了没有，瓦尼亚说没吃。妈妈说，谁要是把李子核吞下去了，肚子里会长出小树

来。瓦尼亚怕了，忙说自己是把李子核扔在窗外的，逗得大家哈哈大笑。在读通课文之后，老师让小朋友自己设计提问，大家提了许多很有探究价值的问题，其中有些问题很值得思考，是对教材提出的挑战。如对吃了一颗李子的小事，"瓦尼亚为什么要说谎？""瓦尼亚说谎是不对，可妈妈撒谎骗瓦尼亚对不对？""如妈妈不骗人，采用另外的教育方法，瓦尼亚会不会承认？为什么？""为什么大人不诚实没事儿，小朋友说谎就得挨批评？"……这些提问确实很有探究价值，是学生深感兴趣的。教师若能围绕他们提出的问题深读课文，学生们一定会特别感兴趣。这说明提问设计又何尝不是一块可以自助读书的乐土。

6. 自助表情朗读

在学生朗读课文时，如何激发他们的情感，是教师普遍比较关心的问题。而常见的行为往往是教师在技巧上作启发，哪里要读得快，哪里要读得舒缓，哪里要声音高亢，哪里要发音低沉……或者作些标签式、概念化的提示："你能读得更快乐些吗""你能不能把他的悲伤读出来"等。其实，这里忘记了最重要的是让学生去自助解读文字，真正把意思读懂了，情感自然就会相应而发。

全国著名特级教师于永正在教《水上飞机》时，在指导读好小海鸥与水上飞机的对话时让学生自助的做法，正是在这方面给人以深思。他要学生体会读好这部分对话，关键要注意"喂，船大哥，你好啊"的"喂"。为什么？于是学生先讨论，再分两个角色进行了表演尝试。于是，学生在感悟到当时对话的环境，认识到这个"喂"非同小可，说明当时小海鸥与水上飞机是在距离比较远的情况下对话的。现在，在一个人朗读时也应该而且完全可以把这种远距离对话的气氛读出来。于老师这种善于让学生在自助的语文实践中去获取认识，生发情感的做法，确实值得称道。

7. 自助归纳中心

虽说不是每篇课文都必须呆板地走划分段落、梳理大意、归纳全文中心等程序，但明确课文的主旨毕竟还是读懂课文的重要环节。对有的课文来说，让学生自助归纳中心，可能会各自有所不同，其实，这很正常，比之教师以一个标准答案强加给全班学生会更合理。这是因为文本只是一个召唤结构，真正的意义解读，总是由读者从自己的理解认识体验出发而做出个性化的建构。虽然有着客观的规定性，教师又有责任实施价值引领，但在不颠覆课文总体价值框架的情况下，学生各有侧重的大同小异的那种个性化解读，会比由教师统一授予的标准式的"课文中心思想"更有意义。这正是"自助"在归纳中心环节中所体现的重要价值。

如以教学《丑小鸭》(人教版第四册)这篇经典童话来说,"教学参考书"上提供的中心思想是"面对不幸的境遇要有信心,今天的丑小鸭也许就会变成白天鹅"。但学生在自助归纳中心时给出的答案,却颇多个人的感悟,如"丑小鸭本来就不丑,只是天鹅小时和鸭子不同罢了,是鸭子不认识天鹅";"要有勇气去面对挫折,要相信自己才好";"不要用片面的眼光看人";"美丽不是所有人都会知道的,发现美丽要有本事"……显然,这些见解都有互相联系的一面,只是侧重点不同而已。这是一则经典童话博大精深的思想内蕴带给学生多方面的启迪。正是自助,使我们看到并懂得了珍视学生独特的感受、体验和理解的可贵。

8. 自助辨析明理

在语文教材中有些课文蕴含较深的哲理,而这些自相矛盾或似是而非的蕴意,又极易引发学生之间不同见解的争论。显然,这种争论不仅有助于辨析明理,读懂课文,而且争辩的过程又往往是思维碰撞、唇枪舌剑的言语实践过程。特别应当提出的是这种辨析明理的活动具有很强的"自助"性,十分有益于学生语文素养的整体提升,是值得倡导的一种学习方式。请读一读教学《"精彩极了"和"糟糕透了"》(人教版第九册)一课时所记下的这个教学片段:

师:同学们,巴迪7岁时写了第一首诗,父母的评价截然不同。母亲说是"精彩极了",父亲说是"糟糕透了"。你认为谁的评价更好,赞成母亲的请举手(大多数学生举了手)。赞成父亲的呢?(只有十来个)现在大家的意见不一样,我们就分成两方,来一次小型的辩论会,请各自大胆地说出理由。(学生认真思考准备)

生1:我支持母亲的评价。因为巴迪很小,小孩子第一次写诗很激动,妈妈的评价给了巴迪信心。

生2:我觉得妈妈的鼓励很重要。因为我胆子也很小,每次妈妈鼓励我、夸奖我的时候,我的胆子才能大一点。

生3:我喜欢爸爸的评价方式。因为爸爸的话很直接,让巴迪一下子明白了自己写的诗还有很多不足。如果爸爸也像妈妈一样只夸奖,巴迪可能会觉得自己真的很了不起,就不会再进步了。

......

（学生们各抒己见，争辩得十分激烈）

生 4：老师，我和他们的意见都不一样，我觉得爸爸的警告和妈妈的鼓励只有合在一起对巴迪的帮助才是最大的。这样巴迪才会有信心，而又不会盲目自满，懂得还要继续努力。

多么生动的自助！最后一位学生的意见，实际上已经融合了双方的争辩，自然地得出了正确的结论，根本无须教师再作许多开导。

9. 自助作业安排

布置作业，历来是老师的专权，似乎学生只有认真完成教师作业的义务，而不可能享有自己给自己安排作业的权利。当然，由教师布置作业自有它天然的合理性，如可以从教学目标出发，根据学情，给出既有训练实效，又有情趣的训练题。所以，由教师设计作业，无论在过去、现在和将来，其价值存在都是毋庸置疑的。但是，换一个视角看，在作业安排上同样存在由学生自助的意义。适度地给学生自行设计作业的空间，可以帮助教师对学情的了解，也有益于提高学生的学习能力。应当说，学生也能自助设计出一些很好的作业题。如在教学《白鹅》（人教版第七册）一文时，教师让学生自己设计作业，其中一位学生是这样设计的：

你能为这只可爱的白鹅建立一个小档案吗？好，请代替白鹅填好这张档案卡，找出课文中恰当的词语填写，并在照片的地方画上白鹅。

姓名：（白鹅）　　　　昵称：（鹅老爷、白色大鸟……）

性格：（……　　　　　　　）

叫声：（……　　　　　　　）

步态：（……　　　　　　　）

吃相：（……　　　　　　　）

总之，在语文课堂上学生自助的天地是非常广阔的。我们提倡让学生多有一些自助，不仅并不排斥教师在教学中的组织、指导作用，而且正是因为学生的自助多

了，更需要教师去指点引领、匡误纠谬。问题只是在于希望教师不再陷入以"教"代"学"的误区，多给孩子一些自主学习的机会，把课堂还给学生，让语文课堂真正焕发出生命的活力。

（五）语文习练的生命机制

在各门课程中，语文与个体生命的发展有其特别意义。因为语文之于人不仅是一种最为重要的思想交际的工具，更是一种文化，是一种民族文化教育的承载。这两方面都足以说明，语文是一种生命活动，一种精神活动。所以海德格尔认为"语文乃是家园"。人的语言化过程，实际上也就是人的人化、社会化的过程。

正是由于语文的这种生命性，语文训练也就具有了生命性。可以这样认为，凡在教师指导下的语文学习过程，都有着某种训练的意义，其内容可以涵盖知识和思维、态度和方法、个性和习惯、道德修养和审美情趣等。我们可以认为语文训练是"生命符号"的训练，传达"心灵密码"的训练。语文训练的过程就是师生的一种生命状态。我们反思过去以应试为目标，以唯技术操作为内容，以机械重复、"大运动量"为手段的这些训练弊端，决不是"训练"本身造成的，而是人们对训练运作的失误。这种失误的根本原因就是无视了对语文训练的生命关注，丢失了语文训练应有的人文情怀。

当然，在新课改背景下语文训练要实现对个体生命发展的关怀，不可能是无条件的，它要以我们的生命意识和相应的教育理念为基础和保障，在传统与现代的结合点上去发掘语文训练内在的生命机制，从而营造一种语言和精神同构的语文训练新策略。

1. 主动：语文训练展开的前提

马克思认为人类生命活动的特性就是自由、自觉的活动。确实，人类生命的存在，就要求必须能自主地去面对自然界和社会的各种问题，自由和主动也就自然地成了人们生活的前提。学生的学习和发展是个体生命不断建构和重构自身经验的过程，是自由的思想表达和交流的过程，是自觉成长的过程。语文训练也正是这种过程里的一个方面。因此，经验丰富的教师在展开语文训练时，总会十分重视调动学生主动参与的积极心理机制，把学生被动接受训练的消极心态降到最低点。这也就成了展开有效语文训练的必要前提。

在一堂二年级的语文实践活动课上，一位老师教小朋友边做游戏，边学儿歌"小蝴蝶，穿花衣，青草地上做游戏。飞到东，猫捉你，飞到西，鸡啄你。飞到我的手心里，说说话，放了你！"突然，一位小朋友说："老师，我不喜欢这首儿歌，蝴蝶好好地在做游戏，猫和鸡为什么要去欺侮它……我想应当改一改。"老师先是一愣，可马上觉得何不借此来个"儿歌修改训练"，便鼓励这位小朋友来改一改。于是这位小朋友说："小蝴蝶，穿花衣，青草地上做游戏。飞到东，猫亲你，飞到西，鸡疼你。飞到我的手心里，说说话，放了你！"老师称赞他改得好，鼓起掌来。不料又有一位小朋友举手说："老师，我也会改。我想把它改成'小蝴蝶，穿花衣，青草地上做游戏，飞到东，拉着猫，飞到西，牵着鸡，飞到我的手心里，说说话，放了你！'"大家听了都和老师一起拍起手来。这时，又有一位小朋友说："我看最后两句也不好，'说说话，放了你'是把小蝴蝶捉起来，强迫它说话，不讲道理，可以改成'讲讲悄悄话，我最喜欢你！'"于是，小朋友们兴趣大增，都举手要求来改。有的改成"飞到东，喜欢猫，飞到西，亲着鸡，大家一起做游戏"；有的改成"猫来了，鸡来了，小伙伴们都来了，围着蝴蝶做游戏"……就是没有了"啄"，没有了"抓"，没有了"放"，只是花蝴蝶和大家在一起的友爱和快乐。显然，这次发自意外的训练，因为真正调动了小朋友的主动参与，使训练成为学生主动、积极地对客观知识作新的自由建构的过程，实现了真正意义的发展。主动的心理机制在训练中的重要价值，由此可见一斑。

2. 互动：语文训练展开的关键

语文训练不等于是学生单边做习题，打"题海战"，而是师生双方的一种教学活动。

对此，叶圣陶先生曾说过，训练训练，分开来说，训是教师的事，练是学生的事。当然，这只是"分开来说"，如果联系起来说，"训练"便是一个整体，不仅既有"训"，又有"练"，而且是"训"中有"练"，"练"中有"训"，相辅相生，教学相长。师生这种心理互动机制的充分发挥，正是一项高效的语文训练得以深度展开的关键所在。如下面这个案例。

　　教师请学生朗读《我要的是葫芦》（人教版第三册）这篇课文中的第三自然段。

生1："……你别盯着葫芦看了，叶子上生了蚜虫。"

生2：老师，他读错了，应该说是"你别光盯着葫芦看了"，他漏读了一个"光"字。

教师快速在一张纸上写下句子："你别盯着葫芦了，叶子上生着蚜虫，快治一治吧！"并在实物投影仪上显示。

师：小朋友来读一读这个句子，看看它是不是通顺的。（生读）

生3：老师，这样也通的。

师：看来，这个"光"字放在这儿，没什么作用。

生（众）：不对，有用的！

师：哦，有什么作用？

生4：这个"光"字放在这儿，说明这个人除了看葫芦，别的什么也不看。

生5：对呀，不放"光"字，就没有这层意思了。

师：原来是这样。那你能给"光"换一个词吗？

生6：你别只盯着葫芦看了！

生7：你别傻盯着葫芦看了！

生8：你别就盯着葫芦看了！

生9：你别仅盯着葫芦看了！

师：一个"光"字藏着这么多意思，作用真够大的呀。看来，我们在朗读中不但不能省略它，还要体现它的作用。我们一起来读读这个句子。

（生读得有滋有味）

这是穿插在朗读中的一次语言文字训练。整个训练的缘起、推进和小结都是在师生互动中现场生成的。缘起是出于学生朗读课文时漏下了一个"光"字，教师机敏地抓住这个错误作为教学资源，让大家讨论：有没有这个"光"字，意思是不是差不多？于是，训练由此展开。由于这是在互动中产生的一个问题，学生几乎在不觉得训练的情况下，积极投身其中。而教师的"你能给'光'换一个词吗"的提问，又适时地把讨论引向深入，在比较了"只""傻""就""仅"的过程中，不仅丰富了学生的词语积累，而且对"光"的重要意义也有了更深的体悟。于是，教师水到渠成地小结，加上通过学生的正确朗读，圆满地完成了一次不露痕迹的训练。

3. 心动：语文训练展开的场域

成功的语文训练不能只停留在理性化、客观化概念的知识分析层面上，它必须同时有心情的感受与理解，缺乏了情感的融入，训练就难以让学生心动，只能在大脑上留下些许痕迹，但不可能在心灵中留下有意义的印记，成为生命感受的一部分。这样的训练显然是不可能取得理想效益的。所以，语文训练要触发情感，让学生心动，应当是不可缺失的场域。

这是因为教学活动是在一定的教学情景和生活空间里发生的，是师生有目的、有计划地设计、构建适合活动主体与教学目的的物质环境、心理环境与教学氛围。语文训练是教学活动的一部分，其成效当然同样取决于教学双方与教学情境融为一体。因此，在训练中学生对鲜明形象的感受，探究未知的激情、对活动形成的兴趣和克服困难享受成功的愉悦等都成了构成学生情感的要素。

一位教师在教学《白鹅》（人教版第七册）一课时，在读通课文之后，安排了一次"初知课文大意"的训练。她先在课件上展示了课文作者丰之恺的一幅漫画"白鹅"，启发学生边观赏边对照课文边思考：这是一只怎样的白鹅？

——我觉得这是一只高傲的白鹅，我是从"步调从容、大模大样、昂首大叫"这些词语中体会到的。

——这应该是一只一丝不苟的白鹅吧，你看它吃食，一定得先吃一口饭，喝一口水，再吃泥，最后吃草，然后又照着这顺序。连吃东西都是这样，这不是一丝不苟吗！

——我从"雪白的大鸟""伸长着头颈左顾右盼""从容不迫地吃饭"等句子的生动描写中，觉得它是一只可爱的白鹅。从作者细致入微的描写中，表现了对白鹅喜爱之情。

……

在大家的热烈议论中，一位学生却说"这是一只'狗拿耗子，多管闲事'的白鹅。"

于是，老师引导："你说得有道理，但这不是'多管闲事'，在有些地方，有些人家就是用鹅来看守门户的，所以，'白鹅'也叫'白狗'。课文中哪里也是这么说的，再读读看。"学生读议之后，教师说："养白鹅还能看家，这更说明白鹅真是有灵性的可爱小动物了，你说呢?"……

这样的训练安排，让学生享受了图文对照的快乐，当众自我展示的满足，自由选择答案的舒心，全然没有了接受教师考问的那种紧张和拘谨。也只有在这样让学生心动的场域里，大家才也会没有顾忌地表达个性化的见解（如"这是一只'狗拿耗子多管闲事'的白鹅"），从而为把训练引向深入创造了条件。

4. 律动：语文训练展开的过程

人的生命是有节奏的，这是人的心理过程多样化的统一，它潜在地处于学习主体的身心特征和结构之中。关注这种节奏的律动，对于学生身心状态的谐调，生命潜能的发挥，有一种全信息的蕴涵和导引功能。我们从生命活动层面来认识语文训练，就不可以不关注这种生命节奏，调适好训练展开过程中的律动。反思以往训练成"灾"的那些做法，如单纯的知识观点，技术观点，搞题海战什么的，实际上便是对生命精神层面的关注缺失；如不注意训练的设计在以学生"最近发展区"为准，而不顾难易，实际上便是对生命个体发展差异的忽视；又如搞训练的"题海战""大运动量"，更是违背了生命运动张弛有度的基本节律……所有这些弊端，究其根本都是对训练展开过程中生命律动的背叛。所以，语文训练的有效和高效是不容对其心理机制有任何忽视的。

在深读《小珊迪》（人教版第八册）这篇课文时，一位教师在组织学生深入讨论"从哪些地方可能看出小珊迪'不是那种人'"之后，不失时机地提出：读到这里我们知道小珊迪确实不是那种人，那么，他又是一个怎样的人呢？下面我们做的这一道练习题可以帮助你思考总结：

> 小珊迪的生活是如此（　　　　　　）。他是多么需要钱啊！可是，不属于自己的钱他（　　　　　　　　　　）。在（
> 　　　　）的情况下，还让弟弟（　　　　　　　　　）；在（　　　　　　　）的情况下，还牵挂着（　　　　　　）。这是一个多么（　　　　　　　）
> （　　　　　　　）的孩子啊！

这道题源于课文引导学生自理、自悟、自得的训练，首先就有了合适的难易度。

教师在深读课文，读懂"小珊迪确实不是那种人"之后，自然引出"那么他又是一个怎样的人呢？"显得适时而顺理成章，顺应了学生思维的推进规律，填写的内容既让学生可以充分利用课文语境，又能启发他们展开想象写自己的话，给学生以自由表达的空间，避免了训练可能带来的机械与呆板，满足了学生自我展示的心理需求。如对"不属于他自己的钱他（　　　　　）"这部分，学生就有种种表达：

"他（死也不要）"
"他（坚决不接受）"
"他（一分也不会拿）"
"他（就是饿死也不会想去得到它）"
……

由此可见，正是因为训练顺应了学生心理律动，才收到了很好的效果。

5. 生动：语文训练展开的状态

语文训练的形式应当是生动的，这才会符合学生参与训练的心理需求。"喜闻乐见"总是会容易产生美好的情趣和教学氛围，而这种状态必然又会促进学生的情感与训练内容的对接，易于理解由教师所提供的训练的要求和含义，使他们能够借助训练的生动性而产生的丰富联想，促进与原有知识和生活经验的联系，将自己的生命体验与新鲜材料相结合，从而使训练达到了理想的效益。因此，我们完全可以认为生动的训练设计，是对训练心理机制的重要开发，必然会有助于训练的展开，处于一种最佳状态。

也许，优秀青年教师张祖庆教《在大熊猫的故乡》中的一个教学片段，是很能说明这一点的。

师：作为有志于保护大熊猫的我们，能不能为"大熊猫栖息地申遗"做一些我们能做的事情呢？比如设计申遗主题词或策划一个保护大熊猫的宣传广告。

屏幕出示：用一两句话来表达申遗美好愿望或设计一则保护大熊猫的公益广告。

师：有困难吗？老师举个例子。比如，2008 年北京奥运会的申请主题就是

"绿色奥运，人文奥运，科技奥运"，再比如中央电视台保护水资源的公益广告是这样的："如果人类再不节约用水，那么，地球上的最后一滴水，将是我们自己的眼泪。"这项任务既可以单独完成，也可以小组合作完成，现在开始。（几分钟后，教师组织学生反馈）

生：我写了三条：第一条，保护大熊猫，别让大熊猫灭绝。第二条，保护大自然，让大熊猫快乐地生活。第三条，别让"活化石"成为博物馆的标本。

师：哇，太棒了，一下子就来了个高产作家！（笑）

生：杨柳枯了，有再青的时候；熊猫走了，就没有再回的时候了。

师：哈哈，当代朱自清！（笑，掌声）

生：保护大熊猫，为中国添一份荣耀！

师：掷地有声！（掌声）

生：等到大熊猫灭绝的时候，你的记忆里是否还有它的模样？

师：不一般的语言。

生：茂密箭竹，绵绵白云，清清泉水，可爱熊猫……

师：一幅画！一首诗！当代小诗人。

生：老师，我还有一条。地球已经有很多遗憾了，别让大熊猫的成功成为新的遗憾。

师：成功？这个怎么说？我帮你改一改好吗？地球已经有很多遗憾，别让大熊猫的离去成为新的遗憾。

生：地球已经有很多遗憾了，别让大熊猫的离去成为新的遗憾。（掌声）

生：老师，我这是一幅画，大熊猫妈妈对孩子说"亲爱的，过来吃早餐！"（笑，掌声）

师：哈哈，真好！老师忽然觉得这是个绝妙的广告创意。广告画面是：大熊猫妈妈对着小溪对面竹林里的孩子说：亲爱的，过来喝早茶！（笑）然后响起背景音乐：（教师用网络歌曲《两只蝴蝶》的旋律唱道）亲爱的，你慢慢来，穿过竹林来喝小溪水……（全场笑声，掌声，气氛热烈）

在课文教学中这一广告设计的训练形式，确实十分生动，所以学生的参与热情很高，迸发出了智慧的火花。而教师的情趣点拨，更如"火上浇油"使大家的参与

热情节节攀升，训练终于达到了佳境。可见，训练形式的生动性对于学生心理机制的激发有着十分密切的联系。

著名教育专家郭思乐在与《中国教育报》记者时晓玲就"生本教育问题"访谈时说："我们的整个教育理念和体制，较普遍地缺少从学习者出发，从人的生命的自然的限度，它的性质，活动的规律去思考和设计，有的只是外来任务，成人的承担计划，而儿童是这些外来任务的最后的被动承担者"。在语文训练中曾经出现过的种种痼疾，也正是因为缺失了"从学习者出发"、从生命的层面思考的意识，使儿童在训练中，成了被动的、不快乐的承担者。所以，认真研究语文训练的生命机制，对于从根本上提高训练的质量和效益，确实是一个重要的研究课题。

（六）让语文训练重新焕发"人文情怀"的光彩

20 世纪末，中国语文教育因人文的缺失而引发了一场社会大讨论。语文是一门人文学科，语文教育应当充分体现人文精神，实现工具性与人文性的统一，已成为人们的共识。

周一贯与专家一起交流

语文教育人文性的缺失，必然会导致语文训练偏重技术操练而淡化人文情怀，但这不是语文教育本身的错误，也不是语文训练本身的不是。充其量，只是语文教育在发展的过程中需要纠正、需要深化改革的问题。我们并没有因为语文教育在实施过程中出现了偏差而认为今天应当少提或不再提"语文教育",可为什么我们却似乎都因为语文训练出现了一些偏差而忌讳提及"语文训练",努力淡化研究"语文训练",甚至有点儿"谈'训'色变"呢?

人文是什么?《辞海》《现代汉语词典(第七版)》都解释为"人类社会的各种文化现象",其涵盖面可谓大矣。语文教育当然属于人文教育。杜时忠认为人文教育是"以人生目的、人生理想、人生意义为核心,延伸到知识、道德、审美各个方面,具有非功利性或超功利性"的教育。由此可见,语文教育界对学生的人文精神培养原是本体应有之义。同理,作为语文教学之中的语文训练,本来也就存在着对学生人文精神的陶冶。叶圣陶先生在一封教育书简中就说过:"学生须能读书、须能作文,故特设语文课以训练之。最终目的为:自能读书,不待老师讲;自能作文,不待老师改。老师之训练必做到此两点,乃为教学之成功。"这里,我们可以这样理解:换一个角度看,语文课的教学过程也就是一个训练的过程。训练什么?学会读书,学会作文,同时也学会做人。所以,语文训练并不和语文学科的人文性相矛盾,加强语文学科对人文精神的培养,根本就不需要以淡化乃至否定语文训练为代价。在新"课改"背景下,我们需要研究语文训练,加强能够体现"工具性与人文性相结合"的语文训练,以避免造成"泛语文""泛人文"的新的失误。于是,如何重新焕发语文训练本来就该有的"人文情怀"的光彩,似乎正在唤起我们的理性思考。

1. 触摸汉字汉语的人文内涵

语文训练当然离不开对汉字汉语的训练。中国的文字是表意文字,学习汉字汉语是根本。一篇文章就是由一个一个的汉字组合成词,排列为句,滚动成文的。表意文字不同于拼音文字。汉字的"三码""复脑"(既有激发左脑抽象思维的功能,又有唤起右脑形象思维的功能)特点,使汉语具有很强的意合性。汉字不是抽象、僵硬的符号,而是蕴含着博大精深的文化教育精神,有着极为丰富的人文内涵。对汉字、汉语的训练,人文情怀本来就是应有之义。请看周振芳老师教《鲸》(人教版第七册)一课时的训练实践引导:

> **师:**为什么说鲸不是鱼?
> **生:**因为鲸的祖先跟牛羊的祖先一样生活在陆地上,鲸是胎生的,鲸用肺呼吸,所以说不是鱼。

师：既然鲸不是鱼，那为什么是"鱼"字旁呢？

生：因为古代的时候科学还不发达，人们不知道鲸是哺乳动物。人们看到鲸生活在海里就把它当作了鱼，所以造字的时候把它写成了"鱼"字旁。

师：看来，汉字中也有不少的冤假错案！今天，我们通过学习《鲸》这篇课文，已经知道了鲸不属于鱼类。现在，我们就来为鲸重新造个汉字，让它名副其实、名正言顺，要求讲出理由。

生1：应该是"月"旁，因为鲸是用肺呼吸的，"肺"就是"月"字旁。

生2："京"的上面加个"大"字，旁边再加上三点水。因为鲸生活在海里，而且是海里最大的动物。

生3：应该写成"反犬"旁，因为鲸同猪、狗、狼等动物一样都是哺乳动物。

教师为了使学生能更深刻地理解这篇课文"鲸不属于鱼类"这一主旨，借用了"鲸"字的偏旁大做文章，巧妙地让学生进行换偏旁的"游戏"，使学生对鲸的生活习性有了更多的认识。汉字汉语的意合性所具有的丰富人文内涵，确实可以给"语文训练"以绚丽的色彩和丰盈的情味。

2. 关注语言内容的人文承载

语言的外在形式和其传递的思想内容总是融为一体、密不可分的，呈现在我们的面前。因此，任何形式的语文训练也总是不可避免地会涉及具体的思想感情内容。只要我们不是完全陷入单纯技术操练的泥潭，刻意地排斥语言内容原有的人文承载，语文训练就应当不缺少人文情怀。

特级教师盛新凤教《卢沟桥的狮子》一课时，在引领儿童解读课文过程中生成的训练，就较好地体现了这样的特点。她充分利用课件来展示卢沟桥狮子的"大小不一，形态各异"，以充分唤起学生的想象。同时，随着学情的发展，对同样的课件又作了模糊处理，多层面、多角度地开掘了课件的资源价值，并设计了训练活动。

在深读课文、体会卢沟桥的雄伟壮观时，她引导学生张开想象的翅膀，看着不同狮子的形象表达："有的狮子（　　　）好像（　　　）。"要求能说出狮子们都在尽情地享受这份祥和、安宁的生活。在读到日寇践踏卢沟桥时，让学生看

"七七事变"的录像，再有感情地朗读课文。同时，再现狮子的不同形象，让学生想象在枪林弹雨中的狮子的感受，再说"有的狮子（　　），好像（　　）"。然后让学生改写、补写课文：有的狮子蹲坐在石柱上，好像（　　）。有的狮子昂首怒吼，好像（　　）。有的小狮子偎依在母狮子的怀里，好像（　　）。有的小狮子被大狮子按在地上，好像（　　）。

在这一训练过程中，教师引导学生以感受课文语言内容的人文承载（即对卢沟桥狮子"大小不一、形态各异"的细致生动的描述）为基础，想象感悟在和平岁月中石狮子的情状和在日本侵略者炮火下石狮子完全不同的情状。显然，学生填写的石狮子前后截然相反的情状所形成的强烈对比，更加凸显出所填写话语的人文内涵。于是，工具性、人文性在这样的语文训练中和谐统一、难分彼此，又何来语文训练会淡化了人文精神之说？

3. 把握训练目标的人文关照

语文训练的根本目标是为了提高学生的语言运用能力，促进学生发展，用叶圣陶先生的话说便是学生"自能读书，不待老师讲；自能作文，不待老师改"。我们知道，真正学会读书和作文，绝不是靠一种单纯的技术传授就可以了，无须生命的参与。所以，在读书作文中对学生生命发展给予人文关照，应当是语文训练的出发点和归宿。所有有效的训练，都必须把握这个根本目的。而这个根本目的，又体现着深厚的人文关怀。教师注意了这一点，语文训练便必然能够重新焕发"人文情怀"的光彩。请看邹琴芳老师写的这篇案例。

记得那天学《我不是最弱小的》一课……一个学生举手告诉我："老师，你把'即使'的'即'字写错了。"我一看，真的，我把"即使"写成了"既使"。学生们看着教学一贯认真的我，眼里充满了疑惑。我心中有些后悔自己的粗心大意，感到汗颜。怎样弥补自己的过失？对了，何不将错就错，把纠错的机会让给学生。便问："你们怎么知道老师写错了，能说说错在哪里吗？"一石激起千层浪，有的说："爸爸曾经告诉过我，'即'和'既'，容易搞错，要记住只有'即使'这个词，没有'既使'这个词。"有的说："刚才查了字典，字典上的解释是：'即'指靠近的意思，如'可望而不可即'；也有'就'的意思，如'一

触即发'；'即使'的'即'是'假设'的意思。'既'，指已经达到、已经过去。"还有同学说："老师，我还有一个熟记的好方法：'既'右边是四画，正好读第四声；'即'右边是两画，正好读第二声。这样记，就不会读错写错了。"

这是发生在教师指导学生阅读过程中的一个偶然性错误，是一时疏忽才写错的。现在，学生提出来了，教师纠正错误、表示感谢，也就可以了。但是，邹老师没有这样简单处理，这不是因为教师害怕"失面子"，而是作为一次即兴训练让学生来辨错，以深化学生对如何正确辨析这两个易错字的印象，也给学生一次展示自己的机会，提高他们的表达能力，让这一偶然性错误充分发挥它的教学价值。因为所有的语文训练都是为了学生的发展，所以训练行为的出发点和归宿点都应当是充满了对学生的人文观照。"一切为了学生""为了一切学生"和"为了学生一切"应当说是语文训练最本质的人文精神所在。

4. 拓展教学过程的人文情怀

语文训练是一个过程，一个师生交往的过程。"训练"一词分开来说有"训"与"练"两个方面，"训"侧重于教师的教诲、指导、点拨；"练"则侧重于学生的习练、演练和践行。当然，作为整体，"训"和"练"又不是截然分割的，常常呈现出两个方面互为条件、双向互动、相辅相生、教学相长的状态。其根本点便是处在一种"交往"的过程中，师生双方所本有的情、精、神、气，加上共同的目标，就会使这种交往活动具有丰富的人文意蕴。这无疑也是语文训练可以重新焕发"人文情怀"的重要条件。

一位老师在导读《北京亮起来》（人教版第四册）一课时，有这样一个细节实录。

师：刚才，我们尽情地朗读了全文，细细地欣赏了视频中北京的夜景。现在，你能用几句话说说北京的夜景吗？

生1：北京的夜晚真是灯的海洋，光的世界。

生2：北京的夜晚，我想用一个词来形容——那就是"金碧辉煌"。

生3：还有"灯火辉煌"。

师：是的，北京的夜很美，课文也写得美，真是赏心悦目。

生4：老师，你不是说现在国家能源紧张。要节约用电吗？我们这儿经常停电，大街上好多路灯都不亮了，可是北京为什么还是灯的海洋、光的世界？那不是太浪费吗？

师：是啊，我们提倡节约用电，就不禁要想：北京的夜晚是否太铺张了，"限电"与"北京亮起来了"真的矛盾吗？请你静静思考，然后再听听小组里别人的意见。

生1：我认为不矛盾，听我爸爸说，限电也是有地区差别的，比如农村停电较多，我们城市相对少些。北京是中国的大城市，我想那儿限电应该会更宽些，不能算浪费吧。

生2：我也同意刚才同学的说法。北京是中国的首都，也是世界重要的旅游城市，外国朋友到我们中国，我们能让他们看到一个黑漆漆的北京吗？

这里，教师为了让学生交流深读课文的感受，设计了"你能用几句话说说北京的夜景吗"这样的训练。但在训练的进行过程中，学生质疑发问"北京是灯的海洋，那不是太浪费吗"，又因教师临场应变而生成了新的训练。大家的倾情讨论，虽然各执一词但都有理有据；教师的相机诱导，未作包办代替而取得了更佳效果，无一不体现了对智力的引领和潜能的开掘。生成的课堂之所以成了一片养育智慧的沃土，就是因为在训练的过程中充满了自由、平等的人文关注。训练的生命情怀，也在这种交往过程中可见一斑。

5. 感受训练设计的人文情趣

由于语文生活的丰富性，语文训练的形态设计也完全可以做到生动而多样。我们使用的语文课本，都是精选的名篇佳作，其内容大到天文地理，小至鸟兽虫鱼，遍及自然、社会的方方面面，既有优秀的民族文化传统，又饱含现代文化精华。根植于语文课文的训练设计，当然也有了广阔天地，其形式和途径的选择，完全可以由教师因文而异、从善选优，使训练摆脱机械和枯燥，充满人文情趣。

一位教师教《观潮》（人教版第七册）一课时，在学生深度探究了课文之后，作了一个拓展训练，告诉学生：海宁市目前已经向联合国教科文组织遗产委员会提出申请，要求将天下奇观"钱江潮"列为"世界遗产"。为了进一步提升"钱江潮"的

知名度，最近他们正在向社会征集宣传"钱江潮"的广告语，大家想参与这个活动吗？（生：想！）好，拿出练习纸开始写吧！（教师巡视，帮助有困难的学生打开思路）

　　生 1：我的广告语是"八月十八钱江潮，壮观天下谁不知！"

　　师：意思不错，但有一个词语叫"知晓"。"知"就是"晓"的意思，老师建议你把"谁不知"改成"谁不晓"，读读看怎么样？

　　生 1：（读）现在语句押韵了，读起来朗朗上口。

　　生 2：我拟的是"此潮只应天上有，人间能得几回看！"

　　师：（鼓掌）发现没有，她从古诗中借用名句改写，才有如此精彩的"广告语"。

　　教师虚拟为"钱江潮"申遗征集广告词这一训练设计，之所以能触发学生的情感，快乐地投身其中，充分展示自己的才华，不能不归功于这一训练形式的生动、新颖、富有情趣。可以这样说，语文训练的人文情怀，也可以同时体现在训练设计的这种意趣中。

6. 高生成之中的人文意蕴

　　以知识灌输为主线的传统课堂是一种"刚性"课堂，学生成了接受知识的"容器"或被人摆布的"木偶"。但是，以学生为主体的现代课堂是一种"柔性"课堂，是充满了生命活力的课堂。这种课堂的语文训练，在实施的过程中往往具有开放性、多元性和生成性的特点。所谓开放性是指训练有着全方位的发展趋势，不局限于教师原先的设计范畴；所谓多元性，就是训练的内容可以从多角度、多层面理解拓展，没有机械、呆板的唯一答案；所谓生成性，就是训练的动因和推进多为随机生成，不一定全是由预设决定，一成不变。这就说明训练的演进不完全会按部就班，其中包含着具有不确定性的人文意蕴，有待教师去临场应变、智慧提升。

　　在教学古诗《登鹳雀楼》时，一位老师把鹳雀楼的图像映在银幕上，并很有感情地指导学生朗读全诗。这时，一个学生站起来质疑："登鹳雀楼是说诗人已经上了楼看到了'白日依山尽，黄河入海流'的美景，而要'穷千里目'还要'更上一层楼'，这说明鹳雀楼应该有三层，为什么图上只画了两层?"这是意想不到的问题，教师需要时间思考，便来了个缓兵之计："是图错了吗? 还是诗错了? 还是图和诗都没有错?"大家都在静静地琢磨诗意，也为教师获得了进一步思考的时间。于是，教师胸有成竹地设计了一个辨疑训练："'更上一层'是表达诗人登上了楼之后的想象呢，还是写诗人登了一层看到了还有一层可以登的行为呢? 请大家找出理由来辨析。"于是，学生若有所悟。有的认为是诗人一边上楼一边想，有的认为是诗人上了楼觉得这楼还不够高，不能看得更远……教师进一步提问："想法要有依据，依据到诗中去找，能找出来吗?"学生恍然大悟，不少学生找到了"欲穷千里目"中的"欲"字，"欲"字正说明是诗人想再登得高些，而不是写鹳雀楼有三层。

显然，这里学生对"图画错了"的质疑，是课堂教学中的"变量"，不确定因素；而诗句中的"欲"则是课堂教学中的"定量"，即确定性因素。教师对出现的"变量"没有等闲视之，而是作了正确的引导，在定量中找到了答案。这种在演练进程中所体现的语文训练的开放性、多元性和生成性，使训练过程也就成了人文意蕴的不断提升过程。这无疑又是训练充满着人文情怀的一个重要方面。

语文训练本体是并不缺乏人文情怀的。应当说，为了"应试"得分而急功近利，使语文训练沦为一种单纯的技术操练，丢弃了它应有的人文内涵，是一种不正常的运作错误，不能因此怪罪于"语文训练"本身而轻慢了对语文训练的研究。"语文教学"这个家，不能没有语文训练，语文训练须要回家，"回"了才是"家"。让语文训练名正言顺地回到语文教学中来，不必"躲躲闪闪"，应当名正言顺地重新焕发它"人文情怀"的光彩。

五、激励师生生命活力的语文课堂

教室：一个无生命的建筑空间，
课堂：却是充满生命的活力家园!
这里集合的是几十个渴望求知的生命体，
以不同的生命态互助相伴。
于是，激起了更强大的生命力，

汇聚成生命流的激荡呼唤。

课堂就这样充满了生命活力，

展现语文教与学的最美画卷！

（一）语文课堂：人类生命的绿色家园

曾读过这样一首小诗：

教室——知识大海的港湾，

课桌——我们心中的航船，

一支笔就是一把撸，

我们全是骁勇的船员。

当清脆的上课铃声响起，

人人忙着起锚解缆；

师生的话语激起朵朵浪花，

轻轻地拍打着智慧的船舷。

记得 20 世纪末，叶澜曾提出过让"课堂焕发出生命活力"的命题，指出课堂教学蕴含着巨大的生命活力，只有师生的生命活力在课堂教学中得到有效的发挥，才能真正有助于新人的培养和教师的成长，课堂上才有真正的生活。这一振聋发聩的论断，对当时全社会参与的语文教育大讨论，无疑是一股清新的风。由此，人们反思传统课堂教学的机械沉闷、高耗低效，原因虽然很多，深究其底，对教育的扭曲，只为考试得分使教学导致师生生命真情的缺失是其主因。一个缺少了生命活力的课堂，又怎么谈得上对学生的生命存在及其发展的整体关怀呢？

2001 年，义务教育阶段 18 门学科的"课程标准"问世，这是我国第 8 次课程教材改革的重大成果。在新课程标准指导下的理想课堂到底是怎样的？《中国教育报》记者张圣华在访《新课程优秀教学设计与案例》丛书主编的长篇报道中，论述了理想课堂的种种特征，在之后的小结中说："如果要用一句话来概括，那么就是：焕发出生命活力的课堂才是理想的课堂。这样的课堂，也就是新课程所追求的课堂。"

周一贯在课堂上

于是，"让课堂充满生命活力"的理念，犹如一盏光芒四射的明灯，散发出激人奋进的魅力；但它同时又像一个巨大的"暗箱"使处在教学第一线的广大教师，虽"众里寻他千百度"却并不就在"灯火阑珊处"。对于这种操作的困惑，无论是理性研究还是实践探索，都是一个必须回答的重要问题。

"解铃还须系铃人"，课堂教学中的问题，我们还得回到课堂教学中去考察、深思。

先后听过两位教师执教的《狐狸和乌鸦》，一位教师按课文顺序，每个小节都有三五个提问。如：

师：狐狸和乌鸦是邻居，有一天，狐狸在树下抬起头来看到了什么？

生：乌鸦。

师：回答得很好。那么狐狸看到乌鸦的嘴里衔着什么东西呢？

生：肉。

师：说得对，是一片肉。狐狸见了馋得怎么样？

生：（还是读课文中的话）馋得直流口水。

……

于是整堂课就在这种情节性的一问一答中传来了下课铃声。教师始终是零零碎碎地问，学生只需简简单单地答。答案不仅是完全确定的、唯一的，而且都只是课文中的一个词或一个句子。举手的学生似乎也不少，但无须深入思考，只需呆板地照课文作答即可，没有心灵激情的开放和生命真情的投入。

另一位教师的课却不是这样的。在学生读完课文之后，她作了这样的提问设计：

师：狐狸和乌鸦一个住在树上，一个住在树下，可这天早晨，你觉得是什么原因使狐狸抬起头来看到了乌鸦？

（学生兴奋起来，不时有小声议论，一会儿才有学生陆续举起手来，渐渐地，举手的学生越来越多，有的已是迫不及待了）

生1：我觉得这狐狸很坏，它常在乌鸦那里骗东西吃。这天早晨起来，狐狸肚子有点儿饿，想，乌鸦那里有没有好吃的呢，就抬起头来找乌鸦了。

师：你想得很有道理，早上起来狐狸总得弄点吃的。

生2：因为乌鸦找到了一片肉，心里高兴，想到孩子们有好吃的了，在树上又蹦又跳，发出了声响，引起了狐狸的注意。

师：好！挺会想象，而且这个想象合乎情理。

生3：我认为是乌鸦找到的那片肉特别香，而狐狸的鼻子又特别灵，在树下就闻到了香味，馋得口水都流出来，就抬起头去找这好香的食物。

师：对呀，狐狸的鼻子特别灵，这在小动物中是出了名的。

生4：我想也许根本就没有什么原因，狐狸早晨起来打了个哈欠，伸了个懒腰，正好看到了树上的乌鸦，而且还衔了一片肉，就打起了坏主意。

虽然上面两个片段都不是教学全程，但不失为研究如何引发课堂生命活力的好材料。同样都是设计提问，前一位教师只是重现式提问，学生机械地拘泥于重复课文中的词语作答，全然没有自我精神的参与，生命活力得不到应有的激发。而后者的发现式提问，答案虽与课文密切相关，却又无法直接搬用，学生必须以自身的生活想象与生命体验作全新的建构。回答这样的问题，无疑为学生发挥课堂生命活力开拓了巨大的空间。这种富有挑战性的提问设计，答案往往是多元的、不确定性的，充满了诱人的魅力。它那既立足于文本又超越了文本的特质，令学生在"不可等闲视之"的精神状态下，开启心灵之门；而虽有难度的问题却像可以跳起来摘下的果子，更可以使他们在享受成功喜悦的鼓舞下不断前行。于是，我们看到了学生的潜能如花绽放，个性得以张扬，生命活力随之奔涌而出，师生之间达成了智慧交融和心灵的对话，使课堂活动真正成为他们人生中共同的美好记忆，成为不可重复的生命体验。

当然，这仅仅是一个提问的设计，而焕发课堂的生命活力，绝非仅限于此，其内涵无疑是异常丰富的，牵涉到课堂教学的方方面面。但是"一滴水里见太阳，半瓣花上说人情"，小至一个提问又何尝不关联着生命活力的生成？由此可见，"焕发课堂生命活力"绝非是无法捉摸的玄机，也不是不可开启的"黑箱"。只要教师能把自己的生命感受与学生的心灵相融，真正充分地感受了学生的天性、个性、灵性和悟性，并以此来设计教学，那么追寻充满生命诗意的课堂图景，也就并非高不可攀了。

破译"让课堂充满生命活力"完全可以作多层面、多角度的探究。第一，生命活力的起点在于必须认识每一位学生都是一个独立的"生命体"，而不仅仅只是教学中的"认知体"，它应当受到教师的尊重。第二，这些"生命体"并非在沉睡之中，而是进入状态的、觉醒的生命，它应当得到教师的关注。第三，进入状态的生命总是充满着多种多样的"生命欲"（如求知欲、表现欲、交流欲、成功欲等），它应当得到合理的满足。第四，全体师生的多种生命欲望，汇合成课堂强大的"生命流"，它应当得到很好的引导。第五，这种东奔西突的"生命流"必然会产生巨大的冲击力，也就形成了课堂的生命活力。我们应当深情地欢呼这种生命活力，因为只有它，才能使每一堂课都成为成长旅途有意义的生命驿站，成为儿童精神发育的绿色家园，也才能赋予每一堂课以真正的育人价值！

语文课堂似乎只是学生的一方小天地，然而我们每一个人又不都是从课堂中走来，从国家元首到平民百姓，从科技精英到普通工人……这样看来，小小课堂却真正是人类生命的绿色家园，我们又怎能忘记课堂对生命的哺育之恩。

（二）课堂，从"认知体"到"生命体"的跃升

"以人为本"的时代理念促成了旨在提升学生核心素养的潮流，这确实是一个巨大进步，它明确地把教育和人的生命发展联系起来，反对传统教学只着眼于分数的狭隘观念，体现了生命教育才是教育的元基点，从而表现了教育活动的根本意义所在。

从这样的当代视角反思传统教育，显然是过分强调了教育传授知识的功能。这种非生命的教育理念，源于工具传递性或技艺传递性的原始教育。在这种教育意识指导下的学生，当然也只能是一个接受知识的"容器"，是一个"认知体"，教育无非就是一种"特殊的认知活动"。于是，在人们的教育行为中，我们只看到了灌输知识成为至高无上的追求，在忙忙碌碌的传递知识的过程中，人的多种生命发展需求，被冷落和遗忘。人文关怀的淡出和缺失，已成为教育的严重问题。这也就是课堂缺少生命活力的症结所在。

要改变上述状态，正如叶澜教授所说："必须破除（但不是完全否定）'特殊认识活动论'的传统框架，从更高的层次——生命的层次，重新全面地认识课堂教学，构建新的课堂教学观。它所期望的实践效应就是：让课堂充满生命活力。"

在课堂里，学生不仅是认知体，更是鲜活的生命体。获取知识只是实现生命发展的一部分，而不是全部内容。只有把学生视为最生动、最丰富、最活跃的生命体，才谈得上如何让课堂充满生命活力。因此，从"认知体"到"生命体"正是我们讨论"让课堂充满生命活力"的逻辑重点和认知基点。

那么，"认知体"和"生命体"存在哪些本质的区别，特别是在课堂教学中有哪些具有可视性的标识和可操作性的策略？我们怎样才能找到激发课堂生命活力的切入点和抓手？

1."线性"与"整体性"的区别

以传授知识为唯一目标的课堂，往往会千方百计地维护知识本体的系统性问题，寻求各"知识点"之间的线性联系。课堂教学只是追求知识线路的清晰和顺畅，师生似乎都在共同为凸显这种知识线路服务。以生命整体发展为目的的课堂，则关注在课堂中学生生命的各种合理需求，在帮助获得满足的同时实现整体发展。而知识的传导，仅仅只是其中的一个方面。

请看江苏省张晨晖老师教《植物妈妈有办法》一课时，是这样创设有益于生命整体和谐发展的情境的。

(1) 张老师带小朋友去郊游，你们在路上高兴地边听边看边想，走啊走，来到小河边，河水清清的，草儿青青的（老师板画）。这里有一颗蒲公英，开着一朵朵毛茸茸的花，真漂亮！（引导学生学习第一小节）

(2) 郊游的队伍继续往前走，小朋友们来到小山脚下，你们又看到了什么？（老师板画"苍耳"妈妈，引读第二小节）

(3) 暑假，我们去郊游，小朋友们唱我们也会唱的《郊游歌》，可好听了（学生齐唱《郊游歌》）。这时在菜地旁边，我们看到了豌豆妈妈。（导读第三节）

这是一篇讲科普知识的儿童诗，介绍蒲公英、苍耳、豌豆等不同植物繁殖的不同方法。如果从知识传授的角度，把这些知识点找出来、连起来作线性分析，就会完全失去生活情趣、意境想象、个性体验和创新发展。而这些失去的东西却正是儿童生命整体和谐发展的需要，怎么能不抓住呢？

2. "结论性"与"发现性"的区别

在课堂上如把学生仅仅看成"认知体"，就必然会追求以灌输知识的正确结论为目标，教学的过程无非就是简单地重现课本的知识，寄希望于通过多次重现形成记忆，从而达到把知识"注"入"容器"的目的。而把学生看成是"生命体"的课堂则不然，它必然会对激发生命的灵性和悟性倍加看重，以求健全人格的铸造和潜能智慧的开掘。要做到这样就不能只求机械呆板的重现，而要更多看重新的发现，培养敏于发现的能力。教学《赤壁之战》，一位教师为了让学生对课文内容有更多的发现，就让学生当黄盖，而教师当黄盖手下的一员将领，向黄盖提出一系列关于"火攻"谋略是否能行的问题。如今天东南风这么急，江上波浪这么大，为什么不待风平浪静之时再去曹营；我们去诈降，曹操一定能相信吗；火攻靠的是大船，这些小船拴在船尾有何用处；如果曹操识破火攻，那怎么办；为什么一定要到距敌营不到二里时才点芦苇……由于学生扮演的角色是"黄盖"，当然不肯轻易放弃被"手下"问倒，于是人人开动脑筋，互助互补，共同为应对"手下"的挑战而去发现最有说

服力的那些根据。

3. "确定性"与"不确定性"的区别

把课堂作为学生认知知识的场所，师生无疑都会垂青于"确定性"的答案，觉得唯此才能提高课堂教学效率，提高所获取知识的准确度。而作为生命发展的课堂，应是向未知方向挺进的旅程。只有不确定性，才有可能发现意外的通道和美丽的图景。同时，由于每个生命的体验和人生经历的差异，即使对同一个问题也会产生不同的见解。对于不同的生命感受，我们自然应该抱着理解和尊重的态度。教学《复活节的晚上》这一课，一位老师在结课时提出了一个这样的话题。

师：阿维到死也无法闭上他的双眼，这究竟是为什么？

生1：是因为他的心里有着许许多多的牵挂……

生2：我认为他是劳累死的，不是平静地死去，所以死了也睁着眼睛。

生3：因为他还有种种美好的渴望没有实现，他心不甘，所以双眼没有闭上。

生4：应该是他有许许多多的恨，是他的恨让他死不瞑目……

学生的感情虽然五花八门，但都有一定的道理。显然，答案是无须确定的，不确定性正是文本深远意蕴的表征，也是对学生不同生命的尊重。

4. "可控性"与"非可控性"的区别

把学生视为"认知体"的课堂，往往把不完全可控的生命体，看成是完全可控的非生命体的教育。因此，总是把教案编制得严严实实，满满整整，无一丝空隙可供学生自由发挥，无一分时间可让学生支配。上课的过程，也就成了匆匆忙忙把教案滴水不漏地走一遍的过程，其实学生是无比生动、极其丰富、十分鲜活的生命体，他们对课文不是一种静止的"镜式"反应，而是活跃的"化学反应"。一位教师教《小壁虎借尾巴》这篇课文，教师正忙不迭地提问，一位小朋友举手说："老师，书上画错了，课文说小壁虎是向老黄牛借尾巴，可画中是一头大水牛。"教师厌烦小朋友打断了她的讲课，就没好气地说："你怎么知道？不都是牛吗？"可这位小朋友似乎"不识好歹"接着说："黄牛的毛是黄色的，头上的角是很短的。这书上画的牛角又长又弯，一身灰色的毛，肯定是水牛……"

应当说这位学生的意见十分正确，那么教师为什么不高兴呢？看来她已习惯于学生的顺从和可控，因而没有向课堂上每一颗心灵敞开温暖的怀抱，不能平等、民主地包容每个生命的不可控性。

（三）关注学生课堂的"生命态"

课堂教学不仅要把学生看成不只是"认知体"，也是"生命体"，更要唤起这些生命体进入状态，而不能还在"沉睡"或"昏迷"之中。

与教师交流：关注课堂的生命态

这种进入状态的生命，具体地说就是学生开始了解课堂教学对自己所具有的特殊意义，并有了愉悦情感的呼应，因而认识活动已明确地指向了它，并集中心思去考察、探究，达到了对课堂教学在感性、理性和行动上的积极水平。

一位教师执教《卖火柴的小女孩》，这是安徒生的一篇著名童话，再加上已教过多次，满以为"驾轻就熟"了。可一位学生中途质疑："课文中说小女孩旧围裙里兜着许多火柴，手里还拿着一把，一天下来谁也没买一根……火柴怎么会一根一根地卖，不是装在盒子里？"而另一位学生说："我也有问题，课文里说，'她敢从成把的火柴里抽出一根，在墙上擦燃了，来暖和暖和自己的小手吗？'那为什么我玩火柴时在墙壁上划不着呢？"……

　　这些是老师始料不及的问题，以前教这篇课文时没有学生提出过，真的有点为难了。想不到的是一位学生说"我看到过讲火柴的一篇文章。火柴是1865年传入我国的，所以叫'洋火'。这是现在我们用的火柴叫'安全火柴'。最早的火柴是德国人发明的，用黄磷作燃料，做成一根一根的出售，不是盒装的。由于黄磷容易燃烧，所以只要在墙上擦一下就着了。名字也叫'摩擦火柴'或'不安全火柴'。"

　　显然，这是一堂学生生命状态十分良好的课。大家不仅被故事情节所深深感动，而且也非常关注细节，注意的指向已深入课文的字里行间，解读课文，又密切联系了自己的生活体验，并且综合地运用了来源于多方面的信息。总之，在平等、民主的氛围里，学生学习的思维和行为都达到了积极的状态。

　　当然，学生在课堂中良好的生命状态的出现，并非是必然的和突然的，它需要教师的唤醒和激励。一般地说，学生在课堂中呈现的生命状态，会有以下一些类型。

　　——浮躁状态。上课开始，学生由课间活动进入课堂学习，往往会有种种不适应。如在生理上呼吸急促，心跳加速，甚至全身冒汗，在心理上仍然向往着课间追逐、打球、嬉闹等热烈、快乐的场面。这在课间参加了一些剧烈活动之后会更加明显。当然，由此而产生的性气浮躁，不是课堂教学所要求的生命状态，需要教师作合适的引导过渡。

　　——松怠状态。表现为学生并不认识课堂教学对自己的特殊重要性，心情懒散、精神松弛，缺少积极投身学习的欲望。这是因为在大脑皮层的有关区域内没有产生优势兴奋中心，总体上仍然处于抑制状态，这就产生了对已经开始的学习"视而不见、听而不闻、食而不知其味"的现象。

　　——散漫状态。全班学生的注意力缺乏指向性和集中性，学生不能从所有的刺激物中选出那种对课堂教学有现实意义的事物作为自己认识过程指向的对象，而是关注着各不相同的，与课堂教学无意义的事物。如有的还在偷偷完成上节课留下的作业，有的还在悄悄阅读一本心爱的故事书而不忍释卷；有的私下聊天正带劲儿；有的玩几根皮筋自得其乐……

　　——畏惧状态。学生因为没有完成好课前教师布置的任务（作业），或因为集体（或部分学生）犯了错误，也可能是因为教师比较严厉，害怕上课后又要听其训斥等等，而产生畏惧心理。这时学生的心态也会十分糟糕，很有压抑感。这种消沉的心理状态，一样不可能有阳光、积极、充满期待，甚至跃跃欲试的生命状态。

——专注状态。即已经开始专注于课堂教学中有意义的事物而且能相当长时间坚持指向这些对象，离开一切局外的、与这些对象无关的东西，抑制那些与这个对象相对抗的东西。学生个体全身心地呈现出一种积极奋发的态势。这无疑是一种十分良好的生命状态。

那么怎样才能唤醒学生积极的课堂生命状态，把分散的、无意注意转化为集中的有意注意？

1. 必须巧妙引发学生对课堂教学主题的兴趣

积极的生命状态的唤起离不开趣味的诱导和愉悦心情的营造，如此方能给学生以鲜明的刺激，形成神经中枢优势兴奋中心。在上课伊始，抓住这个切入点十分必要。教学《田忌赛马》一课，还没有打开课本，教师先拿出了 6 张纸牌：红心 10、红心 7、红心 5 和黑桃 9、黑桃 6、黑桃 3，问学生谁愿意和老师先来玩纸牌。这下子就把学生的注意力集中起来了。玩法是比大小，三局两胜。上来的学生当然挑红心，并且先出 10，教师出了黑桃 3；接着学生出红心 7，教师出了张黑桃 9，打成了平手；学生最后出红心 5，教师出了剩下的黑桃 6。这样，尽管一开始手中的牌是学生大，但结果却是教师胜了两局。这时，又一位学生上来要和教师玩，但不愿先出牌了。同学们也齐声要让教师先出牌，说："这种比法，肯定谁先出牌谁就输。"于是教师问："为什么？不是你们拿的那组牌大吗？""因为你占了先！"另一个学生恍然大悟地叫了一声。"对！战争中，比赛中，有时候能以少胜多、以弱胜强，关键看弱的那方能否占得先机。"于是教师说，"今天我们学的课文《田忌赛马》，讲的就是这样一个故事。有兴趣吗？"不消说，学生群情振奋，都跃跃欲试，每一个生命都进入了最佳状态。

2. 合理组织对教学主题的探究也是唤起和维护课堂最佳生命状态的关键

对课堂教学主题的学习方式采取"灌输—接受"的模式，还是采取"探究—获取"的模式，显得十分重要。因为"探究—获取"为学生的全身心参与创造了条件，而"探究"的过程又可以不断刺激学生的好奇心，并在获得发现时享受到成功的欢乐。所有这些都可以使儿童长期地维持良好、积极的生命状态。

如在深读课文时，提出的讨论专题必须具有探究性，对课文有较大的覆盖面和穿透力。一位教师在教《小马过河》时提出："为什么小马第一次没有过河而第二次过了河？"这是一个答案比较确定的情节性问题，学生找找课文中的有关句子就可以

回答清楚。既无须作信息的提取和处理，又缺少思考的深度和强度。如果把讨论专题改为"为什么小马不去自己试一试"，情况就完全不一样。因为小马不去试的原因有很多，应当从课文的许多方面去思考，具有很大的开放性和不确定性。如："突然从树上跳下一只松鼠，拦住他大叫……"这是使小马轻信别人的话，自己不去试试的明显原因，是课文的"显信息"。"一条小河挡住了去路，河水哗哗地流着。小马为难了"和"如果妈妈在身边，问问她该怎么办，那多好啊"。前者说明了小马害怕困难，后者则说明小马习惯于依赖妈妈。这两方面同样也是小马不能去试试的原因。这就不是轻易能够想到的，是课文中的"隐信息"。

在课堂上让学生充分参与、动手实践，更是让课堂具有最佳生命状态的关键所在。

我们要让学生站在课堂的正中央就不能只要求他们好好听教师的讲解，更应当多让学生自主参与、动手体验，这样才能让学习真正发生在学生身上。如此，课堂就会显得生气勃勃，充分发挥了学生的生命活力。在教《活化石》（人教版小学语文第三册）这篇科普说明文时，教师在帮助学生识字学词，读通课文的基础上，主要设计了两个让学生实践的环节：一是学做"小讲解员"，在"博物馆"里讲解"银杏树""大熊猫""中华鲟"这三种活化石，任选一种做准备。接着便由小组派代表上讲台，佩上"讲解员"标志，当众讲解；然后由观众（全班学生）来评议。第二个实践是为三种活化石制作"说明标签"：在标签卡片上写好名称、别名、外形、习性、特点等。这样，人人动手、个个参与，让孩子感受到自己的能力，自然会兴趣大增，充分展示出各自的生命活力。

宋朝理学家朱熹曾说："今日学者不长进，只是心不在焉。"确实，在课堂上如果学生"心不在焉"，就很难进入积极的生命状态，没有这样的生命状态，就谈不上"让课堂充满生命活力"。所以，孟子也认为"学问之道无他，求其放心而已矣"。这里所言的"求其放心"也正是要求学生能以集中注意力、不懈怠、不分心的良好学习状态，全身心投入地去做课堂的主人。

（四）积极引导语文课堂的"生命流"

在课堂教学的特殊时空里，学生基于生命需要而产生的欲求是多种多样的，这些根植于各个生命个体的各种欲求之间，不是简单的量的叠加。而是在碰撞、会和、认同、消亡、滋生、提升、演化等极其错综复杂的矛盾斗争中发生着质变，而生成为课堂的生命力的流动，即课堂的"生命流"。显然，这样的"生命流"是巨大生命力的载体，我们必须要十分珍惜。就如大禹治水一般必须积极地加以引导，使课堂真正焕发出生命的活力。

何谓"引"，何谓"导"？"引"者，是循循善诱，"引而不发，跃如也"。"导"者，叶圣陶先生的解释是"多方设法，使学生自求得之，卒底于不待教师教授之谓也"。

当然，在课堂上夹裹着学生旺盛生命力的"生命流"，没有一成不变的程序。因此，对"生命流"的引导，也贵在因时、因地、因人、因势、因文而异。这种"相机诱导"，有很强的生成性、随机性特点。但这并不等于无规律可循。从大量的课堂实践中，我们可以归纳提炼出一些有普遍意义的操作策略。

1. 直叙式的指导

直叙式的指导就是教师以直接讲述的形式，给学生的"课堂生命流"以指导。这大多用在介绍与课文相关的背景知识，有很大的信息量，是给学生的探究活动作直接的铺垫。这种直叙不等于"灌输"，犹如讲解也可以有很大的启发作用一样，关键在于直叙的效果能否激发和引导学生的兴趣和思考，从而引发出生命活力。如教学《草船借箭》一课时，临结束，教师问学生："周瑜与诸葛亮谁的年纪大？"大家一直认为诸葛亮年纪大。有的说："我在电视上看到诸葛亮胡子老长老长的。"有的认为："诸葛亮足智多谋，如果年龄不大哪有那么多经验。"这时教师便直叙史实："周瑜生于175年，死于210年；诸葛亮生于181年，死于234年。赤壁之战发生在208年，当时周瑜34岁，诸葛亮28岁，比周瑜小6岁。这么说吧，当周瑜在孙权帐下威风凛凛当元帅的时候，诸葛亮还只是个'待业青年'呢，他是自学成才。"教师亦庄亦谐的一席话是直叙其事，但有很重要的"引导"作用。"原来诸葛亮比周瑜还小6岁"这一史实，不仅扩大了学生知识视野，激发了读书兴趣，更重要的是引起了学生的思索，给课堂的生命活动导引了方向，以促进对诸葛亮的"神机妙算"和周瑜的"嫉妒"，有更深的理解。

2. 迂回式的诱导

在课堂教学中，往往会发生一些学生对某一课文中的某一问题坚持了一种不够正确的看法，而产生偏执的态度或者理解障碍，这时，教师的引导就要避开"障碍

物"，从学生容易理解或者乐于听从的地方入手，随机引导到要解决的问题上去。如我们常用的"旁敲侧击法""以退为进法"和"触类旁通法"就是一种"以迂为直"的方法。如学了《郑人买履》和《刻舟求剑》这两则寓言，一些学生就认定"两个故事意思一样，都是讽刺头脑呆板不灵活的人"，怎么办？教师便另选角度，引导学生对两则寓言，从以下三个方面进行比较。

第一，比较两则寓言中主要人物所做傻事的内容不同。学生一比较就明白了：郑人傻在没带尺码就回家去取，不知道用脚试鞋；而刻舟的人傻在行船中掉的剑在靠岸后去捞，不知道船在水上是运动的。

第二，比较两个人做傻事的想法不同，学生一比较就发现：郑人是"宁愿相信尺码，也不相信自己的脚"，而刻舟人的想法是"我的宝剑是从这个地方（船沿）掉下去的，等船靠了岸，我从刻着记号的地方跳下去，就能把宝剑捞上来"。

第三，比较两个人产生错误想法的不同原因。学生一比较就找出不同来了："郑人不懂得尺码是从脚量得的，而刻舟人不懂得船已经移动了，还以为记号位置不变。"

于是学生在比较之后，明白了《郑人买履》是教育我们不要只相信书本，而不相信实践；《刻舟求剑》是教育我们不要用停滞的目光来看到变化发展的事物。

3. 解惑式的疏导

在课堂教学过程中，学生对课文有疑惑是很正常的。如果教师把正确答案直接奉给学生，便会影响他们阅读能力的提高。如若不加任何引导，让他们"盲人骑瞎马"乱闯，也不利于培养学生的思考能力和读书兴趣，而且浪费了师生精力。更重要的是，还可能模糊了正确的价值观。在这种情况下，教师应当予以"疏导"。"疏"，就是疏通"生命流"，即给他们拨正方向，引领上一条解决疑难的正确思路，让学生自行探索求解。

教学《高大的皂荚树》一文时，一名学生提出了一个教师未曾料到的问题："《小学生日常行为规范》规定不准玩火，为什么课文中的同学要烧皂荚树枯叶取暖？"这个孩子还指了指贴在教室墙壁上的《小学生日常行为规范》反问教师："难道他们可以违反《小学生日常行为规范》吗？"这时，教师便应该进行适时的疏导："这是玩火的行为吗？请大家仔细读课文，好好讨论一下。"于是同学们兴致勃勃地读起课文来，不一会儿就纷纷举手争答。

　　——"我认为不是玩火，是为了校园整洁。因为课文中写着'枯黄的小叶子，打着旋儿，不断地飘落，在地上铺了一层又一层'，烧树叶是为了使校园整洁。"
　　——"他们烧树叶是有计划进行的，是在老师指导下安全的劳动。课文中说清楚了先是扫，再堆在一起，集中在墙角下。"
　　——"把树叶烧成灰可以做肥料，如果当作垃圾搬出去是可惜的。"
　　——"作者把参加烧树叶的活动，写得快乐，那是因为他爱校园，爱校园中的皂荚树，而不是玩火。"
　　……

　　这里教师一个反问："这是玩火的行为吗？"便"疏"在节骨眼上，这不是玩火的行为，那是什么呢？引起了学生的再读、再想，终于拨开了迷雾，使课堂生命活力得到了进一步激发，学生自己解决了疑难。

4. 借用式开导

　　"引导"必须对课堂生命力的流动不断地予以强化，促其前行，教师就要充分借用即时即景的各种条件，为"读"所用，化难为易，化深为浅。这种借用往往可以收到很好的引导、强化作用。如教学《给颜黎民的信》，因为时代背景的阻隔，加上信中有好些内容是针对来信作答，给学生读懂课文带来一定困难。教师便在初读课文、略知大意的基础上，先让学生设想一下颜黎民给鲁迅先生的来信提了一些什么问题，是怎样写的。经过热烈的讨论后，要求学生把来信的要点一一记下：①报告鲁迅先生，其带去的书已收到；②表明颜黎民喜欢看鲁迅先生的书；③报告春天到来，桃花开放；④请示鲁迅先生写给颜黎民的信可以不可以发表；⑤信的最后署名"颜黎民"是假名。这样再读课文进行对照，就把来龙去脉梳理清楚了，从而大大激发了课堂的生命活力。

5. 引渡式的利导

在自主、合作、探究的课堂中要让学生"自求得之",绝不等于可以撒手不管,放任自流,因为学生的自读能力尚在培养之中,其途径难免会有种种艰难险阻。因此,教师必须精心设计自读指导,为课堂生命活力"逢山开路、遇水搭桥"。这种"引渡"是"因势利导",不但十分必要,而且要恰到好处。即正确预测学生与课文之间的认知差距,充分考虑学生的可容程度,尔后针对实际问题铺设台阶,减缓坡度,让学生自行攀登,渐入佳境。如全国著名特级教师霍懋征教《陶罐和铁罐》,通过将课文的主要内容重新排列组合,使学生简明扼要地理解了课文的脉络和深邃的含义。全部图示仅用 31 个字概括,十分精当。课题是"陶罐"在先,可板书图示铁罐在先,因为矛盾的主要方面是铁罐自以为了不起,瞧不起陶罐。这样就更能突出骄傲的坏处。这样一幅随导读逐步展示的图示,还有助于学生的顺利分段和概括中心,显然,这就是一幅阅读课文、理解课文的"思维导图",对课堂生命活力的激发起了十分重要的引渡作用。

6. 启迪式的暗导

所谓"暗导"是指教师用含蓄和间接的语言、行动、情景等手段,对学生产生积极的心理影响,从而推进"课堂生命流"的前行。

一位教师教《朱德的扁担》一课,朱德在扁担上写了"朱德记"字样后,战士们看到字就不好意思再去夺他的扁担时,一位学生就说:"那时战士都是穷人出身,不识字,怎么会认'朱德记'三个字呢?"这一问把教师的话头打断了。显然,教师事先没有考虑到,临场便做了机智的反问:"是呀,他们都是穷人出身,但是他们不可以想办法识字吗?"教师在反问中包含了启发,于是引起了学生的许多感悟,生命活力得到宣泄,有的学生说:"朱总司令带领红军战士一边打仗,一边学习文化。""并不是每一个红军战士都一字不识。""有的战士虽然不识字,但看到扁担上有字也可能会去问别人。这样他也就明白了。"……在阅读教学中采用启迪式的"暗导",更有它的特殊意义和价值,这从上述教例中就不难看出。阅读课文多是生活图景的反映,学生并不陌生。即便有一二不解处,教师也不难唤起学生相似的生活体验,进行启迪并化解。

7. 震慑式的反导

震慑式的反导是一种威力性的引导方法,它与正面鼓励相反,是通过阻断学生某种不正确的认识和态度，予以警戒，或通过"归谬"法强化它的不合理，以达到正确引导的目的。可以认为，这是一种从反面对"课堂生命流"加以引导的方法。如教学《罗盛教》这篇课文时，有学生质疑："罗盛教救了朝鲜儿童，朝鲜人民为什么不去救罗盛教呀？"固然，教师可以通过正面说理来回答这个问题，但这样就颇有"灌输"的味道了，在一定程度上会抑制学生的个性化生命感悟。如果能够让学生用自读来领悟，不是会更好些吗？于是教师便采用"反导"法给学生以强刺激："你的意思是朝鲜人民对罗盛教见死不救吗？"这一反问，把问题推到了极端，引起了学生的再度深思。课堂呈现出活跃的生命状态，最后一致认为中朝人民的友谊是鲜血筑成的，如果有朝鲜老乡在旁边，绝对不会不去救罗盛教的。根据课文中的描述，可以知道事情发生的时间是冬天的清晨，天气很冷，地点是石田里的山野。再看课本中的插图，除了滑冰的几个孩子外，没有一个大人。教师从反面切入的引导，取得了很好的效果。

在课堂教学中如何让课堂充满生命活力，并对其形成的"生命流"进行有效引导，是具有改革意义的时代课题，我们应当从各个侧面进行深入研究和探讨。其实，"引导"在人际沟通中具有普遍性的重要价值，是当前国内外心理学家正在研究的一个热门课题，而且正在形成"引导心理学"这一分支学科。在课堂教学中，以"引导"为介体，使课堂生命活动朝着更正确、更合理的方向流动，其前景同样是广阔而美好的。

（五）激发"课堂生命活力"的教师生命意识

在充满生命活力的课堂中，教师的生命意识和生命质量具有十分重要的意义。改变教师在课堂教学中的生命状态，激发生命活力应当从多方面努力，其中除了社会因素外，教师主动转换角色以适应教育的转型，减轻精神压力，增强自我的生命意识，提高生命质量也是不容忽视的方面。

1. 从课堂的主宰者到平等的对话者

在传统课堂中，教师的角色意识并没有从"师道尊严"的主流文化中退出，往往自觉不自觉地把自己放在主宰者的位置，居高临下地"俯视"着学生。课堂中教师的"话语霸权"，试图把学生培养成俯首听命的"乖孩子"，学生应有的"个性"和"人格"意识被逐渐淡化。在这样的课堂中，学生缺乏自我生命的觉醒，只会僵

在课堂思索：如何激发生命活力

化地按别人的意旨行事，更谈不上生命力的激发。因此，我们要呼唤课堂生命的活力，教师必须率先转换自己的角色意识。从"生命"的角度说，师生之间是完全平等的，不应当有贵贱、主从之别。教学只有在人格平等的对话中推进，才能最大限度地调动学生学习的主动性和积极性，取得良好的教学效果。

学完《麻雀》一课时教师小结说："从老麻雀奋不顾身抢救小麻雀的行动中，我们想到了那种伟大的母爱。"话音刚落，一位学生立刻表示了不同的意见："老师，我不同意这是母爱的说法。因为课文中从头到尾没有一个地方写明这老麻雀是母的还是公的。"教师马上表示"这意见很有道理"，并且真诚地赞赏了这位学生有独立思考的精神，读书很用心。那么，这话怎么说呢？最后老师征求大家的意见：虽然课文没告诉我们这是麻雀爸爸还是麻雀妈妈，但可以肯定的一点是老麻雀是小麻雀的双亲中的一个，我们就把"母爱"改为"亲子之情"怎么样？这才得到了全体同学的赞成。在这样的课堂里，由于教师转换了角色意识，敢于和同学们平等对话，气氛显得十分融洽，使大家感受到愉悦的生命体验。

2. 从知识的输出者到学习的合作者

在以传输系统知识为唯一目标的传统课堂里，教师对课本知识处于垄断地位，学生只是被动地从教师那里接受知识的灌输。教师成为知识输出者的角色意识，严重地侵害了学生的自主学习，当然就更谈不上探究学习和创新学习了。

但是，在信息社会开放式教育的条件下，互联网使教育环境充分敞开，教师已不再是学生获取知识的唯一源泉。如果教师仍然以知识输出者自居，不仅会禁锢学生的头脑，局限学生的视野，妨碍学生运用先进科技去掌握更多、更有效的知识，而且教师必然会和学生发生更多碰撞和摩擦，使教师平添精神压力，影响教学情绪。

一位教师教古诗《登鹳雀楼》，板书诗题时，有学生提出"鹳"字写错了，书本上是"雀"。开始，教师接受不了，翻开《教学参考》书让学生看，写的确实是"鹳"而不是"雀"。但学生不服气，教师心里也嘀咕：课本上印错的可能性也不大，这到底是怎么回事。课后问其他教师，大家也都认为应该是"鹳"。在第二天的语文课上，一位同学捧着一本《唐诗鉴赏词典》告诉大家：上面写着"鹳鹊楼，又名鹳雀楼"，原来两种说法都是正确的。

今天的教学已经不可一概唯师命是从，教师需要深入钻研，更需要师生的真诚合作。

3. 从答案的裁判者到探究的引导者

在以"灌输—接受"为基本学习方式的传统课堂里，师生关注的是问题的结论和答案，这样便于准确无误地记忆，去应付考试、获得高分。在这样的课堂里，学生被视作非独立的生命体，教师则理所当然地成为答案正误的裁判者。但是，在真正以学生为主体的课堂里，学习方式有了本质的变化，一改"灌输—接受"为"自主、合作、探究"，体现了学生生命个体对智能的主动获取意识。于是教师的角色也随之发生变化，从答案的裁判者转变为探究的引导者。全国著名特级教师于永正在教学《小猫种鱼》一课中"鱼为什么不能种"时，放手让大家去自主探究："小朋友，小猫一看种的鱼全烂了，肯定会跑回家去问妈妈：这是怎么回事，我把小鱼种到地里，怎么不长小鱼呢？猫妈妈又怎么说？"在讨论之后，他让一位小朋友戴上头饰扮小猫，另一位小朋友戴上头饰扮演猫妈妈，由小猫不断提问题，猫妈妈把道理讲出来。这里学生主体参与的讨论和表演的过程，就是合作探究的过程。教师不是向学生灌输结论，讲述标准答案，而是让学生用喜闻乐见的形式，自己去探究、发现，教师只在一旁引导。

4. 从规矩的维护者到潜能的激发者

我们过去常常会过分看重课堂的鸦雀无声、秩序井然，要求学生进入侧耳聆听、凝神危坐的那种境界，而教师则是课堂规矩的维护者，这对活泼好动的孩子来说无

疑是一种思想束缚和精神压抑。即使在封建社会里，开明贤达的夫子也以为如此不妥。王守仁就认为"大抵童子之情，乐嬉游而惮拘检，如草木之始萌芽，舒畅之则条达，摧挠之则衰痿。今教童子，必使其趋向鼓舞，中心喜悦，则其进自不能已"。

随着人类社会由工业社会转型为信息社会之后，整齐划一的教育也就相应地转型为个性化教育。这是因为信息社会是以人的个性化为基础的社会。它需要的人才是多方面、多规格、多类型的。个性化的教育也就更应关注尊重天性，激发灵性，调动悟性，最大限度地开发每个儿童的潜能。也只有这样的课堂才能充满生命的活力。一位教师教古诗《绝句》，当他讲到"两只黄鹂鸣翠柳，一行白鹭上青天"时，班上一位调皮的男生竟忘乎所以地学黄鹂鸣叫，吹了一声口哨。顿时，全班同学都以为教师要大发雷霆了。但教师只是坦然一笑说："这位同学禁不住学起了黄鹂清脆的鸣叫，是因为他被诗句所描写的美丽景色感动了！可见诗人写黄鹂的鸣叫来表达情感起了很大作用。那么大家想：在黄鹂的叫声中，诗人又会产生怎样的心情呢？"于是，大家的注意力又集中到对诗句的感情上去了。

学生学黄鹂叫，教师不仅不把它看成破坏课堂纪律的行为，而且将之视为学生潜能的流露。于是，课堂上发生的意外"枝节"被巧妙地嫁接到了教学的"主干"上。这就雄辩地说明了课堂的生命活力，是不能没有教师的引导和激发的；而教师精心的引导和热情的激发，正是体现了教师生命意识的唤醒，生命激情的伸张。

（六）语文课堂因生命活力充盈而精彩纷呈

课堂教学是实施素质教育的主渠道。在课堂教学中，重要的是激扬师生的生命活力。要让课堂因生命活力的充盈而精彩纷呈，关键在于如何让学生在课堂上更多、更好地"自我表现"，让每一个个体生命大胆地"亮相"：不仅给他们创造机会，而且改善课堂的运作机制，深层地调动学生"自我表现"的积极性，让课堂真正成为每个学生可以自由自在地施展拳脚的天地。

那么，这样的课堂应当具有哪些生态特点，方能使生命活力充盈呢？

1. 自主的自由选择

在传统的课堂里，学生的"表现"都要由教师指令分配，学生只是被动服从，应命而作，没有自主选择的权利。让学生在课堂上学会选择，不仅因为选择是一项重要的基本能力，而且可以使学生的自主意识觉醒，积极、主动地投入学习；同时

与学生交流：感受生命课堂的状态

因为可以自主选择，也提高了"自我表现"的愉悦感和幸福感。

那么，在优质的课堂教学中，教师是怎样鼓励学生选择的？

如对"表现"内容的选择。

——"请你挑选一段最爱读的课文读给大家听，好吗？"

——"请你把认为最难读、难写的字写在黑板上。每人只写两个。"

——"《猫》这篇课文表现了作者对猫的喜爱之情。课文中有很多地方都表现了这种强烈的感情，你能不能选择一处感受最深，你认为写得最好的地方，把你的体会说给大家听。"

……

让学生在个体生命的自我表现时有充分的选择范围和选择权利，变"接受指令"为"自主选择"，有利于鼓励学生的积极参与，解除他们的心理紧张和行为拘谨，从而可以最大限度地激发学生的生命潜能。

2. 角色的自由转换

学生在课堂里应该担任多重角色，不时地进行角色转换，这样可以丰富他们的"自我表现"机会，感受不同的生命体验。让学生担任多重角色，使他们活跃起来，

无疑可以为他们创设更多的自我表现的情境，使"英雄有用武之地"。

　　——在帮助同学订正操练错误或互改课堂作业时当"小医生"。
　　——在帮助同学解答疑难或介绍某一问题的知识背景时当"小博士"。
　　——在帮助发放学具，放映投影片，做课堂小实验时当"小助手"。
　　——在开展互教互学，"一帮一"辅导同学学习，或示范讲习课文时当"小老师"。
　　——在课堂即兴表演或分角色朗读课文时当"小演员""小导演""小朗读者"……

实践证明，这种转换学生课堂角色的方式，不仅可以使学生活跃地参与课堂教学活动，当课堂的主人，而且也拓宽了学生自我表现的渠道，促进了核心素养的整体提升。

3. "自我"的自由实现

课堂教学的时间和空间受到严格限制，带来了学生自我表现的心理需求难以得到满足这一矛盾。如何在有限的时间里，尽可能多地创设学生自我表现的机会，是一个值得探索的问题。应当说"自我实现"不失为解决这一问题的好方法。

　　——"作业完成的同学，可以站起来，把自己的作业高声朗读一遍，检查一下还有什么差错没有。"
　　——"刚才我们听两位同学的复述都很不错，能用自己的话来表达，可惜时间不够用，不能让更多的同学来复述给大家听。现在老师有个办法，要复述的小朋友可以一起站起来，大声复述课文，可能你的复述比刚才两位同学更好。"
　　……

这种自我实现，由于大家在同一时间里自动参与，就可以满足每个人在课堂上自我表现的心理需求，而且还进行了全员的演练，扩大了训练面，活跃了课堂氛围，特别是能使胆小的同学，得到一次锻炼的机会，可谓"一举多得"。

4. 师生的自由合作

在课堂教学中有些活动，原来是由教师一手包办的，现在，在有利于提高教学效率的前提下，也可以师生合作。这样，一方面使学生增加了许多"自我表现"的机会，另一方面又密切了师生关系，增进了课堂团结协作、民主平等的良好氛围。

——根据教学的需要，请有一定绘画基础的小朋友，与教师一起完成板画，充分展示他们的特长。

——在板书这一由教师独占的传统领地里，让学生参与合作，填写部分内容，可以大大激励学生去读好课文、写好字。

——在教师读课文时，邀请学生与教师一起分角色朗读，也会大大提高学生对朗读课文的兴趣。

5. 智能的自由发挥

加德纳认为，每个学生都在不同程度上拥有 9 种基本智能，即语言智能、数理逻辑智能、视觉空间智能、音乐智能、人际关系智能、内省智能、身体运动智能、自然观察智能和存在智能。这些智能之间的不同组合表现出个体间的智力差异。教育的出发点不在于一个人有多么聪明，而在于怎样变得聪明。生命的智能是多元的，在课堂教学中只有为学生发展多元智能创造了机会与条件，才有可能使每位学生的潜能都能获得开发，使每个个体生命的活力都能获得调动。因此，在课堂教学中我们要实现课内外结合，学科间联系，校内外沟通。语文课堂不仅应当让学生听、说、读、写，而且也应当让学生有机会去画一画、唱一唱、演一演、做一做。

——画一画。如为诗歌画意境，为故事作插图，为插图涂颜色，改画、添画、插图，为课文内容画简笔示意图等。

——唱一唱。唱唱与课文内容相关的歌曲、戏曲、地方小曲等。

——演一演。表演课文片断，表演完整的课本剧，分角色演读课文等。

——做一做。根据课文内容做实验，做小制作等。

......

6. 规矩的自由运作

"无规矩不成方圆。"课堂教学是一种在严格限制的时间和空间里开展的有具体目标的群体活动，这就必须有一定的纪律要求和课堂常规，以确保活动的有序性和高效性。但是，为了使课堂教学能真正体现学生的主体地位，焕发他们的生命活力，这些规矩不可僵化，纪律也不宜呆板，一切要从有利于开展学生的学习活动，提高教学质量着眼而灵活处之。

——一般要求举手发言，在特定情况下，凡有利于教学活动的，也可以不举手发言。允许学生接教师的话茬，允许学生自己站起来质疑或发表不同见解等。

——一般要求学生各自坐在自己的座位上，但因为学习的需要，学生也可以离开座位到自己希望与他合作的伙伴那里去交换意见、讨论问题。

——一般要求学生按量完成书面作业，但从实际情况出发也可以自己决定做得多一点，自行设计作业题，学习有困难、有特殊情况的同学，也可以向教师申请少做一点作业。

……

总之，我们要把曾经被传统教育剥夺了的"自主"重新归还给学生，把生命发展的主动权还给学生，让我们的课堂凸显生命的灵动，让班级充满成长的气息，这样的课堂教学也必然会因生命活力的奔涌而精彩纷呈！

我的生命语文专业发展观

一、教师专业修炼——语文教师的养护与开发

语文教育实现人的生命发展，
离不开教师的组织引领。
师者所以传道、授业、解惑，
又怎能缺失了自身的专业修炼。
"夫子循循然诱人"，
"道之所存，师之所存"。
注重"语文生命"的养护与开发，
乃是育人之本！

（一）专业修炼的生命意态：走个性化的治学之路

一般地说，教育是泛指培养人、造就人的一种社会活动。就狭义的学校教育而言，教育则是教育者根据一定社会的要求和年轻一代（受教育者）身心发展的规律，进行的一种有目的、有计划、有组织的传播知识技能，培养思想品德、发展智力和体力，促其健康成长的活动。而"教学"则是指师生双方达到教育之目的而协同互动的合作过程。这个过程可并不简单，教师必须在了解学生的基础上进行有目的、有计划、有组织地引领他们去掌握人类长期实践积累起来的文化知识，发展智力和体力，培养道德品质和世界观，使他们成为社会所需要的健全的人。尽管学生是教学活动的主体，应当站在教学活动的正中央，但教师的人格力量、专业水平和工作态度也都发挥着关键性的作用。"夫子循循然善诱人"是《论语·子罕》中的话，"师严然后道尊；道尊然后民知教学"，是《礼记·学记》中的训诫；"国将兴，必贵师而重傅；贵师而重傅，则法度存"，是《荀子·大略》中的教诲……在近代，更有大师、先哲表达了对教师的敬仰和期盼：孙中山先生说过"惟必有学识方可担任教育。盖学生之学识，恒视教师以为进退，故教师之责任甚大"；陶行知更是语重心长、谆谆告诫："做教师的人，必须天天学习，天天进行再教育，才能有教学之乐而无教育之苦"……所有这些都说明了"教育者首先受教育"的道理。教师能不能好

专业研究的生命意态

学精进、修炼专业，是其能否担当教育职责的基础和条件。

在如流的岁月间，我们尽管步履匆匆，但总会有一些生活的碎片永存记忆，难以磨灭。其中，笔者就有一个与教师专业修炼相关的镜像。记得有一次去外地一所学校讲课，辅导校本教研活动——如何撰写教学案例。因为案例撰写直接与教师教学实践有关，就颇受教师们欢迎。讲完后，教师们还不肯离去，在纷纷议论着自己的哪桩遭遇、哪个故事，可以写成不错的案例，有的还表示晚上就动手去写，争取明天让我点评一下。晚上，我就住在设备不错的学校"专家楼"里，正好可以忙里偷闲来完成一篇约稿。当我为文稿画上最后一个句号时，如往常一样，总会有一种莫名的快慰，便兴步下楼，在庭前的荷塘畔舒展一下筋骨。无意间，我抬头看到墙外的教师宿舍楼，几乎每个窗户都亮着灯。该是睡觉的时候了，可是我似乎看到了每一扇窗后的"青灯长卷"。想起白天教师们想赶写案例，明天让我评阅的言说，此刻，显然大家仍在伏案工作。想起前些日子我在《教育文摘周报》首页"人物介绍"版上读到的那篇文章，一位青年教师每天坚持在灯下"抱着女儿写随笔"的故事，那种对教学的执着和勤勉，不仅令我动容，更使我看到了教育的希望。

当然，由于每个教师的学业基础不同，发展水平各异，专业修炼的起点和途径也会呈现各不相同的生命形态。这就注定了每个人的治学之路会有很强的个性化的

色彩。但作为语文教师来说，在对自我的语文生命的养护和开发中也往往会有一些带有共性的规律。根据笔者的认识，大概会有以下一些方面。

1. 培养"教学生活力"是专业修养的基础

什么是"生活"？陶行知先生给"生活"下过定义：有生命的东西，在一个环境里生生不已的就是生活。由此理解，生活也就是人类为了生存和发展进行的活动。我们每个人都离不开生活，因为生活是生命活动的轨迹。人类的生活内容是丰富多彩的，但职业的、专业的生活总是会占据主要地位。对教师来说，教学生活无疑是十分重要的。但是，教师有"教学生活"并不等于就有"教学生活力"。陶行知曾说自然社会里的生活产生活的中心学校，活的中心学校产生活的师范学校，活的师范学校产生活的教师，活的教师产生有生活力的国民。他多次提到过"生活力"的概念，就是"为生活的向前、向上"的力量。由此推及"教学生活力"也就是教师能推动自己的教学生活向前、向上的力量。每个教师都有自己的"教学生活"，但不一定都有足够强大的"教学生活力"。我们可能会忙于工作而疏于学习；我们可能会应付事务，而缺少反思，所以，辛辛苦苦地完成每天的教学任务，但并不能获得理想的工作成果和教学质量。存在这种烦恼的根本原因就是不善于反思自己的教学行为：哪些是成功的、有效的，原因在哪里；哪些是无效的，甚至是负效的，问题又出在什么地方。没有教学反思，就没有学习借鉴，就没有观察比较，也就没有真正的教学研究、专业修炼。这样的教学生活就缺失了不断向前、向上的方向和动力。这就是虽有教学生活，但缺少教学生活力的不良状态。

教学生活力是一种教师的专业自觉。可以这样说，没有一个教师不想成为一个好教师、名教师，问题在于仅有这样的愿望是不够的，还得落实到实际的行动中去。如对自己欠缺的某些专业知识要加强学习；某些专业能力要刻意锻炼。而要明白自己的不足，就得强化教学反思。如果教师能每天对教学中存在的问题，作一些分析、思考，找找原因，想想对策，必将受益无穷。天天反思便可以天天精进，这样，你的教学生活就有了自强、自励、自奋、自进的力量，有了这样的教学生活力，你的专业修炼就可以与时俱进，成就可待了。

2. 提升"理性思维力"是专业修炼的主干

"理性"是与"感性"相对的概念。如果说"感性"只是感觉、知觉的认识初级阶段，那么"理性"就是指概念、判断、推理等认识的高级阶段。各种哲学流派对理性有不同的理解。如斯多葛派认为理性是神的属性与人的本性；唯理论派则认为只有理性才是最可靠的，把理想视为知识的源泉；在康德哲学中狭义的理性指认识无限的、绝对的东西的能力，位于感性和知性之上，企图完全脱离经验去思考超经验的理念；在黑格尔哲学中则把理性指为具体的、辩证的思维，一种最完全的认识能力，是认识的高级阶段，只有理性才能揭示事物的本质。

这里的理性思维，也就是理性认识，属于概念、判断和推理阶段的认识，是反映事物本质和内部联系的认识高级阶段。教师是在教学第一线的实践工作者，接触的是直接的教学生活，自然会有许多错综复杂的具体事件发生，给教师以许多的感觉、知觉等丰富的生活现象。但教师要承担育人的重大使命，必须充分理解教育的本质规律和目标，深刻认识教育对象的生理和心理发展规律，以及对自身特点的辩证认识。所有这一切，都要求教师不能只满足于自己的教学实践，而必须在感性认识的基础上，经过思考的作用，将来自教学生活的丰富感觉材料加以去粗取精，去伪存真，由此及彼，由表及里的改造制作，让自己的感性认识来一个质的飞跃，变为理性认识。这种理性认识就完全不同于感性认识，它具有间接性、抽象性、普遍性和规律性的特点，可以迁移于指导他人的教育活动，并在实践的过程中深化认识。由此，我们就不难理解理性的思维力才是教师专业修炼的主干，也是产生"教学生活力"的源泉所在。

显然，教师的理性思维力的培养，当然要与有计划地学习教育理论相结合，但关键还是在于要养成善于"思维"的习惯。常言道"多想出智慧"，我们不能只顾"埋头拉车"，更需要"抬头看路"。"抬头看路"就是思考。走的路对不对是一个根本问题，否则就会"南辕北辙"。养成思考的习惯并不那么容易。在开始培养的阶段，还得有"制度保证"。如有的教师自我要求每天晚上写 10 分钟的"教育随笔"就很好。即在反思一天教学生活的基础上，用 10 分钟时间把一天来最值得记下的那一段体会写下来。10 分钟，费时不多，应该是可以坚持的。如果因某些特殊情况某一天你无法做到，也可以不写，但必须在本子上写下一句话"今天我没有写"或"今天我写不出"。一天、两天没有写，第三天你肯定就不会再不写了。写上这句"没有写"的话很重要：一来你虽然没有写什么具体内容，但是你坚持了每天动笔的好习惯；二来你虽然没有记下什么，但一定回忆了一天的教学生活；三来当你写上"今天我写不出"的时候，你一定很自责、很内疚，正是这种自责和内疚，可以保证

你能够把每天思考教学生活，写下"随笔"的习惯保留下来。

3. 磨砺"言语表达力"是专业修炼的必要功力

教育写作能力是教师重要的专业能力。因为教师的教育研究、专业修炼的成果虽然体现在学生的健全成长上，但在这个过程中教师教学经验的总结，专业水平的提升，教育成果的创造等都离不开以教育写作的形式来作系统的梳理，认知的升华和理性的建构。唯此，才能把自己的专业劳作物化为"叙事作品""案例描述""课题报告""调查研究""论文撰写"和"著作出版"。对于语文教师来说，善于写作还是学科教学的基本能力之一，否则又如何指导学生的写作活动。

可以认为，教育写作是教师精神生命的存在和表现。精神生活，不免会有困顿和迷茫，这无疑会很压抑、很无奈，那么表达和倾吐就是一种宣泄、一种快乐。我一直认为教师是从事"三耕"的一族：一是"舌耕"，上课就是用舌头耕耘，有人就把教师的职业，说成是"吃开口饭的"，不无道理。二是"目耕"，如果"舌耕"是教师的主要工作状态，那么做好这件事并不容易，它必须以"目耕"积蓄功力。"目耕"就是读书。若没有教师的广读博览，见多识广，上课就难为"无米之炊"，也就不免捉襟见肘了。三是"笔耕"。"笔耕"就是用笔写作。不要说上课前，教师先要写出"教学设计"，课后还得记录教学心得；也不必说读书时还得"不动笔墨不读书"，读书后也少不了记一点心得笔记；对于教师的专业发展来说，更为重要的是经验的梳理、案例的积累、课题的研究、论文的撰写等，都是无法离开教学写作的。所以说，"三耕"相辅相成、相得益彰，共同构成了教师的生命状态和专业生涯。教海慈航，就是这样一分耕耘，一分收获。如果我们把教师的教学工作视为一株欣欣向荣的花木，那么"舌耕"是它的"本"，"目耕"是它的"根"，而"笔耕"是开出的"花"和结出的"果"。"春种一粒粟，秋收万颗籽"，我们确实没有任何理由忽视教育写作对于教师生命的表达与交流之重要意义。

（二）教学研究资料的积累和运用

古人云："水之积也不厚，则其负大舟也无力。"诗人曰："问渠哪得清如许，谓有源头活水来。"今人说："要给学生一杯水，教师自己应当有一桶水。"也许是一种巧合，这三句精警之言，都是以水作喻说明了厚积薄发的道理。实现"厚积薄发"的关键在于"学"。孔子说，"欲智则问，欲能则学"，是因为"玉不琢，不成器；人不学，不知道"。对于手执金钥匙的教师来说，治学就更为重要，如果知识浅薄，储备不足，教学中势必捉襟见肘，"教"犹不及，何以论"研"？当然，治学之道如为人之道，是一个宏观的话题，很难尽述。如教学研究资料如何积累和运用，就是一个教师专业成长的治学之道，更是成为学者型教师的必备基本功。

教学研究资料无疑是一种"信息"，而信息在当今时代已成为一种"战略资源"，是社会进步和经济发展的基础、动力和神经系统。对于任何一项事业乃至一个国家来说，信息的吞吐量、流动率和利用率，是其进步快慢的重要标志。教学作为有目的、有计划、有组织地培养和造就现代社会所需要的具有国际竞争力的创新一代，与信息有着更为密切的关系。从整个教学活动的过程看，信息的传递、筛选、消化和运用，是教学艺术创造性的产生机制。正如马克思所指出，科学劳动部分地以今人的协作为条件，部分地又以对前人劳动的利用为条件。教学研究的创造性活动，教师不仅要反思自己的教学行为，更要有广泛的教学资料（包括别人的教学理念和实践记录），以资佐证、对比、综合求索，靠的就是各种信息不断从正反两方面多角度的碰撞、融合、分裂、变化、创生的结果。因此，教学研究资料的储存和运用，也是信息创造规律的必然要求。

另外，教师的专业发展离不开教学写作的梳理、提升和交流。教学写作是对教师在教育理念指导下源于教学实践体验的所有书面表达活动的统称。这是一种整理经验、开通思路、深化认识、提升自身理论素养和实践品格的有效途径。从本质上说，教学写作是教师专业生涯的一种存在状态，教师精神生命不可缺失的自我实现。教师在教学写作活动中对教学研究资料的需要，更是像水和空气一样不可缺少。

那么，教师对教学研究资料从储存到运用的全程运行中，应当寻求和建立一种怎样的有效机制呢？这无疑是提高教师教学研究能力的关键所在，这里拟作以下分述。

1. 资料的储存机制——以"内"驭"外"

教学资料的收集和储存，是有效运用教学研究信息的基础。个人储存教学资料的方式很多，常见的有三大类：第一类是笔录类，主要如笔记和卡片。当然可以储存在个人电脑上，但也可以是纸质保存。笔记包含甚广，有听课笔记、教学札记、批改记录、教后感等。笔记的形式比较自由，可以抄录、摘录、心得体会、随感杂忆。或成段成篇，或只言片语。其欠缺之处是难以分类，只能一页一页地翻检，使

用时不够灵便。卡片是资料的科学储存形式，一事一页，分类清晰、查阅方便，不但便于随身携带，而且可以按需要的主题挑选集中。无论是讲课、撰著都十分称便。日本创造学研究专家村上幸雄认为卡片有助于创新：当你研究某个问题时，只要把与此问题有关的卡片进行分组、归类、合并，就有可能把握问题的全部相关因素，从而选择出解决问题的最佳方案；或者从信息的重新组合中创造出新的信息。第二类是剪贴类，常见的如剪报。第三类是书刊类，即有关的报纸、刊物和书籍。从众多的储存资料中，更要重视的是来自个人教学实践的第一手资料。据有关专家研究，在个人日常使用的信息中，来自书刊文字记载的信息量只有 20%，而来自实践活动或口头流通的却有 80% 之多。这些源于教学实践活动中的资料，往往是最宝贵的"0 次情报"（即没有被用过的信息）。在教学资料的收集储存策略中，关键在于建立一套高效的属于个人所有的"人—资（资料）系统"。也就是以"自我"为主体，将资料储存分为"内储"与"外储"两大子系统。内储是个人所拥有的全部资料；"外储"是不属个人所有但可以借用的资料，如亲朋好友的资料储存，学校的图书报刊或当地的图书馆、阅览室等。"内储"要材料熟悉、使用灵便；"外储"要确立渠道、广泛联络。如此方能构筑起完整的资料储存机制："内储"为主，"外储"为辅，以"内储"驭"外储"。

2. 资料的筛选机制——从"博"反"约"

对储存资料的运用，每一次无疑都会有一个明确的合理的"应用目标"，这就必须紧扣应用目标，从浩如烟海的存储信息中进行挑拣，筛选出切实有用的一小部分，这种从"博"（储存资料之众多）反"约"（精选切中应用目标的一小部分）的过程，形成了资料的筛选机制。对信息的筛选就是检索，而检索所着眼的绝不会是储存资料的全部内容，它只能是与所要解决的问题有关的那一部分。而且这种从"博"反"约"的筛选不是一次完成的，它总是伴随着应用者对应用目标的不断明确，"精"益求"精"，直至选出最佳资料，完全投入应用。如课改前一个时期全国语文教学改革的热点是如何摆脱冗长的情节分析、烦琐的浅表提问和僵化的篇章讲释的误区，加强语言文字运用，提高课堂教学效率。然而，以语文运用为主线组织教学的实施却并非易事，容易陷入应试训练的僵化误区。难点在于语言文字的运用，有可能削弱语文教学的人文性、整体性和情感性。叶圣陶先生说得好："学生须自能读书，须自能作文，故特设语文课以训练之。最终目的为：自能读书不待老师讲，自能作文不待老师改。"这说明训练也是语文运用的一种有效形式。

在"实践出真知"的哲学思想指导下，当时我就从储存的全部教学资料中，专题筛选了全国著名特级教师和优秀教师，特别是全国的多次阅读教学大赛课堂实录中的课堂训练教例485个。尔后又进一步从中精选出一百例，并对每一例作了洗练的点评。这些课堂训练艺术片断单个看各具特色，整体看又不难归结出课堂训练艺术的一些基本规律。我所筛选的这组点评加工的资料，得到好几位刊物编辑的垂爱，最后，分十二期，以《语文课堂训练百例赏析》为题，连载于1995年的《浙江教育》，获得了不少教师和教研人员的来信赞评。在新课改实施过程中，我并没有放弃对课堂训练资料的收集和研究，先后发表《让语文训练重新焕发"人文情怀"的光彩》《语文训练的生命机制》《新训练观：贴近生命的无痕之境》等多篇文章。

3. 资料的组合机制——巧"连"妙"接"

组合是对筛选的信息的再加工。教学研究资料要纳入自己对某一问题的认识范畴，就必须重新"编码"。在这个过程中要选取相关的信息，经过分解、分类、归纳、综合和科学排列，巧"连"妙"接"，使之系统化，成为验证某种认识的有机部分。经过这种组合的信息资料与原来的状貌往往会有很大的不同。如我对作文教学的研究，积累了二千余张卡片。但要从中找到作文教学改革的走向，却需精心的筛选和组合。我国传统作文教学源远流长，虽不无精华可资继承，但因科举取士的需要而盛行八股文的历史阴影，导致以后以单一的命题作文为主的作文教学方法，过分注重章法、呆板僵化的毛病。那么，当前作文教学的改革有没有在突破命题作文这种僵化模式上下功夫呢？带着这样具体明确的应用目标，从储存的资料里检索一番，就不难得出这样的结论：努力探索作文训练的多样化，正在使作文教学走出低谷。于是，我对所收集的报刊资料进行了新的组合，排列出在写作题材力求多元方面，出现了"剪贴作文""拼图作文""音响作文""素描作文""艺术作文""科技作文""寻美作文""照片作文""邮票作文"等新经验。在表现体例力求多方面，出现了"片断作文""接龙作文""活页作文""图画作文""特写作文""小报作文""系列作文""编集作文""日记作文""通信作文"等新式样。在训练方法力求多样方面，出现了"口头作文法""问答作文法""听写作文法""征题作文法""多角度作文法""交流作文法""程序作文法""幻想作文法""游戏作文法""自由作文法"等新思路。在教学功能力求多用方面，出现了快速作文、换题作文、推测作文、连续

观察作文、拟题作文、再生作文、创造作文、下水作文、心得作文等新探索。从上述的信息组合中不难看出当前作文教学改革的基本特点是正处于从单一到多样、由封闭到开放的深刻嬗变过程之中，以求学生的写作能力适应现代化社会的各种需求。在这种精心组合的基础上，观点越来越明确，便形成了《多样化：当代作文教学改革走出低谷》的长篇论文，发表于《小学教学改革与实验》报上。文章发表后，获得同行好评，普遍认为对作文教学改革有较大的指导意义。

在新课改精神的引领下，我在深入梳理收集的相关资料和卡片的基础上，进一步形成了新的作文观，在《新作文》杂志上，以 7 篇文章连载，系统地提出了"儿童作文"的新教学体系，此后又在"作文教改热点问题面对面"的专栏里发表 10 篇长文。2005 年我又正式出版了专著《儿童作文教学论》。

4. 资料的调整机制——"死"里求"活"

教育是一项复杂的系统工程，涉及许多方面的因素，它既有科学性，又具艺术性，既带国际性，又有民族性；它因不同地域、师资、设施和生源素质，而施行有别；至于不同学科、不同研究领域之间，更不能简单"移植"。这就要求在应用各种教学研究资料时，必须强化其调整机制，把"死"材料变成"活"材料，切忌生搬硬套。如我收集的一些"符号学"的研究资料，使我意识到在现代社会中，人们越来越多地借用简洁、明快的符号来代替日常用语，这是因为符号与日常用语相比，有几大的优点：确切性、经济性和通用性。在教育、教学工作中，"符号学"理论是否也同样有助于提高教学效率，符号学是否可以应用于教学工作？这就不是靠生硬"移植"便能顶事的，而必须经过调整。于是我从语文教学入手，把符号学理论与教学经验联系起来，进行改造调整，写成了《语文教学的符号系统》一文，提出了"备课符号""批改符号""自读符号""板书符号"和"表情朗读符号"的设计和使用。完善了存在于语文教学活动中能明显提高"教""学"效率的符号系统。这种符号系统的使用和拓展，不仅提高了教与学的效率，而且使学生从小习惯于使用符号，用符号表达，用符号思考。这对于语文教学的科学化，使语文教学面向未来，是具有积极意义的。

近年来，我收集了大量"智慧教学""智慧课堂"和"智慧教师"的研究资料，特别是在听课、评课的实践活动中积淀、反思、梳理了数以百计的课例，得出智慧教学的关键在于教师善于运用辩证的哲思去认识、把握和处理课堂教学中形形色色的问题，作敏锐地发现、准确的判断和机智灵活的应对。因此，我先后发表了《智慧课堂的哲学思考》《课堂虚拟：真作假时假还真》《从细节中触摸教师的实践智慧》《语文课堂：多一点辩证法》《教师的钝感力：智慧像花儿一样开放》等。

5. 资料的扩展机制——由"此"及"彼"

对于同样的教学研究资料，有的人可能熟视无睹，并没有在大脑中引起"化学变化"，但有的人却能由"此"及"彼"，从一个资料中引起连锁性思考，导致信息的扩展。这里的关键在于"联想"，即对所见的一份资料多问几个可以"怎么样"，它能否迁移到新的问题情境中去解决问题。如在我的卡片柜里有一组关于"全息理论"的卡片。就是在生物领域里，科学家发现了一种全息规律，即有机体的任何一个相对独立的部分，都表现为整体的缩影，是整体特征的再现。如一片树叶的叶脉分布，正是一棵树木主干分枝的整体形象的微缩。这种全息现象不仅存在于生物界，而且对整个自然界、整个社会以及思维领域，都具有普遍性。由此，我激起了连锁性思考：今天阅读教学中注入式的情节分析，烦琐的提问设计，追求面面俱到、滴水不漏，仍然是难治之症。如果从全息规律看问题，教师不是也可以抓住一篇课文的某一可以表现为整体缩影的部分精讲导读，让学生从教师的这种示范引导中去举一反三，自己读懂全文吗？这表现为整体缩影的部分叫"全息元"。在一篇课文中有没有可以统领全文的这种"全息元"？于是，在调查实践的基础上，发表了《全息规律在阅读教学中的应用》一文，举例分析，提出了"课题全息元""关键词语全息元""中心句子全息元""中心小节全息元""重要标点全息元"等几个可以精讲导读的"抓手"。由自然界的"全息理论"扩展到阅读教学改革的"全息应用"，这就全靠资料的扩展机制所发挥的"由此及彼"的功用。

借助外来学科或其他领域的一些信息，不仅可以借鉴于语文教学，而且能够起拓展语文教学研究的理论视野和思维空间的重要作用。如有感于时尚流行的负面，我写出了《当"时尚"嵌入课堂》；触发于心理学中的"自恋"现象，我写出了《警惕教师在教学中的"自恋"倾向》；借鉴于物理学上的"场"理论，我写出了《语文课堂的"场"效应》等。

6. 资料的创造机制——推"陈"出"新"

教学研究资料使各种本学科和跨学科的理论、观点、方法、操作模式、实验方案之间展开了相互聚合、碰撞、交织、对峙、排斥、吸收的复杂矛盾运动，产生了

创造契机。这是资料处理中获得最佳效益的体现。如我设计、指导的"全方位识字教学实验研究"，便是多项资料复合后的出新。这项实验一方面从"教育社会学"研究中获得理论导向：教育的基本职能在于促进人的社会化，将才出生的"生物"的人，经过教育后变成"社会"的人，使他们不但能适应社会生存，而且能推动社会前进。因此，教育要充分适应社会需求，充分运用社会环境。另一方面又从识字教学中获得资料：文字作为现代社会的信息传输载体，充斥于孩子们的周围环境和日常生活之中，即便是未入学的孩子，有的也已经认识一些字，有的一知半解。也就是说，今天的孩子并非只从语文课堂中识字和获得识字经验。于是，便以"人的社会化"理论为指导，调整多种识字渠道，把语文课堂中的有意识字和学生社会生活中的无意识字联系起来，强化学生在社会生活中主动识字的积极性。这样，不但大大提高了识字数量，而且提高了识字质量，丰富了学生对社会生活的认识。这项实验的研究文章、调查报告已有近十篇发表于省级以上报刊，而"全方位识字教学法"也被辑入 9 种词典和专著中。

教学研究资料以收集、储存为基础，以创新、应用为目的。显然，这是事关教师专业成长和生命发展的治学之道。它应当是 21 世纪具有一定教育研究素质的"研究型"教师的一项起步基本功，也是所有已经成为名师或正走在成为名师路上的教师必不可少的修炼。占有资料的数量多寡和运用资料的能力高低，直接关系到实施教学的得失成败，这是因为教学研究和实践都需要不断拓宽新的思想、新的视野和新的发展空间。

（三）教育写作，教师不可缺失的存在状态

"教育写作"应当指教师在教育理念指导下源于教育教学实践体验的所有书面表达活动的统称。这是一种整理经验、开通思路、深化认识、提升自身理论素养的实践品格的有效途径。从本质上说，教育写作是教师专业生涯的一种存在状态，教师精神生命不可缺失的自我实现；因为在这里充满着自身专业发展的快乐体验。

如此定位教育写作的重要性，绝不是盲目抬高教育写作，而是有充分理由的。

1. 教育写作的本质是教师专业生命的表达和交流

写作是人类将自己对世界的认识进行书面表达传播的行为，其本质是言语生命的一种自我实现。有人认为写作行为是"人类运用书面语言文字创生生命生存秩序

"容膝斋"灯下写作

的建筑行为、活动"，"是一种将思维和语言文字联系在一起，旨在制作文章的精神活动"。这些论述都强调了写作必然与人的思想情感、生命的审美取向和作者主体的人格气质有着极其密切的联系。《尚书·尧典》有"诗言志"的名句，一直为后世所传诵，就是因为只三个字，却揭示了写作与生命表达之间的深刻联系。对此，唐朝的孔颖达有一段解读，"诗者，人志意之所适也。虽有适，犹未发口，蕴藏在心，谓之为志。发见于言，乃名为诗。言作诗者，所以舒心志愤懑，而卒成于歌咏。故《虞书》谓之'诗言志也'"。所以，教育写作也绝非是凭写作技巧而作成一篇文章，它首先是对教育的追求有着一种虔诚的信念，方能对践行的教学活动可以"心领神会"，尔后获得"思与境谐"的体验，方能胸中有话不吐不快，于是便引笔成文如水到渠成。教师在教育写作中的智力因素是其生命认识中的一部分，而情感心绪、审美倾向和人格气质等非智力因素，更是其精神生命的体证。如写作认知能力的背后，是作者的观察、感受和生命体验；写作的思考能力的背后则是作者的想象、联想和心灵的飞翔；写作的表达能力的背后，则是作者语感、诗意和妙笔生花的创造……每一个教育故事，每一则教学案例，每一篇教育研究文章，我们都不难看到背后站着的那个活生生的人。只有这样，教育写作的成品才有了厚重的质感和充满生命活力的神韵。

2. 教育写作是教师专业成长的必由途径

人活在世上，总会有行为，也总会有自己为什么要这样做的想法。从这个意义上说，我们每个人都活在自己的想法和做法之中。

教师承担着承传人类知识和社会文明的重任，并以此开启未来一代的心智。这不是可以不动脑子、依葫芦画瓢就能完成的事情。教师工作的特殊性，更要求他们有自己的想法和做法。

但是，有的教师太忙了，忙得每天只能按惯例应付，几乎就失去了属于自己的想法和做法。这样的教师就成了"流水线"上的工人，总是使用着同一个机械的动作，变成了一个只会按照别人的生活方式过日子的人。他们从教30年，其实只"做"了一年而重复了29年。

有的教师也很忙，但没有放弃思考。他们总是在想方设法地去面对一个又一个的教育困惑和问题，思考自己应该怎样做教师，怎样还可以做得更好些。在问题解决不了的时候，他们会忙里偷闲地看看相关的书，解决教学问题的经验也逐渐丰富起来了。于是，便把这些宝贵的资料记录下来，也便有了属于自己的教育写作。教育写作，就是这样和教师相伴相依，行走在专业成长的路上。

一个优秀的教师应该把自己的教学工作当成一项研究来做，要用研究的眼光来看待自己教学生活中困惑的问题，意外的遭遇，开心的成功和烦恼的遗憾。在不断地阅读和思考中，不断地记录和梳理自己的心得体会。这就是如刘华良教授所说的"过有主题的生活"。这种有主题的生活，就是教师在教学生活中一直在研究、在思考的生活，而研究和思考又必然会呼唤写作来帮忙。能够生活在自己主题中的教师，是幸福的人。因为他们快乐地前进在自己专业成长的路上。

教育写作的过程是追逐主题、追逐目标的过程，不断地总结自己的教学经验，梳理教学中成败得失的过程也就成了教师自我提升的过程。正是在这样的一个写作空前普及的背景下，"教育写作"成了当前教师一种基本的专业需求，边行边思，述而又作，应当是当代教师的一种生活状态。从最简单的教学笔记到课例、案例的书写，从教学研究文章到教育论著的撰作……教育写作正在成为教师专业成长的生命通道。

3. 教育写作是教师优化审美情操，提升生活品质的重要手段

教育写作不仅是教师专业成长的客观需要，同时又何尝不是教师专业生活情感宣泄的主观愿望。教育是立人、育人的事业，事关的"人才建设"问题，客观存在所具有的既"为人"又要"人为"的特性，使教育充满了心灵感召和精神创生，有着许多生命体验的快乐。这种丰富的情感内蕴使写作表达成为教师的必需。于是，教育写作也就成了教师实现专业担当，优化审美情操，提升生活品质的重要手段。从这个角度说，教育写作应该是教师生活中一件快乐的事情。教育写作就是让我们日常普通的教学生活变得诗意起来，充满诗情画意，显得潇洒飘逸，风采照人。在这个过程中，教师经常处于一种不间断地对教育生活的审美思索和对教学行为的价值探求，将自我的教学实践转化为教学理念，同时运用自己的教学智慧将经验转化为教学艺术，以自身的修炼将某些教学特色上升为教学风格。这便是教育写作优化教师审美情操的内在机理。所以，教育写作应以美为基本属性之一，不美的教育写作，不能称为真正的教育写作。与此同时，教师的心灵世界随同教学写作一起敞开，心情的倾吐也满足了教师情感宣泄的生命诉求。教育写作为教师的精神表白找到了一个出口，情感可以因此向外界流淌是一种快乐的体验。只有从事教育写作的教师，才能享受那份心灵表白的开心，它是幸福的，也是解决教师职业疲惫的一剂良药。显然，所有这些方面，都又会在提升教师生活品质方面起到重要作用。

4. 教育写作对于语文教师更有着特殊的意义

教师都需要教育写作，因为所有教师都需要有生命的书面表达和交流。但是，对语文教师来说，教育写作还有其特殊的价值。这是因为语文教学的学科本质就是要让学生在学语习文中去理解和运用语言文字，并建设精神家园。教师的教育写作能力如何，会直接关系到语文教师的专业素质。同时，语文教学本身又直接包含着写作教学，作文是语文学科的重要内容之一，教师要教会学生写作文，自己首先要会写作文；而教师写"下水作文"给学生以示范、引领，已被实践证明是行之有效的作文教学方法。苏霍姆林斯基为了教学生学好文学课，自己写下了一千多篇小作文，他说自己这"不是为了发表，而是为了教会我的学生使用语文……当我的作文或短诗触动了儿童的心弦，他们就会情不自禁地拿起笔来，努力表达自己的情感"。王栋生是一位著名的语文特级教师，对此他是深有体会的，他说得好："写作的实践，使我对阅读教学和作文有了更大的把握。作为语文教师，有一些写作的经历，肯定有助于他的教学。"

在《中国教育报》上，曾经有关于教师从事教育写作的争论。一些同志认为

"教师写不好不是最可怕的"，因为教师主要是上好课、教好学生。教师应当把精力放在教学上。但也有一些同志认为"教师写不好是很可怕的"，因为写作不应该只是作家的专利，教师写作也是履行自己的岗位职责、完成工作任务的重要组成部分。显然，认为"教师写不好不是最可怕的"是出于职称评选要教师写论文（教学研究文章）一事说的。因为确实有教师对此十分反感，有的为了评职称也就只好用一些不正当的手段，拼凑者有之，抄袭者有之，请人代笔者有之。故不论这种现象本身的是非曲直，对于光要教师写一些教学研究文章而言，害处无可非议。因为教师写些教学研究文章，应该是分内之事，也是教师基本的专业素养之一。教师应当把精力放在教学上，但"精力放在教学上"也包含了必须对教学进行研究，当然也就不能排除教师写教学研究文章。所以，如果教师不进行教育写作或不会教育写作，确实应该"是很可怕的"了。

我写故我在。教师写作应该是教学生活中的一个主要内容，是专业生存的重要标志之一，也是教师生活活力的表现。让心绪伴随着笔尖起舞，而岁月也就随着教育写作更加丰富而绵远。这无疑是人生最大的乐趣，教师必然的追求，甚至是教师生活的一种理由、一种解释、一份光耀和一份慰藉。

（四）从教学叙事说"教育隐喻"

在教师的教学写作中不是以写理论文章为主，而是对自己的教学实践生活运用叙事的方式写作，这一改变之所以受到欢迎，归因之一在于变换了表述的话语体系。以叙事的语体让教师说说自己的教学事件并作为一种教学经验的呈现方式，使教师感到亲切，易写也爱读。这是因为叙事语体更接近生活话语，更接近在教学第一线实践的教师的生命体验，比之运用抽象逻辑的论证来阐说教学问题，更接近教师的教学生活。

其实，如果我们沿着历史的长河溯流而上，是不难看到古人运用生活故事来隐喻教育或直接说明教育问题的许多事例。这是否可以认为是一种原始的教学叙事写作？因为它基本上也具备了"包含问题情境，又表现出一定的教育思考力的叙事体例"的最基本特征。

以叙事的形式言说教育，在古代更多的是以隐喻的方式出现的。如孟子所用的"揠苗助长"的故事，早已成为家喻户晓的寓言。

宋人有悯其苗之不长而揠之者，茫茫然归，谓其人曰："今日病矣！予助苗长矣！"其子趋而往视之，苗则槁矣。天下之不助苗长者寡矣。以为无益而舍之者，不耘苗者；助之长者，揠苗者也，非徒无益，而又害之。

这一则孟子的经典教育寓言故事深刻地道出了"非徒无益，而又害之"的教育问题，即使在今天，仍然具有重要的教育意义。

这种以生活叙事作隐喻，可以视为我国古代的一种教育叙事研究样式，而这样的隐喻式叙事写作，有的还十分精警，几近格言式的教育警语而世代流传。如《管子·权修》的"树人"之说："一年之间，莫如树谷；十年之间，莫如树木；终身之计，莫如树人。一树一获者，谷也；一树十获者，木也；一树百获者，人也。"又如荀子的《劝学》中有"青，取之于蓝，而青于蓝；冰，水为之，而寒于水""骐骥一跃，不能十步；驽马十驾，功在不舍。锲而舍之，朽木不折；锲而不舍，金石可镂"……这些格言式的教育隐喻，虽然不能完全等同于今天的教学写作，但在借助于有问题意义的生活事件叙述以类比教育、言说教育，确实与教学写作有其一脉相承之处。

尽管教学叙事不可能不表示某种教育、教学理念，但不等于一定要用深奥的理论话语来表达。陶行知先生在1926年12月发表的《中国乡村教育之根本改造》一文中就有这样一段话："中国乡村教育走错了路！他教人离开乡下向城里跑，他教人吃饭不种稻，穿衣不种棉，盖房子不造林；他教人羡慕奢华，看不起务农；他教人分利不生利；他教农夫子弟变成书呆子；他教富的变穷，穷的变得格外穷；他教强的变弱，弱的变成格外弱。前面是万丈悬崖，同志们务须把马勒住，另找生路！"

陶行知先生的这种语言和行文风格，甚至可以代表他的所有著作的基本特点。这些人人能懂的大白话，全是生活语言构成，但这并不妨碍陶行知对深邃而前卫的教育理念的表述，当然也没有影响他成为中国近代最杰出的教育家。

再看下面这段教学叙事，又是怎样用生活语言讲说教学事件的。

导读《记金华的双龙洞》（人教版第八册）这篇课文，教学正在一步一步向前推进，突然一位学生提出了问题："能通得过一条小船的洞怎么能说成是'孔隙'呢？课文中这样说好像不太正确。"这是节外生枝，当然在教师的预设之外。若要快些解

决这一问题，教师用一两句话就可以说通，但他没有这样简单地把答案"给予"孩子，而是引导孩子自己来解决自己发现的问题。教师启发大家："既然是'隙'，必然是联系前后或内外之间的部分。我们要弄清这位同学提出的问题，就得先看看这内洞和外洞是什么样儿的，与'孔隙'比较一下怎样？请大家仔细读读课文来解决这个问题。"于是，全班学生在认真地默读课文之后，纷纷发表了意见。

　　——"我从'仿佛到了个大会堂'，'聚集一千或八百人'，'不觉得拥挤'等的描写中，体会到外洞是非常大的。"

　　——"我发现课文中说'内洞比外洞大得多，大概有十来进房子那么大'，说明内洞更大。比起这么大的外洞和内洞，这中间的孔，应当只是一个'孔隙'，这样写没有错。"

　　——"我觉得这只船其实是很小的，课文中说'上船后只容两个人并排仰卧'连坐着也不行，说明这孔隙确实很小。"

　　——"我补充一点，仰卧在船上过孔隙时，还会感觉'擦破了鼻子'，告诉我们这孔隙实在是太小了，说它只是个孔隙没有错。"

　　……

　　这时，教师又请大家归纳"刚才我们是用什么方法才获得正确答案的？"有的学生说"是从课文的其他内容中理解什么是'孔隙'的"。有的学生说："应当是从课文的前后部分中才明白什么是'孔隙'的"。还有的说"我觉得读懂课文就要从全部课文中去理解疑难问题"。

　　……

　　像这样的叙事，没有说什么高深难懂的理论，只是如讲故事一般说了一个教学实践的始末，行文并非一定要惊天动地、山呼海啸，但因为言之有物、叙之有情、来自生活、出自肺腑，其故事所显示的是自然的光泽所体现的理念，一样清晰而深刻地印在我们的心间，而且似乎说得更加活灵活现、亲切感人。这正是有着叙事色彩教学写作言语表达的魅力所在。

　　教师的教学生活基本上是教师的生命实践行为，从中必定能获得丰富的生命体验。教学叙事应当是更接近生命体验的一种表达方式。

（五）与新课程同行的案例研究

教学研究更多地具有实践研究的属性。这是因为教学是教师生命的实践活动。教学的生命活动必然伴随着与之形影相随的故事。把这些故事以教学反思的视角记录下来，就成了案例。

在"容膝斋"查阅资料

1. 案例研究的含义

"案例"一词，英文称"case"，译为汉语可以是"个案""个例""事例""实例"等，通常便称作"案例"。在汉语中案例是一个并不艰涩难懂的字眼，所谓"案"这里应作"事件"解；而"例"便是可以作依据的事物例子。然而，所谓"案例"作为一种教学手段，却来自国外。早在19世纪70年代，案例法教学被最早运用于哈佛法学院。到1910年所有居于领衔地位的法学院都使用了案例教学方法。后来，又被扩及哈佛医学院、工商学院和教育学院。特别是在第一次世界大战期间和之后，哈佛工商学院广泛采用了案例教学，到20世纪40年代已建立了包括选题、编写、应用、储存、建档等较为完整的案例系统，并取得显著效果。当时培养工商

管理硕士是哈佛工商学院的主要目标，但是令学院管理者和教师感到困惑的是一味讲授各种管理理论，学生缺乏兴趣，不易接纳。即便勉强接受了，掌握的也不那么牢固。相反，若让当地工商管理人士走上讲台现身说法，亮出自己在实践中的各种问题及解决对策的故事时，学生却听得兴趣盎然，理解也特别深刻。于是案例教学法在显著提高了教学效果的驱动下，更趋完善。

在教育、教学领域里，什么才算真正的案例？其定义，应当是产生于教育、教学的实践生活中有研究价值的那些事件。从当前研究和运用的实际情况看，对案例存在着狭义和广义两种不同的理解。狭义的案例对事件的真实性、情境性、典型性、启发性和叙事性都有着很高、很完善的要求。广义的案例就目前我们看到的可能就更宽泛一些：如有的把教学设计作为一个案例，提出探讨；有的以生发一段课堂实录作为一个案例，深入研究；还有的只是截取一段教学片断作为一个案例，开展反思等。应当说，这些材料也具备了作为案例的基本特征，而且也确实能够发挥案例研究的效用。既然案例研究只是研究教学实践的一种手段，必然会在运用过程中不断发展，那么对来自广大教师的教学生活实际，而且为他们所喜欢的这种被扩展了的多样案例的出现，也应当是一件好事。在多元开放的教学实践研究中，没有必要对案例画地为牢，而且这似乎也不利于教学行动研究的繁荣和发展。

如果换一个角度，案例似乎也接近于我们在说理时引用的事例，这就不完全是新鲜事物了。因为"摆事实，讲道理"早就成为说服别人的有效方法。我们在写教育、教学研究文章时，也总会列举一些教育、教学事例。对教育、教学事例的关注和被引用，应当是一直存在，并不是今天才出现的，只不过没有用上案例的字眼罢了。这样说来，既然，近似案例的事例早就进入了运用，今天是否还有案例开发的必要？答案应当是完全必要的。感知的事物有时我们并不完全理解，而只有理解了的事物才能更深刻地感知它。运用事例来说理与系统地运用案例于教学和研究，虽有联系，但却有着本质的区别。案例在案例教学或案例研究中已具有独立的体式、独特的地位和独具的作用，并提升为一种科学的思维方式和工作方法体系，这同简单的"运用事例"是不可同日而语的。也正为如此，收集、撰写和研究案例，已成为教师专业修炼的一种重要手段。

其实，如果我们沿着历史的长河溯流而上，是不难看到古人运用生活故事来隐喻教育或直接说明教育问题的许多事例。这是否可以认为是一种原始的"案例"？因为它基本上也具备了"包含问题情境，又表现出一定的教育思考力的叙事体例"这样一些作为案例的最基本的特征。如"揠苗助长""买椟还珠""南辕北辙"等。

记得我在一次讲座上提出过"教育是鞋"的观点。"教育"好不好，只有"脚"（儿童）知道，要为不同的脚选用不同的鞋。"脚"与"鞋"的关系，从本质上来说也就是主体与客体的关系，客体要为主体服务。正因为如此，"鞋"与"脚"的关系，"鞋"是为"脚"使用才产生价值，当然要适合"脚"的要求。须知，"脚"是无比尊贵的。明朝的王思任写过《脚板赞》："脚板之责大矣！曾入帝王之门，曾踏万峰之顶，曾到齐晋云间欺官之署，曾走狭邪非礼亡赖之处，而不曾投刺于东林魏党，乞食墦间，沽名井上，所以然者，脚底有文，脚心有骨。"所以"脚板"虽然普通，但它却享有"主体"的尊贵。再拿人们对"幸福是什么"的讨论来说，其实幸福因人而异，腰缠万贯未必都幸福，生活清贫者未必一定不幸福。所以，可以这样认为"幸福是鞋"也因人而异，幸不幸福，只有"脚"知道，"脚"的感受才是至高无上的。

回首世纪之交的中国课程改革，风生水起，景象万千。几乎与此同时，案例撰写、研究的开发也逐渐形成热潮，而成为教师专业修炼的一种重要方式。教师在从事教育、教学的生命活动中，若能及时地感知那些颇能发人深省的教育、教学事件，把体验及时记录下来并作反思和探究。写成"案例"，既方便灵动，又可积少成多，聚以大用，无疑会大有益于专业研究的拓展和深化，而成对语文生命的一种养护与开发。

（六）梦圆"容膝斋"：专业生命的修炼与书房

教师与书有着血肉相连的关系，俗称教师为"教书先生"不无道理。做教师的教书、爱书、看书、买书、写书、藏书，便有了对书房的企盼。我便是一个一直有着书房情结的农村教师，而且认为：教师的专业修炼，离不开书房这方圣地。余秋雨说得好："一个文人的其他生活环境，日用器物都比不上书房能传达他的心理风貌。"其实，书房不只是个人的精神巢穴、生活禅床，我的书房梦的过程又何尝不是从教68年"天翻地覆慨而慷"的历史见证和温暖记忆。

1950年3月，13岁的我，与几位同学一起参加了中国人民解放军。因为有初中半年的文化水平，我居然在部队当上了"文化教员"，为战士们"扫盲"。后来，因

书房"容膝斋"

病转业到地方，当时民政科的同志让我任选各种行业，也许是在部队时为战士们渴求文化的精神所感动，我竟毫不犹豫地要求当一名小学教师。从此，我便结缘于小学教育。一直在绍兴县农村小学教语文。教师工作艰苦，生活清苦。特别像我这样，基本上是小学毕业的文化水平，却要面对执教高年级的重任，自然举步维艰。感谢政府在1954年送我去嵊县初级师范学校轮训了两年，虽然只取得了初师毕业的文凭，却是我的最高学历，毕业后就一直在钱清区的农村小学任教。当时，宿舍就在学校里，校舍又多是祠堂庵庙，能有一个铺位就相当不错了。在无法奢求书房的生活环境里，我在床边的桌子上，用包上纸的砖头作柱，上搁一块木板，便是我心仪的书架。以后我又用废弃的木条、木板，钉了个更像样的书架，似乎就是梦中书架的"升级版"了。

历史的安排难免给我带来一丝苦涩，我一直为自己书读得太少而自惭形秽。于是在不多的工资中，我总要每月抽点钱出来买书，在努力工作之余便奋发自学，几年中进修完了自认为是大学中文系的大部分课程。在那段快乐的岁月里，书架成了我学海逐浪的小舟。虽然命运常会走错房间，但我庆幸自己歪打正着，较早地选准了我的自学方向，而在教育下一代的工作中我也崭露头角，获得学生、家长的好评。虽然当时我离名师的距离还很远，但似乎已经领略到当一个名教师的风采。

　　1962年我结婚了，钱清区校的领导分给我一个单人寝室，我才有了一个旧的四层书架，于是，把所有的书都排列起来，真是不胜欣喜。我抓紧时间自学，没有别的目的，只想成为一个优秀教师。于是，一些教育梦想的种子也悄悄地融进了书本中的字里行间，只等阳光一照耀就能发芽。然而，好景不长，文化大革命便开始了。直到十一届三中全会之后，我成了分管教学的钱清区校副校长，之后，兼任了浙江省小学语文教学研究会副会长，浙江省九年义务教育小学语文教材编委会副主编，全国尝试教育理论研究会副会长，浙江省《教学月刊》兼职编辑等。滕伟石局长以全身心的投入力图摘掉"鲁迅故乡文盲多"的帽子而带领我们打胜了第一仗——提高小学教育普及率。然而，"学生进得来"，还要"留得住""学得好"，于是，如何提升当时以没有受过任何专业训练的民办教师为主的师资队伍素质，成为当务之急。我们钱清区便从抓"教材教法过关"入手，让教师懂得"教什么"（教材）和"怎么教"（教法）。我的书架可派上大用场，翻检小学各科教材教法研究的藏书，找寻我有效而又简捷、好听而又实用的讲课思路。晨晓深夜、青灯长卷，我忙碌在书架之前和案桌之上。功夫不负有心人，我区的"教材教法过关"引起了当时绍兴地区教育局领导的高度重视，在王小梅局长亲临考察以后，召开了声势浩大的地区现场会，推广这一经验。我的一篇研究文章《积极解决矛盾，抓好师训工作》竟刊发在《人民教育》1983年第8期上。在中央的第一教育刊物上面世，这可是全地区有史以来的首例。钱清区小学毕业生合格率也从全县倒数第二（仅高于海涂区）而一跃成为顺数第二（仅次于柯桥区）。这不能不说是"教材教法过关"的"立竿见影"。

　　1983年，我调到绍兴县教研室任副主任，好不容易分到了一处40平方米左右的住房。虽然居住条件有了极大的改善，但一家五口住在一起，自然不可能有独立的书房。所幸这住宅有一个向北的后阳台，我便装窗封闭，勉强放下了一个书架和一张小小的写字台。椅子是放不下了，我便找了一个窄窄的包装箱，竖起来作座椅，才可以把双膝勉强塞到写字台下。我为终于有了可以独处的书房而欣喜万分！出于文人的积习，便想给书房起个名，坐在包装箱上，我忽然想到陶渊明在《归去来兮辞》中的一句话："倚南窗以寄傲，审容膝之易安"。室小仅能容膝易于安身足矣，便欣然命名"容膝斋"，自己书写后刻在一方木板上，挂于书架上方，真有说不出的得意。在步入市场经济不免世事纷扰、人心浮躁的岁月里，人们都在寻找属于自己的精神家园。精神家园不在大小而在有无，有"容膝斋"可供目耕心织、起早熬夜，

于愿已足，夫复何求。这应该是我在当时颇为得意的理由了。

以后，生活条件越来越好，子女长大立业，家居人口越来越少，而住房却越来越大。盛世重才，我有幸成为特级教师，市、县的专业拔尖人才。独立的、真正的书房不但有了，而且越来越像样。我的好几本专著都以"容膝斋"为封面背景，引起了一位远方朋友的质疑：如此气派的书房，简直有点儿豪华，为什么还称"容膝斋"？确实，生活变了，条件好了，物态的"容膝斋"已成过去，但心灵的"容膝斋"却不可抛弃。为此，我特地为书房自拟、自书了一副竹刻对联以自勉："安步当车阅世事，清茶代酒养性情"，坚守我出门以步行代车，赴宴以清茶代酒的生活习惯。确实室仅容膝而足以安贫乐业的精神，已成为我的生命定格。赤条条来到世间的每个人，为什么他们的第一声宣言都是啼哭，而绝非欢笑？这是否就意味着"苦"才是生命的真谛和心灵的本能。人一辈子都不可丢弃"刻苦"，这与是不是有钱无关。有"苦"才能有乐，有"痛"才会有快，辛辛苦苦过日子，才能舒舒服服做人，只有刻苦勤奋才能为人生的幸福奠基，为人类的幸福奠基。

在梦圆"容膝斋"的岁月里，我以更加奋发的努力，感谢新时代的恩赐。我致力于有个性特色的"三·三"制教研网络的建设，努力打造绍兴县小学优质教育。纵向的"三"是县、镇（区）、校三级各有教学质量管理的专人，横向的"三"是力求教研、科研和进修的融通，寻找"合力"优势。我在教研室工作了十年，年年举行现场性的小学教学辅导年会，以审视现状、展望态势、梳理经验、研究问题。我奔走于县域的山区和农村，或指导教改，或听课评课；或探索办学方略，或专题讲课辅导。每天晚上和每一个假日，我便泡在宁静的"容膝斋"里，或整理教学辅导之所得，或草拟教学质量管理的条例。《五项教学流程管理条例》（备课、上课、辅导、批改和考试）、《小学各学科素质教育实施纲要》等，都诞生于"容膝斋"的台灯下。

著名作家何满子先生曾说："人心之不同各如其面，折兑一下，也可说文人之不同，各如其书斋。"在早已是不仅"容膝"的宽敞明亮的书房里，我一直得以自勉的是永远的"容膝"精神。

我是一个普通的农村语文教师，与大家一样，生活并未特别垂青于我。我能收获从事语文教学实践、研究的无限乐趣，源于我播种了对中国语文教育事业不灭的信念：我之所以能够拥有这样的信念，又源于我把握了语文教师专业成长之道。这个成长之道就是我的个性化的"耕耘"方式，即教师的"舌耕"（上课）、"目耕"（读书）、"笔耕"（写作），三者并举，互补互促，自然会相得益彰，其乐融融。

戏称教师为"三耕族"，可谓名副其实。当教师，主业自然是课堂上的"舌耕"不断，但要"舌耕"卓有成效，谈何容易，最要紧的当数以"目耕"养足底气，认真读书，博览广识，方有学问；又要以"笔耕"反思教学，记录经验，抒发胸臆，遂成师道。如果说语文教学是一株欣欣向荣的花木，那么，"舌耕"是它的"本"，"目耕"是它的"根"，而"笔耕"则是开出的"花"和结出的"果"。有人因此认定了教师专业之劳累，有人却据此品味出教师工作之优雅；当然，也有人借此体会到教师生涯之快乐。坐拥"容膝斋"，无冕亦称王！我对"三耕族"这一雅号，情满意得，欣喜之余，便以唐代诗人刘禹锡的名作《陋室铭》为范，仿写了三段杜撰文字，为"三耕族"作三铭，与教育界同人共享，尤其要寄意于雄姿英发、后来居上的广大年轻夫子，希望在这里体悟语文专业生命成长之真谛。

"舌耕"铭

位不在高，启蒙为尊；酬不在丰，百年树人。斯是教坛，担当神圣。学而不显厌，诲人不知倦。专业本朝阳，一心为明天。可以诉宏志，抒才情。去利禄之争斗，除名位之浮沉。师生如挚友，童心养天年。在下云：何累之有！

"目耕"铭

知不在高，多读养心；身不在富，有书就成。斯是教业，博识为本。目织亿万里，神交五千年。哲思纸上得，学识读中生。可以会先圣，交今贤。无邪说之乱耳，少蝇利之熏心。后生得呵护，薪火赖承传。在下云：何劳之有！

"笔耕"铭

才不在高，有勤则灵；识不在玄，有诚就行。斯是斗室，唯我独耕。笔驰云霄上，脚踏大地行。一句三思得，乐从心底生。可以品韵味，抒性情。无是非之乱耳，少应酬之劳顿。胸臆得宣泄，精神获飞升。在下云：何苦之有！

语文教师像蚂蚁一样劳作，但可以如蝴蝶一般生活。在容膝斋我信奉"舌耕""目耕""笔耕"并举，为"舌耕"准备讲稿，在"目耕"中熏陶书香，以"笔耕"叙事抒情，恰如"金风玉露一相逢""天光云影共徘徊"。

抚今思昔，我的命运和情感选择，似乎一直和我的"书房梦""教育梦"一并起起落落地游走在大时代的躁动与机遇之中，见证着我68年语文教育生命之旅的发展历程。从个人的有梦到圆梦；"书房梦""教育梦""名师梦"的播种到在阳光雨露下发芽拔节、开花结果；从国家的和平崛起到和谐社会……似乎都可归于一个普世的话题，只是向善的人性使然。

二、从"一分为二"到"一分为三"的语文生命哲学

> "一分为三"，是对立的复归统一，
> "一分为二"的矛盾只是过程。
> 师与生、教与学、读与写、讲与练……
> 都应相辅相生。
> 语文教育一直在"纠偏"，
> 动辄得咎困惑了我们多少年。
> 语文教育一旦缺失了生命的哲思，
> 就背离了知行合一、文道同源。

（一）语文哲思："一分为二"的绝对化——语文教学的梦魇

人类有别于其他生物的最根本特点，就在于他有思想。所以一位哲人说"人类的全部尊严，就在于思想"。思想和语言密不可分，思维的存在和发展，有赖于内部语言，而思维的表达和交流则有赖于外部的口头语言和书面语言。正是从这样的视角，我们可以认为语文是人类生命的一种存在状态，人在用言语积极能动地实现着自我，才成为心灵丰盈、精神飞扬的具有言语生命的人。语文教育关系着一个人的精神建设和生命质量，良好的语文教育是对学生生命发展的关爱。

在语文教育中，我在对生命作自我开发的同时，实现着关爱学生的生命发展，这使我建构着并不断完善着"语文教育生命观"。应当说，语文教师都会有自己的教学思想和教学观点，虽然这中间难免会存在是非、清浊、高下之分。当然，我也不例外。积67年语文教学之经验，我深感语文教学的改革要以唯物辩证的哲学思想为

讲座《一分为三的语文生命哲学》

指导，从生命活动的层面观照，方能促成其健康发展。

生命是一个高度和谐的统一体，与生命发展有着深层密切联系。

语文教育应当强调"辩证统一"的一面，这就是要"一分为三"。如果说"一分为二"强调的是它的对立性，那么"一分为三"的"三"就是强调对立的统一性，对立的复归于生命的统一。

那么，提出"一分为三"是不是完全否定了"一分为二"呢？这当然不是。"一分为二"是事物内部的可分性、矛盾性，也是毛泽东将其作对立统一规律的通俗表达。其实，"对立统一"规律亦称"矛盾规律"，这是自然界、社会和思维发展的普遍规律。它揭示了任何事物都包含着内在矛盾性，即矛盾双方既统一又斗争，推动着事物的发展和转化。这种矛盾斗争存在于一切事物之中，而且贯穿一切事物的始终，语文教育当然也不例外。这是矛盾的普遍性。另外，矛盾着的事物及其每一个侧面，又各有其特点，这是矛盾的特殊性。如语文教育的"文""道"之争，比之其他的矛盾就有其特殊性。如果认为"道"是"思想""内容"，那么"文"就是"语言""形式"，无"文"何以载道，无"道"又何以行文。为此，唐朝的柳冕认为："夫君子之儒，必有其道；有其道必有其文。"（《答荆南裴尚书论文书》）宋代的朱熹也说过："道者，文之根本；文者，道之枝叶。惟其根本乎道，所以发之于文皆道

也。三代圣贤文章，皆从此心写出，文便是道。"（《朱之语类辑略》）所以，"道非文不著，文非道不生。"（郝经语），如此互为表里、难分彼此的事，怪不得令语文界争论不休。这就是矛盾的特殊性了。

当然，"一分为二"没有错，但这只是思维过程的一个阶段。我们不能把"一分为二"绝对化，在"一分为二"之后，还应当"合二而一"，这个合成的"一"便是"三"，即和谐融合于高度统一的生命发展。它是新的"一"，是在原来混沌的"一"的基础上，经一分为二之后而综合成的更为明晰的新"一"。以国学大师庞朴的话来说是"二分法见异忘同，志在两边（两极、两端），而三分法则兼及规定着两个相对者的那个绝对。绝对者，可以说是三分法的第三者"①。确实，对立的两方面，只要落实在人的生命活动中，便必然应该是和谐统一的"三"。

形成这样的语文教育观，首先是以史为鉴。回顾我国小学语文教学改革发展的历史轨迹，可以说一直在"一分为二"，对立斗争的崎岖小路上左右摇摆、跌跌撞撞地艰难前行。老一辈的语文教师不胜其苦。初期"文""道"之争，批判了"重文轻道"，又形成了"重道轻文"的倾向，如此文道对立，就很难达到"文道统一"的和谐境界。在20世纪50年代"大跃进""政治挂帅"等思潮影响下，语文的"工具性"与"思想性"又陷入了一分为二的斗争之中，导致"把语文课上成政治课"的不良倾向。这其实还是"文道之争"。直到1963年教育部颁布"教学大纲"才强调了工具性与思想性必须统一。以后又出现了语文双基训练和情感陶冶的一分为二，在纠正了僵化的机械训练之后又带来了对必要训练的否定。走进新课程，我们高扬了人文大旗，但却造成了以"人文"代"语文"的新问题。所有这些都可以说明，在"一分为二"，对立斗争的思想影响下，当我们在刻意纠正某种偏向时，往往会只看到它的不好，它的对立，予以彻底否定，这样很容易从一个极端跳到另一个极端，结果就出现了另一种新偏向。"大破大立""先破后立"的口号，多少有一点把"破"与"立"对立起来的味道，事实上应当是"破"中有"立"，"立"中有"破"，才比较符合辩证法。鲁迅的"拿来主义"，就不反对在应当毁掉的东西里留下对我们有用的部分。"矫枉必须过正"是又一个似是而非的说法，为什么"矫枉"就必须"过

---

① 庞朴：《浅说一分为三》，北京，新华出版社，2004。

正"，"过正"了不是又成了"枉"还得"矫"。"矫枉而不过正"才是我们应当追求的目标。说什么就是不能把对立的两方面和谐地统一于生命整体，实现"一分为三"的那个和谐融通的新"三"。这样，语文教学便一直艰难地行进在一条对立斗争的道路上。极"左"思潮的狂暴和非此即彼的思维方式，使语文教学一直在批判、纠偏中过日子而左右摇摆、动辄得咎，令广大语文教师困惑彷徨、无所适从。这个多次反复出现过的历史教训，很值得汲取。

另外，"一分为三"和谐统一的语文教育观，也是符合汉族传统文化中的哲学思考的。这是儒家学说中相近于"执两用中"之说。如孔子就说过"中义者，天下之大本也"。不取其端，而取其中则盛。也就是说，任何事情，不可走极端，不要搞绝对化，更不可忽东忽西，忽左忽右，而是要朝着平衡、和谐、稳定的方向发展。

提出"一分为三"和谐统一的语文教育观，还完全符合天地之道和人间之情的基本要求。今天，党中央郑重指出，当前和今后一个时期，要不断提高构建社会主义和谐社会的能力。"和"有和衷共济之意；"谐"有顺和、协调、无抵触之意。"和"也就是孔子所言"中义者，天下之大本也"的"中"。从动态看，"中"就成了"和"。"以他平他谓之和"，也就是将对立的双方互相协调、沟通，互相补充、渗透，互相和衷共济，这样的结果，便是"和"的实现。社会主义需要和谐社会，具有社会性的语文教学当然也需要和谐，需要语文教学的生态平衡。这就像音乐，虽然构成的乐音有着高下、轻重、扬抑的种种不同，但在一首乐曲的组成中，最需要的是种种不同的乐音之和。"和"是绝对的，否则就不可能形成优美的旋律。

随着语文教育改革的不断深化，我们深感它绝不是一般的技术改造。这不仅是因为"语文教学的外延与生活的外延相等"，而且它还是中国五千年灿烂文化的载体。它的涉及面之广，规模之大，容含量之充盈，决定了这项改革的广度、深度、复杂度和艰辛度。它既植根于2500年的汉语文教育发展历史，百年来语文单独设科的课程记忆，中华人民共和国成立以来语文教育改革的经验基础，又是当下不断反思如何顺应全球化挑战的时代发展的结果。所以，在语文教育改革的漫长过程中，出现这样、那样的问题十分正常。这就需要哲学的关照，从哲学的角度审视，更多地去重视改变思维方式。即把与工业时代的生产力相适应的主观、极端、机械、单向、二元对立、线性的思维方式，改变为与后工业时代、信息时代的生产力和意识形态相适应的思维方式，也就是客观、圆融、灵动和多元的思维方式。大千世界、

纷繁复杂、多样共生，万物的存在均呈浑然一体的状态，是"你中有我、我中有你"的混合物，很少是实验室提纯的单质。"一分为三"正是从整体、融通、综合的哲学视界，对语文教育统一于生命发展的深度探索。

当然，对语文教育的哲学思考总是要在不断的实践、探索、反思、切磋中逐步提升和完善，而且永无止境。我的"一分为三"和谐统一的语文教育观，也有着一个在痛苦中求索，在践行中感悟的历程。我从 15 岁参加中国人民解放军任文化教员（主要是扫盲）开始，便与语文教育结下了不解之缘。转业地方在农村当教师之后，有幸在初级师范（初中程度）轮训两年，这便成了我的最高学历。但是，在我的那种"一穷二白"的弱势生命中同样会蕴含了强势的血脉。从此，"穷则思变"给我以刻苦自学、勤奋治教的强大思想动力。但在改革开放之前的 20 多年时间里，我一直彷徨在"一分为二"绝对化的困顿中，在斗争哲学的旋涡里迷失前行的方向。直到改革开放之后，我才得以正本清源，投身于教育改革的洪流，在对语文教育的践行探索中，在省级以上报刊先后发表 1400 余篇研究文章，167 本正式出版的教学著作，见证了我的语文教育生命之旅，也逐步完善着我的"一分为三"、辩证统一的语文教育观。如我主编的《语文教育方法论》，其中心论点便开始追寻"有法"与"无法""重法"与"不拘于法""用法"与"不见法"的辩证统一；在专著《语文教学训练论》中，我进一步提出了"训练"这一古老概念与时代发展的统一观，即"训练"不仅是指语文技能的操练，而且鉴于语文本身所具有的思想性和情感性，科学的时代的语文训练也必然具有综合性特点，即也包含了智力的开发、情意的熏陶、习惯的培养和人格的养成等。

整体地而非人为割裂地、综合地而非机械分析地看待今天的语文教育现状，会十分有益于克服认识和实践中的许多片面化的痼疾。这也正是我在语文教学实践研究的 67 年中逐渐积累而成的思想认识。

对语文教育改革发展的哲学关怀，是一个宏大的话题。它需要借助哲学的"望远镜"和"显微镜"，才能全面地审视现实，深层地研究现实，准确地解释现实，智慧地引导现实，从而使语文教育改革发展，行进在一条康庄的轨道上。

（二）语文哲思的宏观视野：对"语文是什么"的求索

以宏观视野，辩证地思考"语文"是什么，"语文课程"是什么，"汉民族语文课程"又是什么；用民族文化教育的精华塑造生命，令我热衷于对语文教育的哲思，树立了对语文教育生命性的"一分为三"的宏观认知。

1. 连接民族文化传统与当代的对立，统一于"母语教育"

语文是一门最具有民族性的学科，它不仅受一个民族的语言文字的制约，而且还受这个民族文化传统，包括民族心理特点的影响。因此，我们很有必要去读思我国母语教育的传统经验。在新课改语境下，我们看到语文课程时代发展的同时，也遭遇了困惑。即当新课程理念在充分展示其魅力而完成创生的使命之后，就不可避免地要进入最为关键的"实施"阶段。总是在这个重要时刻，我们才会发现"创新"并不是可以完全抛弃传统而构筑的一个全新的文化形态。中国语文教育的五千年历史（从有文字算起），可以生生不息地流传至今，充分地说明了无论今天的语文教学有了多少现代化发展，都无法抛开古代语文教学的传统经验，另辟一个全新的文化生存空间。然而，从教师队伍的构成现状看，青年教师正在成为主体。他们有限的工作经历，对于纵向的、民族的语文教学发展历史和传统经验往往所知不多，而对当代的、横向的新理念、新信息则接受较快。这两者的信息不对称，容易导致母语教学固有的本色本真的淡出。所以，如何认识为母语教学所必需的传统语文教学精华的时代价值，实现承传与发展的有机统一，在千年视野内去感受汉民族语文的博大精深，是实现"一分为三"语文教育生命观的重要话题。

几千年中国人教学中国语文，并世世代代被证明是行之有效的那些做法，虽然不可避免地会蒙上一些旧时代的尘埃，但肯定也有许多与汉字、汉语的学习规律相谐、相融的地方。这是中国语文的"中国心"。如注重识字，本于诵读，体察涵泳，重视习练等。问题在于我国语文教育虽然历史悠久，但语文单独设科却是 1903 年以后的事，迄今只有百年。在漫长的历史阶段，母语教育都是在经学、史学、哲学中结合进行的。这就造成了一个古代语文教学传统经验并不独立存在的特殊情况，而只是如珍珠一般散落在许多论教说学、讲经辩道，乃至诗词歌赋、散骈文章之中，恰如无数星斗，罗布于苍穹。这就更需要我们去细心挖掘、收集、整理和发扬。

在我国十分丰富、珍贵的文化遗产中，汉语文教育的传统经验，无疑是一个极其重要的、基本的部分。因为它关系到作为民族文化载体的母语教学的承传和发展。我们必须积极地将批判继承与时代发展有机结合起来，充分地去感受汉民族语文的博大精深。对这一问题的探讨，我曾有长文发表于《中国教育报》（2008 年 1 月 17

日），《小学语文教学论坛》（2008 年第 1 期）、《小学语文教师》（2007 年第 11 期）……尽管时序更新、岁月如梭，但汉字、汉语的"根"没有变，对语文教育生命观的探索，也应当思于斯、行于斯。

2. 克服"工具性"与"人文性"的对立，统一于"学语习文"之中

《课标》明确指出"工具性与人文性的统一，是语文课程的基本特点"。但是，由于以前我们较多地强调了工具性，课堂上充斥了僵化、机械的训练，造成了人文性的失落，在进入新"课改"之后，"人文"便成了语文课堂的奋力追求。这种从一个极端到另一个极端的做派，又出现了离开工具性大谈人文性的倾向，出现了语文教学中"泛语文""非语文"的现象。这种把工具性与人文性"一分为二"的对立，非此即彼的批判，就很难实现两者的真正统一。在语文学科中，追求工具性和人文性的统一，不能背弃了言语教学的学科本色，不能颠覆了语文教学的课堂范型。我在《小学教学参考》2007 年第 1～2 期中曾著文提出了《新课程："阅读教学范式"探寻》的讨论话题，获得了热烈反响。这里所指的"范式"是在新课程正确理念指导下所体现的对语文课堂教学最重要的规范，最基本的要求，最稳定的要素，最本质的规律和最应坚守的法则等的综合呈现。这是在反思当前课堂教学某些"失范"表现的基础上，重认为新课程所要求的语文课堂教学的一些最本质的特征，以作为推进语文课堂教学改革中具有范型意义的要素。所以，不会因此而束缚了教师因人、因文、因时、因地的艺术创新和对教学个性、教学风格的追求，而是一种对语文学科本色本真的呵护和弘扬。如在语文教学范式中的"人文"定位问题，其实，"人文"不是在语文之外，而是在语文之中。为什么？第一，"人文"在听说读写的动机之中，学生的听说读写活动，从根本上说，都是对真善美的追求，这种追求的本身就是最具有人文性的。第二，"人文"也在语文的内容之中。语文课文的内容可以说每一篇都是极富人文情怀之作。第三，"人文"更多地在语文的言语形式之中。课文《在仙台》中记叙了藤野修改鲁迅听课笔记的事：前面有"一天，大约是星期六"的交代，后面有"第二、第三天便还我（指作业）"。为什么要点明，"星期六，""第二、第三天"又是什么日子？是星期天、星期一。教师如果让学生去细细品味，这一"显信息"，就可以探究出藤野先生放弃个人休息时间为鲁迅认真修改听课笔记这一"隐信息"，从中就可以进一步感悟到藤野先生的博爱精神和高尚人格这一"潜信息"。语文的"人文"就在这样的言语形式之中，语文教学的工具性和人文性，也就在这样的"学语习文"的活动里才得到了真正的统一。

3. 交互"学生主体"与"教师主导"的对立，统一于"教学相长"之中

在传统的教育中，师道尊严使教师处于主宰课堂的地位，学生只能是正襟危坐，俯首听命，完全失去了作为学习主体应有的主动性和积极性。这不仅严重影响了教学效果，而且更使学生的健全人格受到根本性的摧残。教学改革的根本问题在于能否真正确立"生本课堂"。为此，小学语文教学，不仅要考虑到"小学"这么一种学业水平，更要考虑到"儿童"的心灵感受和精神家园。而今天的儿童，正在遭遇可怕的成人化的入侵，过早地告别他们本应具有的童真面目。这不仅来自社会，来自网络、影视等现代媒体，也来自学校的课程教学。小学语文教学的深化改革，就不能无视这种现象。小学语文应当是"儿童语文"。

"童年"的重要，在于它会对每个人的一生发生极其重要的影响，童年留下的印痕，往往终生难以磨灭。人这一辈子，在乐与苦、逸与劳的时刻，都会不时地在回忆的童年中去栖息寻觅。这一切都因为儿童可以享受的，正是我们成年人已基本丢失殆尽、十分珍贵的东西。

童心并非只作为童年阶段而存在，它可以在一生中发挥出神奇的力量。它是健全人格的开端，是终生活力、创造力的源头，是一辈子自由、幸福的基石，甚至是一个民族和国家健壮活力的标志，这就难怪英国大诗人弥尔顿会说得掷地有声："儿童引导成人，如同晨光引导白昼。"所以我们的小学语文教学应当更多地去关注儿童的心态，儿童的感受，儿童的话语、儿童的兴趣和思维方式……一句话，应当更多地去追寻儿童精神，莫让童心过早地消逝。我从语文教学的生命观出发，多年关注"儿童语文"的研究。2005 年我的研究文章《小学语文应是儿童语文》发表于《人民教育》第 11 期。专著《儿童作文教学论》也于 2005 年 6 月出版。小学的语文课堂应当充分尊重儿童的主体地位，弘扬儿童精神；教师要善于理解童心，呵护童真，引发童趣。起主导作用的教师应当更多地融入儿童世界，成为儿童的知心大朋友，课堂教学的组织者和辅导者。然而，小学语文教学的某些现状却不容乐观：儿童精神日趋边缘化，儿童文化没有受到足够的关注，儿童观念也在逐渐淡出。在当下的小学语文课堂上我们较多地看到那些成人化的"高雅"扼杀了童趣，以成人式的情感排斥了童情，在教师"深度开发"文本中，无视了儿童的思维方式，而滔滔不绝地讲问又导致了儿童的失语……

《学记》中提倡的"教学相长"蕴意深长，发展至当代，人们更多地认识到在教学过程中师生互相学习的重要。显然，"学生主体"和"教师主导"的融合与"小学语文是儿童语文"的确立，也只有在"教学相长"中才能真正得到统一。

4. 追寻生命的自由表达与规则指导的对立，统一于"儿童的精神文化"之中

"儿童作文"与"小学生作文"不是完全相同的概念。"小学生"着眼点只是一个学历阶段，表现一种学业程度，严格地说，当小学生的不一定是儿童。而"儿童"则是人生历程的一个特定生命阶段，是人生之旅十分重要、十分珍贵的驿站。"童年"会对每个人终身产生极其重要的影响。传统的"小学生作文"有很强的纯学科性特点，似乎更多地着眼于要考试的一项课程"作业"，就跟"写字"与"计算"一样。这样就会把作文看成一种单纯的"知识体系"，于是从"章法知识"到"技法知识"的灌输，从拔升立意到追求崇高的做作，从死搬堆砌词语到模仿套袭语段的组装，使作文不再是生命与生命之间的沟通，而成为一种远离思想真情的技巧玩弄。显然"小学生作文"最严重、最不该有的缺失，正是儿童精神世界和生命真实初心的缺失。所以，"儿童作文"应当提倡自由表达，必须激发儿童的生命活力在习作过程中的真情投入和倾情投入。这是"儿童作文"的"魂"。当然，我们也不能因此而忽视了儿童写作生活的另一种状态，即学习规则写作的状态：学生规范地使用母语作书面表述的规则；学生遣词造句、谋篇布局的规则；为了提高书面交际的效果，掌握必要的写作技巧的规则。"一分为三"的语文教学生命观正是要求实现儿童作文以生命真情为基点的自由表达和规则指导之间的平衡。当然，这里的"平衡"并不是绝对的"平均"，儿童的生命真情的自由表达永远是第一位的。这正如余秋雨先生在《作文连接着健康的生命》中所说："作文训练，说到底，是生命与生命之间表达和沟通的训练。……要表达生命，必须掌握一些共通规则。语文老师讲授的，就是这些技术手段和共通规则，为了讲清楚又必须提供一些范文，这都无可厚非。问题是，这手段、规则和范文，都不能代替学生要表达的自我生命。"

综上所述，"儿童作文"教学新体系，是以儿童生命发展为基点的自由表达和规则指导相结合。其内部结构则由"三维目标"和"六大要素"组建。"三维目标"是"情操维"（表达交流欲、价值观、审美水平、道德意识和情绪、情感）、"知识维"（日常生活知识、自然和社会知识、写作知识）、"能力维"（观察事物、表象操作、思维加工和言语表达）。"六大要素"为"强烈的表达欲望""求真的观察体验""放飞的表象操作""独立的个性思维""规范的言语训练"和"多元的评价共享"。无论是课堂作文或课外习作，儿童作文都应当遵循自由表达与规则指导相结合的精神，即让"儿童作文"能在充满生命活力的童真意态后面，渗透出规范写作、善于表达的功力。在这方面的研究，除出版的本人专著《儿童作文教学论》外，另有发表于《小学语文教学论坛》《新作文》等多家杂志的论作。

5. 整合课堂多要素的相互对立，统一于生态平衡之中

课堂教学多要素的对立和统一，是课堂教学的本质特征。"教"与"学"，"师"与"生"，"讲"与"练"，"动"与"静"，"放"与"收"，乃至"课内"与"课外"，"文本"与"资源"……其要素之多，难以尽述。要素之间对立的关系，要素之间的区别，构成了互补，又形成了生态课堂的统一关系。优秀教师秉承地域文化的哺育，对这种生态课堂作个性化的长年的艺术探索，进而形成了各具特色的教学风格。

"风格"者，风度品格之谓也。歌德就说过风格"是艺术所能企及的最高境界"。具体地说，是语文教师在教学的实践和研究中，从整体上透发出来的思想美与艺术美高度统一的一种境界美，是最为集中凝聚地体现出来的艺术特色。它既具有一定的独异性，又具有一贯性。

"群体风格"则是在语文教学的实践和研究上由风度品格相近似的个体群，接近于流派。《辞海·语词分册》给"流派"下的定义是"指学术、文艺方面的派别"，它是语文教师相接近的个性化的学术观点、思维方式、研究方法等的结合体，在实践中显示出来的、相对成熟、较为稳定的一种共同风貌特征。

多年来，我关注名师教学艺术风格的研究，尤其是教学艺术风格的地域文化影响。"一方水土养一方人"的通律，总是会鲜明地映射出不同地域的名师群体，某些共同的文化气质。北京的霍懋征、王秀云、叶多嘉、许嘉琦等语文名师所体现的扎实、严谨、稳健、厚重的课堂教学风格，透射出北京这一历史都城的深厚人文积淀和今日作为政治、文化中心的那种雍容纯正的教育文化特色。而我们从上海的袁瑢老师以及贾志敏、左友仁、徐鹄、万永富等多位名家的教学艺术中，又不难看出其灵动、鲜活、婉约、秀美的共同特色，它与上海这个高度开放的经济大都会的地域文化，也有着相通之处。为此，总观全国各地小语名师的灿烂星汉，你可以看到不同地域文化的投射：齐鲁文化的雄浑厚重而风力遒劲；巴蜀文化的深邃大度而气质高妙；吴越文化的精致秀美而骨力非凡；岭南文化的明快刚健而又不失圆润有致。

绍兴是全国首批"历史文化名城"之一，是"名士之乡"又是"名师之乡"。从古代的百代师表范仲淹，首创心学的王守仁，浙东学派代表人物刘宗周……到近代的文学巨匠鲁迅，学界泰斗蔡元培，爱心大师夏丏尊、幼儿教育专家陈鹤琴……可谓大师辈出、星汉灿烂。他们博古通今、学养丰厚，在教育上自然也是别树一帜、风格卓然。为此，我致力于研究如何以这笔丰厚的精神遗产来引领我们绍兴的广大语文教师，便有了对越派语文教学艺术群体风格的追求。

以"胆剑精神"的越文化承传，打造越派小学语文教学艺术的群体风格，我们可以归纳为以"和"为核心的"亲——醇——和——美"四个字。

"亲"：以亲切之心，亲近之态，亲和之效，体现了为国爱民、赤子之心的绍兴名士文化内涵。

"醇"：以汉字之魂，汉语之本，国学之源，体现了醇美芬芳、厚积薄发的绍兴黄酒文化内涵。

"和"：以平和之心，和爱之情，和谐之境，体现了兼容并蓄、以柔化刚的绍兴鉴水文化内涵。

"美"：以生活之美、朴实之美、创新之美，体现了与时俱进、精益求精的绍兴轻纺文化内涵。

由于语文教学艺术的群体风格，得民族文化和地域文化的深厚底蕴，是一代又一代优秀语文教师实践智慧和理性探索的积蓄，并在时代发展的前沿得到光照和升华。这就必然会给语文教学产生优质引领的重要作用。这是对语文课程地域文化资源的开发，即从地域文化的内驱力推动语文教学的改革，润泽新一代区域语文教师群体，构建并发展语文优质教学体系。另外，群体风格的高度归纳，不仅明确了语文教学的发展方向，推进语文教学的实践和研究，而且无疑会促进地域语文教学品位的形成和提升。

（三）语文哲思的中观视角：辩证地看待教与学的统一

以中观视角，辩证地看待语文课程教与学的统一；用"以生为本"的课程主流价值观润泽生命。这是语文教学中的根本问题。在实现"教"与"学"的统一中，要让学生站在教学的正中央，则是矛盾的焦点所在。具体有以下几个方面。

生本课堂大讨论：语文哲思的指向

1. 消除"预设"与"生成"的"矛盾"，共融于教学现场——提出"软设计""弹性设计"的观点

孤立地看"预设"是指课前预先的设定（如编制教案）；"生成"则是指课堂实施过程中的实情呈现。传统的课堂教学理念是以知识传授为中心，教师是知识的唯一垄断者，学生不过是无知的、接受知识的容器，所以完全可以事先由教师单向确定，无须现场生成。于是，课堂教学的功能遭遇异化，生成机制受到遮蔽。走进新课程，人们越来越认识到学生是学习的主体，他们才是课堂的主人。"个性化解读""多元感悟""独特体验""平等对话"等，似乎都在强调课堂固有的生成性特点。那么"预设"是否必要，或者说是否还重要，便成了新问题。如此对立地看待"预设"与"生成"，不可避免地会导致从过分看重预设，忽视生成这个极端跳到重视了生成而又忽视了预设的这个极端。其实，"预设"与"生成"应当是高度统一的。所有的"预设"都是为了课堂"生成"，而所有的"生成"，其实都是有意无意地"预设"带来的。即使是教师以教学机智所做的临场应变，也不会是绝对的心血来潮，细细探寻，都可以找到教师的学识见闻、人生经历和教学经验的日常积累在发生作用，才有这临场信手拈来的"偶然得之"。这正如一位上了一堂精品课的名师在课后所言："我用一辈子来备这堂课。"所以，一个优秀教师总是会非常注重平日的勤奋学习和

提高自身修养，这样的"远预设"、隐性预设，比之"近预设"、显性预设更为重要。"凡事预则立，不预则废"是无法颠覆的铁律。

因此，"预设"与"生成"的对立，应当统一于教学的"现场"之中。课堂教学要有"场"的意识。"场"在生活语言中只是泛指适应某种需要的比较大的一处地方而已，但在物理学中却是专指物质存在的一种基本形式，具有能量、动量和质量，能传递实体间的相互作用，如电场、磁场、引力场等。无论从何种角度理解，课堂都是一个"场"，而且是一个非常特别的"场"——"生命场"，学生的生命发展，教师的生命活力和教材的生命情怀在这里汇聚和交流。这是我的语文教育观在课程教学层面、在教学设计层面的一个基本观点。语文课堂的"场"效应是课堂教学赖以高效运行并充满生命活力的基本条件。课堂教学的生态环境和语文教学的多种要素在这里发生着密切联系和相互作用：主体、客体和媒体的和谐互动；能量、动量和质量的协调释放；冲力、引力和张力的相互共生……产生了汇聚、碰撞、冲突、吸纳和平衡。教师若能敏锐地把握和发挥这种"场"效应，课堂往往就会具有可调性和兼容性的能进能退、能屈能伸、能吐能纳、能开能合的灵动，师生的生命活力和智性潜能获得真正自由的呈现，而使课程的实施洋溢着一种色彩斑斓的诗意和值得回味再三的神韵，达到一种充盈了绿意的生态课堂的境界。

课堂教学的这种"场"，还是一种"生命现场"。"现场"意味着你非得在那里。你的情绪和身体本身都是现场的一部分。你不是在它之外观察它，而是在它之中体验它，并且以你的全部（经历和学识，人格和气质）参与构成它。这个现场不是先于你而存在，而是你到来之后才发生的事件，所以才极具生成性；在这样的现场你得依靠你已有的人生经历、学识见闻、教学经验去感知、去探索，所以又极具预设性。另外，构成课堂现场的不是只有你一个，还有四五十个孩子，他们是学习的主体，他们与你平等地"共现场"，所以你的感知、思考和决策，又都必须以多主体"共现场"的软环境为基础。早在20世纪90年代中期，出于我的课堂是多主体共生命现场的理念，提出了教学设计应是以"软设计"为主，"软设计"与"硬设计"有机结合的观点，以后这种教学预设的现场生成理念，又比较系统地陈述于《阅读课堂教学设计论》之中。此后在相关论文中我提出了从传统的单一的"硬性设计"到多元灵动的"柔性设计"；从传统的单调的"僵化设计"到留有空白的"弹性设计"；从传统的单向的"线性设计"到综合推进的"网状设计"；从传统的单边的"主观设计"到民主平等的"互动设计";从传统的单面的"显性设计"到能同时兼有长年积淀的"隐性设计"等一系列实施策略。所有这些都源于课堂教学的现场意识，也就是"预设"与"生成"的和谐统一。

2. 理顺"教什么"与"怎么教"的关系，重视文本细读——克服课堂教学舍本逐末的倾向

"教什么"与"怎么教"这一对矛盾从根本上来说，应当是既对立又统一的。前者注重的是内容，后者注重的是方法。教的内容必须准确、科学，而教的方法是为内容服务的。从这个角度说，"怎么教"应当根据"教什么"来定的。但这不等于"怎么教"不重要，有了准确、科学的内容和教师对内容的确切把握，还得有合适、高效的方法，才能帮助学生掌握内容，使内容落到实处。因此，它们之间的关系应当是对立的统一，教师以"一分为三"的辩证法统一处理这两者的关系，让其相辅相成、相得益彰、方为上策。

然而实际情况却不是这样。我曾以自己一阶段来的观课评教记录为样本作过粗略统计，发现有70%左右的课堂教学问题都源于教师研究教材和把握教材的欠缺。大量问题出在教师对于"教什么"总是不甚了了，但奇怪的是在帮助教师备课时，却会发现许多教师总是在课文没有耐心读完第二遍的情况下，就在考虑"怎么教"了：哪种方法套用在这里可以出彩；哪位名师的某一高招可以在这里移植……怎奈"皮之不存，毛将焉附"！教师对课文的正确解读、深切感受是基础，是底气。只有彻底明白了"教什么"，才能有效地去选择"怎么教"；也只有有了这个功底，教师才有可能挥洒自如、行有余力，无论怎么教，可以皆有格调。一方面，课堂是一个充满了不确定性的现场，常有节外生枝的遭遇，需要教师智慧的应对，这同样有赖于对"教什么"的洞悉。反过来说，如教师没有细读文本的基础，亏了这分底气，即使最好的方法，用起来也难免东施效颦，弄巧成拙。

常言道：课本课本，一课之本。教育的育人目标，分解落实于课程设置；而课程教学则以教材为载体。明白"教什么"对任何学科都是最重要的，但语文尤甚。语文教材不是由编辑编写的某一知识的说明文，而是精选的现成优秀作品，多是名家之作，具有典范性，文质兼美，富有文化内涵和时代气息。教师解读这些课文，本来就并非易如反掌，更何况教师的解读课文，还得在解读一般文章或文学作品的基础上，考虑到课文是经过编者的挑选和改动的，并已由国家教材委员会审定，体

现着课程要求的国家意志。当这些优秀作品成为课文之后，又添加了"导学系统""图像系统"和"习题系统"等，它不仅是教师传道和授业的依据，学生研习和示范的蓝本，更是求知育德和获取情意熏陶的信息库。"文路"和"编路"在这里汇聚，"学路"和"教路"在这里融合……教师钻研教材进而把握教材，对于提升语文课堂的优质教育，实在是任重道远，又岂能掉以轻心。《一声叹息，只悔课文解释粗》《课堂质感：源于对课文的深度解读》《"文本细读"中的不等于……》等研究文章在《小学语文教师》《福建教育》等报刊上公开发表，部分地表达了我对于"教什么"和"怎么教"应求得辩证统一的基本观点。

3. 融通"多元感悟"与"价值引导"的冲突，统一于平等对话——系统探索优课的创作

《课标》倡导"阅读是学生的个性化行为"，在阅读过程中"学生有独特的感受、体验和理解"不仅正常，而且是一种可喜的现象。但是小学生毕竟只是儿童，他们的"多元感悟"，难免会有一些不成熟，甚至可能是完全错误的，这同样也很正常。为此，《课标》中特别提醒"注意教学内容的价值取向，同时也应尊重学生在学习过程中的独特体验"。那么，在这个当前比较令人困惑的问题上，应当如何让对立的"二"和合于学生生命发展之"三"？关键就在于必须坚持阅读教学是学生、教师、文本之间对话的过程。在这里，文本的"整体性""前提性""规定性"体现的"平等对话权"，同样也应当受到学生、教师的尊重，而教师在融通学生与课文的平等"对话"中更有启迪、引领的重要作用。我在《语文教学优课论》这本专著中，就比较全面地提出优课的创作关键在于艺术地协调好课堂教学中的各种关系，以学科个性为主轴，在生命活动中求得统一与和谐的运转。这种从"生态观""生态学化"的时代特征和"生态学研究"的视角，对优课的概念界定、要素透析、内在机制和实施策略的探讨，注重的便是优课创作的生命机理。在确立生态学观基础上的学生、教师、文本之间的平等对话，并由此融通"多元感悟"与"价值引导"的统一。这也正是在新课程语境下优课创作的一个重要话题。如学生多元感悟、个性解读常见的"越位"，多表现在三个方面。一是无视课文的时代背景。如对《景阳冈》武松打虎，批判武松杀害国家保护的野生动物，怎么能算英雄……二是无视课文的体裁特点。如学了《狼和小羊》，想象这个寓言的结局，竟是小羊叫来了森林中的许多小动物，把狼活活打死了。如此"大团圆"式的胜利，却违背了这则寓言的寓意：强暴者要欺凌弱小，总是能找到借口的。而现在原先的强暴者反而被弱小者打死了，原先的寓意也就遭遇了不该有的颠覆……三是无视课文的话语主题。如教学《三个儿子》一课时，有些学生对老爷爷说的那句话"我只看到一个儿子"大为不满，"歌唱得很好，会翻跟头，这两个儿子有什么错"！再说，"他们能为妈妈解闷，也是好孩子呀"。"小孩子爱玩难道也不对吗"……其实，课文的话语主题不是在全面讨论什么是好孩子、坏孩子，更不是评价"歌唱得好""会翻跟头"对不对，而只是说在"看到妈妈提不动水时，做儿子的该怎样"这么一个话题。老爷爷也正是针对这一点说的。

其实，孩子有不成熟的感悟很正常，这应当是他们的权利。作为教师要学会欣赏这种不成熟，同时又不放弃循循善诱，使其获得发展的神圣责任。而这种"善诱"之道，便是组织引领好学生与文本的平等对话。唯此，才能实现两者的和谐统一，优课的生态平衡。

4. 化解"熏陶"与"训练"的对立，统一于树立科学的训练观——追寻语文训练的生命意态

20 世纪末，中国语文教育因人文的缺失而引发了一场社会大讨论。这是具有积极意义的。语文是一门人文学科，语文教育应当充分体现人文精神。

不可否认，语文教育人文性缺失，当时也确实影响语文训练偏重技术操练而淡化了人文情怀的问题。但这不是语文训练本身的不是。充其量，只是语文教育在前行的过程中需要纠正、需要深化改革的问题。我们并没有因为语文教育在实施过程中出现了偏差而认为今天应当少提或不提"语文教育"，可为什么我们却似乎都因为语文训练出现了一些偏差而忌讳提及"语文训练"，努力淡化研究"语文训练"，甚至有点儿"谈'训'色变"呢！

人文熏陶与语文训练本来就不是水火不相容、冰炭不同器的问题。语文训练作为语文教育的一个重要组成部分，不仅可以，而且应该一样体现工具性与人文性的统一。

叶圣陶先生曾经说过："什么叫训练呢？就是要使学生学的东西变成他们自己的东西。"学生接受教学的根本目的，就是为了充实自己，这就要通过训练方能达到。所以，只要有教学存在，就会有训练存在。语文教学的过去、现在和将来，都离不开训练。要说改变，改变的只是训练随着时代的进步，深化了、发展了，而不是训

练的消失。

教育对于人类的生命存在的本质意义，便是对人类群体发展和个体生命发展的追求，在这种终极追求中，对个体生命的关注无疑会处于优先地位。

在教育的各门课程中，语文与个体生命的发展有其特别意义。因为语文之于人不仅是一种最为重要的思想交际的工具，它更是一种文化，是一种民族文化教育的载体。这两方面都足以说明，语文是一种生命活动，也是一种精神活动。所以海德格尔认为"语文乃是家园"。人的语言化过程，实际上也就是人的人化、社会化的过程。

正是由于语文的这种生命性，语文训练也就具有了生命性。可以这样认为，凡在教师指导下的语文学习过程，都有着某种训练的意义，其内容可以涵盖知识、思维、态度、方法、个性、习惯、道德修养和审美情趣等。正是从这样的视角，我们可以认为语文训练是"生命符号"的训练，传达"心灵密码"的训练。语文训练的过程就是师生的一种生命状态。我们反思过去以应试为目标，以唯技术操作为内容，以机械重复、"大运动量"为手段的这些训练弊端，绝不是"训练"本身造成的，而是人们对训练运作的失误。这种失误的根本原因就是无视了对语文训练的生命关注，失去了语文训练应有的人文情怀。

我对于语文训练与人文熏陶辩证统一关系的认识，集中体现在 1994 年出版的《语文教学训练论》一书中，在这里比较系统地阐述了训练"所以直接指导学生之意志，而陶冶其品性者也"（《辞源》）的实践论意义、教学法论意义和素质论意义，反对唯技术的、应试的、机械重复的训练。

当然，在新课改背景下的语文训练要实现对个体生命发展的关怀，不可能是无条件的，它要以我们的生命意识和相应的教育理念作基础和保障，在传统与现代的结合点上去发掘语文训练内在的生命机制，从而营造一种语言和精神同构的语文训练新策略。为此，我在多家刊物上先后发表了《让语文训练重新焕发人文情怀的光彩》《语文训练的生命机制》《新"训练"观：贴近生命的无痕之境》等文章。

5. 转换以"秀"评教为以"学"评教，关注评教与评学的统一——构建时代的"还学于生"的观课评教新理念

我国漫长封建社会所形成的等级制度，并因此确定的教师话语霸权，确实很难改变教师主宰课堂的局面。为此，长期以来左右着观课评教的基本意念是过分地关注教师在课堂上的精彩出镜和闪亮登场，以致模糊、异化了课堂教学的主流价值——学生的学习发展。课堂应当是为学生设置的，学生理所当然是课堂的主人。"教"只是为学生的"学"服务，为学生发展服务。虽然教师在教的过程中也实现着自身的发展，但只能是在出色地帮助学生发展的过程中实现的。因此，观课评教应当强调的是以"学"评"教"，实现评教与评学的统一，而不可以"秀"评教，一切以教师的技巧和表演为看点，全然不顾学生的学习情绪和学习质量。

提倡走向"生本"的观课评教，实现"还学于生"的教与学的统一，其重要意义不容忽视。

第一，走向"生本"的观课评教会从根本上深化对教与学正确关系的认识。虽然大家对教与学对立统一的关系似乎已成共识：学生是主体，教师为主导，两者缺一不可，相辅相成，似乎已是耳熟能详。但在实践中能真正认识到教为学而存在，教要为学服务，课堂要以学生为本等，从情感变化到操作变化却并不容易。所以，走向"生本"的观课评教，就要坚持评价教师在教学过程中是否真正体现了以学为主，因学定教和顺学而导。全面实施"以学评教"，这对于真正摆正教与学的关系，端正教为学服务的立场和意识，是具有现实意义的。

第二，走向"生本"的观课评教，会十分有益于提高课堂教学的有效性，提升教学质量。应当看到，课堂教学效率低下，是语文教学的老大难问题。造成这一问题的原因当然比较复杂，但其中的根本问题之一，不能不认为是课堂教学的形式主义倾向所带来的教与学的脱节。教师的某些教学行为追求形式上的精美、丰富和时尚，花费了大量时间而未能适应学生的基本学习需求，未能把注意力放在激发学生学习的主动性和积极性上，未能真正着力于培养他们从"学会"到"会学"，也未能扎扎实实地进行读写训练，有效地提高学生理解和运用祖国语文的能力。语文教学学科本色的淡化，学生本位的淡出，正是课堂教学效益降低的根本原因之一。

第三，走向"生本"的观课评教，可以真正促进教师的专业成长，由于观课评教的某些理念错位，常常使一些教师过分看重教学才艺，赏赞课堂上的花样翻新和矫情作秀，甚至竞相仿效。另外，过分看重才艺，更使不少教师望而却步，对"课"兴叹，以为自己没有天赋的表演才华和特别动听的音色而不敢执教公开课，认定这辈子上不出"好"课，也当不了"名"师。当然，教师的教学才艺是上好课的一个

重要条件，但前提是这些才艺的发挥要有益于学生的学习，有实事求是之意，无哗众取宠之心。提倡以"学"评教，而不是以"秀"评教，就是要把学生的学习活动和状态作为观课评教的主要内容，就是要认识作秀矫情不是好课的标准，因为这无益于课堂教学质量的提高。我们要以学的方式来评价教的方式，以学的状态来衡量教的状态，以学的质量来考量教的质量。学生学得扎实到位，获得多方面发展的课，就是"好课"，能上"好课"的教师当然就是"名优教师"。

（四）语文哲思的微观视野：在生命交往中的教学智慧

以微观视点辩证地运作课堂的智慧教学与教学智慧，用"有效交往"的实践发展生命，是实现"一分为三"的又一个重要方面。

关注童真：语文教育生命观的主旨

对智慧课堂作哲学思考，会使一些人产生费解，似乎哲学是概念的、抽象的、理性的，而智慧是灵动的、行为的、感性的。其实不然，哲学一词源于古希腊文，原由"爱"（phileo）和"智慧"（sophia）两字所组成，意即"爱智慧"。即使在汉语中，"哲"的字义也是"有智慧"，或"有智慧的人"。因此，对智慧课堂的哲学思考，就是基于许许多多的课堂智慧的一个共同点，都体现着"辩证"地处理问题的哲思。由此也可以使我们更深刻地感受到智慧并不是玄之又玄，看不见、摸不着的东西，其实，它就在我们的教学生活中间。这正如恩格斯所说："人们远在知道什么是辩证法以前，就已经辩证地思考了"。

对课堂的智慧教学和教学智慧作哲学思考，涵盖面十分广，这里只从辩证的角度，即将貌似对立的一些事理作智性的辩证处置以谋求统一所形成的合力，使学生获得最佳发展。现就其主要者略说几个方面。

1. "教会"与"学会"的智慧提升

汉字的智慧是没有哪国的文字可以媲美的。汉字字形组合的丰富性，可以使我们产生许多联想："智"由"知""日"组成，即每天都有认知，才是"智"；"慧"由"心""倒山"和两个"丰"组成，即心中的那座山（疑难或问题）被推倒，获得了双丰收。显然，要让学生每天都有主体的认知发展也好，让他们推倒自己面前的疑难之山，或心中的自卑之山也罢，都强调了课堂的智慧就是让学生从"学会"到"会学"的过程。世界上有许多事也许可以由旁人代替，唯独"学习"是无法由别人代劳的。教师的教固然重要，但只有教师的"教"真正触发、促进了学生主动的"学"时，才构成了真正的教学行为。"教"的智慧恰恰就是要把"教"细微而无痕地融入学生"学"的活动中去，"随风潜入夜，润物细无声"。既不可高高在上的指手画脚，也无须声色俱厉的耳提面命。只有当学生在不觉得在接受教学的过程中接受了教学，才是最有效的教学。这样的教学也才称得上是智慧的教学。

教师的备课虽然必须认真、细致，但"智者千虑，必有一失"，课堂教学的不确定性和难预测性，不免会有意想不到的节外生枝。对此，有的教师很害怕，其实大可不必，教师放手让学生各抒己见，把解决问题的权力交给学生，恰恰是培养了学生真正的学习能力，它也许比教师直接把正确答案告诉学生会有效得多。这样的因学设教，顺学而导，把"教"与"学"真正融为一体的课堂，才是学生受益的课堂，智慧的课堂。

2. "有法"与"无法"的智慧融通

《孙子兵法》有云："授人鱼，供一餐之用，授人渔，则享用不尽。"可见万事一理，讲究方法，自是成功之道。教学也不例外，皮亚杰认为"良好的方法可以增进

学生的效能，乃至加速他们的心理成长而无损害"①。然而，方法总是为目的服务的，不可陷入为方法而方法的误区，对此，夏丏尊有一个极好的比喻："好像掘池，有人说四方形好，有人又说圆形好，朝三暮四地改个不休，而于池的所以为池的要素的水，反无人注意。"② 可见，只要是能够实现有效、优质的教学，促进学生发展的方法都是好方法，不必太拘泥于是何种方法。智慧课堂的方法运用，因融会贯通而往往能达到"不见方法"的境地。有一副古联说："世上理法无定法，然后知非法法也；人间事了犹未了，何况以不了了之"。故不论此下联道及立身处世是否有欠积极，单就上联的"有法而无定法"这一点来说，堪称真知灼见。首先是要讲方法，但在运用方法时又要能灵活变通、自由挥洒，不死抠定法。这就是达到了"非法即法"的智性境界。

多次听过《卡罗尔和她的小猫》（人教版第二册）的公开课。教法如出一辙，多数教师都抓住了课后问题"默读课文，说说课文哪些地方写得有趣"，开展教学。让学生找到觉得有趣的句子进行深入阅读：说说"有趣"在哪里（找出关键句段，结合词语教学）；想想为什么是"有趣"的；再读出课文的"有趣"来。这里运用的都是"课后习题导读法"。

可一位教师的教学设计却不是这样，他抓住了与学生交流中的一个有效信息作即兴发挥。原来教师在初读课文后问学生"你感受最深的是什么"时，有学生提到"我觉得广告的作用很大"。于是教师就从学生现场发出的阅读信息切入教学："广告的作用真的很大吗？那我们就来读读广告。"并布置了深读课文的要求："两则广告各是怎么写的"；"从广告里你读懂了什么"；"广告发出后效果又怎么样"；"给卡罗尔一家带来了什么影响"……然后组织以下教学：找出第一则广告："我们非常需要一只小猫。我们会给它安排一个舒适的家，会很好地照顾它。请问您有多余的小猫吗？"让学生读读广告内容，想想：你读懂了什么？然后，教师根据学生的反馈信息进行引导归纳，深化阅读：

信息一：卡罗尔一家非常需要小猫。找到相关句子，读好句子。

---

① ［瑞士］皮亚杰：《教育科学与儿童心理学》，傅统先译，北京，文化教育出版社，1981。
② ［意］亚米契斯：《爱的教育》，译者序言，夏丏尊译，北京，中央编译出版社，2010。

信息二：卡罗尔一家会很好地照顾它。找到能说明卡罗尔一家很好地照顾小猫的句子，读好句子，结合理解"舒适"一词。

……在出示第二则广告时教师则突出：这则广告太简单了，你觉得应该补充点什么，才让听了广告的人明白？学生可以补充：

要写清楚为什么要送小猫——小猫太多了。

要写小猫很可爱，很有趣，这样才能吸引别人来抱小猫。

然后抓住"小猫太多了"，进行深入阅读：找出说明小猫多的句子，读正确、读好。

接着，再让学生在深读课文，读懂课文的基础上，尝试帮卡罗尔爸爸改写第二则广告。

……

显然，这位教师教学设计的可贵之处是不受某种现成方法的局限，而是从学生鲜活的阅读实践活动中获取现场的信息"广告的作用很大"来安排教学进程的。这样既能紧贴学情，有的放矢，又能因势利导，自然得体。这种看似"无法"无疑会大胜于刻意的"有法"。正如巴金在论说写作技巧时所言：最大的技巧是无技巧。当然，这种"无技巧"的境界，不是真的没有技巧，而是技巧的娴熟运用已达到了得心应手、来去无踪的智慧化境。

3. "机遇"与"机智"的智慧把握

课堂教学的实质是师生之间的一种特殊交往活动，在这种平等交往中，教师的"导"不应是不讲时宜的灌输，而应当是针对学生学习需求的相机诱导。这就要求必须具有适合教学的"机遇"，方能"见机行事"。这种在教学过程中出现的好的机会和境遇，对教师来说是循循善诱、实现教学价值的契机，对学生来说则是发现探究、获得发展的好机会。然而，显性的机遇固然容易被教师把握，但更多的机遇常处在一种隐性状态，不易被教师发觉，而且瞬息即逝，不易抓住。这就要求智慧课堂必须有教师的教学机智，即指教师在教学过程中面对千变万化的教学情境，迅速、敏捷、灵活、准确地做出判断、处理，以实现课堂平衡、有效和优质的一种行为能力。所以，教师的教学智慧往往更多地表现在他们的教学机智水平上，因为只有那种敏锐的感受、准确的判断和灵活应变的行动能力，才能把握住教学机遇，获得最佳的

教学效益，构建成真正的智慧课堂。

这里是《富饶的西沙群岛》（人教版第五册）一课教学中的一个课堂实录片断。

师：通过刚才的聊天，发现大家去过的地方还真是不少，有个地方不知你们有没有去过？

（师板书：西沙群岛。学生表示没有去过）

师：看这四个字（师指板书"西沙群岛"），从这四个字你能了解到什么信息？

生1：西沙群岛一定有很多动物。

师：为什么这么说？

生1：从"群"字能看出来。

生2：西沙群岛有很多岛屿。

师：从哪看出来？

生2：群岛就是指一群岛屿。

生3：西沙群岛有很多沙子。

生4：西沙群岛在西边。

（出示课件：中国地图）

师：这是我国的地图，下边就是南海领域。西沙群岛是南海四大群岛之一，除了西沙还有南沙、东沙、中沙，西沙岛群岛位于我国边境，是祖国的海防前哨。现在我们就去这里看看！

……

从这个实录片断中，我们不难发现有好几处教师应当抓住的教学机遇。

从学生1的回答中我们可以看出这位学生把"群"孤立地理解是"牛群""羊群"的"群"。这时学生2说"有很多岛屿"，即"一群岛屿"。这样"群"就有了两种解释，那么到底是对还是错，让学生有进一步的讨论才好，让他们自己来解决问题。这应当是一个很好的教学机遇，不可轻易放过。

学生3回答中的"西沙群岛有很多沙子"，是学生从"西沙"的"沙"字中发现的信息，这样的信息是否正确，是否有价值，教师当然也不能不闻不问。

学生 4 回答中的"西沙群岛在西边"的说法有其合理的成分，但应当让学生在看地图时加以区别。

总之，这些本来应该及时把握的教学机遇，教师没有把握好，并以此来促进学生的思考和发展。实践证明，对学生的关注度不足，对学情的驾驭力不够，常常是教师不能及时察觉、准确判断和果敢行动的一个重要原因。

4. "敏感"与"钝感"的智慧应对

在智慧课堂里，教师的教学敏感当然十分重要，灵敏地察觉水平、机敏的判断和行动能力，是实现有效教学的重要条件。然而在作家渡边淳一的《钝感》里，同时也把钝感看成一种不可缺少的另类智慧。

所谓"钝感"当然是"敏感"的反面概念。即万事不可看得过重，也不该过分敏感。在生活中也好，在课堂里也好，都不可因小胜而忘乎所以、得意忘形，也不可因失误而郁郁寡欢、一蹶不振。若能以从容淡定的态度处置，以处乱不惊的心理面对，会更有利于把握全局、宽容应对。

其实，"钝感"与郑板桥曾经提出的"难得糊涂"有着理义相通之处。在课堂上教师有时故意"装傻"、装"糊涂"，更是为了把许多发现的机会、锤炼的机会让给学生。正是这些机会，为学生的发展搭建了平台，让我们发现某个孩子突然开窍了，这该有多好。说到底，教师的使命，不仅在于让学生学到了多少知识，也不仅在于让学生懂得了多少规矩，更重要的是在于知识和规矩背后的东西，那就是他们的成功、快乐、好奇心、想象力和创造力。而这种心智的觉醒和智慧的生长，不仅需要教师的敏感，有时更需要教师的"难得糊涂"。

在一次教学《纸船和风筝》（人教版第三册）的课堂上，上课开始，在初读课文之后，教师以图片带出生字，有"纸船""松果""纸条""草莓"……也许学生的预习特别充分，教师贴图时，学生已经把生字念出来了。这时，教师正准备贴"风筝"，一个学生就高声念出"筝（zheng）"，教师灵机一动，说："老师还没贴出字宝宝，你就喊他的名字了。好，这个字不好念，请你来帮帮老师，'风筝'的'筝'在这里到底念第几声？"学生瞎猜一通，而一个学生举手说："老师，他们念得都不对，'筝'这里应当念轻声'zheng'。"教师一面马上表扬了这位平常不太发言的小朋友："你学得真用心，你帮我念对了，我要谢谢你！"一面又对大家说："我们可大意不得，还得看准了字宝宝的读音再念，这才不会念错，而且一边念一边还得记一

记。"教师假装糊涂，不仅把一个成功的机会让给了一个平日不敢发言的孩子，而且根据学情的机智生成，使课堂过热的气氛适度降温，把孩子过分高涨的情绪及时引导到"专心读"上去。

5. "示强"与"示弱"的智慧转换

教师"传道受业解惑"这一传统的角色定位，似乎是无可非议的。然而当我们要寻求与"学生自主学习"的现代理念相平衡时，却往往会很难把握。这就要求教师只能在教学过程中适度地发挥组织、引领和指导的作用，而不可强势登场，主宰课堂，去一厢情愿地"我的课堂我做主"。应当说，有时教师"低姿态"进入，甚至采取"隐身""示弱"的策略，会更有利于学生的自主学习。

在智慧课堂里，教师在不失指引责任的同时，采用"示弱法"，体现的是一种教学的反向思维。即为更好地达到教学的目的，有时候得先从相反方面去做，教师在教学中有意或无意地表明"示弱"，恰恰是为了让学生"逞强"。这是完全符合我国古代"至为无为"的哲学思想的。《老子》三十六章说："将欲歙之，必固张之；将欲弱之，必固强之；将欲废之，必固兴之；将欲夺之，必固与之。"《孙子·计篇》主张"故能而示之不能，用而视之不用。"《孟子·离娄下》的"人有不为也，而后可以有为"，说的也正是这个道理。教师的"不能"，是为了让学生"能"；教师的"不为"，是为了让学生"为"，其慧心所在，都是为了引发学生真正能"自主学习"。在这方面，王怡文老师的案例《比一比》颇能生动地说明这种"示弱"教学的智性所在。

师： 这篇儿歌真有意思，小朋友读得很有节奏，很有味道，我也想来试试！
（教师认真朗读，但偷换了个别量词）
一个大，一个小，
一只黄牛一头猫。
一边多，一边少，
一堆鸭子一只鸟。
一个大，一个小，
一颗苹果一个枣。
一边多，一边少，

一群杏子一个桃。

（朗读中，有学生偷笑，有的笑出声，有的还忍不住"嗷嗷"叫，拼命举手）

师：（故作糊涂）我读得不好？

生：（摇头）你朗读很有感情，语气也很好，但读错了。你读成"一堆鸭子"，"一群杏子"了。

师："一堆""一群"是不是指东西多？（生点头）那么鸭子很多，杏子很多，我说"一堆鸭子"，"一群杏子"有什么错啊？

生：这些字是不能随便改动的，而且这样也不好听。

师：为什么不好听，不能改呢？（板书"一堆、鸭子、一群、杏子"）

生："一堆"要指不会动的东西，"一群"是指可以动的。

生：因为鸭子会走来走去，放在一起会走开的，所以不能用"堆"；杏子是不会动的，可以堆在一起。

师：哦，那可以说"一堆什么"，"一群什么"呢？

……

生：你还把"一头黄牛"说成"一只黄牛"，一只猫说成"一头猫"了。

师：（疑惑）这又为什么不行？

生：这样不好听。

生："头"要指大一点的，"只"是指小一点的。

师：哦，那我们的体育老师刘老师大不大？（生说"大"）我们班夏志鼎大不大？（生说"不大"）那好，我说"一头刘老师"，"一只夏志鼎"，行吧？（学生笑晕，连说"不行"）又为什么不行？

生："头"和"只"都是指动物的，不能指人。

师：可以说"一头什么"，"一只什么"呢？

……

（以同样方法学习"一颗苹果一个枣"）

师：看来我一不小心就会糊涂，你们那么聪明，帮我纠正了，谢谢！能不能读得让我佩服呢？

（生读得很起劲，神采飞扬，还带着笑意，大多能熟练背出课文）

儿童对数量词的运用很容易出错，教师如果只是把约定俗成而又形态多样的用法直接告诉孩子，不仅枯燥乏味，也会使他们懒得用脑子去思考为什么必须这样用而不能那样用的道理。现在，教师以"设错示弱"的方法来教，效果就大不一样，学生不仅学得开心，而且十分自然而又深刻地感悟到了它的用法。教师智慧地"示之以不能"，成了教学取得成功的关键。

（五）语文的生命课堂：要多一点辩证法

自 2006 年 5 月 28 日始，《中国教育报》曾多期讨论了"新课程的理论基础是什么"这一根本问题。多数专家认为在马克思主义教育思想指导下，在马克思哲学认识论基础上，吸收古今中华优秀教育教学经验和理论，建立具有中国特色和时代特征的课程与教学理论体系，应该是我们的共同追求。而不应当片面强调以西方后现代课程论来"创新"我国课程改革，搞所谓的"概念重建"。审视在新课程背景下的小学语文课堂，也足以说明能否坚持马克思哲学认识论的辩证法原理，反思和推进语文课堂教学改革，是直接关系到课改的健康、持续、深入发展的大问题。

形而上学和唯物辩证的认识论是相互对立的哲学观点。前者总是孤立、静止、片面地看问题；而后者主张全面的、联系的、发展的认识观。小学语文课堂时下的种种困惑，如工具性与人文性的对立、教师主导与学生主体的矛盾、多元感悟与价值导向的抵触、资源开掘与坚守文本的遭遇、小组合作与教学效率的冲突……其实质都关系到教师能否用辩证思维去正确把握。按理说，辩证思维不过是自然界中到处盛行的对立中的运动的反映而已，辩证法在自然界和我们的生活中本来就是无处不在的。然而要使人们自觉或不自觉地遵循这种客观的辩证规律成为一种思维方式和思维能力，却并非易事。它需要我们在教学实践中不断地去学习、反思和提升，树立正确的世界观，方能透过迷人眼目的种种教学现象去把握本质，全面、联系、发展地认识问题和解决困难。

我们应当怎样以辩证思维去正确认识发生在当前语文课堂教学改革中的一些误区，解决一些认识上的困惑？

1. "相反相成"——多从"和谐统一"看问题

事物都可以"一分为二"，找出各种矛盾的对立面。在小学语文教学发展历史上，这种矛盾可谓层出不穷：中华人民共和国成立初期的文道之争；20 世纪 50 年代加强思想教育和重视语文因素的论辩；90年代注重情节分析与强化语文训练的争议；乃至当下对工具性与人文性的掂量……由于"斗争哲学"在我们头脑中的根深蒂固，加上极"左"思潮的推波助澜，语文教学似乎一直在"二律背反"的"纠偏"中过日子。应当说，"一分为二"没有错，事物之间矛盾斗争是推动进步的内在力量。但是，这只是问题的一面，在"一分为二"之后，还有着矛盾的同一性，即"合二而一"，从对立走向统一。这应当是更重要的。因为世界本来就是多样的统一，统一的多样。这种"一分为二"之后的"合二而一"，庞朴称之为"一分为三"。也就是"一分为二"的对立的"二"，应当再归一为"三"，实现两极的融通。这个"三"，也就是新的"一"。如"工具性"和"人文性"本来就应该是统一的，"人文"就在语文中。目前，在有些语文课堂上离开了语文教材大谈"人文"的现象，充其量只不过是架空的人文灌输而已。它根本就不是语文学科要求加强的人文性。所以对于工具性和人文性的关系，我们更应当从"统一"的角度去认识，即统一于语文的教学内容之中，听说读写的语文实践之中。

　　一位教师指导学生研读《台湾蝴蝶甲天下》时，让大家探究，课文中哪些地方写台湾蝴蝶的美使你最受感动，有没有地方你觉得写得还不够，你认为怎样写会更好。教师的问题情境布置体现了辩证的理念，不仅为学生展示了欣赏的机会，也留下了可供批判、发展的空间。课堂交流很热烈，大多数学生当然是对课文优美文笔的赞赏，但有一位学生说："我觉得这一句写得不够好，'它们成群结队在树木花丛间、山石溪水畔翩翩起舞'，蝴蝶自由地飞舞会比排队飞舞更美。"显然，教师把这个意见视为学生的自由感悟而不置可否，或姑妄听之都是不妥的，因为这意见的背后潜藏着一个对词语理解错误的问题。即"成群结队"与"排着队"的混淆。前者只是指数量多，"结队"不是"排着队"的意思。这是在交流过程中学生明显暴露了语文知识的缺陷。语意的错误理解，也必然影响到正确体味语言的思想和情感，这正是语文教学最要关注的问题，最需要教师顺学而导的地方，岂能让其悄然溜走。所以，工具性和人文性，就这样共生于文本的言语之中，无法分割，也无须强加。一个用词，却牵连着对课文情感的评价，牵连着课文的价值导向。"人文"就这样自然地存在于语文之中。

2. "顾此失彼"——凡事不可"绝对化"

　　反思是改进教学，提升专业水平的重要途径。在语文课堂教学的实践活动中，我们会感到某一方面要加强，因而有所强调，这本来很正常。但强化了"此"，并不

意味就应该否定"彼"。"此"是整体中的"此","彼"也是整体中的"彼","亦此亦彼",方能整体地看问题,达到准确把握;如果认识上是"非此即彼",这就不免会犯"抓住一点,不及其余"的错误,落得个"顾此失彼"的结局,也就在所难免了。这正如杜威所说:"人类喜欢采用极端对立的方式去思考。他们惯用'非此即彼'的公式来阐述他们的信念,认为在两个极端之间没有种种调和的可能。"① 事实正是这样,"非此即彼"的意识使我们在强调了语文工具性的时候,会造成"人文性"的流失;而当我们强化了人文性,又会带来对工具性的忽视。过去,由教师主宰课堂,教学无视学生的存在;而现在尊重了学生的主体地位,却又淡化或放弃了教师应有的引领和指导责任……这种由一个极端跳到另一个极端的"绝对化"思维方式,也反映在对文本的解读上。

教学《小白兔和小灰兔》(人教版第二册)一课,当教师问到"你爱小白兔还是小灰兔"时,尽管多数小朋友说小白兔好,他向老山羊要菜籽,自己种白菜,爱劳动等,但也有一位小朋友说喜欢小灰兔。他觉得小灰兔也是爱劳动的,老山羊来送白菜,小灰兔就去帮;还认为"小灰兔有礼貌,老山羊送给他白菜,他说'谢谢你'"。这时又有一个小朋友说:"小灰兔不向老山羊要菜籽,可能是他不知道用菜籽是可以自己种白菜的。如果他知道,也一定会要菜籽的,后来他不是也要菜籽了吗!"这时,教师没有绝对化地对小白兔和小灰兔来个一褒一贬,扬此抑彼,而觉得这种对故事形象鉴赏的多元性,能辩证地看待小灰兔,并没有错。老师应当尊重孩子的这种善良、宽容、富有同情心的美好感情。

尽管课文是把小白兔和小灰兔这两个形象作为对照来写的,从小白兔的正面形象,借以说明"只有爱劳动,自己种白菜,才有吃不完的菜"的道理。但小朋友并不一定只喜欢小白兔,而不喜欢小灰兔,他们觉得小灰兔也很可爱,而且还从他身上找出了不少"闪光点"。这正是孩子天性的自然流露。从某个角度看,在小灰兔的身上更可以看到"孩子气"。他虽然贪玩,有时会偷懒,不太懂道理;但是他天真、善良,也很想学好。这就难怪孩子们也喜欢他了,我们的语文教学难道不应当用辩证的观点去珍惜小朋友们的这种真情流露,尊重孩子们这种可爱的天性吗? 由此可

---

① [美] 杜威:《我们怎样思维·经验与教学》,姜文闵译,北京,人民教育出版社,1991。

见，学会辩证地看问题的重要性。

3."过犹不及"——要"适度"不可"失度"

走进新课程，我们都会十分感谢"自主""体验""对话""合作""探究""拓展""综合"等关键词对语文教学改革的引领，它们为我们的课堂带来了勃发的生命活力。但事物都有一个"度"，适度地运作，自然会产生理想的效应；若过度的滥用，却会适得其反。这便是《论语·先进》中孔子说的"过犹不及"，意思便是过分与欠缺同样不好。确实，在我们的思维方式中常常会有如子张、子贡（孔子的学生）那种"只要是好的便做得越多越好"的思维定式。其实，任何事物都有质和量的规定性。这种"规定"就是"度"，这是事物保持质的数量界限。凡事均有度，失度必失误。这正如列宁所说：这是"无可争辩的真理，然而，只要再多走一小步，仿佛是向同一方向迈的一小步，真理便会变成谬误"。我们不是常把"错误"叫作"过错"吗？"过"了就"错"了，"物极必反"辩证法就是如此无情！

一位教师在教《三顾茅庐》一课时，先让学生看教师制作的诸葛亮的相关图片，课件做得颇有诗意，然后阅读大屏幕上展示的是《出师表》中的一段话。文句自然极富诗情，但由于文言的解读障碍，师生花了七八分钟才基本读通。然后，教师用一个问题引入新课，"是什么使诸葛亮辅佐刘备，一生鞠躬尽瘁而毫无怨言？"便又花了十来分钟时间看电视剧《三国演义》中《三顾茅庐》的片断。然后，颇具诗心地把事先安排好的另行板书，补充连缀成一副对联："三顾茅庐，求贤若渴，刘玄德精诚所至邀奇才；一心为国，雄才伟略，诸葛亮鞠躬尽瘁谢知己"。当然，这副对联言精意深，又是一番浓缩了的诗情……如此宽泛的诗意开掘，学生只能是半懂非懂应接不暇。而对于学生最应当"拥抱"的课文，却在资源宽泛开发的境况中被边缘化了。一堂课下来，学生真正接触课文的时间才十来分钟。

应当说，发掘资源，拓展文本内涵，扩大学生的知识视野，这不仅没错，而且十分重要。问题是好的做法，也要有"度"。一堂课时间是个常数，是有限的。教师引导学生解读文本，并从中学语习文、陶冶情操是主要任务，因此，围绕文本拓展资源就有一个主次宜分明、难易应相当、详略要适度的问题。而不是越多越好。"过犹不及"正是目前课堂教学在追寻新课改的前进道路上一个普遍存在的突出问题。

4."量体裁衣"——具体问题要作具体分析

清代的钱泳在《履园丛话》卷十二中有一个故事，说一位有名的裁缝，问前来

做衣服的御史："老爷当官已多少年了？"惹得这位御史老爷大发雷霆。裁缝只好解释："因为一般来说老爷的脾气都这样，刚上任时，意高气盛，走路挺胸凸肚，衣服就需要后短前长；如果做官有了一年两载，意气微平，衣服就得前后一样长短；如果当官年久而将迁退，则内心郁郁不振，走路时低头弯腰，做的衣服就该前短后长。所以如果不问明老爷做官的年资，就做不出合身的衣服。"这则写于清代的关于"量体裁衣"的故事是何含义，在这里我们可以暂且不究，但它却说明了一个"具体问题要具体分析"的道理，连做一件合身的衣服也不例外。事物都是具体的，因为具体，就各有不同。这正如马克思所说：具体之所以具体，是因为它是许多规定的综合，因而是多样性的统一。所以，"具体"就是事物矛盾的一种特殊性。凡事不可一概而论。在新课程理念导引下的语文课堂，阅读正在成为学生的个性化行为，孩子的独特感受、体验和理解应当得到尊重，多元的感悟更需要教师的即时引导，这就要求教师必须有较强的辩证思维的能力，善于对具体问题作具体分析。

学生在课堂上的多元感悟，教师固然要学会赏识、学会宽容，但对于一些错误的认识，也要积极疏导。这里的关键在于教师要运用对具体问题作具体分析的辩证思维方法，实现与学生、文本的平等对话，如果只是采用简单化、说教式的"价值灌输"，那是不可取的。

5. "东施效颦"——不可忘记"一切从实际出发"

西施因有病而蹙眉，显得更惹人爱怜；东施没有病也一样学着蹙眉，本来就长得难看，不就变得越来越丑，简直面目可憎了。这几乎人人皆知的"东施效颦"的典故，就告诫着我们不可忘记"从实际出发"的辩证之道。

小学语文是儿童语文，小学语文教学就要从儿童的实际出发。儿童是人生中十分重要的一个生命历程，童年关系着人的一生发展，也关系着民族的未来和国家的明天。一个缺失了童年的民族，必然会逐步走向衰落。所以，在新的历史时期，所有负责任的成年人，都必须严肃考虑一个问题：当下儿童的生存状态，这不仅是在社会中、在家庭里，也在课堂上。我们的语文课堂是不是充分关注了儿童的认知水平、心理特征、思维方式和生存状态？是不是真正做到了从儿童的实际出发？

这是一位教师执教《花潮》一课的教学行为。

这位教师预设的教学目标是"借助蝴蝶与课件，经历触花、品花、赏花、知花。使学生在花天花地、花语花诗中，迷于花海，心向情潮。同时，做到熟读课文，分清层次，掌握生字新词"。整节课的主要流程，则预定为"一、泛读吟诗，化蝶觅春；二、驻足昆明，入题识人；三、独意海棠，花天花地［这部分又细分为（一）蝶飞花海，咬字正音；（二）蝶触花朵，采词分段；（三）蝶舞花海，读句品词；（四）蝶恋诗词，数花赞潮］；四、春光似海，世盛潮涌"。教师在引领学生初读课文时，则是根据课件展示的"心花怒放""花枝招展""花团锦簇""红花绿叶""百花争艳""花天锦地"6 个词语，让学生在 6 个词语中选一个，并找出课文中的相应句群或小节来读，还罗列了古诗中赞花的不少名句，让学生读诵。在结课时又搞了"数花""赞花"等颇为玄奥的作业设计。

当然，应该看到教师教的这节课确实体现了认真努力、刻意创新的精神和很浓的文学意识，但却欠缺了从儿童的实际出发，多以成人那种自我欣赏的"风雅"向儿童强行灌输，令他们似懂非懂，更谈不上积极参与了。教师为了提升课堂的"诗意"而过分矫情做作，甚至不惜以辞害意的做法，去追求"虚高"，是不可取的。如教师热衷于抓住一个"花"字，几乎集中自己库存的所有带"花"的成语、词语（其中不乏生造的、牵强的），搞了那么多的"花头花脑"，就有一点儿媚俗的味道。故不说，解读文本，"花潮"固然是基础，但进而还要去关注看花的"人潮"和看花人的"心潮"，方能体悟到课文的主旨所在。教师离开了课文实际和儿童实际的"诗兴大发"，千方百计地展示"高雅"，并误以为是在张扬人文，多少有点像"东施效颦"，实在是我们不该看到的课堂情景。

小学语文教学要从实际出发，这个"实际"就是儿童实际。从儿童文化的视角，重构小学语文课堂，而不搞"唯成人主义"，应当是我们对小学语文教学改革作辩证思考的重要内容。

（六）教师课堂的"硬实力""软实力""巧实力"与"和实力"

"课改"的关键一战是"改课"（改革课堂教学）。这些年在"课改"的指引下，课堂教学已发生了很大的改观，但推进的路径是曲折的、复杂的，目前还远远没有达到抛物线的顶端。特别是在课堂教学应以生为本、以学为重已成共识的情况下，新的矛盾也相机而生。其中比较突出的便是如何看待教师的地位和作用，如何发挥教师的引领力和影响力。特别是在课堂上教师的"主力"和学生的"主体"又怎样有机结合的问题，是一个内蕴丰富、机理微妙，既具科学性又有艺术性的根本问题，

当然也是一个课堂教学中对立统一的哲学问题。

一起讨论语文的生命课堂

　　课堂的真实效度固然取决于学生主体生命的自觉和自得，但这种"自觉"和"自得"未必都是"自发"的，其与教师实力的投射有着内在的密切联系。呈现出辩证统一的学理。那么在课堂上教师应该具有哪些实力，又如何有效地发挥这些实力呢？

1. 硬实力：教师的知识积累和专业经验

　　一般地说，一个城市或一个地区的硬实力，常常以具体的物质为标尺，具有基础性、根本性和强制性的意义。教师在课堂上最应当发挥的作用力，当然离不开他的知识积累和专业经验。因为它同样具有基础性和根本性。就学生而言，学习就如登临人类知识之宫，而教师首先要成为手持打开宫门金钥匙的人。在打开知识大门之后，你还得带领学生登堂入室，做知识之宫的主人，教师就还需要有丰富的教育专业的经验。不少教师以为上好课的关键在于文本细读，课文多"磨"（集体研究），教案超详。这样，课堂上就万无一失了。不可否认，这一切确实也很重要，但恐怕教师日常的知识积累更重要。因为，课堂的最大特点是它的"不确定性"，尤其是在学生的生命活力得到了激发的课堂里，教师的备课实在很难"包打天下"。教师希望以超详的教案来为上课保驾护航，实际上是在把本来"不确定"的课堂，试图变成

"确定"的，这就必然会压抑了学生学习的主动性和积极性，与课堂教学改革背道而驰。显然，教师若要应对不确定的课堂，就要寄希望于平日的知识积累和专业经验，方能得心应手地去面对课堂真实，作"传道、授业、解惑"。

听一位教师导读《伯牙绝弦》一课（人教版第 11 册），深读之后要学生说说感受。不料有学生提出："伯牙不弹琴也就算了，为什么要把琴摔破。他的琴肯定是一把好琴，是很值钱的，这不是太可惜了。"一石激起千层浪，有的说："钟子期死了，当然很悲伤，因为他是知音。但知音不会只有一个，伯牙弹下去，还会有知音出现的"；有的说："他干吗就不弹琴了，他是靠弹琴吃饭的，不弹琴了怎么活"……这使得教师很尴尬，一下子不知该怎么解释，只好说："这些问题你们长大了自然会明白。"这显然令孩子们十分失望：长大了固然可以明白，难道现在就不该明白吗？其实，教师完全可以引导学生去思考：大家说的都有道理，但这都是从伯牙行为的实用价值出发考虑的，觉得他这样做亏了、太傻、不值得。人的行为除实用意义之外还有审美意义。伯牙的行为虽然有些极端，异于常人，但这也正体现了他与钟子期的深厚友情非同一般，正是这种非同一般的深厚友情产生的审美价值，使这个故事才有了世代流传不绝的魅力。如果当时伯牙如常人一样，照样弹他的琴，过他的日子，这故事还会流传至今而感动一代又一代的人吗？

真正以生为本、以学为重的课堂，必然会具有很强的"生成性"，这就会有许多的"节外生枝"，教师只能以积于日常丰富知识储备和专业经验去应对，才是教师"硬实力"的真正体现。

2. 软实力：教师的文化素养和润物无声

1990 年，美国学者约瑟夫·奈提出了"软实力"的概念。对"硬实力"的刚性、物质性而言，"软实力"体现为是一种柔性、精神性，放射出一种魅力、潜力和影响力。在课堂上教师的"软实力"更多地是来自于他的文化素养和教学艺术魅力，以其"随风潜入夜，润物细无声"的方式，体现其实力之所在。在课堂管理系统中，教师不能靠权威领导力，而应当体现为价值领导力，也就是文化领导力，即运用温软的文化魅力来调控课堂中学生与教师的个人行为，重在精神上熏陶感染的影响力，去更好地达成教学目标。这便是一种"软实力"，它从根本上区别于行政领导力（运用政治手段）、权威领导力（运用师道霸权）或经济领导力（运用经济杠杆）。所以它不是刚性和强制，而是柔美的吸引。

人教版第五册有一篇课文《喜爱音乐的白鲸》，说的是一群白鲸被冰层堵住回不了大海，得到了猎人、村民、飞行员、船员的大力救助，最后用音乐引领白鲸游出冰区而得救。怎么启发学生去体会人们抢救白鲸的热心和奋力？教师设计了一个文外虚拟的情节：国家为了表彰在这次抢救白鲸行动中的有功人员，要颁发一枚高级别的奖章，而且只有一枚，你觉得该奖给谁呢？是猎人，还是村民，是飞行员，还是船员？请你再仔细研读课文，应该奖给谁，要在课文中找出充分依据并加上你的理由。

显然，教师的这一虚拟设计，显示的是一种"软实力"，旁敲侧击地把学生的读与思推向了顶峰。《课标》特别提出"要珍视学生独特的感受、体验和理解"，但如何引发这种"独特的感受、体验和理解"是需要教师去掀动波澜的，它不能用简单、直接、刚性的指令，而必须借助文化的、精神的、委婉的手段去影响。事实证明，教师的虚拟一击，果然引发了学生的热烈讨论，还开展了争辩，大家都说出了自己的依据和理由。结果是谁的功劳都很大，只好建议当局，各给一枚奖章。这样的"软实力"的运用，不仅只是提高了学生阅读的趣味性，更重要的是在争辩的过程中深化了对文本的理解，激发了个性化的感悟和体验，提升了表达能力。

3. 巧实力：教师的教学智慧和应变能力

我们对希拉里·克林顿曾经提出的"巧实力外交"都不会陌生。说白了，"巧实力"也就是要机巧地运用实力，使其发挥更大的效能。这又岂止是在外交领域，其实各行各业都力图奉行"四两拨千斤"的用力之道。老子说得好："埏埴以为器，当其无，有器之用。凿户牖以为室，当其无，有室之用。故有之以为利，无之以为用。"这就是说，我们做容器和房子，其实我们用的不是容器和房子本身，而是它们给我们提供的空间。容器可以盛东西，房子可以住人。所以，容器和房子的"有"是为了巧妙地产生出"无"（空间）。这样，我们就要力争把容器的壁做薄，方能取得更大的空间。这种"有"是为了产生"无"，"有"的好处（利）却在"无"的有"用"之中，换一个角度看，可谓奇巧无比了。由此看来，"巧"机无处不在，课堂当然也不例外。教师的教学智慧和机敏应变正是不可缺失的"巧实力"。在社会生活中，智慧是个体生命活力的象征，是个体在社会文化心理背景历练下，形成的有效应对社会、自然和人生的一种综合能力系统。教师的教学智慧主要表现为他对教育、教学工作的规律性的把握，创造性的驾驭和深刻洞悉、敏锐反应以及灵活机智应对的综合能力。这种不可缺失的综合能力，正是教师在课堂教学中极需要的"巧实力"。

听著名特级教师薛法根导读《寓言两则》中的"鹬蚌相争",真要为他的"巧实力"运作点个赞。鹬蚌是怎么相争的?薛老师紧紧扣住一个"争"字,先引导学生读通课文,理解寓言的内容。学生说自己的解读,教师扼要评价并板书,最后形成以下的提纲。

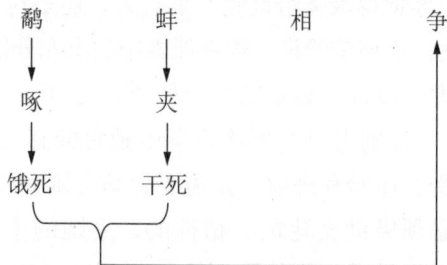

```
鹬        蚌        相        争
↓         ↓                   ↑
啄        夹                   │
↓         ↓                   │
饿死      干死 ────────────────┘
```

然后,教师让学生按图示讲故事。哪一位讲得好,可以评为"讲故事新手"(站在座位上讲),学生争着讲。接着,教师又提议:在"新手"中评出"讲故事能手"(到讲台上讲)。学生讲熟了,教师又说谁能在讲台上不看课文讲,那就是"讲故事高手"了。最后,教师又要学生不但不看课文,而且在讲台上能有动作表情地讲,讲得好的,那就是我们班的"故事大王"了。教师基本不分析课文内容,而因此省下了许多时间,只是在学生讲的过程中穿插点拨要处、疑处、误处和不足处,借助传统的"复述课文"训练,转化为学生的"讲故事"竞赛,使学生的学习兴趣大增,变被动为主动,让学习过程在学生的活动之中生动地展开,从而使学习主体得到了最充分的参与、体验和演练。这样的教学,确实极富"巧实力"的魅力。

4. 和实力:教师的生态情怀和人际协调

营造生态和谐可以放射出强大的实力,报载这可以称之为"和实力"。这可以从我国民族俗语中得到古老的印证:"三兄四弟一条心,门前泥土变黄金。"从根本上说,其实"和"是儒家学说的精魂。儒家历来强调"和谐之境",这里的"和"即"中和",唯求人与社会的和谐关系,讲究消除心与物的对立,达到心物合一、知行合一,使宇宙与生命、人与自然、人与人、人与社会之间共具和谐之美。因此而诉之仁爱中庸之人格修养。围绕一个"和"字,《礼记·乐记》曰:"乐者,天地之和也",宣扬"和"是"乐"的最高境界。《论语·学而》说:"礼之用,和为贵","和"被看作君子的品格修养。《中庸》有言:"和也者,天下之达道也";"致中和,

天地位焉，万物育焉"。《广雅》则直接解释为"和，谐也"……如果说，天地是一个大生态，课堂便是一个小生态，在生与师、学与教、练与讲、读与写之间，也都需要和谐。"和"则盛，"不和"则衰，其"和"实实在在是一种不容小觑的"实力"。在 T 形台上款款独步的时装模特，为何脸无半点表情？显然，她要展示的是艳丽的时装，而不是富有挑逗力的面容。面容的淡定方能凸显时装的亮丽，实现整体的和谐，从而达到"时装展示"的唯一目的。同样道理，教学要让学生自主进入真实的学习过程，教师就不应展示自己的"花拳绣腿"去夺人眼球。为了凸显学生，更好为学生的成长服务，教师会有意淡化自己，从而使课堂在"实现学生发展"的层面上达到和谐。这正是课堂应当追求的"和"实力。

《看戏》是人教版第十一册的选学课文，说的是梅兰芳在北京劳动剧场的一次精彩演出。在深读课文时，教师以课题"看戏"让学生撷取课文的主要部分，抓住观众看戏过程中的情绪表现，要学生用线条表示，该用直线还是曲线为宜。这时多数学生认为用曲线为好，有的还画出了曲线图。

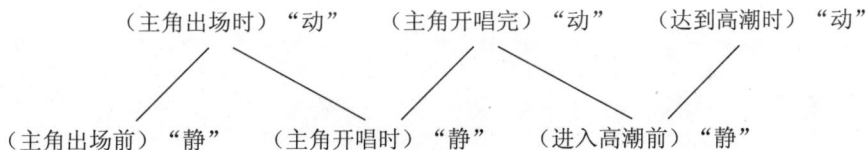

（主角出场时）"动"　　（主角开唱完）"动"　　（达到高潮时）"动"

（主角出场前）"静"　　（主角开唱时）"静"　　（进入高潮前）"静"

但也有二三位同学认为是"直线"，怎么办？教师没有放弃，说："认为用直线的学生虽然只是个别的，但我们要知道有时真理恰恰掌握在少数人手里，我们也应当听听他们不同的想法。"于是持不同意见的学生站起来说："课文中写的是一会儿'静'一会儿'动'只是一种外表表现，其实，观众的内心都是激动。主角出场前是'激动'，主角出场时也是'激动'。所以课文写的就是从激动到激动再到激动，这不就是直线吗？"这位同学的一席话引来了师生的一片掌声。教师高兴地说："你说得很有道理，说曲线是从外观上看，说直线是从内心上看，两种截然相反的意见本质上是相同的，而且从两方面理解，我们对课文的感受更深刻了。"应当说，最有效的课堂应当就是这样在不同的探究、多向的求异、激烈的争辩中生成，在"不和"中求"和"，体现的正是"和而不同"，"和而不同"才是真正的"和"，才是课堂"和实力"的体现。

　　《学记》中说得好："道而弗牵则和，强而弗抑则易，开而弗达则思。和易以思，可谓善喻矣。"

　　从"前台"转到"后台"，做一名后台的"导演"；从"主讲"转为"善喻"，成一位智慧的"朋友"，教师不仅需要"硬实力"，也更需要"软实力"和"巧实力"，从而构建成营造课堂生态健康的"和实力"。这既是师者的责任和担当，也是营造优质高效课堂的哲学思考。

社会评说

一、专家评论："师道一贯"的语文人生

(一)"一贯"的意义阐释与思想映照

成尚荣

（原江苏省教科所所长，国家督学，国家教育部基础教育课程改革专家工作委员会委员，教育部中小学教材审查委员）

两千多年前，孔子谈论自己学问的时候曾说，"吾道一以贯之"。其实，何止是做学问呢？做人也应"吾道一以贯之"。面对越来越纷繁复杂的学科，当今的专家还能"一以贯之"吗？面对越来越浮躁、功利的社会，当下的名师们做人仍能"一以贯之"吗？回答当然是肯定的：有，比如周一贯老师。

也许名字的积极暗示和热切的期盼，对语文教育研究，周一贯老师坚守了65年，一以贯之，从未改变，更从未放弃。"一贯"成了他的情怀、精神和品质。正是

成尚荣先生在做讲座

这"吾道一以贯之",使他的语文教育与中华优秀传统文化相契合,他始终有根、有魂,从根中生起中华美学精神,显现着先生之风,而先生之风,山高水长。我们应当恭恭敬敬地称周一贯为先生。

周一贯先生以自己长期以来的实践告诉我们,一个人成功的秘诀是什么——是专念。用美国心理学家埃伦·兰格的话来说:"专念是一种积极的思维方式,是思维中的蓝海——创造各种可能,积极留意新事物,随时能敏锐地发现环境中细微的变化,随时调整自己的反应。"① 看来,专念不只是一种坚守的执念,而且是一种敏锐、一种对新事物的关注、一种无限可能性的创造。周一贯先生之"一贯"正是坚守中的调整,执念中的发现和创造,是"一以贯之"和"与时俱进"的统一与融合。一贯,可贵的守望和创新精神。

再从风格的角度来看,周一贯先生65年只做一件事——小学语文教学研究与实践。65年啊! 这是一种治学的风格。治学的风格有两种:狐狸型与刺猬型。狐狸什么都知道,知识面较为广泛,可止于多而略显表面,而刺猬只做一件事,求精准、求深刻。显然,周一贯先生属于刺猬型的治学风格,他心无旁骛,一心一意,潜心研究,静心思考。他的语文教育研究,越来越科学,越来越深刻。正是这样的治学风格才让周一贯先生一直站在小学语文教学的高峰,俯瞰语文大千世界,又抬头仰望语文辽阔星空。一俯一仰之中,一贯先生的学术品格,学者人格得以锤炼和淬化。一贯,治学的风格,做人的品格以至风骨。

假若我们把关注的视野转向人生意义的探求,就会发现,一贯先生有着一贯的价值追求、一贯的意义创造。一贯先生的一生,再次证明了一个人生哲理:人是意义的存在;人生的意义不是别人赋予的,而是自己创造的;人既可以是人生意义的创造者,又可以是意义的破坏者。人生意义让一贯先生静水深流,让一贯先生深耕谷底。静水深流、深耕谷底,让他探求了语文之道,改革之道,而语文之道,改革之道正是为师之道,为人之道。道也,形而上也,规律也,创造也,人之生命也。但一贯先生之道,又不仅是形而上,而且形而下,甚或是形而上与形而下的统一,用周一贯先生的观点来谈,由此有了一分为三的和谐。一贯,核心价值的追求,终

---

① 孙云晓:《"专念"让这一切充满乐趣》,载《中国教育报》,2016-05-05。

极意义的创造。

我们自然可以做如下的概括：周一贯先生是我国小学语文教育界的精神导师和专业导师。他已成一种文化符号，昭示着教育和研究的情怀和理想，闪烁着人生意义的光彩。今天，我们与他有约，就是与思想有约、与精神有约、与专业有约、与人生意义有约。永远与一贯先生有约，因而我们也完全可以做到"吾道一以贯之"。我们应当像周一贯先生那样，用"一贯"去为自己的一生寻找最好的证明。

周一贯先生不仅揭示了一个语文名师成长的奥秘（用他的话来说，其实很平常，并无奥秘可言），而且，回答了当今语文教育研究，以至教育研究的三个方面的问题。

其一，语文教育，小学教育需要领军人物。如果把小学语文比作一支浩荡的队伍，那么这支队伍里一定要有一个领跑者；如果把小学语文比作一支优秀的合唱队，那么这支合唱队里一定要有一个领唱者。领跑者、领唱者，应该是领军人物。无疑，周一贯先生是全国小学语文教育的领军人物，而且他具有草根的性质。虽然他有特级教师、教研员、教研室副主任的头衔，但更多的是被广大教师所认可、所欢迎的，不妨可以称作"民间英雄"。自然，我们想到两个问题，一是教学流派的追求与形成，需要这样的"民间英雄"；二是"千课万人"，既需要"万人"，也需要"一人"。这"一人"就是领跑者、领唱者。

其二，语文教育研究需要理论。何为理论，用梁启超的话来解释，那就是"学"与"术"的结合，理论不应排斥"术"。用新加坡李光耀的话来解释，重要的是理论给这个社会带来什么，理论应当务实。理论从何而来？来自书斋，也可以来自田野，来自实践。周一贯先生就是在肥沃的实践土壤里培育了理论，丰厚，鲜活，扎实，亲和，管用。周一贯先生是创造理论的人，他应当是一个学者。

其三，教学改革，教育研究，需要推动，但是推动的力量在哪里？既在官方，也在基层，还在民间，在于"第三种力量"。"千课万人"正是走的"第三条道路"，形成了"第三种力量"，创造了"第三空间"。随着改革的深入，越来越需要"第三种力量"。周一贯先生为这"第三"做出了积极的探索，有了创造性贡献。

捧着这本《师道一贯》的文稿，一个个名师、专家在我眼前浮现，他们可亲、可敬，而其中，周一贯先生的形象尤为鲜明而光辉。向名师们致敬，向专家致敬，向周一贯先生致敬！

　　（为《师道一贯——周一贯先生从教 65 周年暨 80 华诞文集选编》作序）

（二）学品、文品、师品的一贯
——试论周一贯语文教研的创新之路

杨再隋

（华中师范大学教授，原国家教育部全国中小学教材审定委员会审查委员）

　　周一贯，浙江绍兴人士，和鲁迅先生同乡同姓。年少从军，因病退伍后，一直从事小学语文教学与研究，65 年。他终身从教，无怨无悔，且笔耕不辍，著作等身。2009 年，我在《周一贯语文教育 60 年》一书中题词："语文园地上，辛勤的耕耘者，积极的探索者，不倦的思想者"，大致勾画了他的学品、文品和师品。

杨再隋教授发言

　　20 世纪 50 年代初，周一贯踏上了语文教学与研究之路，即便在一间勉强能把双膝塞到桌下的小房间里，也能起早熬夜，目耕心织，与书为伴，知足常乐。他遵照"勤奋做人，低调处事，谨持工作，甘于寂寞"的信条，既学会"独处"，又善于"等待"。和许多同龄知识分子一样，他目睹了解放初期全国人民建设新中国的壮志

豪情，也遭遇了"知识分子的早春天气"和"文化大革命"的凄风苦雨。党的十一届三中全会后，他幸运地沐浴在改革开放的阳光雨露中，使他早年在心田里播下的"名师梦"种子生根发芽、开花结果。

1. 关爱生命，呵护童心——语文教研从原点出发

生命哲学产生于19世纪末和20世纪初，其主要思想观点集中表现在以下几个方面。就世界观而言，生命即世界，生命与宇宙是不可分割的整体；就认识论而言，思想与行动的全部意义即是生命的意义；就方法论而言，关注事物的自然性和原初状态，强调生命的唯一性和不可替代性。

周一贯把生命哲学融入语文教研之中，他指出，关爱受教育者的生命发展是"教育的原点"。他说："教育应当是关爱受教育者生命发展的事业。这不仅因为教育是生命发展的原始需要，而且还因为它需要通过人的倾情投入、积极互动来实现，最终是为了生命质量的提升。正是教育才使一个个鲜活的、充满绿意的生命，在全面、全程、全方位的活动中，使人的生命四重构（自然生命、精神生命、价值生命、智慧生命）得到最和谐的发展。"出于对教育原点的思考，周一贯感叹道："如果没有受教育者的生命发展，教育还能留下什么？又需要教师做些什么？"

从教育原点出发，周一贯提出了"生命场"的概念。他认为，学生的生命发展，教师的生命活力和教材的生命情怀，在这里汇聚和交流……语文课堂的"场"效应是课堂教学赖以高效运行并充满生命活力的基本条件。教师若能敏锐地把握和发挥这种"场效应"，课堂往往就会具有可调性和兼容性，以及能进能退、能屈能伸、能吐能纳、能开能合的灵动，师生的生命活力和智性潜能就获得真正自由的呈现，而使课程洋溢着色彩斑斓的诗意和值得回味的神韵，达到那种充盈了绿意的生态课堂的境界。语文教学的生命观引导出语文教学的儿童观。周一贯指出，"小学语文应是儿童语文……小学语文教学不仅要考虑到'小学'特定的学业水平，更要考虑到儿童的心灵感受"。他还进一步指出："童心并非只存在于童年，它可以在一生中发挥出神奇的力量。它是健全人格的开端，创造力的源泉，是一辈子自由、幸福的基石，甚至是一个民族和国家健壮活力的标志。"而当下的儿童正遭遇成人化的入侵，这不仅来自社会、来自网络、影视等现代传媒，也来自学校课堂教学。这就致使儿童精神边缘化，儿童观念逐渐淡化，儿童文化也渐渐被遮蔽。正如法国大哲人卢梭所言："天真烂漫的儿童变成了老态龙钟的学究。"这些现象，令人忧虑。为此，周一贯大声疾呼："小学语文教学应当更多地关注儿童的心态、儿童的感受、儿童的话语、儿童的兴趣特征和思维方式……一句话，应当更多地去追寻儿童精神，莫让童心过早地消逝。"

在语文教学中，还会常常发现儿童的语言障碍。如简单模仿、鹦鹉学舌；词不达意、言不由衷；颠三倒四、逻辑混乱；生搬硬套、不知所云等。究其原因，大都源于成人话语的排斥。这些成人话语往往又以霸权的态势，挤压儿童话语存在的空间，剥夺儿童本有的话语权。的确，儿童话语缺点不少，但许多是可爱的缺点。一些充满童稚的话语，恰恰是他们的内心表白和真情宣泄，作为一种生命状态，理应受到宽容和尊重。

由生命观生发的儿童观，从而引出语文教学的生本观，这就是周一贯的思路逻辑。他深感，在教学实践中，教师得意妄言的分析讲问，尽情地才艺展示，使学生失去了自主学习的时空。由于忽视学情，无视学生的需求，掩盖了教学中许多矛盾，读写实践落空，必要的训练也被丢弃。课堂上依然以教师为主角，少数学生"捧场"，多数学生"陪读"。在有的公开课上，执教者华丽出镜，强势登场，刻意挥洒的自我展示和形式主义的雕琢扮靓，异化了课堂的主流价值。鉴于此，周一贯力主"以生为本"，让学生真正成为课堂的主人。

2. 继承传统，兼收并蓄——留住中华文化的根

周一贯有深厚的文化底蕴，对中华传统文化有深刻的理解。小学语文作为母语教育，必须深扎传统文化之根，灌注中华民族之魂，方能枝繁叶茂。每个人都是在一定文化背景下成长的人，周一贯深受吴越文化，尤其是绍兴文化的影响。在他的著述中，有很深的"鲁迅情结"。他的《以鲁迅的儿童阅读理念瞻观今日》《读图时代应当仰望的背影》《把鲁迅还给儿童》等文章，表达了对鲁迅的敬仰。他深情地写道："鲁迅是一条奔腾不息的精神之河，他哺育所有的人，不只是绍兴人……是所有炎黄子孙，当然包括儿童"，他呼吁"把真实、丰满的鲁迅还给儿童"。

周一贯按照"语文课标"要求："认识中华文化的丰厚博大，汲取民族文化智慧，关注当代生活，尊重多样文化，吸收人类优秀文化的营养，提高文化品位。"中国语文教学仅从孔子授业始，也有 2500 年的历史。因此，语文教学无论如何现代化，都不能抛开语文教学的传统经验，这是中华文化从传统到现代的血脉相承。试图在中华传统文化的基础上建造新时代语文教学的殿堂，必将退化为早已被抛弃的

所谓"无产阶级文化派"的变种。中国语文教学的本体是汉语文，几千年来中国人教学中国语文，被世代证明的那些行之有效的做法，不仅揭示了学习汉语文的规律，也蕴含了中华优秀传统文化的精魂，被周一贯称之为"中国心"，这是中华民族之魂，是中华民族不朽的精神。

2007年，周一贯在一篇访谈录中指出，继承传统非易事，实行起来并不简单。他说："传统不是历史长河中的漂浮物，一眼望去便可决定取舍。它沉淀在由更远的历史所铸造的民族心理之中，并成为一种相当稳定的文化深层结构，所以正确分清精华与糟粕，就不是那么容易。"尽管历史变迁，时代发展，但汉语文作为社会交际工具的性质和功能没有根本改变，中国人学习母语的特点和规律也没有根本改变，许多语文教学的传统经验仍具有很强的生命力。可以说，真正继承优秀传统的，才可能和现代融通，真正具有中华民族特色的，才可能走向世界。

究竟哪些语文教学传统需要继承发展呢？对此，周一贯在著述中做了精辟的阐释。例如"文以载道"，如元人郝经所言："道非文不著，文非道不生"，强调"文道统一"。近几十年来争论不休的语文教学思想性和工具性孰轻孰重之争，主要源于语文之外因素的干扰。21世纪初《语文课程标准》把语文课程的基本特点归纳为"工具性和人文性的统一"，为这场旷日持久的争论打了一个句号，也是对中国语文教学传统经验的总结。

还有如注重识字、写字，重视诵读，强调习练，讲求"体验涵泳"等，尤其是有关"读思结合"的传统见解，对教学实践有着重要的指导作用。孔子谓"学而不思则罔，思而不学则殆"，由"不愤不启，不悱不发"的思想衍生出来"启发式"教学，在历史长河的洗涤中，越发显示出它的光泽。苏东坡有诗云"旧书不厌千回读，熟读深思子自知"；朱熹说得更透彻，熟读深思要达到"使其言皆出于吾之口，使其意皆出于吾之心"等，古人倡导"涵泳体悟"，无非是强调用心读书，以心悟之。在语文学习中这样重视感悟、意会，跟《语文课程标准》的要求是一致的。

在"继承传统的基础上发展创新"是周一贯教学研究的重要特色，他不故步自封，而是与时俱进。多年来，他学习了系统论、控制论、信息论，涉猎符号学、社会学、民俗学、文化学、生态学乃至模糊理论，全息原理……对西方的"教育哲学""教学实验"以及"后现代课程论""多元智力理论""建构主义""接受美学"乃至近几年在西方盛行的"翻转课堂"都有所借鉴。同时，他又清醒地认识到，当这些

"舶来品"一齐涌来时，需要与中国国情相符合，与汉语文教学的特点和规律相适应，与当前我国语文教学的现状相结合。这就要求语文教师具有开阔的国际视野，以清醒的民族意识去吸纳、筛选、借鉴，洋为中用。

六十多年来，周一贯潜心于对中国小学语文教学实践的探索与思考，既注重实践创新，又注重理论创新。他总能在语文教学改革发展的拐点处，给我们指引方向；在语文教学改革的迷茫中，给我们指点迷津。对脱颖而出的教坛新秀热情鼓励，对许多语文名师除了肯定他们的成果之外，也能对他们的教学提出改进的建议，不愧为广大语文教师的良师益友。从总体看，改革开放前的三十余年，他主要是实践、读书、思考、积累，改革开放后的三十余年则厚积薄发，许多真知灼见喷涌而出。他平均每月 3 篇文章，总共在国家级、省级报刊发表文章 1300 余篇，出版著作 170 余本。著作、论文等研究成果获国家奖 10 余次。其丰硕成果，不敢说是"前无古人，后无来者"，但在语文界的确是凤毛麟角，令人叹服！

3. 辩证思维，和谐统整——走创新之路

回顾我国六十多年来的语文教学，大都在坎坷不平的道路上曲折前行。由于语文教研尚缺乏教育哲学的理论指导，又缺乏教学实验的论据支撑，加之受其他因素的影响，语文教学的进步很大，但问题不少。

反思语文教学的发展历程，矛盾可谓层出不穷：如中华人民共和国成立之初的文道之争、加强思想教育和重视语文因素之争；20 世纪 60 年代语言和文学的分合之争、烦琐分析与精讲多练之争；80 年代的形象感染与思路教学之争；90 年代注重情节分析与强化训练之争、语言训练与诗意的审美的语文教学之争；乃至当下对工具性和人文性的轻重掂量及如何统一之争……多年来，由于"斗争哲学"盛行，语文教学一直在"二律背反"的"纠偏"中徘徊。

周一贯深知，语文之外的因素我们无法掌控，但在语文教研上选择何种方法论来探究，则可以从自身做起。当然，选择什么样的方法论和时代进步息息相关，也跟个人在语文教学实践中的亲身经历紧密联系在一起。

的确，凡事物皆可一分为二。例如在语文教学中，学生与教师、主体与客体、自主与合作、预设与生成、语言与思维、理解和运用、知识与能力、认知与情感、课内与课外、基础与创新等。正是事物的矛盾斗争推动着事物的运动、发展，但这只是问题的一个方面。过分强调"矛盾斗争"，或者只停留在"矛盾斗争"的层面

上，则可能顾此失彼、非此即彼，易走极端，用一种倾向掩盖另一种倾向，使事物陷于矛盾的旋涡之中。20世纪60年代，当时的中央党校校长、哲学家杨献珍提出了"合二而一"的观点，认为事物矛盾的对立面，在一定条件下，"一分为二"同时可以"合二而一"，达到相对的统一、和谐、平衡、相容的状态。这些在当时视为"另类"的观点，遭到了严厉批判。周一贯对此深有体会。他认为，世界本来就是多样的统一和统一的多样，因此他赞同庞朴"一分为三"的观点。认为"一分为二"中相互对立的"二"，在一定条件下是可以统一的，统一后的"一"就是新的"一"，和原初"一分为二"中的"一"相比，已经发生了质的变化。就如文与道在语文教学中既是对立的，又是相容的，二者相互促进，共同提高。当然，在教学中如何找准二者的汇聚点，还需要我们在教学实践中继续探究两极融通的规律。

何谓规律？发现事物之间的关系和联系，就是规律。科学的方法论有助于我们探索语文教学规律。周一贯勇于探究，勤于思考，善于透过现象看本质，从诸多纷乱繁杂的头绪中，厘清它们之间的关系，找出它们各式各样对立矛盾，并相继统一于教学活动之中。防止形成长期"对立之争"的思维惯性，避免语文教学中许多思维上的"过度"与"不及"。例如消除"预设"与"生成"的矛盾，共融于教学现场；降低"学路"与"教路""文路"和"编路"的矛盾，使之汇融于教学过程中；减少"多元感悟"和"价值引导"的冲突，统一于师生平等对话之中；化解"熏陶"与"训练"的对立，统一于科学的有效训练之中。

周一贯善于运用辩证思维处理教学过程中的诸多矛盾，坚持用融通形成合力，从而产生了良好的教学效果。在课堂中，利用"教会"与"学会"的智慧提升；"敏感"与"钝感"的智慧应对；"机遇"和"机智"的智慧把握；"示强"和"示弱"的智慧转换等，使学生获得了知识，培养了能力，增长了智慧。

几十年来，周一贯总是不停在思考，不断产生新思想，提出了一些颇具创意的观点和主张：1984年11月提出了语文教学的文体观，出版《文体各异教法不同》一书；1994年10月提出训练的实践意义和人文价值，出版《语文教学训练论》一书；1994年11月提出"非法即法"的观点，出版《语文教学方法论》一书；1998年10月提出"工具性和人文性统一观"和《语文课程标准》的观点一致；1998年10月提出优课的辩证统一观，出版《语文教学优课论》一书；2000年8月提出"软设计""弹性设计"的概念，出版《阅读课堂教学设计论》一书；2000年10月提出

"语文尝试教学"模式，出版《语文尝试教学设计》一书；2002 年 4 月提出"研究性阅读"概念，出版《研究性阅读教学探索》一书；2003 年提出"语文教研案例法论"，出版《语文教学案例论》一书；2005 年 1 月提出"儿童作文教学体系"，出版《儿童作文教学论》一书。

此外，他还呼吁繁荣语文教学评论，重视语文教学传统经验，关注家常课优良品格的研究，倡导"以学评教"，提出诗意的生本理念，强调"坚守课堂教学主流价值观"等。

课如其人，文亦如其人。回顾一贯先生教学与研究之路，深感他的学品、文品、师品的一贯。有什么样的学品就会有什么样的文品，也就会有什么样的师品，贯串其间的始终是人的品格修养。难能可贵的是，半个多世纪以来，一贯先生辛勤劳作在小学语文教研的园地上，孜孜不倦，从不懈怠，始终如一，一以贯之，终成为我国小学语文教学研究的一代名师。今年是一贯先生从教 65 周年，特撰此文，以表敬意。并祝一贯先生体健笔健，永葆学术青春之美妙。

（三）语文教坛的奇迹

——在周先生从教 65 周年暨 80 华诞庆祝会上的发言

吴忠豪

（上海师范大学教授，上海师范大学初等教育系主任，国家教育部"国培计划"专家库专家，中国高等教育学会语文教育专业委员会小学语文教学法研究中心副主任）

尊敬的周一贯老师，诸位专家，各位语文教育界的同人：

很高兴有这样的机会，在周一贯老师 65 年从教、80 岁华诞这样的盛会上发言。刚才杨教授是大学教师的代表，张化万老师是一线教师、教研员的代表，我是兼两者于一身。为什么这样说，我做了 25 年的教研员，和周老师是同行，又做了 15 年的大学教师，所以是兼两者于一身。周一贯先生是我们全国小语界语文教师的典范，也是我们教研员的杰出楷模。周老师堪称我们语文教坛的奇迹。这个奇迹怎么说？第一，他是一棵常青树。65 年从教，这么漫长的"从教生涯"。这在全国不能说绝无仅有？有，但是 65 年依然活跃在语文教坛，这么活跃，而且能够在语文教坛起到引领作用，这是绝无仅有的。刚才杨教授也说了。比周老师年长一轮的是袁瑢老师。

我记得还有一个老先生，高寿的张田若老师。张老师 90 多岁了，偶尔还出现在小语的一些活动中，思路敏捷还很健谈。现阶段，还在引领小语界，和我们教师亲密接触的，周老师是绝无仅有。这是奇迹。

吴忠豪教授发言

周老师高产，他的笔耕心系勤劳，这个令人叹为观止。多少本著作接连出版，多少篇文章不断发表？165 本著作，1400 多篇文章。这是什么概念？老师们，不可想象。著作等身这个词已经概括不了周老师的著述了。165 本著作叠起来有多高？肯定要超过身高，周老师自己也没有试过哦。在现代人中应该说是很难的一件事。所以一般人在简介中，出版著作多少，发表多少文章，就不用写了，再写就难为情了。是呀，所以周老师真的是我们的楷模典范，真的是一个奇迹。

当然，周老师的奇迹我觉得关键还在于做出了最大的贡献，这就是对我们小学语文教育、教育改革提出了一些思想，一些理念。这个贡献，这么多年来一直为我们小学语文界珍重，并且到现在，他仍然站在课改的最前列。周老师这么多年来，提出过很多真知灼见。我是认真拜读了周老师的一些著作。当然，165 本著作，我读得零头还不到，这个很难为情。周老师这些年来，一直是我们语文教改的领头羊，把握、引领着我们语文课改的方向。2007 年，周老师在人文性和工具性争论激烈的背景下，提出了"一分为三"的观点，这个观点我觉得很有价值，这是真知灼见，反应一种教育的智慧，就是把对立的二，融合为一个发展性的三，这个三就是学生的发展、学生的自主学习。在语文教育界，2001 年的"课标"出来以后，强调了感悟，淡化训练。但有些谈"训"色变。这时候，周老师大声疾呼，语文训练作为语文教育的一个重要组成部分，只要有教学存在，就会有训练存在。语文教学过去、现在和将来，都离不开训练。周老师这个观点，其实也是一语贯之。1994 年周老师就写了《语文教学训练论》，当时就阐述了"语文训练"和"语文感悟"之间的辩证关系。2005 年，周老师又提出了"儿童作文"的教学体系。当时，是一个群雄并起，各式各样的流派作文竞放，包括"新概念作文""疯狂作文"等。周老师提出"儿童作文"，就是小学生作文要摆脱学科作业的这种模式。强调自由表达，与规则指导有机结合。同时，也要重视道德和社会责任感的培养。这一作文体系的提出，是我们小学作文教学改革当中的一个重要的理念，应该说是独树一帜。

对儿童作文，更强调儿童本位。2006 年，他在西方现代教育思想理论，比如后现代课程、建构主义、接受美学、多元智能等对中国语文教学产生影响的时候，周老师提出了"重认千年语文教学的传统经验"，这观点，我觉得非常重要。他发表了《留住传统经验的根，寻找千年语文教学的传统》等重要文章。应该说，这对我们坚持中国母语教育的传统，在西方各种理论影响巨大的时候，我们可以兼收并蓄，但一定要在坚持传统精华的基础上。这是真知灼见。2008 年，周老师又提出了"生本课堂"，坚守语文课堂教学的主流价值。当时，我记得我们语文课堂教学中，各种流派风行一时。有些课堂教学已经变味，变成了教师展示才艺，语文课堂变成了"舞台"，教师成了"演员"。周老师及时地提出了语文课堂应该是生本课堂，强调了学生的自主学习，强调了学生的主动发展。2014 年，周老师又出版了《语文智慧教育的教学智慧》一书。周老师在这本著作中提出了语文教育的"四主理念"，我觉得这"四主理念"提得真好，"主体"是学生，"主业"是学生的学习和发展，"主线"是学生的实践和运用，"主策"是力求学生思想解放、个性独立、致力超越。这些观点，零散的都会见到，但周老师把它总结成"四主"这样一个教学理念，就成了独到的见解。特别是"主业"，语文教学的"主业"到底是什么，母语学习，我们要坚守，周老师他提出的是学生的学习和发展。"主线"是学生的实践和运用，这个观点我觉得是太正确了。这么多年来，我们一直是强调语文课程的综合性特点，综合性特点其实它隐藏着一个潜台词，强调的是学生的思想品德教育、情感态度、价值观的发展。这不错，这是对的。其实，语文是一门学习母语的课程。所以 2011 版课程

标准明确地提出：语文是学习语言文字运用的综合性、实践性课程。这个定语当中，对语文课程性质的重新鉴定，这里面谈到了综合性，但我觉得更强调的是实践性。在现代背景下，我们应该充分认识到，语文是一门实践性课程，所以语文课堂的主线不应该是以教师讲为主，而应该是以学生的语文学习实践为主。所以周老师重申"主线"是学生的实践和运用。周老师在这一次大会会议手册"卷首语"中，又提出了"从生本到学本"这样一个课堂教学常态。我觉得这是周老师语文教学思想的最新发展。语文课堂以学生为本，以学生的学习为本，"从生本到学本"，这是周老师语文教学思想的深化和发展。我曾经在"经典课堂"活动上说过：语文教师教学有三种境界，第一种境界是"教课"，现在还是有不少老师在教课；第二种境界是教课程，语文是用课文来教学生学语文，第三种境界，是教学生，这是语文教学的最高境界。于永正老师曾经对我说过一番话，其中印象最深的一句就是："我50岁以后，才知道语文怎么教。"我说："于老师，你这话能具体解释一下吗？"他说："50岁之前，我只是在教语文，50岁以后，我是在教学生。"我觉得这句话含义非常深刻。一个语文老师是教学生学语文的，但是你必须心中有人，你应该是教学生。周老师的语文教学理念围绕着学生的发展，不断在思考，在探寻我们语文教学的正确方向。周老师从教65年，65年来一以贯之，一辈子做好一件事。就是做好小学语文教学研究，小学语文课堂教学这件事，这是一个宏伟的事业，这是我们的民族之根。周老师是全国语文教师的楷模，也是我终身应该学习的榜样。

（四）"一以贯之"，保持生命最活跃的状态
——在周先生从教65周年暨80华诞庆祝会上的发言

潘新和

（福建师范大学文学院教授，博士生导师，文学阅读与语文教育博士点学科带头人，国际汉语应用写作学会副会长，中国现代写作学研究会顾问，福建省写作学会会长）

尊敬的周一贯先生，尊敬的各位来宾：

大概可以用三个词来表达我现在的心情：一个是祝贺，一个是仰望，一个是求教学习。

今天是周一贯先生从教65周年和80华诞大喜的日子，当然，我们首先应该为

潘新和教授发言

他祝寿，祝他永远健康，永远活跃在我们小学语文的论坛上，在每一次的"千课万人"，我们都能够见到他的矍铄的身影。这是我衷心的愿望。当然，我非常感谢"千课万人"的张伯阳老师给我们提供这样一个平台、机会，让我有幸认识了周一贯先生。应该说，在座的诸位来宾当中，我是认识周一贯先生最晚的一位。相见恨晚吧，用这四个字来形容我初见周一贯先生一直到今天的一种感觉。这是第一层意思，祝贺。

接下来我说说第二层意思"仰望"。刚才，吴忠豪老师讲了，周先生创造奇迹了。确实如此，我想，的确是三个奇迹。一个是他从教的时间是最早的，15 岁当老师，我想在座的有没有啊？可能没有。而且一直到 80 岁。这是一个奇迹。第二，他持续活跃在小学语文的科研论坛上的时间也是最长的，这么多年的确是"一以贯之"，保持着生命最活跃的状态。每次"千课万人"会务手册上的"卷首语"多数是他写的，都让我们可以感受到他生命言语的律动。周老师立在那，就是一棵大树，常青树，不老松，而且我要加一个，擎天柱，他撑起了小学语文的科研的一片天空。一般的人是绝对做不到的。更重要的是周先生这些奇迹给我们树立了一个精神的标杆。高山仰止，让我们知道了无论是教师还是学者，还是教研员，你站立在这个讲台上，靠的是什么。周先生的研究，他的人生，昭示了一个是德性，一个是学问。我想用《中庸》里的一句话，来形容周先生的精神是比较贴切的："尊德性而道问

学，致广大而尽精微，极高明而道中庸"。德性和学问是第一位，老师们，这应该是立身之本。孔子说了，精神务本，本立而道生。我们语文教研的本是什么，我想，就应该是德性和学问，不是教法，教法是技。所谓的教学艺术在我看来在学问面前都不值一提。我们今天很多初入教坛的老师们，追求的就是把课上得漂亮、精彩、生动。这追求没错，但是我觉得不是根本。我们今天说的"先学后教"，"先教后学"，好像有个天大的差别在这，我觉得只要你有德性与学问，不论是"先教后学"，还是"先学后教"，都是好课。如果没有德性和学问，就是"先学后教"了，你一样也教不好。所以不在于这些形式，千万不要落入这样的陷阱里去。我最近在修订我的《表现与存在》时，就谈到了在我们今天的小学语文教坛中，有很多貌似以"学生为本位""学生为主体"的教学。其实从本质上来看，还得看他是否真的帮助了学生的成长。我看过一些非常好的、真正精彩的课，其实他凭的都不是多媒体，或者靠某种教法、某种模式来取胜。所以，应该说，周先生的研究给我们的一个启示，就是，我们的根本在哪儿，我们的家园在哪儿，我们的立身，我们在教坛的成长，该凭借的是什么。

最后我要讲的是第三个意思：求教学习。作为门外汉，我应该向周先生请教，向周先生学习。他是真正的专家，我充其量只是新手上路吧！我最近出的几本书，今天带来了要送给周一贯先生，求教，这也是表示我的一种诚挚的向学之心吧！一本标题是《语文：人的确证》，一本是《语文：我写故我在》，一本是《不写作，枉为人》。我想，周一贯先生的人生，就是对这些理念的最好的诠释，所以我感谢周先生。

（五）从教盈甲子　立言周一贯

王松泉

（绍兴文理学院教授、中文系前系主任、中国高等教育学会语文教育专业委员会学术委员会主任）

乐为人师而届满六秩，口授笔述又能周延涵盖教坛一贯的岁月，无论境内海外，两者兼备者恐不多见。容我赘言，或有从教盈甲子者，却非立言一贯者；或有立言一贯者，却非从教盈甲子者。恕我孤陋寡闻，在我有限的视域中，兼而俱备者，在绍兴乃至浙江的小学语文界，似乎仅周一贯老师一人。盖因他从教奇早，15 岁便为人师，至今教艺广益，教风远扬；尤因讲学笔耕一以贯之，片刻不辍，著述宏富，优质高产乏人匹敌，数量之众迄今无出其右者。现虽高龄，却仍活跃在当代教苑文坛，以其难能，尤显可贵。

此生有幸，能与这样的老师共时同事又同行，可谓获益匪浅！

与周一贯老师共时，那是一种时运。我与他相识早在 20 世纪 60 年代初，当时我在柯桥区校供职，他在钱清区校任教，同样担任学区总辅导员。其时团县委对学校团队工作非常重视，几乎每月都召集学区总辅导员到县府集中学习、交流、研讨，或者外出访问、考察，活动有声有色，内容多姿多彩。正是在这少年意气、风华正茂的 20 多岁年月，我与周一贯有了第一次见面：眼前亮相的是一个清秀俊朗、落落大方、豁达沉稳的瘦高个儿的帅哥，一表人才。其实在此之前，我已从团县委学少部长李青云大姐那里掌握了各学区总辅导员的名单，此时的周一贯已以才华和业绩知名于县内团队工作和教学界。另有坊间传闻，才华横溢、不乏清高的周一贯，还拥有不少心仪、暗恋和紧追不舍的粉丝——当然都是同一战线上美女中的佼佼者。那时每区一个总辅导员，在政治、业务和社交方面可谓得天独厚，往往是学区党政领导尚未了解的重要信息，我们先了解了；学区党政领导还未看到的内部文件，我们先期看到了；更有一些"内参"，是一般基层领导和老师平时难得看到的。回校以后，就由我们先向学区领导汇报，然后就在教师大会上传达。这期间，周一贯老师还在钱清区校组织了富有意义的访问和考察活动，各区总辅导员就在他那里联谊、交流，至今我还保存着当时活动的照片。又由于他书法出众，因此团县委在赠送各人宝贵学习资料和书籍时，常请他题写各人的名字。我曾不禁遐思，以他的资质，若转攻书法美术，现在必定是个相当著名的书画家。你看与他志同道合的贤内助、他的铁杆崇拜者和追随者黄华蓉老师，退休后热衷摄影，现在竟成了绍兴频频获奖、声名鹊起的摄影家……现在，四五十年前那批"老革命"式的辅导员们都已年逾花甲以至古稀、耄耋，早就退休了，但若偶有晤谈，提及当时的工作和生活，无不念叨周一贯，也无不特别留恋和怀念。

与周一贯老师成为同事，则更是一种缘分。1979 年 8 月，我从柯桥区校调到钱清区校中学部工作，当时周一贯老师担任区校的副校长，由于他的推荐，我受到了党政领导的青睐，于是，学校要我充当了中学部的业务负责人、全区中学语文教研

大组长。周一贯老师还把他儿子送到我班上就读，因此我们之间又增添了一层教师与学生家长的关系。虽然他在业务上主攻的是小学语文，我当时教的是初中语文，但毕竟同是语文教学研究的志愿者，因而就有了更多的共同语言。那时我若承担语文观摩教学和文艺节目排演，他和其他老师往往热心地出谋划策，让《春》《变色龙》等公开课和《我们做了个机器人》《飞鸽魔术》《他是谁》等节目和活动，都大获好评，一经报道，竟在全市、全省乃至全国产生了轰动效应。至今有的课堂教学实录还被作为师范院校的典型教例，有的节目还被老同事们兴奋地津津乐道。当然，我们切磋更多的就是语文教学研究。在许多场合，我进而发现，周一贯老师所具有的并非一般的才华，而是一种超乎常人的睿智。他目光高远，思想深邃。不但口才出众，"舌耕"强人；而且文采斐然，"笔耕"奋捷。就在我们的切磋声里，他从1980年开始，即陆续在全国公开发行的教育刊物上发表一篇又一篇教学研究文章，从此伏案不息，一发而不可收，直至今日著作等身仍不稍息。我在钱清区校中学部的两年，正是与周一贯、宋允南、娄赫民、高利泉、杨燕等名师相互切磋的两年，也是与张爱珍、沈张龙等领导相识相知的两年，那是我收获极其丰硕的两年。这两年，我既收获了一批互相勉励的教坛好友，又收获了一批感情挚久的优秀学生，还收获了一批根植一线的研究成果。1979年至1981年短短两年间，我工作负担虽重，除了教语文、当班主任、负责中学部工作、全区中学的语文教研，还要教其他多门课程，承担教育教学的一些观摩活动，以及地方政府交办的一些社会工作，但公开发表的文章却超过往年数倍，这是此前无法企求的。为什么无人下达任务又无利益驱动却能如此高产？究其原因，完全由当时改革开放的宏观背景和钱清区校的人文环境所造就。回首这两年的经历，我发现，享誉已久的人才辈出的所谓"钱清现象"，其中一个重要成因，就与学术气氛宽松自由相关。我在钱清仅仅两年，产生的影响不算很大，至多起了一点催化剂的作用；而周一贯老师等在钱清既久，他们一贯的敬业精神和探究意识当是营造良好学术氛围的深厚根基。融入这样自由的天地，你自然可以凭借自身的价值取向，去实现美好的愿望，为社会做出应有的贡献。

共时，同一片时代蓝天，可以互通声息、设身处地；同事，共一个单位部门，可以互助合作、促膝研讨。然而，作为同行知己，即使不在同校共事，也可以互为照应，惺惺相惜。两年后的1981年，我调入绍兴教师进修学校，后来又调至绍兴师专。在与周一贯老师分开后的很长一段时间里，虽然因为大家工作很忙，见面不多，但仍常有联系，互赠论著，乃至心心相印。80年代末，在全国轰轰烈烈的教学改革热潮中，全国语文板书学研究中心在武汉华中师范大学成立，而这时周一贯老师作为著名的小学语文特级教师，在小学语文板书研究方面的成就已卓然超群，他应当是全国小学语文板书研究名副其实的学术带头人。因此，顺理成章，他当选为这个全国研究中心的学术委员会副主任。后来这个研究中心扩展为"全国教学艺术研究中心"，他又被聘请为学术顾问。在此期间，他的语文教学论著被我国著名语文教育家、当时国家教委教材审定委员、全国语文教学法专业委员会会长朱绍禹先生所瞩目，朱先生对他的研究成果和研究精神给予很高的评价，并要我转达了他的美誉和鼓励。1991年，周一贯老师还应邀参加了朱绍禹先生主编的我国第一部《语文教育辞典》的编写工作。2006年我退休后，虽仍有学术、教学和社会方面的任务，但工作压力相对减轻，于是"旧情复燃"，每年都要安排与周一贯老师等钱清友好老同事夫妇们两次左右的温馨聚会，或茶叙，或访故，或考察，或旅游，每次都是"相聚甚欢"，"尽兴而归"。最近几年，浙江省政府下大决心、大力气开展培养农村中小学骨干教师的"领雁工程"，在这类重大"工程"的师资队伍中，我认为周一贯老师这样的名师应是不可或缺的。于是，此后绍兴文理学院凡承担省、市级小学语文骨干教师"领雁工程"等培训班、研讨会，必请周一贯老师到场讲学和指导，其他地方也频频相邀，他的声情并茂的报告每每获得教师学员的交口赞叹。

刘大白曾云："少年是艺术的，一件一件地创作；壮年是工程的，一座一座地建筑；老年是历史的，一页一页地翻阅。"是的，创作过了，建筑过了，现在老了，难免要翻阅历史，检点过往。尤其从教已满甲子，更需要回眸自强历程，提炼切身经验，以利人我借鉴。今天算来，我与周一贯老师已有着近半个世纪的交往。我参加工作虽也较早，16岁便充任民办中学教师，当时还未成年，应该说是一个"童工"；而周一贯老师竟比我更早，15岁就正儿八经地登上了讲坛。如今，我已年近古稀，暮色苍茫，他虽长我6岁，满头华发，却仍然谈笑风生，神采飞扬，声若洪钟，一身朝气，形象地显现了"名士之乡"一代名师的不凡风采。

"从教盈甲子，桃李满天芳"。周一贯老师不光是绍兴教育界的一张亮丽名片，不光是浙派小学语文名师的杰出代表，而且还是我国小学语文教学的一位流派型名师。诚然，大凡欲成为具有广泛影响的名师，其成长过程大致经历"技术型合格教师—艺术型优秀教师—流派型名牌教师"三个阶段。周一贯老师自15岁从教开始，

正是这样一步步走来，心怀莘莘学子，燃烛吐丝，甘为人梯，开智育德，审美强心，扎扎实实地实施了多项教学改革，孜孜矻矻地累积了大量一线的教学经验。尤其在实践"言教—身教—慧教"的崇高事业中尽才教书，馨心育人，从而获得了特级教师的终身荣誉，并以其小学语文教师的身份而评上中学高级教师，攀越并登临了为师者毕生从教的巅峰。

"立言周一贯，著作等身看"。周一贯老师不但是语文教育研究领域的知名学者，不但是教育科学理论的普及者，而且还是一名独具特色的语文教育家。常说，大凡欲成为具有相当理论造诣的名家，其研究水平的提高大致经历"主观经验型—客观描述型—科学解释型"三个阶段。周一贯老师在教学与研究相结合的过程中，正是这样一步步走来，置身浩浩学林，厚积薄发，引经据典，新意迭出，切理会心，兢兢业业地钻研和应用科学理论，洋洋洒洒地形成了一大批烙有周氏印记的个性化研究成果。尤其在追求"学术—学识—学说"的艰难天路上不懈求索，长途跋涉，从而成为一个永不自满、永不止步的探索者，成为全国小学语文教育研究界的一面旗帜，为我国小学语文科研领域创造了宝贵财富。

周一贯老师是个成功者，就一般人来说，既是应当学习的，又是不易学习的。若要学习他，就得总结他的成功之道。他的成功之道何在？首先，就普世价值言，其实与常人并无大异，皆系"命运"使然。"命"是主观因素，"运"属客观条件。"命"有先天遗传基因和后天抗争打造之分，"运"也有环境优劣、教育成败和机遇好坏之别。先天有密码差异，这是唯物主义；后天努力各人不同，更是客观存在。先天即使有宝藏，也需后天去开发；先天有矿不开发，该怨主观不努力。大环境人人相仿，小环境未必尽然；教育包含主动被动，自动更是学习良途；机遇有时不能选择，但常等待有备之人。"命"和"运"恰似内因与外因，它们可以相互影响，积极影响可致完美人生，消极影响则导致恶性循环。每人"命""运"虽不相同，但基本规律却惊人一致。其次，就个体特质言，每人在世的表现和结果又各不相同。由此反观周一贯老师，他之所以取得如此成就，综合先天后天、环境教育机遇等主客观因素，我认为，天资聪颖是基因，识见累积是基础，思维品质是基点，一贯勤奋是基质，人格风度是基调。就一定意义说，"周一贯"就是"素养周全，矢志一贯"的代名词，每个人都可以从他身上获得丰富的教益。

是的，周一贯老师是令人敬佩的，他的六旬教龄之身正是一个有待开发的富矿，研究他的语文教育思想应是广大教师，尤其是年轻一代小学语文教师的光荣任务。至今，他从教已届 60 周年，在这个值得纪念的日子里，我衷心祝愿周一贯老师学术之树常青，健康之旅长远！

（六）试论周一贯先生专业发展的样本价值

汪 潮

（浙江外国语学院教授、培训部主任、教育部"国家级培训"专家）

教师专业发展有"类"之理和"个"之道，"类"是对"个"的概括和提炼，"个"会深刻地影响和丰富"类"。周老先生小学语文专业发展之成果是一份宝贵的精神财富，作为样本的"个"，可以引发对小学语文教师专业发展的普遍性思考。

汪潮教授在研训活动中作指导

1. 专业发展的历程

让我们以时间为线索，去追寻周先生教师专业发展之路的形成过程。

（1）以一贯之。

一种信念。信念是思想最坚实的核心。一个有信念的人，他的人生道路就会走

得更快、更稳、更远。我不止一次听周先生说过："我能收获从事语文教学实践与研究的无限乐趣，源于我播种了对中国语文教育事业的不灭信念。"他的人生经历可用一组数据表达：部队文化教员 3 年、初级师范轮训 2 年、小学教师 30 年（村小、镇小）、县教研室副主任 10 年、退休至今 20 年，从教共 65 年。65 年来，他的工作、生活乃至业余兴趣都是围绕小学语文教学研究这个圆心转动的，着实令人敬佩。在某种意义上，"周一贯"就是"教学研究周全，小语信念一贯"的代名词。

一种人生。一位智者说过：在生命的旅途中，目的地并不重要，重要的是与什么相伴。周先生 65 年与小学语文为伴，成就了他的"语文人生"：语文即我，我即语文。我把周先生的专业发展大致分为五个阶段：部队文化教员（扫盲）、小学语文教师、小学语文教研员、从事小学语文教师培训和小学语文教学研究。在周老先生身上体现了"一"的坚强意志：一个人，一辈子，做好一件事，一件语文事。西方把教师的职业周期分为 5 个时期：入职期、稳定期、实验和转变期、平静和保守期、退出教职期。中国把教师的职业周期分为 7 个时期：专业预备期、专业形成期、专业成长期、专业高原期、专业更新期、专业成熟期和专业退化期。这样的划分不适用于周先生。两种划分都有一个"退化期"和"高原期"（或称"保守期"），但这在周先生的专业发展历程中不曾有过。

一种担当。周先生出生在农村，任教于农村，研究也大多在农村，可以说，他是中国最基层、最普通的小学语文教师和小学语文教学研究人员。但是他对农村小学语文敢于担当、勇于奉献、勤于奋斗，做出了大城市里的人很少有的成绩。农村是一片待垦的土地，但也是希望的大田野。可见，能否成才，主要不是取决于环境和条件，而是你的个人内心有多少强大和坚定。苏轼诗云："春山磔磔春禽鸣，此间不可无我吟。"作为一名教师，理应以此为自己的座右铭。

周先生专业发展的历程，是中国小学最基层教师成功的一个典型样本，折射出"每个教师都可以成功"的道理。每个年轻教师都可以从周老先生的专业发展中得到启示，并找到适合自己发展的完满答案。这就是今天我们研究周先生专业发展的意义所在。

（2）以学处之。

自学。我在思忖：学历高低与事业成败有无关联？相关又有多大？周先生初师毕业，这是他的最高学历。但是他立志自学，奋发努力，且卓有成效。在初师读书期间，他每天晚上看书到 12 点，早晨 6 点起床晨读。他假期留校，利用两个寒假和一个暑假自学大学中文系的主干课程。他不仅自学过系统论、控制论、信息论等学科理论，还广泛涉猎符号学、社会学、民族学、效率学、文化学、生态学，甚至模糊理论、全息原理、笔迹学说……可以说，周先生是小学语文教师"自学成才"的成功典范。

书缘。平日里，周先生与"书"结下情缘：教书、爱书、看书、买书、藏书、写书……他购买了与小学语文有关的所有书籍，自费订阅了与中小学语文教学有关的所有刊物。他家的书房——"容膝斋"，真可谓是"书的海洋"。当下的人往往以"乐"为生活追求，周先生却以"读"为生活方式，并乐此不疲。在他的生活日程表中，几乎没有休息，只有博览群书和著书立说。

学力。65年来，周先生用他最低的学历造就了小学语文界的"高学力"，正式出版专著170余本，发表文章1300篇。据我所知，周先生大概是1980开始正式发表论文的，至今已持续35年。也就是说他平均每年出版4.8本书，平均每年正式出版各类文稿100万字，那么用"著作等身"形容周先生，一点也不为过。这实在是一个教育界的奇迹和创举，令人震惊，让人叹为观止。我们不禁要扪心自问：我写了几篇文章？我又出版了几本书？

（3）以静思之。

周先生曾经说"成功之道即沉潜之道"，他以"静"的性格，静坐在他的书房"容膝斋"，静静地探索着小学语文教学理论和实践的各个领域和各种问题。这使我想起了《道德经》第十六章中的六个字"致虚极，守静笃"。他的专著《语文教学优课论》《阅读课堂教学设计论》《研究性阅读教学探索》《儿童作文教学论》等都是潜心研究之成果，对当前的小学语文教学改革和发展具有重要指导作用。我曾反复拜读，并将其作为我主办的省级名师培训班的必读教材。

思想者永远是先行者。毫不夸张地说，周先生的小学语文教学思想指引着当代小学语文教学的发展方向。小语路上，高手引路，他功不可没。早在十几年前，我的导师、浙江大学教育系的朱作仁教授就赞誉：周先生的贡献是全国性的，他是当今中国小学语文教学研究的杰出代表。

2. 专业发展的元素

（1）教育哲学。

大凡具有理论造诣的名家，其研究过程大抵都是："主观经验期—客观描述期—

科学解释期"，周先生也有这样的经历。他在"科学解释"上潜心探索，自始至终把教育哲学作为其研究的理论依据。"我深感语文教学的改革要以唯物辩证的哲学思想为指导，从生命活动的层面观照，方能促其健康发展"，周老先生这样动情地说。

早在初级师范读书时，周先生就在青年教师的指导下，自学了《辩证唯物主义》《历史唯物主义》和《政治经济学》。拜读周老先生65年来的著述和文章，不难发现其中充满了辩证法：一分为三观、原点思维、求本之道、教学生态、田野课堂、软设计、主流价值等。例如，他指出："语文的工具性和人文性应当是一回事，而不是两张皮。加强语文教学的人文性确属必要，但不能以消解或淡化工具性为代价。"这些见解是多么深刻而富有哲理。

（2）传统文化。

周先生思考和研究的又一大亮点是古今结合。他善于对小学语文现实教学问题进行"寻古式"解答，显示了他很深厚的文化功底和古典修养。

早年，周先生就挤时间系统自学《中国文学史》《古典文学》等。甚至走在乡间的小路上，他也随带《中国文学》，以背诵经典诗文为乐。他的著述对古典文学引经据典，旁征博引，颇有文化气质。周先生拥有丰富传统文化和古典文学修养，这使得他的研究如鱼得水，游刃有余。

不久前，周先生对我说："中国的语文问题要用'中国式的思维方式'去思考，用'中国功夫'去解决。"中国语文教学有自己的特点：品味、意会、涵泳，这是与中国传统文化密不可分的，而又与传统文化和古典文学是密切相关的。

当今青年教师，对新的教育理念和新的信息接受较快，而对民族的、传统的教学经验知之不多。这两者的信息不对称，容易导致母语教学的固有本色散失。传承和发展中国民族文化、传统经验和古典文学，是教师专业发展过程中必不可少的元素之一。

（3）专业经验

专业发展有一个著名的公式：成长＝经验＋反思。这其中，经验是基础，反思是提升，这同样适用于周老先生的专业教研历程。

专业经验之一：30年村小、完小、镇小的小学语文从教经历和10年的小学语文教研员。

专业经验之二：身有多项与小学语文教学有关的兼职，如：浙江省小学语文教学研究会副会长、浙江省九年义务教育小学语文教材编委会副主编、全国尝试教育理论研究会副会长、浙江省《教学月刊》杂志小学语文的兼职编辑、小学语文骨干教师研修班导师等。

专业经验之三：65年来，周先生几乎研究了小学语文课程、教材、教学、评价、管理各领域的所有方面。而且，这些研究都是基于实践存在的问题的。"我信奉实践研究，乐于在实践中获取信息，在梳理信息中研究问题，这成了我的成功招数。"他的著述表现为：教学专著、教材、教学参考、教学论文、教学日记、教学随笔、教学札记、教学案例、教学调研、学习手册等原生态教学生活的记录和思考。凡是涉及小学语文教学的问题，不管难易，不分大小，他都竭力探索。周先生的众多研究已非常细致而深入，真可谓："天下难事，必作于易；天下大事，必作于细。"

由此可见，在经验锤炼中出思想，丰富的经验造就了周老先生丰硕的成绩。"基于经验"成为周先生思考和研究的一大特点。世界上有许多事也许可以由他人取替，唯独"经验"是无法由旁人代替的，因而它具有促进专业成长的价值，弥足珍贵。正如哲人所云：理论是灰色的，而生活之树常青。

3. 专业发展的品质

让我们从教师专业发展的角度，去把握周先生教师专业发展之路的智慧品质。

（1）专业积累精神。

一是资料积累。古人云："水之积也不厚，则其负大舟也无力。""积累出智慧"，是对周先生研究生涯的最好写照。周先生把研究的"信息库"分为"内储系统"和"外储系统"两部分。"内储系统"主要是各种笔记和卡片、剪报和书刊等。在他的书房"容膝斋"就有几万张资料卡片、几尺厚的听课笔记，还有自费购买的几千册书刊。"外储系统"指的是公共资源，可随时借阅。"内储系统"力求熟悉，寻找方便。"外储系统"力争广泛，渠道通畅。他的《语文教学改革研究概观》《小学语文尝试教学设计》《语文优课精彩片断评点》等著作，都是由他收集的教学信息综合研究后写成的。小学语文博物馆中珍藏着周先生的大部分作品，我拜读了其中的一部分，真可谓信息海量，视野前瞻，精彩纷呈。是那些日积月累的卡片和笔记，使他源源不断地获得新的信息，产生新的组合效应，形成新的观点。可以说他是中国小学语文教学研究的一位"集大成者"。

二是时空积累。不少人惊异于周先生怎么会有那么多时间学习和写作。周老先

生平时写稿多用钢笔书写，要写成 3500 万字，该用多少时间？然而时间的奇特，就在于你若珍惜它则可以一以当十，轻视它便会十以当一。只有在懂得时间可贵的人手里，时间才能增值。"我感恩于农村教育，正是农村的朴实和偏僻，使我能低调地沉潜其中，赢得了许多宝贵的时间。"

请看周先生"时空观"：无时不用（巧用小闲时间、全面利用时间）、无处不思（爱思、善思）、无孔不入（读书、写作、讲学、培训）、无事不研。再看周先生的"资料观"：资料的储存"以内驭外"、资料的筛选"从博反约"、资料的组合"巧连妙接"、资料的调整"死里求活"、资料的扩展"由此及彼"、资料的创造"推陈出新"。这些"厚积薄发"之做法，是不是为我们青年人树标垂范？

（2）专业工作方式。

周先生是一位普通的语文教育研究者，与大家一样，幸运并没有特别垂青于他。他的成长之道就是他的个性化"耕耘"方式："舌耕（上课）""目耕（读书）""笔耕（著书写文）"，三者并举，互补互促，相得益彰。如果说语文教学是一簇欣欣向荣的鲜花，那么，"舌耕"是它的"本"，"目耕"是它的"根"，而"笔耕"则是开出的"花"、结出的"果"。周先生曾以唐代诗人刘禹锡的《陋室铭》为范，撰写了《"舌耕"铭》《"目耕"铭》和《"笔耕"铭》，希望广大青年教师多加学习从中体悟出语文教师专业成长之真谛。

我特别赞赏周先生的"笔耕"。教学写作是小学语文教师的一种专业修养和生存状态。文章的张力，是人格的张力。写作的维度，是精神和思想的维度。从某种意义上说，周先生的语文专业发展史，就是一部语文教学写作史。从周先生的作品中，可以明显看出他个人研究的选题、观点的演绎和成果的展示过程。

（3）专业理想追求。

时下不少人把专业理想定义为"出名"，而周先生却是另一种"静养"的追求。周先生人生理想的三个关键词是：思变、超越、守望。

思变。初师两年的学历是"穷"，但他"穷则思变"。农村教师的生活是"土"，但他"土能生勤"，农村小学教师一样可以有自己的生命风采。"在弱势的生命中，往往会蕴含着强势的血脉。""动荡的时代会是成功的土壤，底层的历练正是高处的风光。"这是一种锲而不舍的追求。

超越。人各有志，志有所系，情有所钟。人生在世，确实很难超越环境，很难超越自我，但是周先生一直在不断尝试超越！"在夹缝中图发展，在扬长避短中出成果。"周先生谆谆告诫我们："语文教师像蚂蚁一样劳作，但可以如蝴蝶一般生活。"这是一种凌空超越的追求。

守望。"以语文教育事业为毕生的守望，可以让人一直乐此不疲地做下去。这与是不是退休无关。"周先生坚守、执着："事业无悔，岁月无憾，求索无涯，诲人无倦。"此言掷地有声，震人耳目。2010 年，在他从教 60 周年之际，他写了《并非尾声》一文，在文章的最后他由衷地呼唤："感恩事业！感恩岁月！感恩生命！"这是一种自强不息的追求。

更难能可贵的是：周先生退休已 20 年，但他退而不休，或著书立说，或研讨学术，或培养青年，或指导教改……他的《语文教学优课论》《阅读课堂教学设计论》《新概念作文研究》《研究性阅读教学探索》《儿童作文教学论》《语文教学案例论》等代表性专著，都是在他退休后写成并问世的。周先生曾自信而自豪地说："我认定只要生命存在，对生命的开发便没有完结。"这又是何等崇高的精神追求和人生信念！

"以其终不自为大，故能成其大"，我从周先生小学语文的专业发展之路中涌出了这样的专业感慨，不知你的感想如何？

（七）革命人永远是年轻

——在周先生从教 65 周年暨 80 华诞庆祝会上的发言

张化万

（杭州市上城区教育学院，特级教师，曾任全国小学作文教学研究会副会长，浙江省特级教师协会副会长。）

各位领导，周老师，各位老师：

上午好！

首先，我以我自己和浙派名师工作站学员的身份，祝周一贯先生身体健康，长寿幸福！我跟周老师有很多交集的地方。第一，咱们都是浙江人，都是老年人，他是老大哥，我是小弟弟。第二，我和他都是从小学语文老师再当教研员的，但是他当教研员的时间比我长得多。第三，我们都曾有很长一段时间在研究小学语文教材。我是 90 年代，浙江省教育厅九年制义务教材的编委之一，周先生是后面修订版的副

张化万老师发言

主编。我们还都是教师教育的工作者。但是我跟他有很大的不同：我们从生命的长度、厚度、量度来考量。第一，是生命的长度。我之前在互联网上查过，中国人2014年人均寿命是 76 岁，浙江省是 78 岁，杭州市是 80 岁。但 2009 年全国教师平均寿命比全国平均寿命少十年。非常可怕，现在我估摸着会好起来。教师的待遇好起来了，教师的心态也会好起来。我跟周老师的生命长度就目前而言，他比我长得多。第二，是生命的厚度。活着不是为活而活，活得要有尊严，活得要有意义，活得要有价值，活得要有幸福感。幸福感这点我跟周老师差不多。周先生每天均数阅读 6 万字，他每天能写 1 万字左右的文章，我自叹不如，差距太大。在 90 年代以前，就《方法论》《训练论》《优课论》三本书，说他的著作本身，一点没有虚晃的东西。你把他的书垒起来，量一量，大概就是这个高度。那么，我有啥呢？我想这个是无法等量观之的，差异度太大，这是生命的厚度。第三，是生命的量度。生命的量度是什么呢？周先生写的东西不是藏之深山，世人知之甚少，而是在全国小语界，在我们浙江小语界是大放光彩的，福泽很多年轻教师。80 年代的时候，周老师带绍兴的教师到杭州来听我的课，我在灯下看周先生的文章，感悟他的智慧和魄力。

革命人永远是年轻，好像我们已经现在不太习惯说革命人了。但客观上就是如此，周先生你看看他，鹤发童颜、精神矍铄、目光如炬。

很多方式的改变，思维方式的改变，最终是生活方式的改变。

但是，他对事业的这种奉献，是他生命中的主流，是他生命的价值，他认为活着就应当是这样的。我相信周老师一定不会想，我哪一篇什么文章获得了浙江省教育厅技术教育成果一等奖。他写文章是生命的一种状态。他对事业的一种奉献，他对教育思想的那种奋发，是一以贯之的。对事业的热爱，对年轻人的关照，上善若水，平平常常，完全是一种自然的状态。就好像杨再隋先生，我们见到他，他都会不断地跟我们提示要怎么样要怎么样的，他也不求什么回报，这是他和同伴朋友交流最重要的做人的原则。

作为，对他八十岁华诞的庆祝，我只想说一句话，让每一个人都按照自己的幸福追求好好地活着，希望过十年，我们依然能够在这个庆祝会上见到精神抖擞的周一贯先生。

（八）一棵树
——送给周一贯老师

李振树

（原上海《小学语文教师》执行主编）

一棵树
站在风烟里，
站了七十四年！
思想凝聚成不老的树干。
语言长成了葱茏的叶片。
日月轮回，春华秋实。
你突破了季节的限制，
不断地为大地，
奉献智慧的盛宴。

一棵树
站在风烟里，
站了七十四年！
总有美丽的小鸟，
枝叶间栖息、歌唱。
总有急切的阳光，
枝叶间穿梭、嬉戏。
你以丰富的身躯，
成为鸟的天堂，阳光的家园。

一棵树
站在风烟里，
站了七十四年！
无数的种子撒播大地，
无数的叶子化作春泥。
大地拥抱你，
河流环绕你，
阳光沐浴你，
你生活得如此幸福而坦然，
因为你心中始终涌动着，
成长与创造的信念！

一棵树
站在风烟里，
站了七十四年！
把思想化成文字，
把智慧长成语言，
你的生命，
已经成为经典！

2009 年 7 月

（九）一个 65 岁的专业生命

——在周先生从教 65 周年暨 80 华诞庆祝会上的发言

窦桂梅

（清华附小校长，兼任清华大学附属小学商务中心实验小学校长，教育学博士，特级教师，国家教师教材审订及"国培"教师专家，语文教材编写组编委，清华大学教育研究院基础教育研究所副所长，东北师范大学、北京教育学院兼职教授。全国模范教师、全国教育系统劳动模范）

看到醒目的大字里面的几个数字，我也想说三个数字。

窦桂梅老师发言

一个最明显的是 65 岁的从教生日。65 岁里头跟各位都有关系，或多或少，或长或短。应该说我和周老师的交往是在十多年前，我遇到了周老师，如果我还没记错的话，我曾经执教的是《秋天的怀念》。周老师说："小窦啊，我发现两个人，一个是王崧舟，一个是北方的你——小窦，你要好好地备课、研究，你要好好地钻研，你会有出息的。"我不知道周老师是不是跟所有的人都这么讲，但我记住了。从那以后，如果说在《小学语文教师》上我又读过了他的文章之后，才突然发现已触摸到

了一个有学者风范的、宽容地包容青年教师缺点的周老师。其实她还不完美，但是他给她以激励，指明了一种方向。就这样，我一来到"千课万人"，就联系到他。我把我曾经在我们学校做的有关语文教学课程的改革材料送给他。我请求他："上完课后，能听听您的评价。我的性格并不在乎您怎么赞我，我在乎您的建议促我未来的成长。"真好啊，一个65岁的专业生命里，一个北方的，并没有直接关系的一个教师，可以得到他的惠泽。这个65，如果引发开去，我们会有一种怎样的联想？想起了建国65周年，首届基础教育成果奖评奖，我被北京市选中了，于是我参报了，于是我们拔得了首届基础教育成果奖一等奖的头筹。

　　我想说第二个数字——20年。1995年，我永远不忘的一个日子——暑假，我接到了一个电话，我没见过这个人，后来我见到了，他叫张伯阳。他说："能不能到这儿来讲讲课？"从那以后，我就和"千课万人"结下了不解之缘。再忙再累，我想尽各种办法也要来到这里。于是，当了快5年的校长，大家知道，像我这样的性格，包括自身的修养，做一个清华大学附小的校长（甚至还有我们北京市为加强均衡管理又让我接管了几所学校），其挑战之大，是可想而知的。但是，一旦"千课万人"这样的活动来了，我就要来，我要见见这些长者们，我要见见我的同人们，我要看看他们今天到哪儿了？我该怎样努力？而更重要的是，在这20多年里，我一次又一次地见到了周老师，还有见到了这么多在下面就座的，你们都是我的朋友，也是我的师长，曾经给我评过课，甚至曾经批评过我。所有的，都会激励你前进，真好！所以，我们今天赶来了。大家知道，我有一个刚性原则，就是从来不会在周一到周五之间出门讲课，我要让孩子们、老师们知道，我是守着、陪伴着他们的。但是，我跟我的班子人员昨天就说："4月23日，在中华书局，我们清华附小的学生在那唱响国学经典，进《新闻联播》的活动以后，晚上我们要赶到杭州来。"我知道今天有这样一个华诞的庆典，无论如何我要赶上，不管大会给不给我这个机会，我宁可坐在后面静静地听啊！我一直从头到尾把周老师的话听完，几次，我眼含泪水，因为，我也是个农村的孩子。走到今天，有人会说："你小人得志哦！""你衣锦还乡哦！"但是你是不是像周老师那样，始终如一、不忘本初，不忘本色。其实，对我来说，也是任何的待遇、任何的荣誉、任何的工资、任何的影响，还要回归一个普通的农家女孩。就这样，我从一个年轻的女性快变成了知天命的一个女性。20年后的今天，我又赶来了，而且是急匆匆地赶来了。感谢"千课万人"，感谢敬爱的周老师，在这里，我鞠第二个躬，感谢"千课万人"给了我们这样一个机会和周老师，和在座的各位，相聚这样一次精神的盛典。

第三，我还想说一个数字——100 年。说起 100 年，真是巧合呀！清华附小今天正好赶上 100 年，10 月 17 日将是清华附小百年庆典，因为最初的 1915 年的时候是冯友兰、朱自清他们倡导、建立了这所学校。这所学校，有一个传统——校长必须是清华大学中文系的系主任兼任的。到今天，我是第 16 任校长。那种家国情怀，完整人格照耀我们，仿佛远处和高处的灯塔。这 100 年里面，我应该做什么？我想到了周老师，那样一个百岁的样子，你会说耄耋？看上去很年轻，虽然他已经老了。或者说看上去很老，但他依然年轻。年龄能算得了什么呢？清华附小的 100 年里，它正迎接着新的百年，在新的课程改革下，它需要怎样的坐标？需要怎样的力量和怎样的支撑？这里一定有周老师这样的长者。我要努力地像他这样。今天我已经做了校长，似乎已经不是一名完完全全的语文特级教师。但我该怎样像周老师那样退居幕后，想尽各种办法给我的年轻的、中年的教师提供平台。这些年，只要出来，我便带着团队，有他们真好。他们比我还强，比我还卓越，我向他们学习。而这些影响，不就是甘为人梯，培养了大批名师的周一贯先生们的影响吗？也许，清华附小 100 年时，我们会请周老师到清华附小去看一看。我坚信的一点是人可以长命百岁，当周老师百岁的那个时候，我也 70 岁了，到那时候，我们再相聚。

（十）先生

王崧舟
（杭州师范大学教授，硕士生导师，特级教师）

这位叫"先生"的先生，姓"周"，名"一贯"。

他是我的先生，是千千万万语文教师的先生，也是百年语文史必将铭记和礼敬的先生。

先生是一个传奇。他以小学毕业的文化程度迈入教坛，却成就了大师级的学术建树。先生著述之丰赡，在当代语文界怕是无人能出其右了。他的研究，从主观经验上升到客观描述，又从客观描述迈向科学建构，洋洋洒洒、浩浩汤汤，创作了一大批烙有周氏印记的理论成果。无人能知个中滋味，他如爱默生诗中的那只小虫，

王崧舟老师发言

在无数连环缀成的长链上，奋力生成为人，越过了自然的所有峰巅。如果，请先生开列一份曾经读过的书单，恐怕连他自己都难以穷尽。"目织亿万里，神交五千年。"这不是妄议，也不是夸谈，这是先生成就人生传奇的一个诗意注脚。犹记 15 年前的那个黄昏，先生知我将赴杭州发展，巴巴地送来一方极洗练的歙砚。先生说："好墨色是磨出来的。"如今想来，这不仅是先生寄予我的殷殷希冀，更是他漫漫学路、上下求索中淬炼而成的人生箴言。

　　先生将学问做到了极致。他对真理永怀赤子般的虔诚，在语文的家园里，他思索，他叩问，他笃行，他将自己的"容膝斋"搭建在离真理最近的地方。太多的人在叹息、在后悔，但是先生却从来没有工夫怨天尤人。"立体地利用时间，几乎已成为我的习惯"，他坚信天道一定不会失信于一个勤勉劳作的行者。在我初涉教坛的那一年，先生就出版了他学术生涯中的第一部专著《文体各异，教法不同》。岁月有更迭，笔耕永不辍。先生一如不老的常春藤，总是先于春天抵达春天。《语文教学改革研究概观》《小学语文学法大全》《语文教学训练论》《语文教学方法论》《语文教学优课论》《阅读课堂教学设计论》《儿童作文教学论》……一部部闪现着智慧光芒的学术专著如雨后春笋般涌现而出。

　　先生心中有光。"天不生仲尼，万古如长夜"是唐人对夫子的赞美，先生对小语界，何尝不是一种点灯、一种照亮？犹记 25 年前的那个午后，为指导我的一堂语文课，先生从绍兴赶来，不巧车在半路抛锚，先生愣是徒步半个多小时赶到我的学校。一脸汗水，折射出点点滴滴的修为之光。时隔三载，在我于极度虚弱中教完《我的战友邱少云》一课时，先生以他激朗清厉的嗓音大赞我的课已臻炉火纯青的境地，这一声，这一赞，如火山喷发之光映红了我专业成长的天际。当然，先生的光偶尔也刺眼，那是对学界的一种警示，一种告诫，有的只是一片赤诚的善意。在"诗意语文"被人热捧之际，先生几番来信告我：要沉静，要克制，要守正。字里行间充满忧患，但每一个笔画都富含金子的硬度。在先生的照耀下，诗意语文从骆驼态的谦卑越过文化的戈壁，成长为狮子态的唯我独尊；又从狮子态的狂妄复归于全新的婴儿——清远而宁静。先生心中之光，不仅照耀越派语文的大旗猎猎生风，多少青年才俊在他的麾下指点江山、激扬文字；亦使浙派语文大放异彩，开一代风气之先；中国小语界，因为先生的存在，而多了一份永不衰竭的激情、与时俱进的鲜活、纵横捭阖的大气、曲径通幽的精致。

"天涯也有江南信"，"壮心未与年俱老"。先生的风范，已成为我故乡一道永远的风景。较之于先生的学术成果，也许，他的涵养、他的风骨、他的品格、他的境界才是中国语文界最为宝贵的精神财富。

云山苍苍，江水泱泱，先生之风，山高水长。

（十一）深深"小语教改"情　浓浓《教学月刊》谊

陈永华

（浙江《教学月刊》主编，前杭州师范大学教授）

记得那是 2009 年深秋的一天，为张罗《教学月刊·小学版》改版以及《教学月刊·小学版（语文）》创刊号事宜，刚从杭浙江师范大学教师岗位转任主编不到半年的我，在浙江教学月刊社时任正副社长的陪同下，专程前往周老师的寓所拜访，倾听周老先生的建议。尽管事先已久闻周老大名，但与他直面交流还是第一次。那天天气很好，秋高气爽，我们约在周老寓所对面的小茶馆。当周老听说《教学月刊·小学版》准备分科办刊，并有了专门的小学语文版时，他用"深感振奋"表达了激动之情。窗外的阳光斜照在周老满头的银发上，泛出丝丝光芒，越发映照出先生矍

陈永华主编、李红云老师参加活动

铄的精神。先生纵横论道于当下的小语教学，激情飞扬，字字珠玑，其对中国小学语文教学改革的情怀之深、对《教学月刊》的情谊之浓，带给我的是一份震撼、一份感动，更是一种鞭策、一份勉励。此情此意也成为激励我和《教学月刊·小学版》5年以来不断前行的一种精神力量。那天的谈话一直持续了将近3小时，后来也就有了《教学月刊·小学版（语文）》创刊号上的《在中国小学语文教学改革的折点上……——周一贯老师访谈录》一文。周先生就小学语文教学的实然和应然问题发表了掷地有声的真知灼见，就小学语文课堂有效教学不落实的现状，先生鲜明地指出其主要原因在于"该教的没教好，而可教可不教、暂时不必教的，又往往教得太多"，呼吁重认语文课程本色。针对课改以来各种教学流派渐露风采的状况，先生更是表达了欣慰之情，并提出了"小学语文教学只有实现'弘扬主旋律'和'提倡多样化'这两方面辩证统一，才能带来小学语文教学园地的姹紫嫣红、万千景象"的主张。多年以来，先生不仅对语文教学群体风格与"浙派语文"教学艺术做了理论上的探讨，并且在实践层面对一线教师进行着有效的引领，对《教学月刊·小学版（语文）》将"突出浙派特色"作为追求刊物个性化的抓手的做法给予了充分的肯定，并欣然接受《教学月刊·小学版（语文）》"浙派语文"栏目的主持工作。在他的关怀和感召之下，"浙派语文"栏目和"浙派语文"研究日渐走向成熟，其思想内涵通过刊物的辐射，正不断滋润和丰盈着课堂教学。先生更以一位长者的身份对年轻教师的专业成长一直寄予着厚望，谆谆教导，身体力行。作为一位专业学术期刊的资深作者和读者，先生亦深谙办好专业学术期刊之道，并不断贡献着智慧和力量。早在1984年始，先生就曾经受聘《教学月刊》兼职编辑6年之久。《教学月刊·小学版》分科办刊后，他更以极大的热情投入了"浙派语文"栏目的主持工作，续写着与《教学月刊》的情缘。

说来也巧，2009年的那次谈话之时，恰逢周老先生从教60周年，转眼5年又过去了，周先生依然活跃在中国小学语文教学改革的舞台上，活跃在推进教师专业成长的各种平台中，他以自己的方式依然支持着《教学月刊·小学版》以及其他教育学术期刊的工作。2014年岁末，在《教学月刊》主办的一次活动上，面对来自全国各地的数百名教师，已近80高龄的先生大声告白，"假如身体允许，我愿意对中国小学语文教育、教学一直研究下去，不断研究下去……"在场的每一位无不为之动容。诚如先生自己所言："情系教坛满头霜，笔耕舌论默默忙。识得寂寞个中味，桃红李白话西窗。"先生之"吾道一以贯之"的执着精神和人生态度值得我们每一位后辈敬仰和学习。

向您致敬！美丽的麦田守望者！尊敬的周老先生！

（十二）启智扬思　引领创新
——周一贯先生经典的理念与新常态思维

戴正兴

（镇江高专丹阳师范学院高级讲师）

全国著名特级教师周一贯先生，在小学语文教育这片沃土上辛勤耕耘了六十余载，始终挺立在语文教育研究的潮头，为我国当代小学语文教育奉献了丰厚著述，是名副其实的语文教育研究专家。

在当下小学语文界，他的写作之勤、著述之丰、创意之新，恐怕还没有人能够超越。这一切皆源于他对语文教育事业不灭的信念，源于他对语文教师专业成长之道的把握。这"成长之道"就是他个性化的"耕耘"方式，即教师的"舌耕（上课）""目耕（读书）""笔耕（写作）"三者并举，相得益彰，共同构成了他作为一名

语文教师的生命状态和专业生涯。

写作是一种厚积薄发的心理过程，但它更是一种思维奔流、智慧激扬的创造性劳动，其结果是构建起阡陌纵横的动态文脉系统。

1. 凭借创新思维，传递语文新课程理念

在创新成为发展的动力与源泉的时代，需要大量具备创新思维的创新型人才。创新思维不受现有知识的限制和传统方法的束缚，能从多角度、多侧面、多层次、多结构思考问题，从而提出新观点、建立新理论、发现新事物和新规律，使人们向更高、更新、更复杂而广阔的方向迈进。

周一贯先生是一位创新能量充沛，创新精神活跃的大师。细细考察周先生的语文教育思想和语文教育理论，不难发现，勇于开拓，善于超越的学术创新思维品质是他成功的重要原因。周先生语文教育的"真知灼见"，创生于两次语文课程改革的大潮之中。

在语文课程改革的大潮中，周先生把传递崭新的课程理念视为一种义不容辞的责任，并积极投身其中。在第七次语文课程改革进程中（20世纪80年代中期至90年代后期），他的《语文教学方法论》（1994年）《语文教学训练论》（1994年）《语文教学优课论》（1998年）《阅读教学设计论》（2000年）《语文教学改革研究概观》（1991年），这四"论"一"概观"的问世，引起了语文界普遍关注。在《语文教学改革研究概观》专著中，他着眼语文教学的课程体系，为全面开展语文教学整体改革提供诸多前沿信息，使语文教学园地更添了一抹春色。

周先生的四"论"，虽然出版于20世纪，但其中的一些观点，却是十分前卫，我们已经不难从中感受到第八次课改理念的曙光。这种理性的前瞻，在当时不仅是一种源于对教学实际状态的深刻反思，更是具有理念创新意义的可贵发现。

2001年《语文课程标准（实验稿）》颁布后，周先生着眼于未来语文教育发展趋势，2003年提出"语文教研案例论"，2005年提出"儿童作文教学论"。周先生总能站在课改的最前沿，提出一个个新的命题，生成一个个新的理念观点。创新者永远是先行者。

创造性思维能力，除了要有极强的前瞻意识，还需要有丰富的想象力。周先生多思善想，留给读者想象的空间，他的创新性思维在他的著述中得到了充分的体现。例如，他在《浅论"涵泳"》一文中，在提出语文教学要"把根留住"时，文章是这样表述的：传统的汉语教学基本规律是"根"，外来的"水分"和"养料"都要通过"根"来吸收，"根"深方能叶茂，"本"固才能枝壮。语文教学改革不仅要"把根留住"，而且要使根系更加发达健壮，才能使"中国语文教学"这棵大树欣欣向荣、生机无限。这段话读后使人领略到其中哲理的智慧。

再比如，他的《多元感悟：像雾像雨又像风》《名师文化：小语界不落的彩虹》，都能借助丰富的想象给人留下阅读的巨大张力。

2. 依托辩证思维，构建"语文教育生命观"

辩证思维是最高层次的思维水平，是理性认识的高级阶段。它的特征是以对立统一规律作为指导，使主观认识和客观现实相符合。综观周先生的诸多课题研究，他始终坚持科学的、辩证的态度，始终着眼于语文的性质规律，建构并不断完善着"语文教育生命观"。

周先生在语文教育中，在对生命作自我开发的同时，实现着关爱学生的生命发展，构建并不断完善着"语文教育生命观"。"生命观"是他的语文教育观的总纲。他始终认为，语文教学的改革要以唯物辩证观点的哲学思想为指导，要从生命活动的层面观照，方能促进其健康发展。他的两篇标志性的论文受到人们特别的关注：一篇是发于《人民教育》2006年第10期的《教育：开发生命的事业》，另一篇是发在《小学语文教学·人物》2009年第2期的《一分为三：让对立的"二"和合于生命发展之"三"》。两篇论文共同表达一个观点：语文教育应当统一于人的生命开发，和谐融通于人的生命活动。他认为，生命是一个高度和谐的统一体，语文教育也应当强调"辩证统一"的一面，这就是要"一分为三"。如果说"一分为二"强调的是它们的对立性，那么"一分为三"的"三"强调的就是它们的统一性，对立的两方复归于统一。他同时认为，"一分为二"没有错，但这是思维过程的一个阶段，在"一分为二"之后还应当"合二为一"，这个合成的"一"便是"三"，即和谐融合于高度统一的生命发展。他这一特色鲜明的"语文教育生命观"给人以更多的启迪，唤起人们更深的思考。

周先生回顾语文教育的历史轨迹，语文教育一直在"一分为二"、对立斗争、大破大立的崎岖小路上，左右摇摆、跌跌撞撞地艰难前行。他坦言，从"对立斗争"的视角审视语文教育，非此即彼，是对生命的割裂，则语文教育只能陷入死谷！若以"一分为三"的辩证统一观点看待语文教育，寻求生命活动之和谐统一，亦此亦

彼，则语文教育定能走出误区！周先生这段话，展现的是他语文教育思想的核心价值，传递的是他对语文课程改革的真知灼见。

随着语文课程改革的深入发展，周先生不断完善自己的理念，在他的著述中我们随时都能看到语文教学领域内最新的理念阐述，闪耀着辩证思维的光芒。比如，他在探索"儿童作文"教学体系的构建时，主张"儿童作文"教学体系应当建立在儿童精神基础上的"自由写作"与"规则写作"的有机结合。在探究"好课有效交往"如何注重统一性的要求时，有相当详尽的阐述。

3. 利用批判性思维，探寻"教与学的统一"

批判性思维是一种反思和质疑的方法和精神气质，是和谐社会民主精神、科学态度和创新意识的基础或必要条件。多拉·蒙维尔指出："批判性思维和创造性思维是推动知识社会的主要动力。"

周先生的语文教育观不仅表现在"宏观视野"上，也体现在"微观思辨"中。他善于对一些教学现象进行敏锐的判断，在思辨中修正，在质疑中提升。通过"反常"的思考，探寻调适的对策。主要体现在以下三方面。

其一，在论及学生的学习自主性时，他以幽默的笔触写出《语文教师"懒"亦有道》一文，他认为，语文教师"懒"一点，其实是一种另类的教学智慧，是"智"的另一张面孔。这样的"懒"，从本质上说，是为了让学生"勤"。语文教师的"懒"是"懒亦有道"之"懒"，是从"智"中琢磨出来的"懒"。

语文教师应当如何"懒亦有道"，周先生在文中展开具体论述：①"懒亦有道"是不再越俎代庖。②"懒亦有道"是把自信还给孩子。③"懒亦有道"是有所不为而后有所为。④"懒亦有道"是为了更好地现场生成。他的论述其实是提醒我们要从惯性思维中跳出来，从课堂教学的主流价值观着眼。

其二，课堂上"抓而不紧"，往往作为一种不良倾向受指责。周先生基于一分为二的"反常"思考，他在《小学语文教学》（2008 年第 12 期）撰文，提出课堂"抓而不紧"是"善抓"。他强调，课堂教学与一般工作相比，有其特殊性。由于师生同处在共时空的课堂现场，教师的活动不可抓得太紧，必须为学生的自主学习留出足够的空间，让他们享有充分的自由度，以适应有差异的不同学生的学习发展。周先生认为，正是从这个意义上说，教师在课堂上应当"抓而不紧"，"抓而不紧"才是"善抓"，才是"真抓"，才是"抓"到了点子上。他提倡"抓中有放""寓抓于放"，教师要尽量淡化"抓"的痕迹，并将其融合在"放"的自然状态中。

其三，周先生凭借对语文教育敏锐的观察力，直面课堂教学中的矛盾，寻求理性的认识。他认为，尽管新课改的一个重要指向是尊重学生的主体地位，但在教与学、师与生的这对矛盾中我们看到的还是"教"的过度强势，"师"的过分张扬。面对这样的课堂困境，他提出一个很朴素的对策，就是教师需要"悠着点"。

教师为什么需要"悠着点"，并怎样"悠着点"，周先生的《课堂教学应"悠着点"》（《小学语文教学》2008年第5期）一文对这个问题给予了充分的回应。他从学习者出发，从人的生命限度的性质、活动的规律进行阐述，提出5条理由：①教师"悠着点"是为了"让学于生，还权于生"。②教师"悠着点"是倡导"因学设教，因势利导"。③教师"悠着点"是追求"无痕教学，无为而治"。④教师"悠着点"是反思"欲张反敛，欲取反予"。⑤教师"悠着点"是体现于"无为"处而"无不为"。周先生的每一个观点，都会把人们的思考引向深处。

周先生寻根刨底地探究问题，所表现出的正是批判性思维的精神气质：审慎的心态、多元的价值取向、追求公正性和合理性。

周先生用先进的教育理念，以缜密的思维方式对语文教育进行开拓性、独创性的研究，求索在基层践行和时代哲思的交汇点上，是值得我们探索的一个个案。今年周先生虽已八十高龄，但他依然活跃在小学语文界做着自己终生奉献而永不言倦的事业。研究周先生的思维特征，无疑会对广大语文教师的专业发展产生积极的影响力。

（十三）容膝斋"刻"苦为乐的"痛"快人生

夏家发

（华中师范大学教授、硕士生导师、国家级中小学语文骨干教师培训班主讲教师）

周老鹤发童颜。周老里穿大红体恤，英格兰风全棉衬衣，图案跳跃的 V 字领羊毛衫；上着休闲西服，下穿藏青色西裤。周老，活脱脱一个年轻人啊！

周老快乐健康地活到九十九，快乐健康地学到九十九，快乐健康地思考到九十九，快乐健康地研究到九十九，快乐健康地写到九十九。周老，堪称小语界快乐健康的常青树！

衷心祝愿周一贯老师健康长寿，永葆学术青春！

周老这辈子，吃过不少苦头。"文化大革命"期间，周老的容膝斋仅有的那么一点点书籍，都被抄走了。"文化大革命"之后，周老师没有抱怨，没有责备，没有放下，而是立即全身心地投入教学教研科研的事业中去，做出了常人难以想象的显著的学术贡献。

周老每次碰到我，总是很关切问到我的教学科研情况。周老说："现在环境好了，你们可以多做事。"护爱之心，溢于言表。

周老的文章，用语前卫，思想活跃。如不看文章作者的名字，我都以为作者是一位年轻人。周老的文章文采激扬，纵贯古今，横驰中西，意深言简，余韵绵延。你真想象不出，这文章竟出自一位超八十高龄的老人之手。

周老有一本《容膝斋随笔》（宁波出版社）。我把这本随笔置于案头，当成心灵鸡汤，累了就看看。我发现，周老的阅读面如此之广：每一篇都会引用格言妙语，古今中外的名著名言，尽收眼底。

我尤其喜欢周老随笔里引用的古诗词。绝大多数的古诗词，都有爬梳和阐释。在我的眼里，《容膝斋随笔》就是一本难得的诗话。

周老的文章，绝少空话、废话，信息量大，内涵丰富，实在受用。周老的文章，人云亦云不云，经典常谈常新，鲜少套话俗语，每每新意迭出。每有神会之处，我不禁拍案叫绝。

周老的《周一贯语文教育60年》，是我的最爱之一。这还不包括周老正式出版的165本著作和难以计数的论文。周老的最高学历，是初师——这并没有妨碍他做事。

如此勤奋的劳作，在现当代教育史上，实属罕见。

我对周老的仰慕、敬慕，不是漂亮的恭维，是实实在在的敬服了。

周老师是个老顽童，忙有忙趣，逸有闲情，生活别有情致。

周老说："人一辈子都不可丢弃'刻苦'，这与是不是有钱无关。有'苦'才能有乐，有'痛'才会有快。辛辛苦苦过日子，才能舒舒服服做人。只有刻苦勤奋才能为人生幸福奠基，为人类的幸福奠基。"

"刻"苦为乐的精神，妙哉！

容膝斋里，那个忙得不亦乐乎的身影，常常出现在我的眼前。

容膝斋里，忙得不亦乐乎的那个人，时时激励我、鞭策我、鼓舞我。

周老说："精神家园不在大小而在有无。"容膝斋的书架，原来是周老用废纸包着砖头，垒起来的；座椅是用窄窄的硬包装箱，自己动手做出来的。现在，周老的容膝斋花草繁茂，阳光灿烂，书香满室，安静雅致。

周老很有意思，退休后还上了老年大学。周老感慨：现在，老年人跳舞、健身、学习、读书，样样都很棒；年轻人似乎样样都很忙，忙得连命都不要了！何谈跳舞、健身、学习、读书?！

周老说："你们都那么忙，总该忙出点名堂来吧。"

我问周老："什么叫名堂?"

周老说了：身体棒棒的，就叫名堂——忙出忙进、忙忙碌碌的，事情没忙好，忙出一身病。这叫什么名堂?！孩子好好的，就叫名堂——忙上忙下的，把孩子忙荒废了。这成什么名堂?！家庭美美的，就叫名堂——忙东忙西的，把里面忙得像火宅。这是什么名堂?！课，好好的，就叫名堂——忙考忙评忙教忙研忙训，忙得无心上课，忙得课都上不好了。这是什么名堂?！……

周老说了："这几者中，身体棒棒的，最重要。这一条没有了，其他的都毫无保障、无从谈起。一张一弛，文武之道也。"周老护爱之心，溢于言表。

"红雨乱飞，闲花笑也；绿树有声，闲鸟啼也；烟岚灭没，闲云度也；藻荇可数，闲池静也；林空月印，闲庭悄也。"

周老说："看到你们忙碌的身影，闲花野草都笑了。"

周老"刻"苦为乐的"痛"快人生，妙哉！

周遍教海觅真经，
一言二三立九鼎。
贯驰今古恰西中，
道深源远赤子情。
容膝斋里书香满，
易安堂前春意欢。
三耕一贯美意思，
四海五湖颂道源。

衷心祝愿周一贯老师健康长寿，永葆学术青春！

（十四）纵笔凌云　立言一贯
——周一贯先生语文教育研究评说

白金声

绍兴自古文章地，这里山清水秀，人杰地灵，素有"古越文化之邦"的美誉。周一贯就是鲁迅家乡的一位教育奇才。他，1936年出生，特级教师。从教67年，退休前，曾任浙江省小学语文教学研究会副理事长、浙江省义务教育教材小学语文编委会副主编、绍兴县教研室副主任等职。发表文章1400多篇，出版学术专著100多部，总字数已逾3000多万。在当下中国小语界，他纵横捭阖，叱咤风云，写作之勤，著述之丰，研究之广，探索之深，创意之多，无与其匹，是名副其实的语文教育专家。

周一贯语文教育研究，萌芽于当代中国语文教育潮起潮落的大背景之下，形成于改革开放以来语文教育大改革大发展之中，成熟于21世纪之初语文课程新一轮改革之时。在追求"学术—学识—学说"的艰难天路上不懈求索，以实践积累、理论积淀、历史继承、西学借鉴为基础，经历了"主观经验型—客观描述型—科学解释型"的艰苦历程，终于成为一位"顶天立地"的小学语文教育研究专家。下面着重谈两个问题。

1. 语文教育研究的主要阶段

1984年，周一贯任绍兴县教研室副主任兼语文教研员。此前34年间，他做过部队文化教员，教过小学、初中，当过区中心小学副校长，教育教学经验十分丰富。如果从结束农村中小学教学生涯，开始专职语文教研工作算起，到如今，周一贯这棵小语界的"常青树"研究语文教育也已经33年了。这33年，大体可分为3个阶段，依次为：教研室工作阶段（1984—1996年）；从岗位退下阶段（1997—2000年）；走进新课改阶段（2001年至今）。

（1）教研室工作阶段。

1984年，他被调到县教研室，任语文教研员，同时又担任教研室副主任，分管小学教学。在这 10 余年的时间里，他置身浩浩学林，厚积薄发，兢兢业业地钻研语文教育理论，出版了 10 多种主要的学术专著：如《文体各异·教法不同》《语文教学研究改革概观》《语文教学训练论》。

①《文体各异·教法不同》。

1981 年，周一贯在《辽宁教育》第 3 期上发表了他的第一篇研究文章《谈谈谜语的教学》。从此一发不可收，到 1983 年底，共有 45 篇大小文章见诸报端。诸如《浅说寓言和寓言的教学》《浅谈语文教材中的儿童诗》《散文和散文的教学》《小学应用文教学之我见》《略谈小学语文教学中的童话》《科学小品课文教学管见》《关于小说的教学》等。他将这些文章进行了重新梳理，结集出版了《文体各异·教法不同》。专著从本体论的角度出发，以漫笔的形式，对语文学科的教学方法作了独到的分析和阐述：不同体裁的课文，应有不同的教学目的、教程教法；可从体裁特点入手，分析课文思路，设计课型和板书。这本书有理有例，行文活泼，有很强的针对性，立刻在全国小语界引起了广泛关注。20 世纪 80 年代初，全国小学语文统编教材的体例是讲读课文、阅读课文、独立阅读课文和半独立阅读课文，当时的语文教学只重类型而无视文体，这本书的出版，提出语文教学的文体观，无疑是一个突破。

②《语文教学研究改革概观》。

在我国小语界，周一贯是一位特殊的人物，他没有高学历，走上工作岗位时，手里拿的是一张非正规的初中毕业证书。然而，就是这位"土八路"，他的语文教育理论，在我国小语界却产生了广泛而深远的影响。他是自学成才的学者，走的是一条"个性化"的治学之路，最终成为全国小语界的一员宿将。他说："教学研究和治学之道，其创新成果的产生，靠的就是各种信息不断从多方面、多角度、多层次的碰撞、融合、分裂和变化的运动。"为此，他以滴水穿石、绳锯木断的毅力，十年如一日地去营造个人的"信息库"。在电脑尚未盛行的年代，就已经有了数十本剪报、数十本笔记和几万张资料卡片。就是这些日积月累的剪报、笔记、卡片，使他源源不断地获得新的信息，产生新的组合效应，形成新的观点。《语文教学研究改革概观》是在信息汇集研究的基础上写成的。这一治学成果，不仅使他的研究紧密联系了改革的前沿性的课题，而且也开拓了理论视野和思维空间。《语文教学研究改革概观》全书 30 万字，内容涵盖了语文教学的各个方面，如拼音教学、识字教学、阅读教学、作文教学、听说训练、学法指导、板书设计、课堂提问、语文考试、整体改

革、情景教学等，或巡礼，或鸟瞰，或撷英，或说要，或述略，或纵观，或概说，不一而足，一本《语文教学研究改革概观》，就是一座 20 世纪 80 年代语文教学改革研究的信息库。

③《语文教学训练论》。

叶圣陶说，"语文是培养能力的课程，所以不能单纯地传授知识，要让学生反复地受到训练"，"最要紧的是训练语感"。周一贯根据叶老的命题，对语文训练问题进行了广泛而深入的研究。1994 年，出版了他的扛鼎之作《语文教学训练论》。在这本专著中，提出了他的一系列"训练观"：第一，训练的实践论意义——训练是学生的实践活动，而实践是认识论的第一和基本的观点；第二，训练的教学论意义——教与学和训与练，都本质地体现了教师主导、学生主体的密切结合和互动互补；第三，训练的素质论意义——训练不只是语文知识技巧的操练，而且包含了深刻的人文内容，关系着学生整体素质的优化。他认为语文训练的基本特点有四个方面，即综合性特点、整体性特点、情感性特点和交际性特点，包含智力的开发、情意的熏陶、习惯的培养和人格的养成等。这些思想新意迭出，切理会心，对小语文教师有很大的实践指导价值。

（2）从职位退下阶段。

从职位退下后，周一贯"壮心未与年俱老"，有了更加开阔的空间，生命与事业同行的步子也迈得更大了。或文海泛舟，或耕耘桃李，或各地讲学，频繁的活动要求他必须更要抓紧学习，去研究来自教改前沿的各种信息，提炼成自己的认识。这个时期，他出版了两本代表作，一本是《语文教学优课论》，另一本是《阅读课堂教学设计论》。

在《语文教学优课论》中，他创造性地提出了教师优化课堂教学的六大意识，即目标意识、主体意识、竞争意识、质量意识、创新意识、活动意识。六大课程意识涵盖了优课的一切具体标准，从观念和境界的层面上对优课做出了科学的界定。与那些更具操作性的优课评价标准相比，他的关于优课标准的描述具有更深层次的哲学意味，用"高屋建瓴""高瞻远瞩"喻之当不为过。

在《阅读课堂教学设计论》中，他率先提出了"软设计""弹性设计"的理论，正确地阐释了预设的相对性和局限性，强调了课堂生成的意义与价值。同时，他还指出"软设计"必须强化"重自学、重尝试、重争议、重活动、重过程"，比较全面地阐述了"软设计"的理论。他的"软设计"理论在全国首次提出就引起了语文教育理论界和实践界的关注，给人诸多的启示。在 20 世纪 90 年代中期就提出这样的观点，确实难能可贵。

（3）走进新课改阶段。

2001 年，新一轮课程改革拉开了序幕。《语文课程标准》是语文教育新理念的高层次的集中展示，全方位反映了新世纪中国语文教育改革的价值取向。在语文课程改革的进程中，周一贯的视野更开阔了，依据《语文课程标准》的精神，进行科学的理性思考和真诚的实践探索。从新一轮课改到现在，他更是笔走纵横、势如狂澜，又撰写了 100 多篇文章。诠释了新的课程理念，演绎了新的课程文化，在课程观、教学观、学习观、教材观、学生观等方面取得了最新的成果。充分说明其引领小语教坛的才情和活力。这里我主要对其中的两本著作进行简单评述。

①《研究性阅读教学探索》。

21 世纪的第一年，周一贯以其特有的学术敏感和直觉，在《福建教育》上连续发表了关于"研究性阅读"系列文章，在国内首次提出了"研究性阅读"的概念，并系统地阐述了他对"研究性阅读"的构想和探索。在此基础上，2002 年 4 月，在上海教育出版社出版了《研究性阅读教学探索》。

什么是"研究性阅读"？他指出："就是让学生在教师的指导下，以研究探索的方式自主地进行阅读，以获取认知、激发兴趣、陶冶情操、提高阅读能力和运用语言能力，优化语文综合素养。研究性阅读贵在'研究'与'阅读'的有机结合、融会一体。让学生在初读课文、通读课文的基础上，引导出研究深读的一二个问题，放手让学生去自读探究、合作交流。以这种一二个研究主问题来取代教师的逐段烦琐提问，目的在于突出重点，把阅读主动权、时间支配权和空间活动权真正还给学生。"研究性阅读，符合《语文课程标准》倡导的课程理念。这项研究，已经为实现师生平等对话，为落实学生自主、合作、探究学习，培养创造性阅读能力，开辟了广阔的前景。

②《儿童作文教学论》。

在新课改语境下，如何摆脱传统"小学生作文"的学科"作业"意识，偏重技法、崇尚形式、为他人立言的严重积弊，又如何解决传统作文教学"应题"的束缚，"应体"的拘谨，"应命"的违心，"应法"的尴尬，"应套"的就范，"应试"的无

奈，又如何校正在"新概念作文"导引下已经产生的某些"灰色作文""疯狂作文"和"新套话作文"的负面影响，提倡作文教学要放飞心灵、真情实说、自由表达，2005年，周一贯出版了《儿童作文教学论》。

"儿童作文"不就是"小学生作文"吗，为何另立名目，要为"儿童作文"立名？他认为，"小学生"与"儿童"是两个完全不同的概念。"小学生"着眼点在于只是一个学历阶段，表现一种学历程度。严格地说，当小学生的不一定是儿童。而"儿童"则是生命历程的一个特定阶段，是人生之旅十分重要、十分珍贵的驿站。"童年"会对每个人的终身事业发展有极其重要的影响。他提倡用"儿童作文"这一概念来代替"小学生作文"这一概念，就是希望作文不仅仅是一种语文作业，一项写作技巧训练，它首先是儿童生命的自由表达和真情交流，表现出强烈的尊重儿童生命的语文教育哲学观。儿童作文就是一种"儿童文化"，他强调"儿童作文"，就是要在作文中尊重儿童的天性，呼唤儿童的灵性，发展儿童的悟性，张扬儿童的个性。

2. 语文教育研究的重要特点

周一贯靠着他坚强的毅力和不懈的努力，通过"志学—自学—治学"的艰难历程，沿着"实践—认识—再实践—再认识"的认识路线，不但成为一位优秀的语文教育研究工作者，而且成为全国小语界领军人物，堪称语文巨擘，教研宿将。纵观周一贯语文教育研究的33年，我们不得不感叹其丰富性、学理性和超前性。然而，在所有的特点当中，"广、深、实"大约是最不能忽视的品质。

（1）广泛性。

"广泛性"是周一贯语文教育研究的主要特点之一。语文，它无时不在，无处不在，它巨细无遗，无微不至地表现着大千世界，它渗透到社会的每个角落。所以，无论是教材，还是教法，无论是教师，还是学生，无论是课内，还是课外，他都"无处不思，无孔不入，无事不研"。甚至可以这样说，当前语文课程教育的方方面面，没有一个方面不在他的关注之中，没有一个方面不在他的研究之列。他研究语文教育，"既述且作"，著作等身，或一体化，或姊妹篇，或序列式，表现出明显的内在联系。如《语文教学训练论》《语文教学优课轮》《阅读课堂教学设计论》《语文教研案例论》《儿童作文教学论》和《语文教学改革研究概观》，这五"论"一"观"再加上《研究性阅读教学探索》，就构成了他语文教学研究的完备系统。

再如，1997年，他在《浙江教育》发表了关于语文教学艺术7篇文章：《优课的解题艺术》《优课的导入艺术》《优课的提问艺术》《优课的讲解艺术》《优课的讨论组织艺术》《优课的作业设计艺术》《优课的课堂总结艺术》。1998年，在《福建教育》又发表了关于语文教学艺术的7篇文章：《优课的教学节奏》《优课的穿插之美》《营造课堂教学的高潮》《优化教学的点拨术》《课堂教学的蓄势》《优课的过渡和照应》《语文课堂教学的剪接》。这两组文章珠联璧合，纵横交错，互为表里，相得益彰，对语文教学艺术做了全方位的探讨，如果将这些文章合起来，不就是一本《语文课堂教学艺术论》吗！

再比如，周一贯十分乐于为一些全国著名的特级教师、名家高手作个人教学风格或流派的研究并撰文。他曾为浙江的王燕骅写过《有境界自成高格》，为上海的贾志敏写过《贾志敏：追求语文教学的本真》，为浙江的贺诚写过《诗的语文教学和语文教学的诗》，为江苏的孙双金写过《孙双金：情智语文的魅力》，为山东的张伟写过《球形教学的艺术风格》，为天津的靳家彦写过《"导"能养性，"读"能通神——靳家彦的导读教学艺术》，为上海的徐根荣写过《论到至处品自高》，为北京的窦桂梅写过《窦桂梅的创造力》，为江苏的于永正写过《简朴清新：于氏语文流派的常青品格》。这些文章对改革开放以来的小学语文名师成长历程和教学风格做了深度探讨，分析和梳理了名师文化特征和内涵，展现了名师们特有的人品、学品、师品。这些文章一部分发表在《人民教育》上。如果把这些文章集结在一起，不就是一本《小学语文名师论》吗！

在语文教育研究的前沿，在这个领域的广度上，周一贯所取得成绩是令人咋舌的。黑龙江省教育学院小学语文教研室原主任秦锡纯给他的函说："您的教研领域很宽，许多文章能解决教学中的难点，给教师和教研人员帮助很大！"这话千真万确。

（2）深刻性。

这是周一贯语文教育研究的第二个特点，也是最能衡量其学术成就的标尺。一个人的科学研究要创新，既要全面又要深刻很难，但他显然做到了，他的许多研究成果不仅具有开创性、前卫性，而且具有引领性、深刻性，实现了多项"零的突破"，经得起时间的考验。

他说："搞我们这行，眼睛光盯在小语教学上是不够的，还需要有一些渗透意识。如果用一句比较'文气'的话说，我是以小语教学研究为圆心，向其他学科作

全方位的思维辐射。教育学、心理学、数学、生物学、美学……特别是现代科学方法论——信息论、控制论、系统论，我都怀有一种特殊的兴趣。在快速变化的时代里，一切过去的知识都会因为新信息不断涌现而贬值。当代社会需要一种对最新学科和最新动态有较强敏感的人。"20 世纪 80 年代中期，他从语文教学研究战略发展的趋势上提出问题和研究问题，将控制论、信息论、系统论和符号学、全息理论引进到语文教学研究中，发表了系列文章。如：《从"信息论"说精讲》《用模糊理论改进阅读教学》《从"信息论"看跳跃式讲读》《用全息理论改进阅读教学》《语文教学与符号系统》《从"缩微技术"谈板书设计》等。仅从这些论文题目看，就能把人们的思考引向深入。

大家都知道，周一贯是浙江绍兴人，作为鲁迅故乡的学者，写文章不能不谈及鲁迅。这是因为，鲁迅，是中国现代最伟大的文学家和思想家之一；鲁迅，是我们民族精神的一面鲜艳的旗帜；鲁迅，是我们母语教育一条奔腾不息的精神之河。我读过周一贯谈鲁迅的文章多篇，他写鲁迅都与小学语文教学有关，如《亲近真实的鲁迅》《把鲁迅还给孩子》《以鲁迅的儿童阅读理念瞻观今日儿童读书生活》《鲁迅：读图时代应当仰望的背影》等，除了第一篇之外，其余 3 篇均发表在《中国教育报》上，而且后两篇都是整版刊发，这说明周一贯其人、其文的影响力是非同小可的。

2007 年，他为《今日教育》撰文，以辩证唯物主义思想为指导，大气磅礴地提出了"语文教育生命观"。文章分三部分：一是宏观视野：辩证地思考"语文"是什么，"语文课程"是什么，"汉民族语文课程"又是什么，用民族文化教育的精华塑造生命；二是中观视角：辩证地看待语文课程教与学的统一，用"以生为本"的课程主流价值观润泽生命；三是微观视点：辩证地运用课堂的智慧教学与教学智慧，用"有效交往"的实践发展生命。通篇的主题是：语文教育应当统一于人的生命开发，和谐融通于人的生命活动。他认为，生命是一个高度和谐的统一体，语文教育也应当强调"辩证统一"的一面，这就是要"一分为三"。如果说"一分为二"强调的是它们的对立性，那么"一分为三"的"三"强调的就是它们的统一性，对立复归于统一。他同时认为，"一分为二"没有错，但这是思维过程的一个阶段，在"一分为二"之后还应当"合二为一"，这个合成的"一"便是"三"，即和谐融合于高度统一的生命发展。他回顾语文教育的历史轨迹，语文教育一直在"一分为二"、对立斗争、大破大立的崎岖小路上左右摇摆，跌跌撞撞地艰难前行。他坦言，从"对立斗争"的视角审视语文教育，非此即彼，是对生命的割裂，则语文教育只能陷入死谷。若以"一分为三"的辩证统一的观点看待语文教育，寻求生命活动之和谐统一，亦此亦彼，则语文教育定能走出误区。他的这些话，振聋发聩，非常深刻，展现的是他的语文教育思想的核心价值，传递的是他对语文课程改革的真知灼见，给人以更多的启迪。

（3）实践性。

实践性是周一贯语文教育研究的价值特征。辩证唯物主义告诉我们，理论源于实践。语文教育实践是语文教育理论研究的源头活水，同时，也是检验语文教育理论正确与否的唯一标准。反过来，语文教育实践也需要在一定的语文教育理论指导之下进行，才是自觉的而不是盲目的实践，也才能起到检验理论、不断补充和完善理论、发展理论的作用。

首先，周一贯来自实践。在进入绍兴县教研室之前，他直接从事中小学语文教学工作长达30多年，是一位优秀的语文教师。30多年的语文教学实践，使他对我国当今语文教学现状有了全面的了解，对语文教学实践过程中出现的经验和碰到的问题有深切的理解，对语文教学研究方向和研究重点有准确地把握。这既是他得天独有的优势，也是他与那些来自大专院校的理论工作者的不同之处。

其次，长期的语文教学实践，决定了他的理论研究必定围绕语文教学实践进行，保证了这些理论的实践针对性。理论来自实践，实践之树常青。语文教学的实践不断地向工作在语文教学第一线的实践者提出问题，不断要求从事语文教学研究的理论工作者回答语文教学实践提出的问题。作为一个来自实践第一线的理论工作者，强烈的事业心和责任感要求他自觉调整自己的研究兴趣和理论积累，针对语文教学实践的重点和碰到的难题，确定自己的研究重点和研究课题。如针对教学实践中碰到的语文阅读教学如何由应试教学向素质教学转轨的问题，他从语文阅读教学的理论到语文阅读教学的改革和程序性设计，进行了系统的研究和具体的回答。他正是在不断回答这些问题的过程中逐步建立起自己的语文阅读教学理论体系，这样的理论体系无疑是实践第一的。

最后，他的理论研究，其目的性非常明确，就是为了解决问题，是为实践而研究，为解决问题而研究的。他的语文阅读教学思想，虽然蕴含了非常丰富的理念，也有很多前沿的理论，但这些都是为了指导语文阅读教学的实践服务的。因此，在

他的著作和文章中，理论是和实践紧密结合在一起的，理论是为实践服务的，理论是真正指导语文阅读教学实践的。无疑，在我们的语文阅读教学研究中，非常需要先进的教育思想和科学的教育理论，迫切需要建立一套符合我国教育实际的理论体系，以使我国的教育能突破理论和观念的限制，科学健康地可持续发展。历数周一贯的著作，不管是研究阅读教学的，还是研究作文教学的，许多都是在实践中产生的，其中既有教学的实践和编辑的实践，也有讲学的实践和课题研究的实践。他的研究成果，始终伴随着不间断的语文教育的实践，其皇皇巨著都具有"周氏"的实践特色。

二、同人奖勉：语文情怀源自对生命价值的追求

（一）略论周一贯语文阅读教学思想的特征

董建奋

（绍兴市越城区教师进修学校名师坊导师，北海小学教育集团名誉校长，特级教师，浙江省功勋教师、全国优秀教师、全国五一劳动奖章获得者）

全国著名特级教师周一贯先生，从事小学语文教育和研究六十春秋，始终手不释卷，笔耕不辍，为我国当代小学语文教育奉献了丰厚著述，是名副其实的著作等身的小学语文教育专家。周先生对小学语文教育的研究是全方位的。既有对我国小学语文教学历史总结、现状分析和趋势预测等的宏观研究，也有对小学语文教学各个层面的中观研究，还有对某个教师某堂课的微观研究；既有对小学语文教学思想、理论、观念等的抽象研究，也有对小学语文教学策略方法途径内容等的具象研究；既有对当今我国乃至世界先进教学思想、理念的宣传介绍，也有对我国当今小学优秀语文教师和优秀课堂教学艺术的总结推广。作为晚辈，笔者有幸直接得到周先生耳提面命的指教，从中受益匪浅。周先生学养丰富，思想深邃，研究广泛，成果丰硕，我们难以望其项背。这里试就周一贯先生小学语文阅读教学思想的特征作些分析，以就能正确把握周先生小学语文阅读教学思想，从中得到更多教益。

周一贯先生的小学语文阅读教学思想是非常丰富的。小学语文阅读教学是他多年来研究的重点。正如周先生自己所说："我从教 67 年，有 30 年是在中小学的课堂中度过的。在以后所从事的语文教育研究工作中，虽然不再为孩子们上课，但与课堂仍然缘分依旧，对探索课堂教学问题情有独钟……看来，课堂教学永远是教师和教学研究工作者不解的情结。"因为周一贯先生认为"从学界泰斗到科技明星，从领袖元帅到庶民百姓，谁不是从小小的课堂出发，走向社会，走向生活，走向成功的彼岸"，"耕耘课堂，努力研究课堂教学，创作更多的优课、好课、精品课，也就成了所有教师和教育工作者的情结"。为此，周先生将语文教育的研究视角主要锁定在语文阅读教学上，对小学语文阅读教学进行了多角度全方位立体化的研究，形成了系统的小学语文阅读教学理论，集中反映在他撰写的《语文教学方法论》《语文教学训练论》《语文教学优课论》和《阅读课堂教学设计论》等专著中。综观上述著作，笔者认为周一贯语文阅读教学思想具有"兼容性""实践性""主体性""探索性""前瞻性"和"开放性"的特征。

董建奋老师与周先生合影

1. 兼容性：传统现代、兼容并蓄、相得益彰

兼容性是周一贯先生语文阅读教学思想的基本特色。周先生一直从事中小学语

文教学活动，对我国传统的语文阅读教学有切身的感受。他既了解传统语文阅读教学的精华所在，也了解传统语文阅读教学的积弊之深。因此，周先生有能力处理传统与现代、继承与发展的关系。他没有因为其积弊而全盘否定传统语文阅读教学的成功经验，也没有因为现代教育理念手段方法的新潮流行而拒绝传统经验。在他的语文阅读教学思想里面，传统与现代、继承与发展两者互为依存，相得益彰，充分体现了一个科学理论工作者科学辩证的思维品质和追求真理、坚持真理的人格精神。

一是科学处理传统与现代、继承与发展的关系，坚持在传统与未来的结合点上批判继承。认为我国阅读课堂教学方法的改革创新，并不排斥传统方法中的精华。时代的进程已经显示，希冀抛弃传统，另找一个全新的文化生存空间是愚蠢的。但也不能一成不变地维持传统，在封闭和凝固的精神氛围中去建设现代的阅读教学方法体系。应当在传统与未来的结合点上，去认真地继承和发展，使它们在新的时代里重放异彩。

二是重视传统的改造发展创新。所谓传统，当然是指那些经过历史筛选而积淀下来的精华部分。这些传统之所以能穿越时空，流经当代，不仅仅是因为它在历史上曾经做过贡献，还因为它在当今仍然具有生命力，这是民族文化的瑰宝。但传统的东西毕竟是过去的经验，时移世迁，所处的环境变了，依赖的条件变了，特别是教学目的和教学对象变了，即便是历史上最有用的经验也不能照搬照抄。周先生下大力气对传统的语文阅读教学经验进行了再创造，主张传统教学与现代教法糅合运用，坚持一法为主，多法辅助或一法多变。在周先生的语文阅读教学思想里面，处处可以看到传统语文阅读教学的成功经验，但这些经验又绝不是传统做法的再版，而是以全新面貌出现的新的理念和新的经验。如周先生认为传统的"读"仍然是现代教学的重要手段，"旧书不厌百回读，熟读深思子自知"，这与"书读百遍，其义自见"的传统阅读教学思想是一脉相承的。可贵的是周先生在如何读、读什么、谁来读上提出了丰富的思想。在如何读上，分别对教师提出了"讲读、导读、范读、释读、引读、领读、串读、吟读"和对学生提出了"圈读、查读、参读、略读、精读、复读、朗读、默读"的"八读之法"。在读什么上，提出了"超文本阅读教学"理念，主张"人本"与"文本"的统一。在谁来读上，提出了"向阅读主体趋归"的设想，认为培养学生"自能读书是语文阅读教学的重要目标之一"。因此可以毫不夸张地说，周先生的语文教学思想，从传统的角度说，它是最具传统精神的；从现代的角度看，它又是最具现代特征的。在这里传统与现代融于一体，和谐发展，相得益彰。

2. 实践性：来自实践、研究实践、为了实践

实践性是周一贯语文阅读教学思想的价值特征。首先，周先生来自实践。他既是一位优秀的语文教学工作的实践者，也是一位高水平的语文教学工作研究者。但笔者认为，周先生首先是一个语文教学工作的实践者。他直接从事中小语文教学工作长达 30 年，是一位优秀的语文教师。30 年的语文教学实践，使他对我国当今语文教学现状有了全面的了解，对语文教学实践过程中出现的经验和碰到的问题有深切的理解，对语文教学研究方向和研究重点有准确的把握。这既是他得天独有的优势，也是他与那些来自经院的理论工作者的不同之处。其次，长期的语文教学实践，决定了周先生的理论研究必定围绕语文教学实践进行，保证了这些理论的实践针对性。理论来自实践，实践之树常青。语文教学的实践不断地向工作在语文教学第一线的实践者提出问题，不断要求从事语文教学研究的理论工作者回答语文教学实践提出的问题。作为一个来自实践第一线的理论研究工作者，强烈的事业心和责任感要求他自觉调整自己的研究兴趣和理论积累，针对语文教学实践的重点和碰到的难题，确定自己的研究重点和研究课题。如针对教学实践中碰到的语文阅读教学如何由应试教学向素质教学转轨的问题，周先生从语文阅读教学的理论到语文阅读教学的改革和程序性设计，进行了系统的研究和具体的回答。周先生正是在不断回答这些问题的过程中逐步建立起自己的语文阅读教学理论体系，这样的理论体系无疑是实践第一的。最后，周先生的理论研究，其目的性非常明确。就是为了解决问题。是为实践而研究，为解决问题而研究的。他的语文阅读教学思想，虽然蕴含了非常丰富的理念，也有很多的前沿理论，但这些都是为了指导语文阅读教学的实践服务的。因此，在他的著作和文章中，理论是和实践紧密结合在一起的，理论是为实践服务的，理论是真正指导语文阅读教学实践的。无疑，在我们的语文阅读教学研究中，我们非常需要先进的教育思想和科学的教育理论，迫切需要建立一套符合我国教育实际的理论体系，以使我国的教育能突破理论和观念的限制，科学健康地可持续发展。从目前状况看，我国教育的基础理论，研究还必须加强。但是，也毋庸讳言，教育科学的基础理论，要真正为广大教育工作者所接受理解并应用，十分需要理论研究工作者做好推广工作。好比工业中的新产品研发，新产品在实验室中成型后，还不能成为最终产品，需要小试、中试后再量产。这里的小试、中试阶段就是

理论与实践的结合阶段，这是一个十分重要的阶段。缺少这一阶段的产品不可能量产，理论也不可能推广。周先生从事的正是这一阶段的研究工作。先进的教育理念和科学的教学理论经过他的条分缕析，旁征博引，循循善诱，达到深入浅出的效果，为广大基层教育工作者所接受和理解。同时，周先生又倾其全力，寻找理念和实践的结合点，进行大量的操作性研究和程序化设计，努力解决实践中的操作问题。他的《语文教学优课论》《语文教学训练论》《语文教学方法论》《阅读课堂教学设计论》等专著是这方面的典范。难怪周先生的著作在小学语文教师中成为畅销书，因为它能指导语文阅读教学实践，符合我们第一线教师的需要。

3. 主体性：主体参与、全面参与、全程参与

主体参与是周一贯语文阅读教学思想的理论基石。教育的主体性思想，是现代教育的重要理念，是应试教育向素质教育转轨的本质特征。对此，周先生可谓孜孜以求。他反复强调："学习活动是学习者个体的一种自主活动，别人无法代替，也不是由教师单向可以决定的。阅读教学当然也不能背离了学习这种主体性特征。'学生是语文学习的主人'的这一观点，要求我们必须在阅读教学中进一步落实学生的主体地位。""这是因为，学生是阅读主体，在阅读过程，他集中了生理的和心理的、智力的和行为的、认知策略的和操作方式的多种因素。"由此出发，周先生构建了以充分发挥学习主体作用为特征的小学语文阅读教学理论体系。在这个理论体系中，强调"把获取知识的主动权还给学生"，从根本上改变学生在教学过程中消极被动的地位，学生的学习主体地位得到了确认，学生的学习主体作用得到了重视，学生的学习主体性特征得到了充分的体现。在这个理论体系中，主体参与是一个由点连线，由线成面的完整系统。周先生从纵横两个方面提出了全面参与和全程参与的思想，确立了立体参与的概念，设计了主体参与的内容、渠道、方法等操作性程序，保证了主体参与的有序性和有效性。从横向来说，语文阅读教学的主体参与讲究的是全面参与，强调语文学科与其他学科的渗透联系，语言学习与社会生活的实践结合，课堂教学与课外活动的补充延伸，将主体参与的触角进入主体学习的各个领域。从纵向来说，则强调全程参与。课前参与——参与备课；课中参与——参与讲读、参与活动、参与作业设计；课后参与——参与练习设计、参与评价，参与总结等，要求学生参与阅读教学的全过程。总之，"教师设法尽可能地把讲析的机会让给学生，把读的时间留给学生，把提问的权利放给学生，把练笔的趣味送给学生，把读书的方法教给学生……一句话，让学生在教师的引导下进行主动的、生动的阅读"。

4. 探索性：积极探索、不断发现、勇于创新

探索性是周一贯语文阅读教学思想的发展动力。思想者永远是先行者。任何一项理论成果的取得，小到对某个问题的认识，大到建立一种理论体系，必须对研究对象进行全面的系统的研究。这种研究，很大程度上是一种新的探索，是对研究对象的新的认识。如果没有敢为人先的勇气，没有百折不挠的意志，没有寻根究底的探索，最终只能是纸上谈兵。作为一个优秀的理论研究工作者，周先生具有可贵的探索精神，无论是对已知世界的再认识，还是对未知世界的新探索，他都具有永不枯竭的原动力。用他那敏锐的洞察力，见微知著，善于在我们熟视无睹、习以为常的现象中发现问题。因此，他的思想，他的理论，一直在不断丰富，不断深化，不断发展，给人以全新启示。他既有对小学语文阅读教学的整体探索，对传统的"接受型"阅读进行了全方位的研究，率先提出了"研究型"阅读的思想，这无疑是对当前小学语文阅读教学的一场根本性的改革。他也对诸如小学语文教材的局部探索，对传统的"文本中心"观提出了"超文本教学"的概念，无疑是对小学语文阅读教学内容的重大突破。他既能在存在问题中发现问题的症结所在，他也能在经验中发现新的问题。他在研究了大量骨干教师的课之后，看到许多课存在着只有平面推移、缺少立体发展的现象，引起了他的关注和思考，将这种现象称为"高原现象"。于是他对大量的课堂教学实践进行了多角度的综合分析研究，从教师、学生的个体素质和互动环节进行深入探求，在国内率先提出了课堂教学的"硬设计"和"软设计"的概念。认为传统的以教师为中心、以传授为途径的阅读教学，其课堂设计是以教师的主观指令为基础，并以教师权威的刚性机制加以驱动，严重缺乏以学生为主体，从学情出发，做相机诱导、临场处理的弹性机制。要确立以学生为主体的课堂教学，就必须实行"硬设计"和"软设计"相结合、以"软设计"为主的策略。周先生对课堂教学"高原现象"的探索，对课堂教学"软""硬"设计的分类，以及对"软设计"思想及其工艺化的操作性研究，无疑是一种前无古人的探索，是理论先行者的创造。

5. 前瞻性：超越现实、注重未来、着眼发展

前瞻性是周一贯语文阅读教学思想的立论基础。周一贯小学语文阅读教学思想，是从总结传统阅读教学经验入手、研究当今阅读教学实践出发，着眼于未来的教育发展趋势。因此，周先生的阅读教学思想立足现实，又超越现实，既具有很强的时

代特征，又符合教育的发展趋势。无论是对阅读教学观念形态方面的研究，还是对阅读教学工艺程序方面的设计，都充分注意到未来社会科学技术的发展，注意到随着科学技术发展必然带来的生活环境的改变、人文观念的改变，以及随之而必然发生的教育目的、教育内容、教育形态、教育组织、教育手段等一系列变化。以这种发展趋势作为立论基础的阅读教学思想和工艺设计，显然具有很强的生命力。因此，他能及时捕捉到教育的前沿信息，总能站在教改的最前列，提出一个个新的命题，生成一个个新的理念观点。也总能把握住时代跳动的脉搏，提出独到的见地，与社会语文的发展趋势相吻合。如针对世界科技迅猛发展，导致知识总量激增的趋势，认为语文阅读教学要适应变化趋势，必须培养学生的"速读"能力，由此推出了"速读六法"。随着现代教育技术的应运而生，教育环境的丰富发展，他又提出了"超文本阅读"理念和"大阅读"策略，要求语文教师审时度势，瞄准这一阅读教学的世纪视点，寻求教学对策，适应阅读方式变革的需求，以迎接信息社会对学生个体创新性学习能力的挑战。

6. 开放性：理论吸收、学科借鉴、实践完善

开放性是周一贯语文阅读教学思想的活力源泉。首先，是虚心学习吸收同行的理论研究成果。周先生具有宽广的胸怀，不搞门户之见，更不故步自封。虽然在理论上有自己独到的见解，但是在研究的过程中能吸收同行的研究成果，以丰富充实自己的语文教育研究理论体系，使之更丰满、更科学、更具指导性。其次，善于借鉴运用其他学科的理论成果。按照系统论的观点，任何一个系统，从其内部结构来看，它是一个封闭的整体。但是，如果从系统存在的环境来看，任何系统都必须是一个开放的整体，它必然会与外界发生千丝万缕的联系，外界的各种因素必然要影响该系统的运行和发展。因此，该系统要想保持自身的性质，就要主动接纳外界的各种因素，主动协调与外界的各种关系，主动与外界交流各种信息和能量，这样的系统才是有活力的系统。从语文阅读教学来说，它有自身特定的运行规律和操作要求，无疑是一个完整的系统。研究语文阅读教学，就是研究这些特定的运行规律和操作要求。作为一个特定的系统来说，它当然要求研究者运用教育科学的理论，对我们的研究对象进行多角度全方位的研究。但是，我们同时必须看到，因为语文阅读教学这个系统，它无时无刻不与社会发生着各种各样的联系。特别是该系统中的主体是人，是一个个有思想有个性的学生和教师，使该系统表现得更为活跃，它与外界的联系变得更为密切。因此，我们在运用教育科学理论的同时，非常有必要同时运用其他学科的理论，为我们的研究服务。使我们的研究独辟蹊径，另选视角，有所突破。对此，周一贯先生可谓慧眼独具，他在研究语文阅读教学过程中，自觉地运用其他学科的理论，为我所用。在他所建立的语文阅读教学理论体系中，既有教育科学理论，也有领导科学、管理科学、行为科学的理论；既运用了系统论的观点，也应用了控制论的思想，既有哲学思想的指导，也有工程学的应用。在科学理论的运用方面，博采众长，借鉴吸收，是一个完全开放的系统。最能说明问题的莫过于"超文本阅读"概念的提出。"文本"的概念，虽然早已有之，在信息科学中，是指计算机内存中的某个软件或文件，是固定不变的内容。周先生将这一概念引进到语文阅读教学中来，指代固定的语文教材。"超文本阅读"就是跳出固定的语文教材的范围，将课内阅读与课外阅读、课文阅读与社会学习有机结合起来，拓展阅读内容，改进阅读方法，拓宽阅读途径，提高阅读效果，注重阅读的个性化和创新性。最后，周一贯语文阅读教学思想的开放性，还表现在他的理论不是一成不变的，随着语文阅读教学实践的进展，他敞开胸怀，广纳实践成果，不断完善自己的理论。因此在他的理论中我们能随时看到语文阅读教学领域最鲜活的实践成果，能看到他最新的理论阐述。周一贯先生的理论永远是最有活力的。

（二）我的老师周一贯

何夏寿

（绍兴市上虞区金近小学校长，特级教师、全国优秀教师、中国儿童文学研究会理事、浙江省作家协会会员）

在小学语文界，周一贯无疑是"入眼率""入耳率"极高的名家。我认识周老师是 1999 年，现在算来，整整 15 年了。

那天，我去县城实验小学参加语文名师研修社成立活动。乡下人进城，总是喜欢赶早，到了学校时校门还紧闭着。校门对面柳树下的几条石凳上，坐满了须发皆白的老年人。我知道，那是一些"向天再借五百年"的晨练一族在休息。

"坐这儿好了。"一个亲切的男高音跳进了我的耳朵，一位穿着藏青背带长裤的白发老先生正努力为我腾出一块"空白"。

　　我把随身带的厚厚的书稿放下，对他说："老师傅，您替我看一下书，我到对面去买个包子。行吗？"

　　"没事，你去吧！"这时，我才注意到此老先生60岁上下，长得鹤发童颜，像极了家里张贴的寿星图，"你在那里吃完过来好了，我不走！"。

　　我吃完早餐，晨练的风景消失了，只有那老先生还践行着自己的承诺。我连连道谢。他淡淡地说："没什么！"

　　语文名师研修社成立活动开始了，市教研室的阮老师满脸灿烂地把一个老先生引到会议桌正前方，用激动得有点发颤的声音说："各位兄弟姐妹，我们研修社十分荣幸，请到了著名教育专家、特级教师周一贯先生担任我们研修社导师……"

　　啊，周一贯，这不是替我看书稿的人吗？！

何夏寿老师与周先生合影

　　擅长言说的阮老师滔滔不绝地介绍着周一贯先生，但我却在绞尽脑汁地编织着如何向他表示歉意的言辞。阮老师开始一一介绍我们社员，当把我介绍给周一贯老师时，他不无风趣地说："这位我认识。刚才我'顾问'了他的书稿。"

　　我将事情的经过简单地向大家作了描述。听得大家直叫："你真行，让专家给你打工！"

　　我也打趣地回答："谁让你们不搞童话。在童话王国里，国王和小矮人是平等的。"

周老师对我的作答饶有兴趣:"哎,你怎么说了那么多'童话'?"

一旁的阮老师赶快对周老师说,他来自以著名儿童文学家金近先生命名的小学,他提出了"童话育人"的教育理念。最近正在编一套校本童话教材……

我乘机送上周老师替我保管过的书稿——那一袋子装在塑料袋里的校本童话教材草稿。

十多年过去了,我还清楚地记得,周老师在打开那袋书稿后,一边翻阅,一边频频点头,赏识之情写在脸上。看了五六分钟,而后说:"这位老师用语文教师的专业眼光,挖掘地方名人金近资源,用童话开展语文教育,编写童话校本教材,绝对符合儿童语文教育方向,此研究大有前景!"

我那时感觉,周老先生的评价,是巨人对小矮人的"宽慰",甚至是"哄骗"。但即使如此,我也心满意足了。

从这以后,我成了周老师名正言顺的学生。

有一次,周老师把绍兴市的200多名语文名师拉到我们学校,要我上一节童话写作指导课,上课内容是根据成语"龟兔赛跑"新编一个童话。上课前三天,我把写好的教案交给了周老师。周老师看后对其中的一个环节——"乌龟克隆出一批乌龟和兔子玩比赛",提出自己的看法。他认为,这一设计过分突出了玩乐,仿佛一出闹剧,好玩而没有意义,甚至容易造成负面意义。而我一再坚持自己的观点,说小孩子不会想得那么多,只是玩玩而已。即使对他们有影响,也未尝不可:社会本来就不是一片光明的,为什么不可以让学生提前"入世"。周老师很严肃地说:"何夏寿,学校教育一定要坚持方向性。这一点,与作家不同,因为作家的作品不一定是教材,当然可以追求个人审美趣味。但我们是搞教育的。"

见老师说得一本正经,而且也在理,我连忙说:"课堂上我会注意的。"

我这个人,很会受环境的支配。课上,当孩子们说到"乌龟可以克隆出一批乌龟和兔子玩比赛时",我不但没有制止,而且和孩子大玩"群龟戏傻兔"游戏,课堂气氛十分活跃。孩子们的表达欲被彻底激活,大部分学生当堂完成了"龟兔赛跑新编"故事。但也有不少的故事呈现出尔虞我诈的消极内容,挨批是注定的了。

果然,名师班同学们的评课,直批我的"作文价值"有违教育、社会之主流,只重"有意思",轻视"有意义"。而且还放大了人心之恶,世道之险,社会之黑

暗……

在主持人的邀请声中，我晕乎乎地看到周老师走上了台，我像犯了弥天大罪一样，耷拉下脑袋，接受他的"宣判"。周老师清了清嗓子，用他高八度的绍兴普通话，发表了《童话写作的童心主义原则》评论。一个小时的评课，周老师不看任何稿件，不放任何课件，从传统作文讲到文学创作，从传统童话讲到现代童话，观点鲜明，旁征博引。非但没有对我的课批倒批臭，反而大为赞赏："上课之前，我和何夏寿就故事的'有意思'和'有意义'有过交流。说实话，我们做老师指导学生作文往往会突出'有意义'，包括我自己。但很多时候，学生的思维会被这个'有意义'限制了，童话作文容易变成寓言作文。今天何夏寿的课堂，恰恰在这方面给了我们启示。在他的童话作文指导过程中，突出了个体的审美体验，注重了儿童对故事的需求，彰显了儿童意识。对于听惯了传统作文课堂的我们来说，这是一种难得听到的文学创作指导课。是作文教学多元化的具体体现。我提议，我们为何夏寿的探索鼓掌！"

会场的掌声，驱散了乌云，送来了阵阵暖风……

这次活动之后，我与周老师走得更近了。他的家，也成了我生活与工作的充电所。

有一次，在他的书房里，我谈起了浙江省作协要我组建个"江浙沪儿童文学教育联盟"，为作家进校园、进课堂铺条路子。周老师一听，大为认同。说实话，我因怕事多生烦，对此"分外之事"并不热心。一段时间以后，我把这事给忘了。

一天，周老师托人给我送来了一本书——《周一贯：语文教育60年》。因为是语文专家的纪念文集，出版社做得也十分精致。我小心翼翼地翻开了扉页。啊，书的封二居然是2004年周老师给我的题词：智者践行，静水深流。

我紧张、兴奋、欣喜、惶恐，各种情感交织在一起。直到今天，我也总会无端地认为，在周老师眼里，我是一只看着山羊吃草会忘了比赛的兔子，一只追逐蜻蜓蝴蝶不好好钓鱼的小猫，需要时时"旁敲侧击"……

我终于建立了"江浙沪儿童文学教育联盟"，将儿童文学引进了小学教育。周老师很高兴，两次参加了我们的活动——听课、作讲座——忙得不亦乐乎。每次活动结束后，周老师总会鼓动我："其实，你应该为联盟学校上一堂课！"我总是笑笑说，下次吧！

被周老师催得不好意思了，去年暑假，我对周老师说："下学期联盟活动，我上一堂童谣教学课。请您现场点评，如何？"

"这就对了。"周老师笑着，对一旁给我们倒茶水的夫人说，"到时，让黄老师给你拍照，做电子相册！"黄老师很开心，十分幽默地说："到时，让何夏寿潇洒得飞起来！"

可惜，天不假寿。2013年9月初，黄老师赴青海旅游时，不幸车祸，黄老师独自驾鹤飞去了。站在黄老师的遗体前，我半天没回过神来……

死总是影响着生，不管是唯心的还是唯物的。有的人因为"人固有一死"，于是，他们向死而生：更加珍惜当下的"生"，认真地体验"生"，用各种方式延续"生"；而有的人因为终将一死，于是，向生而死：消解一切生的意义，把生的核心定格在吃喝玩乐、纵情享受。

周老师属于前者。送别黄老师的七天之后，我收到了他的亲笔来信，是用毛笔小楷写的，内容很短，但极为感人："感谢您对夫人不幸的关心。今后在语文教学上，如有需要，愿尽余生相助。"

这就是周一贯——语文的钟灵，教育的天使。即使遭遇了天大的灾难，他依然对教育、对语文抱着一腔忠诚。我知道，周老师喜欢陶潜，他当时狭小的书房就以陶潜的"审容膝之易安"中"容膝"自况。作为"陶粉"，周老师一定悟透了陶潜的"死去何所道，托体同山阿"的真谛。

果真，半个月后，我去看他，闲聊中，周老师很坦然地对我笑谈了他的生死观，其中就讲到了陶诗中的此句之意。我正要安慰几句，周老师问："你那个童谣活动什么时候搞？"

我望着周老师白得发干的头发，满脸的倦容，还有客厅墙上黄老师的遗像，很困难地说："活动是下个月在浙江浦江县搞，不过，您就——就——"

"怎么吞吞吐吐的，下月几号？"周老师看出了我的心思，声音远得像从天外飞过来，"上个星期，我去过杭州，参加了语文馆的开馆典礼。"

"上个星期？开馆典礼？"我惊讶地问。

上个星期不是黄老师的"头七"吗？按照我们绍兴的习俗，亲人去死一个月内，至亲是不能参加任何喜庆活动的。否则，会被旁人责怪无情无义、不忠不诚。周老师和黄老师伉俪情深，相濡以沫几十年。黄老师"头七"未满，竟会去杭州参加开

馆典礼?

"我请过假的。"周老师凝望着黄老师的遗像。

我看到老师眼里起了薄雾。

周老师起身给我添了杯水,平淡而不无坚定地说:"生死由不得自己的,但我还得为我的'留下'做主。"

就这样,周老师参加了在浙江省浦江县举行的全国首届童话教学研讨会。当满头白发的周老师用他那依然洪亮的绍兴普通话,对全场 600 多名老师点评着我的童谣课堂时,谁也不会想到:讲台上谈笑风生的他,刚刚送走了至爱的夫人,刚刚抹干了伤心的泪水。

这就是周老师,一个从事农村小学语文教育实践研究 60 年,著书 170 本,撰文 1400 余篇的教育专家,一个时时督促自己"休将白发唱黄鸡"的"留下"者。

白发为证,周老师用岁月当纸,生命作笔,书写"留下",其内核是"善"。善待孩子、善待故土、善待万物……

(三)"吾道一以贯之"
—— 与周一贯先生交往的几个镜头

张祖庆

(杭州市下城区教师教育学院副院长,特级教师,全国小学语文名师工作室联盟秘书长,北京大学、北京师范大学远程培训特聘讲师)

周一贯先生,是一座山,也是一条河。

我是读着周先生的文章,聆听着周先生的报告成长起来的。虽说是浙江人,但近距离接触先生,已是 2005 年以后的事了。

2005 年前,周先生之于我,是敬畏而遥远的存在;而 2005 年,也许机缘巧合,我得以有机会渐渐走近周先生,交往日深,更感佩于先生为人之真、求学之精、著述之勤、对晚辈提携之诚。

这几年,周先生常对我耳提面命,悉心指点。我的语文教学核心理念与教学风格的初步形成,受周先生影响颇深。回想与周先生的交往史,有不少镜头常常在我眼前回放,它们成了我语文人生中不可忘却的美丽图景。

张祖庆老师、盛新凤老师与周先生合影

镜头一

2005 年 7 月　历史名城绍兴

也许，我是必定要走近周先生的。2005 年 7 月初，我接到了周先生从绍兴打来的电话，他邀我在他主持的名师研修班上上一节课，做一个专业成长方面的讲座。

我颇感意外。

此前从未正面接触过先生，在先生面前上课、讲座，确实感到底气不足。正犹豫着，先生对我说："小张老师，关注你已经有一些时日了，在当今浙江年轻语文教师中，你是一个不可忽视的存在，你的课清新而不造作，很有自己的特色。想请你来给老师们上一节课，并做一个专业成长介绍，让更多的绍兴老师受到启发。"

我没有推却的理由，答应了。

七月底，我如约在绍兴市骨干教师研修班上上了《在大熊猫的故乡》，并做了《我和我追逐的梦——与青年教师谈我的语文之路》的讲座。

轮到先生评课了。他从"教材的二度开发""自主、合作、探究学习方式的有效探索""游记类课文如何上得有情有趣"这三个维度，对我的课作了充分肯定，并结合我的成长经历，勉励年轻教师要多看书、多思考。周先生还对我的课提出了很有价值的建议，他指出，以"科学考察报告"的形式来推进本节课，是一个创意，但

是教师在学生汇报之后，将预设的答案在屏幕上一一呈现了事，似乎不是很妥当……教学，既要有预设，更要有生成！教学，要目中有人！

镜头二

2006 年 4 月　省城杭州

第一次有幸与周先生同台上课，是在浙江大学理工学院张伯阳老师举办的"本色语文"教学观摩会上。

这次活动，我上的是第二版本《詹天佑》。周先生在主席台就座，我上前和他打了个照面，便进入了课堂。

课毕，我向周先生请教了不少问题。周先生照样热情地鼓励我，并指出本节课创意所在和值得改进的地方。最让人感动的是，周先生主动提出，要为我这节课作一个点评。活动结束后，我将实录整理好寄至周先生家中。一个星期后，周先生手写的评课稿寄回到杭州，并复印了不少他积累的"原生态教育"资料。

周先生对课的点评，让我记忆犹新——

> 水无常势，教无定法。教师的引导探究不从常见的由"杰出""爱国"处入手演绎，而是从"哪些细节让你感触最深"中着眼于归纳，可谓创意独具；而从 1905 年到 2005 年的百年跨越中点化，使阅读教学具有了常读常新的时代光彩……若能有更多的投入，必然会有更多的收获。要不要以图示代读，何时以图示代读，是教师的智慧选择，而孔子的"不愤不启，不悱不发"便是一种准则，"愤""悱"才是机不可失之时。

周先生的点评总是那样画龙点睛，慧意玲珑；周先生的教学建议，总是那么切中肯綮，意味深长。从先生的点评中，我又一次找到了努力方向：教是为了学生的学；任何教学手段，都要服从于目的。

镜头三

2008 年 7 月　周先生家

这两年来，我一度和周先生联系得不是很紧密，原因主要在我。先生曾在不同的场合多次对我说："像你这样的人，尽可能不要走行政路，你的长处在课堂，课是你的根。"

反思这两年我的生命状态，一边分担者行政管理重任，一边丢不下钟爱的语文教学，很难沉下心来钻研教学。曾在先生的指点下列好提纲的写书计划，也中途夭折。

愧对先生啊！

2008 年 6 月，我接到了教育部语文出版社编辑刘立峰先生的电话，约我写一本《张祖庆讲语文》。于是，我翻检出两年前列好的写作提纲，带着顽劣学生没完成功课的歉疚与不安，来到周先生的家。

先生在书香满屋的容膝斋接待了我。谈起往事，先生没有丝毫的责备，他说一直在关注着我；还说我能坚守自己的风格，让他很是欣慰。

聊了一会儿，切入了正题。周先生从当前公开课"华丽课堂""唯美课堂"的弊病谈起，建议我从"高效语文课堂"层面入手建构我的语文教学思想模型。周先生娓娓而谈，不觉间，两小时过去了，我对将要写的这本书的框架，也逐渐明晰起来。

闲谈中，我无意中问及先生："周老师，您文章中常常引经据典，且往往引得恰到好处，您是记在脑子里，还是做卡片的？"

先生，拉开一个个抽屉。

我被惊呆了！

先生的大书房，每一个抽屉满满都是卡片。分门别类，整整齐齐。

先生告诉我，他有做笔记的习惯。看到生动的案例、精彩的言论，他就及时摘录下来，不定期地分类整理。久而久之，就建成了一个庞大的知识仓库。写文章时，需要某方面的资料，按图索骥，很快精准地检索到。

一度，我希望自己也能像先生那样做学问，可发现，坚持太难，终于放弃。

半年后，我的小书《张祖庆讲语文》出版了。周老师在书中写下了这样的寄语——

"雨入花心，自成甘苦；水归器内，各显方圆。"张祖庆的人生能够和事业融合在一起，这样的语文必定是事业的彩虹，这样的人生又怎能不是生命的乐章。张祖庆思于斯，行于斯，也就必定能乐于斯，成于斯。

镜头四

2008 年 7 月 舟山沈家门小学

应《小学语文教学》编辑部之邀，我赴舟山参加第二届"新经典论坛"。

　　大会安排我两小时的发言任务。同时参会的专家学者有张华教授、刘良华教授、张圣华教授、于永正老师等，周先生也被邀在列。不少专家，讲完自己的课，便回家了。但满头华发的周一贯先生，始终端坐在沈家门小学的报告厅前排，专心致志地倾听着每一场讲座。时而若有所思，时而颔首微笑，时而奋笔疾书。

　　这一幕让在场所有老师无比动容。我曾问周先生，听一星期多的讲座，我们年轻人都觉得很累，您为何不去好好休息休息？周先生笑笑说，平日里事情多，很少充电，这次难得有那么多的专家、学者，趁机会好好吸收。

　　看着眼前动人的一幕，听着周老朴素的话语，我忽然悟到了先生成功的秘诀——"思于斯，行于斯，乐于斯"，故"成于斯"，这，不正是"吾道一以贯之"的真实写照吗？

　　六十多个春秋，整整一个甲子，周先生始终把研究语文、提携后辈，作为他的学术之道、为人之道。这"一以贯之"，亦如他给江苏吴勇的寄语"一个人，一辈子，一件事"，先生，把毕生的精力，融入了一件事，于是，他站成了一座山，流成了一条河。

　　一事专注，便已动人；一生坚守，更见深邃。

镜头五

2015 年 4 月　　"千课万人"会场

　　由《语文教学通讯》裴海安先生和"千课万人"负责人张伯阳先生联合发起"庆贺周一贯先生从教 65 周年暨 80 华诞"，这次盛会，小语界可谓群贤毕至。大家怀着对周先生的无比崇敬，致辞、献花，场面无比动人。

　　先生在最后的答谢致辞中，再一次提起他的人生哲学——"吾道一以贯之"。他说，他只不过是一个初中毕业的语文老师，能够取得今天的点滴成绩，和朋友们的支持是分不开的，也是他一生只做一件事的必然结果。

　　这次盛会，我有幸作为主持人，和盛新凤老师一起，朗诵了由黄吉鸿老师所写的《大河流淌》，表达对周先生的无比敬仰。

　　——写在周一贯先生从教 65 周年暨 80 华诞之际

　　　　认识先生，因为文字。
　　　　敬重先生，因为思想。

65 年，168 本书，1400 余篇文章，成就小语界的万千气象！
文字累砌，通向思想之巅，仰之弥高。
思接无涯，扎根语文大地，傲立如山。

先生，像一条河！
大河滔滔，流淌着先生伟岸之人格，自由之精神，独立之思想。
古越，江南，水乡。
灰瓦白墙，乌篷绿柳，曲水幽巷。
因为有了先生，
这里成为全国小学语文教师的精神高地和灵魂故乡。
一个人，点亮一座城。

城里，有一湾碧水，如玉带迂回。
先生依水而居，近水而思，润水而智。
日夜翰墨蘸水，挥洒墨香水韵，书写水墨华年。
您，是一条时间的河！

先生年届八旬，鹤发童颜，温润祥慈，这是越水赐予的生命之相。
先生才识敏捷，文思如泉，目光清澈，这是秀水赐予的智慧之质。
先生扎隐农村，诗意栖居，宁静安然，这是静水赐予的灵魂之光。
先生若水，上善、处恶、不争；澄明、大气、宽厚。
您，是一条宽阔的河！

65 年奔流，文字大河，涛声依旧。
65 年叩问，苦心孤诣，殚精竭虑；
65 年行走，目光如炬，脚步如风。
先生手中的笔，是一把神奇的智慧之镐，
一头连着先生的心灵，一头接着语文的大地。
似脉管滴血，每字每句每段每篇都饱含着先生的缕缕心血。

如沙漏计时，每时每刻见证先生满头黑发化作天边的积雪。

您，是一条精神的河！

先生特有的高八度绍兴口音，如古越战士吹响的冲锋号角，激越，嘹亮，令人人昂扬；

先生特有的高八度绍兴口音，如铁板叫西风，清澈，高亢，让人通身充满不可阻挡的力量。

先生是一个醉翁，

他一辈子沉醉在小学语文的天地里，沉醉在教学写作的快乐里。

每发表一篇文字，生命之河就会浪花激荡，风生水起。

每出版一本专著，小语园地都会弥漫芬芳，姹紫嫣红。

您，是一条青春的河！

今天，我们静静地伫立在您这条大河的边上，望着您，祝福您！

我们，更愿意站成一条河。

站成一条河！

我们，愿意跟着您，奔向小学语文的大海汪洋！

我们，愿意跟着您，见证小学语文的潮落潮涨！

（四）恩师如父

陶月梅

（绍兴市鲁迅小学教育集团名誉校长，特级教师，全国劳动模范）

父亲，我最敬之人。我的父亲是上海锻压机床厂的高级工程师，因此，我的童年，吃穿不愁，快乐相伴。生活告诉我，有父亲真好！1972年，父亲因病去世。14岁的我跟着母亲和我的三个姐妹失去了最有力的依靠，生活日益艰难。初中，高中，回乡务农，当民办教师……品味的常常是生活的苦涩。夜深人静时，我常常想起父亲，如果父亲还在，该有多好！

1977年，国家恢复高考，我如愿考上了中师，成为一名光荣的人民教师。我被分配到绍兴城里最知名的学校之一——北海小学任教，一个农民的女儿，立身之难可想而知，我坚信着自己的目标和理想，坚持着自己的独立和勤勉，一路努力，一路奋斗。2000 年 4 月，浙江省第七批特级教师评选活动启动，我受命申报。可是，一贯不奢求名利的我对于这次申报很是迟疑。好友楼平大姐知道了这件事，硬生生地叫上我，说是让我去听听周一贯老师的意见。"周老师？"在小语界有那么高声望的一位长者，一位可望而不可即的专家。对他，我完全是一种仰视，哪怕有时在活动中看到他，也只是远远地望着他。在我心里，他是伟大的，但他实在是高不可攀。楼大姐看出了我的心思，说："你去了就知道了。"

那天晚上，我在楼大姐的带领下，来到了周老师家。周老师和夫人黄老师笑盈盈地迎接了我们。等我们说明来意，周老师立刻说："这是我们当教师的最高荣誉，我们当然要去争取。""我们"，我的心里一暖：周老师真好，把我的事也当作自己的事了。接着周老师一页页地翻看那厚达几十页的申报表，我坐在他旁边，逐页提出填表的困惑。看完申报表，周老师宽慰我说："你平时工作踏实，肯研究，有成绩。你先自己填，我再帮你修改，有问题我们再研究。"从周老师家出来的那个晚上，我格外地怀念父亲。那么多年了，父爱对于我，已经过于遥远。可这一天，与周老师的第一次促膝长谈，我竟然如此真切地在这位慈祥的老人那里体会到了父亲般的温暖。多么熟悉而又亲切的幸福感，那可是只有在我年少时父亲曾给予过我的感觉。是啊，周老师太像父亲了，眉目清秀，身材挺拔，对我这个并不熟悉的晚辈的如此热情、无私。这是一种多么伟大的爱，一种顶天立地的大爱！

从那天起，我走近了周老师。平时，不论是教学、教育还是学校管理中碰到了困惑，我总是向他请教，他也总是不厌其烦地为我解惑传道，指点迷津。"语文开放教学"是我长期以来在语文教学实践中研究的一个课题。在具体的研究过程中，我碰到过许多困难，几次总想放弃研究，是周老师一以贯之的指导与帮助，使我坚定了研究的信心，并使课题取得了丰硕的成果。2004 年，我的著作《语文开放教学论》公开出版，周老师还为这本书作了序，以示鼓励。

周老师不但是著名的语文教育大家，同样是学校管理的"大圣"。"以优秀的学校教育文化，引领学校创新发展"，周老师认为，管理一所学校，就必须坚定地秉承这样的管理理念。十多年了，周老师一直都是我学校管理的引路人。我任塔山中心小学校长期间，基于学校的传统文化积淀和校园周边浓郁的民族文化特色，学校提

出了"弘扬民族文化，培育国际良才"的办学理念。口号一提出，外围有个别人士觉得"培育国际良才"口气太大。我把这个信息向周老师汇报，请求他支招。周老师语重心长地说："塔山中心校，能够在民族与世界、传统与未来的结合点上，确定学校的发展坐标，定位正确，有前瞻性，学校的实施策略也具有可操作性，我为你们点一个赞。"在周老师的鼓励与指导下，历经数年的努力，塔小的民族文化教育做得有声有色，硕果累累。

2006年2月，我授命任鲁迅小学校长，身边有多少亲朋好友都为我捏了一把汗，因为鲁迅小学是浙江省内外的知名学校，而且我的前任校长就是当今的教育局局长。我上午去学校报到，下午就去拜访周老师，向先生请教，并表达了我的忐忑。周老师一边安慰我，一边娓娓道来："鲁迅小学作为绍兴这一历史文化名城的窗口学校，起点高，因此学校的再次腾飞应该另辟蹊径。鲁迅小学以先生的英名命名，必须确立以弘扬鲁迅文化，构建学校现代教育创新格局。这不仅是一种历史责任，而且也是你引领学校发展唯一正确的选择。"周老师一语道破，我茅塞顿开，我的内心除了对他的敬佩，还有满满的感激之情。时间过得真快，转眼十年过去。这十年，我们鲁小人跟着鲁迅学"立人"，不，应该说鲁小人是在周老师的指点下，一步一个脚印地向鲁迅学"立人"。鲁小，构建起了具有地域文化特征和校本特色的"立人"教育运作模式。"立人"教育，展开了鲁小教育新的诗篇。

而今，我已从教近40年，任校长27年，回首过去的岁月，我有付出，但更多的是得到，特别是得到了周一贯老师的无私宠爱，事业上引领，精神上激励，信念上坚守。

师如父，爱如山，树常青！

（五）先生，周一贯

沈小玲

（杭州市经济技术开发区教育发展研究室主任，特级教师，全国模范教师，杭州市人大代表）

第一次见到周一贯先生，是在20年前的秋天，我在杭州参加浙江省教坛新秀班培训，先生给我们上课。记得课间全班同学在交头接耳，在惊叹：原来专家讲课可以如此精彩，课只上了一半，我们来自全省各地的同学都醉了。半天课结束，同学们围着先生，抛出教学上的各种疑难杂症，先生逐一剖析，我们意犹未尽地离开。

沈小玲老师与周先生合影

初见先生，仿佛一树琼花开，三千烟火揽入怀，最是惊艳绝美。懵懂中，我的教育信仰就此坚定。

我和我的同事很有幸，十三年前我们学校邀请先生担任学校的教学顾问。那三年，我与先生近距离接触。每学期先生来学校，都要听几十位语文老师的课，一天听六七节课那是家常便饭，先生听课、评课、讲课，接二连三，我们私下里都觉得让先生如此辛苦真是过分，可先生总用那句"我听课就是在休息"的口头语来安慰我们。一次，我上一节全市公开课。当时，我正处于女教师的非常时期，刚生过孩子，就是找不到上课的感觉，自我感觉糟糕极了。我请先生听我上课，帮我把脉。先生第一次听我的课，他肯定我，鼓励我，中肯地指出改进的方向。很快，我从沮丧中走出来，我找到了课感，完满地完成了公开教学任务。

顾问，顾问，顾名思义就是看看问问，但先生不是看看也不是问问，他是动真格地帮助我们。那三年，是我们学校老师专业发展极快的三年，老师们经常会问："周老师什么时候过来？"我们都想念先生来指导的那段日子。

　　我曾出版过三本教学专著。写第一本专著纯属偶然，工作十年，每天用心做教育，家人开玩笑说可以写一本书了，于是，我就写了第一本书《悟·课堂内外》。我与其他写教育书籍的同行一样，出书就找名家写序，我试着给先生打电话，能否为我这个当时与他并不特别熟悉的无名小卒写序，先生看完我的书稿，很快就给我写了序言，他认为我的教学体验独特，课堂气息鲜活。在先生的鼓励支持下，我有了第二、第三本专著，并且是一本比一本好，而每一次我都有幸请先生给我的书写序。我在第三本专著《生本语文：教学主流价值的确认和追求》空白的扉页上印上了一句发自肺腑的话"感谢我的恩师周一贯先生"，以此永久地表达我对先生滔滔不绝的感激之情。

　　当我在专业上迷惘彷徨时，我总是给先生拨出第一个求助电话。每一次，先生都是先知先觉。先生好像就知道我要提什么问题，总是马上给我解答迷津，那全都是私人定制，都让我豁然开朗，甚至是醍醐灌顶。"周老师，你是无所不能的。"我说。先生爽朗地大笑起来，连着说"哪里哪里"。

　　当我的生活发生变故，我要倾诉的第一个对象也是先生。有时，我都觉得自己很残忍，经常把那些负面故事，生活垃圾倒给七十多岁高龄的先生，我不免惶惶然，为何要增加先生的负担，而先生总是说："你要学会释放，你说出来，我们才能帮你想办法。"在那段暗淡无光的日子里，先生给予我无穷的力量。

　　五年前，我来到杭州工作，与先生的家绍兴更近了，每半年，我会习惯性地到先生的家——凤凰岛，我喜欢凤凰岛这个名字，我绍兴的同学都戏称先生为"凤凰岛岛主"。有时，师母坐在沙发上，先生坐在藤椅上，听我眉飞色舞地讲女儿简约的各种滑稽故事，师母也会插话问简约其他的故事。有时，我向先生请教各种问题，师母端上一盘又一盘绍兴菜，她不停地给我的碗里夹菜。每一次，我都有一种回家，回到父母身边的感觉。

　　浙江大学的"千课万人"活动，先生是灵魂。他来浙大，我一定会挤时间去看他，就坐在他身边，听课，和他交流课后感，或是帮那些与周老师合影的天南地北的老师拍照。其实，我就是什么也不做，什么也不说，就跟在周老师后面，也开心。

　　从去年开始，我们区自己做新教师培训。高山仰止，景行行止，在新教师培训的第一天，请先生给新教师现身说法，意义非凡。记得去年先生给新教师上课最后说："有一首歌曲《真心英雄》中说的话，我真的觉得它说得非常好，这就是'把握生命里的每一分钟''不经历风雨怎么见彩虹？我们要让真诚的语言，真心的语言在你我之间流动'。好好地爱教育，好好地为教育奉献我们青春的光彩，让我们成为教师队伍中的佼佼者。"八十岁高龄的先生，抑扬顿挫铿锵有力地说出"把握生命里的每一分钟"，先生的能量磁场，让全场的新教师，即将踏上教育岗位的新教师激情澎湃，泪眼蒙眬，会场掌声经久不息。

先生的真诚无私让我时刻感动、感恩。我随行的装备里必定有先生的书。整本写先生的《小学语文教学·人物》杂志，我一直放在书包里。读我的同学周毅写先生的文章，我就觉得先生就站在我面前，先生他教我怎么做。杂志被我看的次数太多了，封面和封底都残破了。后来，我把杂志塑封了，现在不管我怎么读，翻多少次，那本杂志再也不会破了。经常能近距离地受到先生的精神激励、专业引领，是我人生中莫大的幸事。

我的好友——法律界的，由于工作的关系，他每天与各个行业的大牌专家打交道，他了解周老师的为人处世，见识过周老师的学问后，也不无感慨地说："有像周老师这样德艺双馨的专家，真是这个时代的福气，你的周老师是国宝。"

先生曾给我的女儿简约写过字："简约，并不简单。"那时，简约还在读小学，他不知道这幅字对简约有多大的影响。先生说："一个人，一辈子，只做一件事。勤奋做人，低调处事。"他也不知道这两句话对我的家庭影响有多深远。女儿选的专业没被我认同时，她就用先生的观点来说服我，说要像周爷爷一样一辈子做好一件事，做自己喜欢的事，周爷爷是最幸福的人。先生的言行不仅影响我，也深深地影响了我的下一代。

简约画过很多模特儿，但她从未画出让她满意的妈妈，她说画最亲近的人总是画不好，我也有同感，越是亲人，越是难画出他的精神，他的风采。

絮絮叨叨，我只是想说：这辈子，能遇见先生，真好！

（六）周一贯先生的学术魅力

盛新凤

（浙江省湖州市吴兴区研训中心副主任，特级教师，正高级，浙江省首届高访学者，浙江省优秀教师）

何谓魅力？《现代汉语词典》的解释是"很能吸引人的力量"。因此，青春可以

有魅力，艺术可以有魅力，学术也可以有魅力。从"人物简历"得知周一贯老师自1950 年 3 月从教至今已有 67 个春秋勤奋地耕耘在小学语文教育实践和研究的这片沃土上，可谓春华秋实，硕果累累，令人仰望。面对周先生，我们晚生，无不为其学术魅力而感动。我虽然没有和他一起工作过，也无缘成为他的弟子，但一样得到过他的很多帮助和开导，也一样为他的学术魅力所陶醉。

周先生的学术魅力，首先似乎表现在他形象的时尚，给人以初识的视觉冲击力。很多时候，看到古稀之年的周先生在台上讲课，红衣、雅致的背带裤、衬着满头银发，再加上昂扬的神情、洪钟般的声音，用现在的时尚语来形容：真是"酷毙了！帅呆了！"当然，学术魅力更来自他以"入世"的态度耕耘，"出世"的态度收获。当你坐在由他营造的教学现场中聆听，虽感觉他普通话不大标准，却能深深被他吸引。故不说那契合潮流的理念、透彻的阐述，单注意他话中的幽默和穿插合宜的流行语，足以让你开怀。讲到语文教师另类智慧——"钝感"时，周老顺势插了一句歌词"留一半清醒留一半醉"；讲到有些老师在课堂上把逞强的机会留给了自己，忽视而不见了学生时，周老幽默地形容他们的想法"我的课堂我做主"……这些耳熟能强的流行语，常引得大家捧腹大笑。当然，这仅是调味品而已，仔细聆听，你会由衷地感慨，八十出头的老人，思维何其敏捷、目光何其锐利、每一句话，都值得你细细思量，每一个观点，都会把你的思考引向深入。周老的讲座，雅俗共赏，让人百听不厌。如此深入浅出的表达，入木三分的说理，一针见血地剖析，都是建立在 50 多年学习、思考、沉淀的基础上，所以，"周老式"的时尚，不会流于简单肤浅的调侃，而是一种隐于轻松中的厚重与丰富、深刻与前卫。从 20 世纪 70 年代至今，周先生提出的"语言文字训练的时代发展""注重教学的行动研究——案例研究""还学于生""语文课堂教师'悠着点'的哲学思考""儿童作文教学研究""教学的软设计和弹性设计"等，每一个观点的抛出，都是针对当时语文教改时弊，引领教改潮流，让人振聋发聩。《语文教学训练论》《语文教学方法论》《研究性阅读教学探索》《语文教学优课论》《语文教研案例论》……一百余本专著的问世，都让我们看到周老的研究不断进入新的领域。周老，读您千遍也不厌倦！

周老的学术魅力让人百读不厌，他的人格魅力，也是堪称楷模。周老为人处事质朴真实，那是一种丰富的简洁，深刻的平淡，自信的谦虚。我想这就是大师的风格，知道自己无须矫饰。跟周老交往，让你想到一个词"磊落"。老人笑得磊落，说得磊落，语声朗朗，正气坦荡。周老对晚辈的帮助和提携可谓"无私"，用他自己的话说"谁我都帮"，"我跟谁都没有特殊关系"。这老人说得硬，做得硬，帮人又是实实在在，帮你帮到实处、细处，谁不感激？好几次寄稿子给他，不好意思提修改的要求，只是想让他提提意见，可一段时间后，寄回来的稿子都改得花花绿绿，让人感激、感慨不已。把周老改过的稿子拿来给我先生看，他也感慨万分，特别提醒我：这些稿子值得好好珍藏，很好的纪念品哪！现在这样的人真难得啊！

2002 年，湖州市小语会开会时，周老被请来作讲座。我在会上上了一节公开课，周老第一次听了我的《卢沟桥的狮子》，给予了很高的评价，并在会上承诺以后有机会要请我出去上课。周老果然没有食言，第二学期便邀我去绍兴上课，并对课作了极富针对性的评点指导。以后，我便有了很多向周老请教的机会。

2004 年，我刚进入教研室，各方面都没调整好，课也进不了状态。记得第一次《燕子专列》的公开执教，地点在台州市，正好他也莅临指导。听课后，周老语重心长地告诫我，课在滑向不好的方向，上得有点"飘"了，引入的时尚元素太多，不够扎实……周老的话犹如当头棒喝，回家后，我开始静下心来，细细分析，反思、梳理自己。在经过了一年时间的调整、沉淀后，感觉自己慢慢地又有了以前的状态，创造力被重新激活了，我开始又慢慢地找回了以前的自信。这几个学期的课，自己觉得已冲过了高原期，在进入一个崭新的境界。如果说没有周老的提醒，不知自己还要在黑暗中摸索多久。

2005 年，我开始提出语文教学要追求"两极融通之美"，周老给予了充分肯定，并提醒我研究的基点要放在"融通"上。2006 年，我在语文课堂追求"两极融通"的基础上，进一步提升为"'和'、'美'语文"。在思考"和美语文"的日子里，周老给予我更多的帮助，给我点拨，帮我梳理，赐我鼓励，让我对"和美语文"的概念逐渐由模糊变得清晰，对"和美语文"的前景充满了信心和憧憬。每次当思维受阻时，就拿起电话向周老求救，他总是不厌其烦。电话那头的周老，声音铿锵，唯恐说了我还听不清楚，有时一说就是一小时。幸运的我每次都是在满足、内疚、言犹未尽中挂断电话，如果不考虑老人的身体，还真的愿意听他侃侃分析。可以说在我的成长过程中，在我的研究从实践转入理性思考的阶段，周老起到了十分重要的

引领作用。师恩绵绵，山高水长，如果以后"和美语文"的研究能有所成果的话，那其中就有周老的一大半功劳。

周先生的学术魅力真的很美，美得实在、厚重；美得坦率、真诚；美得热情、时尚，美得……呵呵，还是让我借用陶渊明说的那种境界——"山气日夕佳，飞鸟相与还，此中有真意，欲辩已忘言"。因为说了那么多，总觉得还没说在点子上。我对周先生学术魅力的感受，是一种诗意地栖居在心灵里的幸福，它已成为清澈而又深刻的生命体验，将会永远地激励我前行在"教育人生"的路上。

（七）周一贯先生的"儿童作文"教学思想漫读

管建刚

（江苏吴江爱德双语实验小学、特级教师、《中国教育报》年度阅读推广十大人物）

《小学作文创新教学》从2003年第6期开始，连续发表了周一贯先生的《"儿童"作文宣言》（一）至（五）篇，在2004年第11期上又首开了关于儿童作文的专题"论坛"。据我所知，周先生还在《人民教育》、《小学语文教学论坛》等多家报刊上，发表了关于"儿童作文"、"儿童语文"等的多篇论述，并于2005年正式出版了34万字的专著《"儿童作文"教学论》，深受广大语文教师的好评。鉴于"儿童作文"一直是《小学作文创新教学》积极倡导、扶掖的一个研究话题，本文拟就漫读周先生的"儿童作文"教学思想之所得，在这里作一述评。

1. "儿童作文"，一个贴近儿童真实写作状态的全新概念

"儿童"是个常见词，"作文"也是个常见词，将这两个常见的词结合到一处，使之成为一个全新的概念，却还是在周一贯先生的《"儿童作文"教学论》中第一次见到，初见，即有一种似曾相识的亲切感。"儿童作文"这个概念的提出，不是空穴来风，它是建立在周先生对当前作文教学现状犀利的剖析之上的，就我，一位身处教学一线的老师，读到周先生的"'应题'的束缚""'应体'的拘泥""'应命'的违心""'应法'的尴尬""'应套'的就范"和"'应试'的无奈"这"六应"现状的描述与分析时，依然感到触目惊心，发人深省。呈现现实的丑陋总是显得残酷，可也只有将残酷的现实搬到你面前，让你睁大了眼睛去看，才能刺激你的教学麻木，从中获得教学清醒。"这种'命题'与'作文'分治的方式，往往造成教师要求写

管建刚老师发言

的，学生觉得无话可写：而学生想写的，又与命题不符的现象，这就谈不上学生在作文中能够自由表达了。""社会发展到今天，文体恐怕就有成百上千种了。而我们的作文教学却还是'记叙文'一枝独秀。""学生若想得到满意的分数，就必须亦步亦趋，小心谨慎地揣度老师的用意，揣摩老师的喜好，讨得老师的欢心。"……应该说，周先生所提及的这些问题，并不新鲜，但是这些不新鲜的问题，在我看来，再提上100次也有必要。提出问题到解决问题有一个相当漫长的过程，有多少一针见血的问题在漫长的解决过程中被逐渐遗忘，问题于是继续着问题，成为更大的问题。命题要让学生有话可说，至少叶圣陶时代就曾大声呼吁过，但直到今天，这个问题还是个问题。剖析问题后，周一贯先生提出"儿童作文"这个全新的概念，他认为：①提倡"儿童作文"，就是要反传统的、成人化的"小学生作文"。②提倡"儿童作文"，就是要让作文回归儿童，成为儿童表情达意、书写真"我"、爱不释手的生活活动。③提倡"儿童作文"，就是要反对流行的"伪作文"。④提倡"儿童作文"，就是要在作文中尊重儿童的天性，呼唤儿童的灵性，激发儿童的悟性，张扬儿童的个性。⑤提倡"儿童作文"，就是倡导心口一致、情理一致，体现健全人格和健康人性的"新作文"。

必须指出，"提倡"背后重要的认识背景，那就是将儿童看作儿童，将孩子看作

孩子，"儿童作文"只是儿童用笔说的话，要宽容儿童说话中出现的认识上、表达上的错。即便是成人，都会犯或大或小的错，会有这样那样的笔误、口误，作为成长中的儿童，他们用笔说的话中出现一些认识上的问题，完全正常。"儿童作文"下的儿童，有犯错误的权利，有说错话的权利，用周一贯先生的话说："他们（指儿童）说得不太好是正常的，而说自己的话才是最重要的。"

2. "儿童作文"的几个关键词

（1）写真。写作就是用笔说话，某种程度上讲，写作这种说话方式的严肃性，更甚于用嘴说话。然而写作中说假话、空话、套话的现象十分严重，以至 21 世纪来临之际，语文课程标准将它慎重地写了进去："要求学生说真话、实话、心里话，不说假话、空话、套话。"作文中不说自己想说的话、要说的话、有感而发的话，而要说一些违心的话、迎合他人的话，这不能不说是一种痛苦，痛苦渐而麻木，渗进灵魂，那将是一种可怕。钱理群教授说："培养一个人怎样写作，在另一个意义上就是培养一个人怎样做人。""在作文中为了得高分这样一个功利的目的可以说假话，那在现实生活中为了更加重要的目的就更加没有操守可言，什么事情都可以做得出来。这种情况是十分可怕。"周一贯先生以翔实的材料，展现了这种可怕。他说："作文教学的种种问题，归结到一个根本点，是将充满真实的人性之美的最富有个性的学习和创新活动变成了枯燥、机械、虚假、编造的应试训练。失落了学生个性写真的作文，是没有灵魂的作文。"学生作文不敢写真，这与当前扭曲了的作文评价有着直接关联。直到今天，作文评价依然在所谓的"积极""健康""典型"上，一个小孩子的生活能有几个"积极、健康、典型"的事？没有的话，只能根据评价来编造。"儿童作文"就是还作文于儿童，让儿童用自己的声音说自己的话，用文字的方式表现自己的童真童彩、童心童声。应当说这种表现才是最"典型""健康""积极"的，因为这种表现是在用文字写真童年，捍卫童年。

（2）生命。可以这么武断地说，在不可抗拒的应试教育的今天，已经鲜有学生懂得"写作是为了自我表达和与人交流"。这不是学生之过。已经很少有教师把让学生懂得"写作是为了自我表达和与人交流"，看成作文教学上的一件最重要、需要迫切来做的事情。很多教师都把这一写在课程标准上的话，看成是虚无缥缈的空中楼阁，以至到后来，连语文教师都忘了写作除了应制、应试之外，还能是什么。写作教学就这样沦丧在方向的迷失里，盲目地走啊走，走得很累，也很糊涂，很多文科考生上了大学，对写作依然无好感。"儿童作文"的提出，正是对这种写作生命流失的抗争。"儿童作文"认为，"作文是生命的独白和心灵的对话"、"是人们表情达意、书面交际的工具，是一种十分重要的生命状态和生活行为，它与人的心灵、情感有着最真实、朴素的联系"。作文是人的另一种说话方式，人类有用有声方式来交流的需要，也有用无声方式来交流的需要，文字是所有"无声方式"中最常用的交流方式。作为一种生命的独白和心灵的对话，作文有着比用嘴说话更大的优势：人的内隐的话语，用文字的方式表达更妥切。这就是为什么有那么多的人喜欢上网聊天、喜欢摆弄手机发短信。反思今天的儿童为什么对作文不感兴趣，为什么出现了很多平时说话挺流畅、一到用笔说话就纠结起来的孩子，周一贯先生道出了一个重要原因："学生作文的刻板僵化、做作矫情，不是学生不会书面表达，不是学生句子不通、条理不清。问题在于作文的底子没有打好，不太清楚作文就是生命与生命之间的真实表达与真情交流。"一个有志于作文教学实践研究的老师，一定要牢记这句话，一定要在展现作文的"生命与生命之间的真实表达与真情交流"上花力气、下功夫。

（3）自由。人有着追求自由的本能。人也有着躲避不自由的本能。今天的作文给学生带来了太多的不自由：命题的不自由，章法的不自由，文体的不自由，技巧的不自由，思想的不自由，情感的不自由。如此多的不自由，学生怎么会对作文产生好感呢？"我们希望建立'儿童作文'这样的概念，目的正是为了把'作文'归还给儿童，让他们能够在'作文'这个天地里，尽情地倾诉个体生命的知、情、意、行，自由地表达儿童心灵的喜、怒、哀、乐，而少有种种规矩的困扰和章法的束缚。"周一贯先生这段论述，清晰地道出了"儿童作文"的自由特质。为此，周先生呼吁作文教学要"淡化命题""淡化章法""淡化文体""淡化技巧"，要把作文的"人本权"还给儿童，把作文的"选材权"还给儿童，把作文的"立意权"还给儿童，把作文的"话语权"还给儿童，把作文的"拟题权"还给儿童，把作文的"表达形式权"还给儿童。人有着追求自由的内在要求，一旦感觉这样东西不自由，就会失去追求的兴趣。写作教学只有让学生自由自在地写，把胆子写大了，想怎么写就怎么写，想写啥就写啥，想写多少就写多少，当学生感觉作文有着如此美好的自由时，就会去追求作文，就会觉得作文是一种幸福生活。作文，只有当学生"大胆地往前走"时，才会看到或秀丽或雄浑或奇异的语言风景，才会在美的赏阅和创造中采摘到属于自己的语言之花，才会把语言的美当作生命的美一样来守候和追求。

作文是心灵的产物；心灵王国最本质的特征是自由。当作文教学千方百计要让学生字数达到多少、内容必定怎样健康向上、又必须有怎样的框架和规范时，学生必将因此感受到不自由的痛苦，对于不自由的东西，人有一种躲避的本能，学生失去了追求作文的勇气，作文的生命活力也势必被扼杀在萌芽状态，存活的，只是应试作文，无血无肉无灵魂的新八股作文。

3."儿童作文"中，"自由写作"与"规则指导"的关系

"儿童作文"教学同样无法回避"规则指导"，也就是常说的作文训练。长期以来，"自由写作"一直附庸于"规则指导"。"自由作文"被看作"规则写作"的延伸和补充，其结果往往是"自由表达"的被迫消解。对此，周一贯先生提出了自己的论见："在'儿童作文'中不是没有规则和技巧，只是应当沉淀在充满生命活力的童真意态后面，渗透出规范写作、善于表达的功能。生命的真情投入和自由表达永远是'儿童作文'教学的'魂'与'本'。""我们说'儿童作文'不是技术活儿，不是说'儿童作文'就一点儿没有方法、技能。问题是这些方法、技巧，或者说规则、手段，都不能代替儿童要表达的个体生命和自我心灵。对作文来说，显然是后者比前者更为重要。"对于周先生的这些论述和观点，我持双手赞同："自由写作"优于"规则写作"，"规则写作"是为了更好地服务于"自由写作"。为什么这么说呢？

（1）写作教学的终极目标是自由写作。一个人学习写作，最终目的是要在广阔的生活、生命的领域进行"存在性"的写作，而不仅仅是作业性的写作，考试性的写作，工作性的写作，生存性的写作。生存性写作不是终极目标，它只是人生存的手段。训练作文、应制作文、应试作文隶属于生存性写作，是生存性写作中的低级属性。写作的快慰来自放松的、自由的、个体的心灵写作，来自自我生命存在的确证与弘扬的写作。当前以训练作文为主的教学模式，导致学生把训练作文奉为上帝，把自由的心灵作文看作是可有可无的"练练"，这严重违背了写作教学的本质意义，歪曲了写作生命的本真状态。也许有人会说，多数人从事的是生存性写作，存在性写作只是少数人的事。

（2）写作教学重在唤醒学生的自主写作。教育是一种服务，教师的"教"服务于学生的发展。对于写作教学来说，只有唤醒学生自主写作的状态，学生的写作才会有健康、美好的发展。写作教学最重要的不是训练，而是唤醒学生的写作状态。每个语文老师都清楚，引导学生进行旷日持久的自主写作，是一件艰难的事情，其

"艰难"，超越了作文技能训练。作为技能，毕竟有"技"可寻，而引导学生主动而持久的写作，焕发学生积极主动的写作状态，关乎学生内在的写作生命动力；人内在的动力，看不见、摸不着，不可捉摸，无从着手。我的"作文革命"的核心，就在于唤醒学生真正的写作状态，就在于不断地激励和鼓舞学生以更好的状态去自主写作。作文训练，也只有在"唤醒、激励和鼓舞"学生写作的状态之后，才能显示出它的价值来。作文训练的重点是作文技能；自主作文的重点是使学生拥有一种积极的写作状态，乃至写作人生、言语人生。后者显然更重要。

（3）作文技术的学习更多地渗透于阅读。"教阅读教得好，更不必有什么专门的写作指导。"对叶圣陶先生这句话，我有两层理解，一是作文技术可以渗透到阅读教学中。以《船长》一文为例，课文写两船相撞后，船长哈尔威沉着镇定地指挥营救工作，中间有一段他和机械师的对话，那一段对话没有提示语，读来节奏紧促，语气紧凑，很好地体现了当时紧张、紧迫的气氛，教师完全应该引导学生研究此处不写提示语的好处。再如《山谷中的谜底》，从一个自然现象引申出一个哲理的篇章图式，《给予是快乐的》一文中的悬念……李海林先生在《言语教学论》中指出，阅读教学纠缠于内容，不关注言语形式，是当前语文教学中的一个较为突出的问题。确实如此。如果在阅读教学中注意"言语图式"的渗透和积累，那么作文训练就可以淡化很多。二是既然作文技能教学可以渗透于阅读教学中，那么写作教学的重心势必会从作文技术的训练转移到作文兴趣的激活上，阅读教学教得再好，作文兴趣的激活、作文态度的端正，还是需要专门的组织、引导和激励的。所以，这时的"规则指导"就会如周先生所说，已不再是纯技术活儿的训练，而更会关注如何让儿童的生命表达和交流更真实鲜活，更准确生动。

反观当前的作文教学现状，"规则指导""写作训练"依然占据着主导地位，"过分看重作文的技巧性，应该说由来已久了，而且颇有愈演愈烈之势……无形中作文技术成了决胜一切的力量，如此运作便必然会使学生作文只求技术，又因为太求技术反而带来不少作文的僵化结构、相似模式、类同情节、套用语言……如此不一而足的负效应"，在这一教学现状之下，"儿童作文"的本质属性得不到有效释放、"儿童作文"这一全新概念得不到真正落实也就在所难免，为此，笔者作一些延伸性的分析，做一些力所能及的呼喊，期盼着"儿童作文"的要义能够在教学一线得到生根发芽，期盼着每一位儿童都能写属于自己的生命本真的作文——"儿童作文"。

4. "儿童作文"下的师生关系："平等中的保护"

"儿童作文"呼唤学生我手写我口、我手写我心，呼唤本真作文，本色作文，呼唤儿童以纯真的童眼书写纯真的童心童言。一个人写自己想说的话、内心的话，应该是一件痛快酣畅的事，学生为什么不能乐此而为呢？有一个重要的原因是：师生间的不平等关系。用周一贯先生的话说："在作文中，儿童没有真正的话语权，不是危言耸听。"当教师的话语霸权泛滥、学生感受不到教师的平等与亲切时，学生就不敢说自己想说的话、内心的话、本真的话。师生平等是实践"儿童作文"的第一要素。怎样衡量师生间的平等？一个显性的标志是：学生敢不敢在作文中责问、批评教师。教师在和学生交往的过程中，不可能是完全公平、公正的，教师也是个普通人，何况学生之间的事本来也大都公说公有理、婆说婆有理。教师在学生心灵的天平上，又是一个极为特殊的筹码，一旦教师的评判与他固有认识不同，对他的震撼将是巨大的，"情动辞发"，这些本应是极好的写作素材，如果学生感受不到师生的平等，如果学生感觉不到教师和风细雨的亲切，即便教师把"写真""生命""自由"喊得再响，学生依然不敢说、不敢写，只好把这些话语闷在肚子里。可以这么论断，教师和学生亲近密切的关系，对"儿童作文"教学的实践有着重大影响。

教师和学生的交往，存在两种性质的交往，一种是工作交往，一种是非工作交往。工作交往，是指课堂教学中教师和学生的交往；非工作交往，是指课堂教学之外的教师和学生的交往。课堂教学中的师生交往，有着学习任务，有着纪律要求，即便师生之间是平等、互相尊重的，这种交往大都止于一种优良的工作关系，而不能进入轻松的、完全放松的亲密关系；小学生分辨能力低、控制能力也差，为保持有序有效的学习，教师以其特有的权利维持课堂，也无可厚非。师生间的亲密关系的养护，主要是非课堂交往，课外交往。相对而言，班主任为什么在学生心目中比其他任课老师更亲密，主要原因是班主任在非课堂教学实践里与学生交往的时间要大大多于任课教师。

当教师"弯"下腰来，当师生之间是一种友好的亲切的伙伴式的关系，儿童的作文将如周一贯先生所期盼的那样，是"天性的自然流露，没有掩饰，没有矫情。没有造作，是儿童纯真感情的语言的直率表现"。一旦学生的作文"没有掩饰，没有矫情，没有造作"，这个时候，教师所要做的第一要事不是批改、不是指出这样那样的不是，而是要保护、呵护、养护学生的言语天性、言语个性。周一贯先生认为，儿童有两套话语体系，一套是面对教师和家长在正规场合使用的公共话语，有着四平八稳的成熟和少年老成的郑重，但是这多半是处于无奈，假装门面，是"必须这么说"；另一套是小伙伴中海侃神聊或真情交往时使用的，那才是实话实说、原汁原味的童真之言。教师是学生作文的第一读者，这个"第一"，不仅是时间上的，更是就阅读者的重量级而言的。教师对学生习作所表现出的评判态度，对学生的写作有着极为重大的影响。面对学生幼稚的童真之言，教师一定要集聚欣赏心情、心存保护之念，只有让学生用自己的声音说话，学生才能享受到说话的快乐，只有让学生用自己的声音说话，学生才会在一次次的锤炼中获得属于自己的言语个性的发展，我们才能看到一篇篇极具个性的"儿童作文"，在成人的宽容和保护之下，"儿童作文"才能真正成为周一贯先生所言的"儿童生命世界中的一方绿洲，精神世界中的一片蓝天，心灵世界中的一股甘泉。"

毋庸忌讳，周一贯先生构建的"儿童作文"离教学一线、离儿童作文的现状还有一段距离。理论的构建需要高于现实，冰冷的现实因理想的彩旗而富有追求的朝气和活力，在这个意义上，"儿童作文"这面旗帜需要在现实的生活中尽情飘扬！

（八）周一贯先生"一贯之道"的逻辑解读

季科平

（浙江省绍兴市柯桥区柯岩中心小学、特级教师、绍兴市拔尖人才、"童真语文"创导人）

1936 年，周一贯出生在浙江省绍兴市越城区皋埠镇一户普通的家庭，曾在清朝任过县府幕僚的外祖父取"吾道一以贯之"之意，为他起名为周一贯。"吾道一以贯之"这是外祖父对其的希望，更是成了先生自己一生的信条。

周一贯先生 15 岁从军，开始在部队任文化教员，18 岁因病转业后，参加农村教育工作，当了一名乡村男教师。他先后还担任过学校少先队总辅导员、教导主任、副校长、县教研室副主任等职。从 15 岁起，先生整整 66 年没有离开过教育岗位，他以"吾道一以贯之"的精神，在农村小学语文教育这块希望的田野上勤耕不辍，积极探索母语的教学之道，满怀深情地推动我国小学语文教学改革。正如杨再隋教授评价："周一贯先生是小学语文园地上辛勤的耕耘者，积极的探索者，不倦的思想者。"

季科平老师在活动中发言

周先生就是语文界的一棵参天大树，使语文的丛林焕发出向上的勃勃生机！66年，24090多个日日夜夜，他不怕风吹雨打，不怕天寒地冻，用心锻造着属于自己的难能可贵的"一贯之道"：一贯的热爱，一贯的执着，一贯的勤奋，一贯的创新……对我来说，仅仅是感动，显然是不够的。于是我尝试着对先生的"一贯之道"进行比较深入的逻辑解读，以一探其中的奥秘。

1. "一贯之道"的核心：热爱

可以一生奉行之道，不可能没有一个坚强的核心，"一贯之道"的核心就在于热爱，周一贯先生对语文教育爱得无比的深沉，这便是他所有的动力之源。

1952年7月，18岁的先生从部队转业到地方，当时国家百业待兴，浙江省绍兴市绍兴县民政局接待的干部提供了不少工作岗位让他挑选，可他竟毫不犹豫地提出要当"农村教师"。从此，他便与语文教育结下了不解之缘。这以后，工作单位屡有变动，调到绍兴县钱清区杨汛桥乡中心校，调到绍兴县钱清区中心校，调到绍兴县教研室……工作职务也不断更换，但对于语文教育，他是一往情深，在任何情况下，都已舍不得丢下它。

先生年轻时，曾有过两次离开绍兴农村的机会，一次是去杭州担任浙江《教学月刊》的专职编辑，另一次是去杭州担任浙教版义务教育小学《语文》副主编。但最终都因绍兴县教育局不肯放行，同时周老师自己热爱农村语文教育，也主动放弃了进城的"契机"。其间他正担任着绍兴县钱清区校副校长，他说他正忙着带领全区教师搞教材教法过关，他说他不能走；此后他又担任了绍兴县教研室副主任兼小学语文教研员，正忙着抓全县农村小学语文教师的教材教法学习，他说他更不能走。在他看来，农村教育更需要他。"我感恩于农村教育，正是农村的朴实和偏僻，使我能低调地沉潜其中，赢得了许多宝贵的时间。"这可真是他的心里话啊！

1996 年，先生按期退休。原本以为退休的先生可以静下来享受安闲的时光了。没想到，他退而不休，退休以后反而更忙碌了，他始终活跃在他所热爱的教坛上。有人泼冷水，有人直接说退休了还忙什么呀，先生响亮地回答："以语文教育事业为毕生的守望，可以让人一直乐此不疲地做下去。这与是不是退休无关。"他在 7 所学校当顾问，穿行于城市、农村间，或指导教改实验，或探讨办学方略，或带导青年教师……在赴各地讲学的同时，他还抓紧撰写研究文章，抓紧出版专著。他认为："一个真正的专业人员，生命未到尽头，总会对自己的专业情有独钟，不放弃，不抛弃。巴金、冰心、季羡林、钱学森……又何曾听他们说过退休后就'金盆洗手'呢！"

因为先生心中有爱，所以先生十多年如一日地投身农村语文教育，他大声宣告："事业与我的生命同在，一息尚存必当守望教育。"因为先生心中有爱，所以先生对后生的提携总是不遗余力、毫无保留。不论是熟悉的，还是陌生的，只要有求于先生，先生一概不拒。他希望有更多的人，能够和他一样真正的热爱语文教育。多少的青年才俊在他的麾下指点江山、激扬文字。杭州师范大学王崧舟教授这样表达："没有周一贯先生，也许我的成长会遭遇更多的弯道和陷阱；没有周一贯先生，也许我的专业视角，学术见地会因为思想的单薄、创新的匮乏而流于肤浅……"北京清华附小窦桂梅校长认为周一贯老师是她专业生命里一个重要的、不可或缺的他人。北京的吴琳老师说周先生改变了她的生活，帮助她找到了一条全新的，属于自己的发展道路。"童化作文"的倡导者吴勇与先生素昧平生，但先生能跨越地域间隔，超越年龄界限，诚心相待，倾心而教，引领他走上一条幸福的语文教育之路。

因为与先生的相遇，我也因此深深爱上了语文，在先生的鼓励和指导下，我大胆地提出了自己"童真语文"的教学主张，于是我的语文之路从此有了明确的方向。我知道，不仅仅是我，还有很多与先生有缘相遇的青年教师也深受他的影响，正追

随着他行走在坚守"教育神圣"的道路上！

2. "一贯之道"的精神：执着

周一贯先生用他的言行不断地告诫我们"一个人，一辈子，做好一件事"，我不止一次听他说过："我能收获从事语文教学实践与研究的无限乐趣，源于我播种了对中国语文教育事业的不灭信念。"出于这种信念的精神便是执着，执着地进行着小学语文教学实践与研究。在人生的道路上，周老师也曾遭遇过很多挫折和打击，但他从来没有放弃，而是选择了坚强面对，继续前行。因为在他的心中早已播下了"教育神圣"的信念，这是与生命同在的执着精神。

1954年至1956年先生有机会在浙江省绍兴市嵊县初级师范学校小教轮训班就读两年。相当于初中二年级，这便是先生的最高学历，但这低学历并不影响先生对语文教学的挚爱，他以坚持自学来弥补；然而先生对语文教学的热爱，却给他自己带来了极大的麻烦。在历次政治运动中，他总逃脱不了挨整的厄运。"业务挂帅""白专道路""智育第一"等此类的罪名，一直像噩梦一样伴随着先生。这种境况，不仅有生理上的重压，更有心理上的超载。但就是在这样的状况下，先生还是没有放弃。"教师为什么不能钻研业务？……"他在困惑中学得了乖巧：明里他也谈阶级斗争，暗里则依然攻读专业，执着耕耘。随后二十多年，先生一直为时势所困，但他一直用冰心的话鼓励自己"在快乐中我们要感谢生命，在痛苦中我们也要感谢生命"。在艰难困苦中，先生依然执着前行，他的语文课堂教学技艺有了很快的长进。一声春雷，掀开了一页新的历史。"文化大革命"之后，先生才真正迎来了语文教育研究的春天。此时先生已人到中年了，然而他毫不气馁，他相信事在人为，他以时不我待的精神，更加积极地投身到小学语文教学实践和研究中去。他说：边缘化的生活，何尝不是上天的一种恩赐，它可以让人活出一个最真实的自我。

2013年9月，先生遭遇了人生无法言说的打击，他的至亲爱人黄老师赴青海旅游时，不幸遭遇车祸，撒手西去。他们伉俪情深，相濡以沫几十年，师母骤然离世，当我们背着他抹眼泪而不知该如何安慰他的时候，他却又和我们谈起了钟爱的语文。一个星期后，全国小语博物馆要在浙江杭州举行开馆仪式。几乎所有人都劝周先生放弃这次出行，可先生说这是小学语文教育界的大事，他不能不去。那天，我陪他同行，一起去见证了这一历史性的时刻。在活动现场，他还是认真地参与剪彩，用心地发表观点，真诚地接受采访……谁也不会想到：他刚刚送走了至爱的夫人，他刚刚经历了怎样的伤痛。这就是周一贯先生——一个为语文而生的教育天使。即使遭遇了天大的灾难，也无法改变其执着的精神。周先生说："人生无法改变生死，但我们可以让留下的自己活得更有价值。"没过多久，先生又参加了在浙江省浦江县举行的全国首届童话教学研讨会。满头白发的周先生用他那依然洪亮的绍兴普通话，激情飞扬地点评着浙江省特级教师何夏寿的童谣课堂。先生依然忙碌着，依然在语文的园地里用心耕耘着……

正是因为有了这样执着的精神，66年来，周先生始终围绕小学语文教学实践和研究这个圆心转动，丝毫没有松懈，一直没有停留。"事业无悔，岁月无憾，求索无涯，诲人无倦"。这是怎样的一种执着精神，生命永远与事业相伴。

3. "一贯之道"的态度：勤奋

周先生的学历并不高，但他却以低学历成就了大师级的学术建树。他正式出版专著170余部，发表文章1400余篇，共计3500多万字。他从1981年发表第一篇教学研究文章起，至今已持续36年，也就是说，他平均每年出版约4.8本书，平均每年发表约40篇文章，平均每年累计正式出版或发表各类文稿100万字。我们不仅惊诧周先生怎么会有那么多时间，那么厚的手稿，别说写，光誊抄一遍得用多少时间？先生还到处奔波，或探索办学方略，或指导教改，或研讨学术，或培养青年，或听课评课，或去专题讲课辅导……

然而时间的奇特，就在于珍惜它就可以一以当十。立体地利用时间，几乎成了先生的习惯，他坚信天道酬勤，相信一个勤勉劳作的行者一定能有所作为。在初师读书期间，他三个假期，期期留校，利用两个寒假和一个暑假自学大学中文系的主干课程。20世纪50年代，他执教的村校离中心小学有一小时的步行路程，走在乡间的小路上，他也随带《中国文学》，来回以背诵经典诗文为乐。在学习、工作间隙，他不仅自学了系统论、控制论、信息论等新兴学科理论，还广泛涉猎与语文教学邻近的学科，如符号学、社会学、民族学、效率学、文化学、生态学，甚至模糊理论、全息原理、笔迹学说……可以说，周先生就是"自学成才"的成功典范。

周先生的成长之道就是他的个性化"耕耘"方式："舌耕（上课）""目耕（读书）""笔耕（著书写文）"，三者并举，互补互促，相得益彰。他说：如果说语文教学是一束欣欣向荣的鲜花，那么，舌耕是它的"本"，目耕是它的"根"，而笔耕则是开出的"花"、结出的"果"。周先生还曾以唐代诗人刘禹锡的《陋室铭》为范，

撰写了《"舌耕"铭》《"目耕"铭》和《"笔耕"铭》，先生借此体会到教师生涯之快乐。坐拥"容膝斋"，无冕亦称王！

"寂然凝虑，思接千载；悄焉动容，视通万里。"容膝斋就是这样一个四通八达的宁静宝地。在这里，先生为"舌耕"准备讲稿，在"目耕"中熏陶书香，以"笔耕"叙事抒情，恰如"金凤玉露一相逢""天光云影共徘徊"。在这里，《语文教学改革研究概观》《语文教学训练论》《语文教学方法论》《语文教学优课论》《阅读课堂教学设计论》《儿童作文教学论》……一部部闪烁着智慧光芒的学术专著蓬勃而出。在这里，一名小学语文教师凭着勤奋的态度圆了书房梦、教育梦、名师梦……

"天下难事，必作于易；天下大事，必作于细。"凡是涉及小学语文教学的问题，不管难易，无论大小，周先生都进行非常细致而深入地探索。他的研究几乎涵盖了小学语文课程、教材、教学、评价各领域的方方面面。看看周先生的"时空观"：无时不用，无处不思，无孔不入，无事不研。在他的生活日程表中，几乎没有"休息"两字。"情系教坛满头霜，笔耕舌论默默忙。识得寂寞个中味，桃红李白话西窗。"这是先生在纪念自己从教50年之际写的一首诗，也是先生对事业66年勤奋态度的真实写照。"惜时，让生命增值！"八十一高龄的他还是不肯懈怠，仍然保持耐得住寂寞，埋头勤奋的态势，还是这样充满激情地行走在坚守"教育神圣"的道路上。

4. "一贯之道"的路径：创新

周一贯先生著作等身，写的文章更是数不胜数。细细阅读周先生的语文教育思想和语文教育理论，便可发现，处处盛开着创新的花朵。他坚持"一贯之道"，其"一贯之道"的路径便是创新。这种创新的个人风格是：由此及彼，在有价值的联想中创新；由古及今，在有选择的继承中创新；由点及面，在有原点的坚守中创新。

由此及彼，在有价值的联想中创新。周先生从《生活与健康》报上读到一篇题为《笔迹与疾病》的文章就联想到从整理小学生笔迹表现去研究"笔迹诊断"，以提高写字教学效率。周先生读到《绍兴广播电视报》上的一篇短文《关于"谈话"的谈话》，从中央电视台的《实话实说》到浙江台的《谈话》，说到了"谈话"一类节目关键在于传递嘉宾谈话的"原生态"。周先生便联想到语文教学，语文课堂教学的改革也同样"要珍爱学生生命的原生态"。

周先生联系当下"节能""减排""低碳"的现代生活方式这一现实，从自然大生态联想到课堂小生态，创造性地提出了"低碳课堂"的学习生态理念。他认为，只有追寻"低碳课堂",才能实现语文教学的"渐近自然",修复课堂生态的平衡。中国的经济转型,正在从"创奇迹"转入到"新常态"时代,实现着发展的再平衡。周先生从中国经济发展的"新常态"出发,联想到课堂教学正在形成的"新常态",他认为这种课堂"新常态"主要表现在以下一些方面:课堂模式的新常态,教学指向的"新常态",教材意识的"新常态",文本选择的"新常态",教学方式的"新常态",学程安排的"新常态",拓展阅读量上的"新常态"等。像这样通过由此及彼的有价值的联想来创新,在治学过程中,周先生信手拈来,比比皆是。

由古及今,在有选择的继承中创新。周先生总是说:中国的语文问题要用"中国思维"去思考,要用"中国功夫"去解决。中国语文教学传统的心就在这里:注重识字,本于诵读,体察涵泳,重视习练。这与中国传统文化密不可分,中国语文必须要在有选择的继承中创新。在《浅论"涵泳"》一文中,周先生提出语文教学要"把根留住"。他认为传统的汉语教学基本规律是"根",外来的"水分"和"养料"都要通过"根"来吸收,"根"深方能叶茂,"本"固才能枝壮。语文教学改革不仅要"把根留住",而且要使根系更加发达健壮,这样才能使"中国语文教学"这棵大树欣欣向荣、生机无限。

周先生回顾语文教育的历史轨迹,语文教育一直在"一分为二"、对立斗争的崎岖小路上,左右摇摆地艰难前行。他认为从"对立斗争"的视角审视语文教育,非此即彼,则语文教育只会走进死胡同!若从"一分为三"的辩证统一的观点看待语文教育,寻求生命活动的和谐统一,亦此亦彼,则语文教育定能迎来曙光!周先生以史为鉴,从汉民族文化的哲学思考出发,提出了"一分为三、辩证统一"的语文教育生命观。他洋洋洒洒写下了极富深度的理性文章:《一分为三:让对立的"二"和合于生命发展之"三"》。他认为,生命是一个高度和谐的统一体,语文教育也应当强调"辩证统一"的一面,这就是要"一分为三"。语文教育应当统一于人的生命开发,和谐融通于人的生命活动。他的这一"语文教育生命观"给人以丰富的启迪,唤起人们深刻的思考。

由点及面,在有原点的坚守中创新。先生的心是属于儿童的。满头银发的他与儿童在一起时,总是笑得那么灿烂。他关怀儿童,真正关爱儿童的生命发展,构建并不断完善着"语文教育生命观"。他指出,关爱儿童的生命发展是"教育的原点"。如果没有受教育者的生命发展,教育还能留下什么?又需要教师做些什么?他说:

"教育应当是关爱受教育者生命发展的事业，这不仅因为教育是生命发展的原始需要，而且还因为它需要通过人的倾情投入、积极互动来实现，最终是为了生命质量的提升。正是教育才使一个个鲜活的、充满绿意的生命，在全面、全程、全方位的活动中，使人的生命四重构（自然生命、精神生命、价值生命和智慧生命）得到最和谐的发展。"

2005年10月，周先生在《人民教育》上发表长文《小学语文应是儿童语文》，在文章中他大声疾呼："我们的小学语文教学应当更多地去关注儿童的心态，儿童的感受，儿童的兴趣特征和思维方式……一句话，应当更多地去追寻儿童精神。"近年来，他四处奔走，宣扬"生本"理念，推进小学语文关注"生本"原点，回归常态。2013年，周先生又创造性地提出了为谁教比教什么、怎么教更重要，小学语文教师就要真真切切地为儿童而教，他呼吁我们要到课堂里去寻找儿童。从教育原点出发，周先生提出了"生命场"的概念。他认为，学生的生命发展，教师的生命活力和教材的生命情怀，在这里汇聚和交流，师生的生命活力和智性潜能获得真正自由的呈现，而使课程洋溢着色彩斑斓的诗意和值得回味的神韵，达到那种充盈了绿意的生态课堂的境界。

周先生总说自己是一个十分平常的小学农村教师，确实，在他的身上集中了许多的"平常"，在一个"平常"的地方，在一段"平常"的时间里，从一个"平常"的起点，以"平常"的经历做了一件"平常"的事。然而，正是这么多的平常汇聚在一起，成就了一个极不平常的周一贯，取得了极不平凡的成绩。周先生代表的不仅是语文教学研究的一座高峰，而且还充分显示了他自己特有的"一贯之道"。重读周先生的座右铭"一个人，一辈子，只做一件事，勤奋作人，低调处世，吾道一以贯之"，或许我们就可以找到答案。"吾道一以贯之"，围绕热爱这个核心，胸怀执着的精神，以勤奋的态度通过创新的路径，抵达语文王国理想的彼岸！

（九）融汇古今：周一贯语文教育研究的路径启示

鲍国潮

（浙江省绍兴市柯桥区教师发展中心主任，浙江省教坛新秀，中学高级教师）

从事语文教育工作65年，周一贯先生对语文教育规律全面深入的把握，对语文教育发展态势敏锐前卫的感知，对语文教育实践细腻扎实的探索，已然成为小语界独树一帜的研究存在。分析其研究的路径策略，把握其研究的思维方式，不仅有利于周一贯语文教育思想的继承弘扬，更是对后学良好的示范引领，具有很强的现实意义。

1. 在横向上对实践经验作全景式扫描

小学语文教育研究总体上活跃、丰富、多元，形成了诸多鲜活的经验，呈现出不拘一格的局面。然而不得不承认，小学语文教育研究的许多成果仍然停留在经验层面上，依然采用"我认为"式的主观表述，不能及时转化提升为准确反映语文教育规律的理性认识。从这些经验中吸取精华，揭示规律，提升小学语文教育研究的科学水平，就成为周一贯语文教育研究的自觉追求和内在品格。

鲍国潮老师与周先生在一起

早在 20 世纪 90 年代初，周一贯先生就先后编著了《语文教学研究改革概观》《语文教学方法论》等著作，对各地语文教学改革信息进行了最大程度的系统收集与整理，内容包括识字教学、阅读教学、写作教学及口语交际等诸多领域。这些经验的收集整理，看起来受到当时"信息论""方法论"等思想的影响，好像只是一些信息的具体罗列，实际上却渗透了周一贯先生的语文教育价值判断，体现了一位语文学人的认识水平。联系这些著作，我们可以感觉到，周一贯先生的语文教育研究是

建立在大量事实研究的基础上的。占有大量教学事实，以此为研究起点，正是周一贯先生的研究品格。

90 年代后期，周一贯先生把研究视点转到了特级教师群体研究上。在周一贯先生看来，特级教师这一群体，是一个教育思想与实践经验的"富矿"，他们身上充满了教育教学变革与精进的精神。这些特级教师的变革性实践，为中国小学语文教育研究探索提供了丰富的思想资源和实践参考。在周一贯先生的研究中，有《中国小学语文教育名师精品录》《小学语文名师课堂教学经典设计》，以及大量散见于各地报刊的名师课堂教学实录点评。周先生这些收集、整理、点评工作，以课堂教学思想发展脉络为经，以广大小学语文特级教师实践探索经验为纬，展现出小学语文界改革名师的"人物长廊"，为小学语文界积累了丰富的研究材料。

当然，周一贯先生还十分重视专题性实践经验的总结梳理。如《小学作文新概念研究》，就从儿童作文的历史经验和当代认识出发，全景式地整理记录了当代小学作文教学改革的前沿信息，极具参考价值与启发意义。

周一贯先生对当代语文教育实践探索经验所做的整理、点评，可谓是全景式的扫描，既体现了他对教育实践智慧的尊重，更体现了他对语文教育实践发展态势的深度把握，因而显现出他独有的高度与广度。

2. 在纵向上对历史经验作选萃式摄取

中国语文教育历史十分悠久，在漫长的历史发展过程中形成了丰富的遗产。继承并丰富中国语文教育思想，是当代语文教育人的历史责任与使命。"古为今用"，对千年以来的语文教育历史经验作选萃式的摄取，一直是周一贯先生的情感所系。他经常不无担心地表示，当前有许多小学语文教师在研究发展中存在"信息不对称"，缺少了对历史的了解，不知道语文教育的问题从何而来，研究成了无根之木。因此近年来，他又把许多精力投入对中国古代语文教育思想的梳理、萃取中。

2007 年 1 月 17 日，周一贯先生在《中国教育报》发表长文《在千年的视野里寻找语文教育的传统》。这篇文章，标志性地体现了周一贯先生对中国古代语文教育思想的认识。他写道："传统是无法改变的历史，是川流不息的时光之河，可以生生不息地一直流下去……如果我们不重视在批判中继承，在继承中发展，中国语文教学许多宝贵的传统经验，也会在时代新潮的冲刷下由淡化而至消亡。这绝非危言耸听。"这充分表现出他作为一名语文教育工作者的历史责任感与使命感。他在文章中提出，我国语文教育的传统经验，有许多与汉字、汉语的学习规律相谐相融的地方。这是中国语文的"中国心"。由此，他提炼出"注重识字""本于诵读""体察涵泳""重视习练"等传统经验，为当代语文教育研究提供了参考视点。

站在历史的维度上，我们不难看出，语文教育具有极强的地域性，在文化发展中展现出五彩斑斓的地域风貌。关注语文教育的地域存在，有助于推动语文教育向更多元的视角、更丰富的风格发展。从 2010 年起，周一贯先生在《教学月刊》开辟专栏，研究"浙派语文"。这一专栏以"人物""大事件""专题"等丰富灵活的形式，对浙江历史上著名语文人物、语文事件、语文思想发展作钩沉、梳理、解读，意在挖掘浙江这一人文重地的语文教育思想资源，梳理并认识浙江小学语文教育的历史根基，为当代小学语文教育提供更多的理论滋养。

2014 年，周一贯先生将多年收集的中国古代语文教育言论结成一集，从中国古代多种文论、诗话、文章学、教育学等著作中选取了 700 多条言论，从语文教育的当代视野出发，以中国传统的谈片的方式进行个性化读解，形成了《中国古代语文教育言论读解》一书。该书以宏阔的视野、翔实的资料和深入浅出的解读，展现了中国古代语文教育思想的博大精深和当代语文教育思想的风起云涌，具有很强的史料价值。

尊重汉语文教育的历史，不仅是一种方法与策略，更是一种态度。小学语文教学改革必须基于历史经验，站在巨人的肩膀上前行。在这一方面，周一贯先生为我们作了良好的示范。

3. 建构小学语文教育研究的当代形态

读懂实践、读懂历史，是为了更好地关照当下，畅想未来，建构语文教育的当代形态。从出版的多种著作来看，周一贯先生正是在"融汇古今"的路径上建构着小学语文教育研究的当代形态，并以此践行着他对小学语文教育研究的时代使命。

《语文教学优课论》与《阅读课堂教学设计论》，是周一贯先生语文教学研究的"姊妹篇"。前者更多地侧重于课堂教学的价值研究，试图在理性认识层面更加清晰地把握优课的特点、规律、风格；后者则更多地侧重于课堂教学的策略研究，试图在实践上更加有效地探索优课设计的观念、策略、方法。两书相互映衬，出版后引起广泛关注，深受小学语文教师的喜爱，对于推动小学语文课堂教学研究，提高其

科学化、艺术性水平起到了积极作用。这两本书在对"语文教学优课"与"阅读课堂教学设计"作历史审视的基础上，剖析了大量实践案例，建构起富有周氏特色的"优课观"与"设计观"。

而《语文教学训练论》《研究性阅读探索》《语文教研案例论》和《儿童作文教学论》则是周一贯先生对语文课程改革的积极响应和自觉探索。众所周知，语文课程改革探索一路充满艰辛，"加强语言文字训练""研究性阅读培养创新能力""案例研究""回归儿童作文的本真"等命题都曾经是语文教育研究的热点。周一贯先生能顺应时代需求，一方面从历史与现实的维度不断充实这些命题的研究探索，对这些命题的认识不断丰富深化，另一方面又通过大量的实践研究，提供了相关的路径与策略。这二者的有机融合，使周先生总能超越同时期的研究水平，而令自己的研究成果更具有穿透力，并由此令自己的学术生命常青。

融汇古今，既是周一贯先生小学语文教育研究上的路径选择，更是他个人鲜明的治学风格。他深刻地启示着我们，每一位研究者都是一种桥梁性的存在，都必须站在历史与现实的交汇点上奉献自己的思想与实践。这正是每一位语文教育工作者必须拥有的研究姿态。可以相信，这些特色与风格，将对当代小学语文教育研究产生积极而持久的影响。

（十）一生只做一件事

胡亨康

（福建省连江兴海学校校长，中学高级教师）

小语界有个"语文老人"，满头银发，目光炯炯，穿着时尚。走路，昂首挺胸，步履稳健；讲课，幽默诙谐，中气十足；写作，指点课堂，激扬文字。他就是我印象中的周一贯先生。

周先生说："我一生只做一件事。"针对小学语文教育，他撰写了很多文章，撰写了很多著作，并开创了生本理念、学本课堂、儿童写作观等众多教育理论。他，堪称全国小学语文教师的良师益友。

1. 结缘普陀山

2008年夏天，普陀山下，沈家门小学，一家教学刊物举办青年骨干教师培训班。专家席上坐着一位银发老者，每天准时来听讲座。听人说，那就是周一贯先生。

　　乘着会议间隙，我怀着忐忑的心情，拿一篇文章前去请教。周老师很快看完后，第一句话就说"这篇文章可以发表"，然后提出一项修改意见："在每个小标题前加上一个'读'字，就更切题了。"我惊讶于他的敏锐，更尊敬他的直率，几乎无须寒暄和客套，直接入题，做事如此高效。这可能是他平时"生吞活剥"降低生命成本的读书习惯使然。

　　晚上，会议主办方安排就餐。当我走进包厢，再遇周一贯先生时，他当即起身热情招手："来来来，坐这里，我们来认识一位福建新朋友。"我多少有点儿受宠若惊，挨着周先生坐下。

胡亨康老师与周先生合影

　　七天的会议结束，在沈家门车站候车室里，当我正为行程匆忙未能与周先生当面道别而遗憾时，却见周先生率着他的一众弟子步入车站大厅。我立即迎上去与周

先生握手道别。在佛门圣地普陀山下，临别之时三遇周先生，这是不是佛家所说的缘？

想起会议期间我写下的一段话："日程已排得满满的，明天就是我仰慕已久的周一贯先生做讲座，虽然还没有听到他的声音，但已经感受到他高山仰止的风范。有人说，教师是站着的风景。我想周一贯先生随便在吴越的哪一条阡陌小巷一站，就是一道最美丽的文化风景。虽然他退休了，但他的弟子们又替他站成一排排树、一道道风景……"

2. 造访容膝斋

认识周先生的人，想必了解容膝斋。

"安步当车阅世事，清茶代酒养性情。"这是周先生容膝斋自拟自书的一副对联，勉励自己出门以步代车、赴宴以清茶代酒的生活习惯，与容膝斋——室仅容膝而足以安贫乐业的精神相一致。

余秋雨说："一个文人的其他生活环境、日用器物都比不上书房能传达他的心理风貌。"容膝斋究竟传达出周先生怎样的心理风貌呢？

其实，对容膝斋，我曾有误解。在我的理解中，书斋不仅仅是读书的地方，还是修身养性之所在。不然，何不干脆叫书房，或工作室呢？能叫上斋的，就绝非斗室。通过一些刊物封面所看到的容膝斋，果不其然，不但气派，而且豪华。这是其一。

其二，我总以为能拥有书斋的，一定是个有钱人。因为也许只有经济上的阔绰，方能保证心境上的高雅。正如唐代元稹《遣悲怀》中云："今日俸钱过十万，与君营奠复营斋。"也许只有在这样的书斋里，才能出好人格，写好文章，成就一番读书立说的事业。

后来，读了周先生《梦圆容膝斋》后，我的这种误解才被纠正。

20世纪50年代，"在无法奢求书房的生存环境里，我在床边的桌子上，用包上纸的砖头做柱子，上搁一块木板，便是我心仪的书架"。这就是容膝斋的前身，一个读书人的书房情结。

80年代后期，单位分到了40平方米的住房，一家五口住在一起，自然不可能有独立的书房，所幸房子有个向北的后阳台，于是周先生便装窗封闭，勉强放下了一个书架和一张小小的写字台。椅子是放不下了，他便找来一个窄窄的包装箱，竖起来做椅子，勉强可以把双膝塞到写字台下。从《归去来兮辞》中"倚南窗以寄傲，审容膝之易安"一句得到启发，将其取名为容膝斋。这就是容膝斋的正身，一个读书人的精神巢穴、生命禅床。

今天我们所看到的容膝斋，早已旧貌换新颜了。对此，先生曾有几段容膝斋抒怀为证："生活变了，条件好了，物态的容膝斋已成过去，但心灵的容膝斋不可抛弃，室仅容膝而足以安贫乐业的精神，已成为我生命的定格。""事业与我的生命同在，一息尚存必当守望教育。""这不为别的，也不因为什么，只是一种向善的人性使然。"

"一种向善的人性使然。"当读到这句话时，我心里不禁为之一颤。苦难也许是人生的底色，一个在残酷生存环境中生活过的人，向善的人性使他悲悯的情感不断地滋长和升华，因此就会对这个世界多一份慈爱与温柔、体谅与温情、理解与抚慰，这个世界也就多一份光明与希望。周一贯先生就在容膝斋里，借手中的笔，为小学语文写下了诸多文章，编写了多部著作，还取得了一系列理论研究成果，就像安徒生一样，在茫茫暗夜中，借"卖火柴的小女孩"点燃了美丽的人性之光。

于是，我萌生了一种向往和冲动——造访容膝斋。终于，在 2010 年夏天，我乘坐北上的列车，奔赴鲁迅的故乡——绍兴。

一夜的列车，一身的尘埃，满脸的汗渍，寻访到绍兴凤凰岛小区。"胡亨康，在这里。"高楼上的周先生向我挥手微笑，旋即下楼。像老朋友相见似的，那份久违的亲切和熟悉，让人暑气尽消，疲惫全无。

坐在周先生的容膝斋里，品着绿茶，吹着空调，我细细观看，静静回味：容膝斋除入户门和窗户外，四周墙壁全是书架，满满的一屋子书，先生的书桌摆在书房中央，正对着窗户，光亮恰好。我想，坐拥书城的感觉应该就是这样吧。教书、买书、看书、藏书、写书……物化的容膝斋和精神的容膝斋在这里都可以找到缩影和确证。

"寂然凝虑，思接千载；悄焉动容，视通万里。"是的，容膝斋就是这样一个四通八达的宁静宝地。在这里，周一贯先生笔耕叙事抒情、激扬文字、指点课堂，一名小学语文教师，在这里圆了书房梦、教育梦、名师梦……体会着"坐拥容膝斋，无冕亦称王"的快乐。

我们的话题依然是小学语文教育，诚如周先生说的："我谈的就是语文教育，别

的我不谈。""带着问题出课堂，未必不如带着问题进课堂。""课堂宜低调进入，消除仰望，更容易与学生达成平等的互动和交流。""文章好不好，看你在读的时候，想用笔记的东西有多少就知道了。"几乎每个话题都是在交谈的当下给出最精当的描述。神来之笔，点石成金，泥土般质朴，田野样真实，像"绿绿的爬山虎"，让人漾起思想的葱绿和观念的生机，周先生呈现在眼前的都是活的"语文"。

"仰之弥高，钻之弥深"，攻坚克难，厚积薄发，所以周先生总能于平常之中见人之所未见，言人之所未言，发人之所未发。与他交谈，听着他对语文教育的洞幽察微，想到他坐拥书城长年笔耕所形成固有的言语才情和思想智慧，一个古稀老人所呈现出来的内在精神生命力的强健和伟岸，不能不让人为之折服。

3. 西窗共剪烛

认识周一贯先生，既使我深受鼓舞，又让我感到惭愧。

就在容膝斋里，周先生很认真地对我说："胡亨康，你可以写一本书，关于语文课堂诊断方面的。你的文章分析得很深刻，语言表达有意义也有意思，可读性强。"这话在我听来，无异于石破天惊。他接着说："可以先化整为零，一篇一篇地写，然后分类集成一本书。"我一时不知如何应答，平时出于工作需要和对语文教学的兴趣，偶有所感，涂涂写写，发表一两篇已很满足了，写书，那是从来没有想过的。可先生说得认真，让人不容置疑。时至今日，虽然刊有我文章的样刊已装满了两个抽屉，但书还是没有写成。每每提及此事，在电话里头，我就像一个没有完成作业的孩子般羞愧难当。

至今，我仍保持着每隔一段时间与先生联系交流的习惯，或教学热点，或问题困惑，或文章请益。根据先生的生活习惯，我一般选择在晚上7点左右打电话，这是我第一次向先生购书时预约的时间，后来就成了常态。先生很健谈，每次通电话时间都相当长，我担心占用先生时间太多，有意终止。他说，谈小学语文，不会浪费我的时间，说一说等于又梳理了一遍，有些观点就更明晰了，有时还有新的发现，一篇新文章的观点就又诞生了。有一次，久未联系，先生主动打来电话询问，他说："现在研究小学语文的人太少了……"原来，他担心我坚持不了半途而废。

一家教学期刊2013年第5期刊发了我与周一贯先生的一篇对话文章《作文从模仿入门，一开始就走错了路?》。文章的"编者按"里有一段话："两位志同道合，不远千里竟结成了忘年之交。他们经常通过各种通信手段就当下语文教学中的一些热点话题，做西窗剪烛式的交谈……"这呈现了我与先生一对一、亦师亦友、无所顾忌的对话。这种私下的对话，"因为更宽松的环境，更自由的心态，而能迸发出更多的火花……"

今年是周先生从教65周年暨八十寿辰。我突然想起，当年华君武为晚年叶圣陶画了一幅《喜看草人着新装》的漫画，旁题："八二年五月重读《稻草人》有感作此请圣陶前辈一笑。"画的稻草人是一个小孩子，和叶圣陶并排……都戴着红领巾，就像祖孙俩，一老一少，相映成趣。叶圣陶一生为语文教育写了那么多文章，编了那么多教材，用潘新和教授的话说："都为了孩子，为了那些处在无法摆脱生存困境中的人们，那些如'稻草人'般既无力助人也无法自救的人们，他所做的，就是要给他们助人、自救的工具。"

（十一）先生周一贯

周　毅

（绍兴市越城区秀水小学校长，中学高级教师）

先生姓周，名一贯，字道源，"一贯"源于《论语》中的一句"吾道一以贯之。"名字是任过县府幕僚的外祖父取的。

先生的一生绝不是风平浪静，安乐顺达的。因为特殊的时代背景，他在那个荒唐的年月里所受的苦痛和压抑不是我们这辈在蜜罐里泡大的人所能体悟的，但他又很少忆及那些日子，即使偶尔说到了，亦是淡淡的一句：那也是对人的一种磨砺吧，或许没有那些经历，也不会有日后对光阴的倍加珍惜，对人生的特别善待。

先生是外圆而内方的。生于越地长于越地的他，身上有着越文化浸润过的特有品性。处世圆融通达、开合有度；处事刚硬不阿、自有准则。他常说低调是一种聪明的做人方式，是最好的自我保护，是一种大智慧。他说自己这辈子就得益于"生活简单、为人低调"这八个字，他从来不哀叹自己被边缘化，他认为边缘化恰恰是一种难得的幸福，一个人没必要成为某些中心，既庸俗又浪费生命。而对身边的人，先生总有一份绵柔恒久、细密周到的爱护。见到停滞不前、懒散拖沓的弟子，他常会及时抽一鞭子，让其在羞愧中警醒反思，重整行装。可只要听到弟子有哪怕一点点细小的进步，他在一声声"好咯"中显得比谁都欣喜。每每与先生座谈，总强烈

周毅老师与周先生

地感受到他对社会、对教育、对语文的那份赤子般的热忱和好奇，这是最让人佩服和敬仰的一个语文教育家的纯真品质。真因为看得高远和直言相谏的可爱秉性，总能听到他对当下语文教育的肺腑真言。他如炬的目光总是穿过表象、深入辟理，看到常人无法企及的东西。

先生是睿智而勤奋的。已过古稀之年的先生，思维之敏捷远超于他那些年轻的弟子。他对于小学语文的思考，常常成为这个领域最前沿的研究话题。与先生对晤，他思想的深度和力度，总使晚辈在汗颜之余顿时启悟，确实让人有"胜读十年书"之感。常年巡回各地作讲座的他，三四小时的讲话从不需要稿子。他常说，讲几天也可以，东西都在心里。因为有平日的积累，讲台前声若洪钟、底气十足的先生总是那样从容自如，妙语连珠，见解独到。此时的他让人感觉更像蚕儿吐丝，那丝又是那样的闪亮、绵长，吐之不尽。著作等身、让人望尘莫及的先生从不认为自己有今天，源于他有一个聪慧的大脑。他说他最欣赏自己的是勤勉、肯吃苦。对产生不了什么有益思想的闲聊，应时通俗的酒宴应酬，复杂无聊的人际交往，他极少投入他宝贵的时间。教书、买书、读书、写书，朝朝暮暮、集腋成裘，概是他此生最大的乐趣；帮弟子看教案、听课、改论文、搞课题，他总乐此不疲；不顾车船劳顿赴各地作讲座，主持各类研讨活动并作精彩点评，他更是从不言累。也只有在这样忘我地工作着的时候，先生才最精神抖擞、意气风发，才最风度翩翩、挥洒自如，才最让人仰止、自叹弗如，才最显年轻、活力和魅力。

先生是寂寞而时尚的。他曾对我说，你有那么多朋友，真好。我说，你的朋友才遍天下吧。那么多全国小语界的专家名师，那么多教育界的领导，那么多出色的弟子，你怎么会少了朋友？"噢，这些是我的同志、同人、同事。"也许，六七十年代的先生，不可能有很多朋友，也不敢和人交朋友，那个泯灭了人性的年代，或许正是一些引为知己的人才最容易害得你体无完肤，伤得你痛彻心扉。八九十年代，又见阳光和春天的先生，惜时如金，他可能没有时间交朋友，他最贴心的精神知己就是书了。他用书来营养自己，洒扫自己，也便有了日后那个厚实深邃、名扬小语界的他。先生常说，寂寞是沉潜之道，一个在思想深处行走的人常常孤独。而一个耐得住寂寞、守得住孤独的人才可能有超于常人的韧性和爆发力。细细品味这些话，实在是先生用自己的人生写出来的。怪不得拥有寂寞和孤独的先生是如此的潇洒和美丽。常年守着容膝斋的先生却总给人时尚前卫之感。日常阅读、视听时，一些在常人眼里稍纵即逝的时尚语汇，他却能特别敏感地和自己最钟爱的语文挂起钩来，反刍、融会、深悟、提升：对牢牢掌控课堂话语权的老师，他会代表孩子高喊《谁动了我的奶酪》；对无视孩子童年要求、轻视童心童情的老师，他又会替孩子轻诉一句《其实你不懂我的心》……

作为一个俗俗的女人，朋友聚会、逛街购物是我的家常爱好，先生说，这些爱好给你带来的可能只是浅层次的短暂的愉悦，不持久。而事业应是你人生最忠实的伴侣，它是对你最不离不弃、温柔体贴的，工作中找到的快乐是真正的快乐，它能带给人深层次的幸福和享受。一个人应该常思考自己人生的核心价值是什么？从事的事业应该对社会、对人类做出应有的贡献。权力是"公器"，不是你的，只有使用权，没有所有权。而实力却是你生命的一部分，它是最可靠的，是别人拿不走的，积蓄实力很重要……常能近距离地聆听先生的专业指导、精神激励、思想引领，实在是人生的一大幸事。

儒雅沉稳的先生若健步行走在古越的阡陌街巷中，就是这个千年古城最美丽盈动的景致之一。气定神闲的他身上所折射出的极有层次和深度的文化气息，实在和

这个积淀深厚、人文荟萃的城市有着太多的契合和融洽。正因为真气内充，先生总给人气韵生动、蕴藉入味之感。很少见先生笑，若笑了，鹤发童颜的他笑得是那么轻松、健康、达观。更多时候，他是个冷静的智者，默默地固守着岁月给予的淡然和尊严。不见苍老和疲惫的他，总有一种宁静的文化风度。不再追求年轻时误以为灿烂的东西，已臻于一种超凡绝尘之境中的他，静静地体会着人生的厚味。

他说不久后的一天，他会彻底告别同志、同人、同事，告别现在忙碌着的一切，把他的余生交还给他曾经钟爱又忍痛放弃的书法、国画、篆刻，给自己一个安静、闲适的晚年。看着他对别人的求助之事总是慨然应允，从不推托，不分朝夕地"为他人作嫁衣"，实在有些心疼，也不知这"一天"何时才能翩然而至。

容膝斋南首的墙上挂着一副先生自撰自书、请人雕刻的竹联：安步当车阅世事，清茶代酒养性情。相信热情而宁静、执着而淡泊的先生，会将自己华彩的生命乐章演奏出一个更清雅空灵、恬淡悠然的意境。

熟识先生，是缘，是福。

（十二）在"容膝斋"磨课的日子里

张幼琴

（浙江省绍兴市柯桥区中国轻纺城第二小学，中学高级教师）

作为绍兴的小学教师，能走进周一贯老师"倚南窗以寄傲，审容膝之易安"的容膝斋，成为他的入室弟子，应该是每个有志向的语文老师的终极梦想了。何其有幸，我能圆梦"容膝斋"，成为他的入室弟子！

周老师经常开玩笑说："张幼琴的名字，我早有耳闻啊！"可是不擅交际的我，直到2009年才得以近距离接触周老师。那年山西教育音像出版社来我校录制《生本课堂》专辑，作为学校顾问的周老师亲自指导四位上课老师，我是其中一个。至今仍保留着周老师帮我修改的第一稿教案，蓝色圆珠笔一丝不苟地修改每一个字词标点，工工整整书写的修改建议，那份感动和惭愧犹在眼前。那年暑假，我终于主动敲开了周老师的门，走进了梦寐以求的"容膝斋"：三面落地书柜仍无法安置满溢出来的书籍，案上古旧台灯前戴着老花镜仍奋笔疾书的周老师，和南窗前葱绿的吊兰、窗外挺拔的绿树，定格成了我最难忘的记忆。后来，我成了"容膝斋"的常客，帮周老师处理文稿，向周老师请教问题，尤其是和周老师一起磨课，成了我在"容膝斋"里的最美时光。

2014年，周老师推荐我在"千课万人"低年级课堂教学观摩会上执教《活化石》一课，带着满怀的感激和更多的忐忑再次走进了"容膝斋"。近一个月的磨课经历让我对周老师一以贯之提倡的"生本教育""学本课堂"，尤其是在《小学语文教师》（2013年10月刊）上刊发的《"为谁教"，从来没有如此重要》，由此而引发"为谁教"的语文课革新命题，有了更具象的解读。

张幼琴老师与周先生合影

1. 凸显学习方式变革

我带着第一稿教案走进"容膝斋"，向周老师阐述我对《活化石》一课的文本解读和初步方案，他言辞恳切的鼓励让我倍受鼓舞，认为这是一堂优秀的低年级阅读教学课，目标明确，落实到位，环环相扣，但是他也婉转地指出这是传统意义上的好课，程序细密、小步推进，在当下改革课堂教学进入深水区时，意味着不再是在方法或技术上作些小修小补，而必须有结构性的改革——"从学生中来—在学生中

做—到学生中去"的学习实践。我们的教学，从课堂教学的理念到教学手法，从教学方案的整体设计到教学细节的精心安排，从课堂上师生之间的关系到课堂教学结构，都必须而且应该发生根本性的变化——凸显大量的、形式丰富的语文实践活动。学生实践活动就是学生由原来的被动接受，转为主动参与语文实践，通过互动讨论、问题发现和探究、实践解决语文问题，进而掌握语文智能，实现语文智能技能和身心素质的全面发展。

周老师的一番指导给我很大的启发，可是作为长期任教低年级的我，要在低年级的阅读课堂上进行大刀阔斧的改革，仍是心存顾虑，周老师高屋建瓴的理念能化作课堂操作吗？抱着试试看的想法，我大胆地修改教案，打算第一次试教。本不想让周老师从绍兴赶到柯桥来听我试教课的，可他主动打电话来问试教时间，当我提出到绍兴试教，以免他奔波时，周老师竟心思细腻地考虑到第一次试教成败关系到我的自信心，又主动提出搭家住绍兴老师的便车，一早赶到柯桥听我试讲。试教不是很成功，在校长的质疑声中，他仍是肯定我的大胆尝试，并针对课堂中出现的问题马上提出了两个可行性修改建议。

（1）构建大板块的学习实践；把设计中零敲碎打的实践整合成两大板块，一是作"小小讲解员"介绍活化石，以"小小讲解员"的学习任务驱动学生自主解读，贯穿整堂课的教学，以学生的自主解读代替教师的讲解，化教为学，变革学生传统地听老师讲的学习方式。二是制作银杏树的展览标签，把银杏树这一段的讲读完全转化成学生的自主解读，从学生的学习心态上，由被动消极接受向主动质疑探究转变。

（2）充分展开学生的学习过程；有意义的学习，大多是在做中学的。因为只有在亲历亲为的实践行为中，学习者才能获得真切的体验。所以，学习语文只能在识字中学会识字，在阅读中学会阅读，在习作中学会习作，舍此别无他途。因此课堂必须让学生展开充分的学习过程，要允许学生犯错，让学生体验从不会到会的学习过程。如对"化石"的理解，教师不直接给予，而是通过引导学生自主朗读、圈画关键词等学习过程的充分展开引导他们自主解读课文。这样学生在学习过程中内化语言，提升能力，学习才真实地在学生身上了。

2. 凸显学生本位

试教后，周老师督促我及时修改教案和整理反思，注重"学生的"课堂实践。

两天后，我带着修改后的教案走进"容膝斋"。周老师戴起老花镜仔细地为我修改教学设计，尤其是对教学目标和设计理念作了提炼指导。后来，我又多次试教，周老师虽未听试教课，却每每接到我的"求助"电话总是耐心询问，细致解答，并反复提醒，课堂中要凸显学生本位。记得3月底的最后一次试教，周老师又坐到了课堂上。试教较前几次成功，他让我谈谈试教感受，我提出自己的疑惑：在学生"学什么"方面，几次试教下来并无多大变化，但学生的课堂气象却大不相同，这是为什么？周老师点头称是，微笑表扬我在课堂上对学情的关注度，并让我整理前后几次试教的实录片断，作自我剖析。在周老师的督促下，我整理了如下反思。

什么是"化石"？——从教师告知到学生自主解读

（A）

师：（播放课件各种化石图片）知道它们都是什么吗？

生：化石。

师：咱们来写写这个神秘的名字。（师板书"化石"，重点指导"化"）你们知道什么是化石呢？

生：化石就是动植物死后的"骨头"。

师：亿万年前的动植物，它们因为一些特别的原因被埋入地层，渐渐地都变化成了像石头一样的东西了，就叫化石。那么什么是活化石呢？让我们走进今天的课文《活化石》去看个究竟吧！

（B）

师：下面我们跟着小小讲解员的镜头，来一次浙江自然博物馆网上游。（播放课件：植物化石、动物化石照片及标签，学生指指点点，兴趣浓厚。）走进博物馆，你们看到了什么？

生1：我看到了猛犸象化石、恐龙化石。

师：除了动物化石，还有……（生补充：植物化石）知道化石是什么吗？

生2：我知道化石就是一个活的物种死掉以后，它的身体埋在土里，后来又经过许多次的变化就变成了化石。

师：了不起，你还知道"物种"这个词，真是个小博士。化石是什么时候的物种呢？是不是只有有骨骼的动物才能变成化石呢？（生摇头）现在说不清楚

没关系，我们到课文里去找答案，哪段话就在提示我们什么是化石？（生读第一自然段）读着读着，我们发现原来化石就是……把关键词语圈一圈。

生：课文里说，化石就是亿万年前动物、植物，（投影出示学生圈画亿万年前的动物、植物）它们死后，变化成了石头一样的东西。

师：你用圈画关键词的方法自己理解了化石，真了不起。如果亿万年前的动物、植物，顽强地存活到现在，科学家们就把它们称为……（生齐说：活化石。）我们一起写课题。（师板书"活化石"，重点指导"化"。）

思考：第一个片断中针对"化石"这个比较科学抽象的定义，为了避免过多纠缠，我采取了回避的态度，通过教师直接告诉的方式。但是周老师在电话中反复叮嘱：一定要基于学生学习主体，让他们自主地质疑、解疑，你要相信学生有这个能力！这是学生知识的朦胧处，但教师不宜直接给予，而是从学生这一真实起点出发，通过引导他们自主朗读、圈画关键词等学习过程的充分展开引导学生自主解读课文的说明性语言中解疑。于是有了第二次设计时，引导学生通过自主朗读课文理解"化石"，课堂上虽有片刻的冷场，但学生的思维火花却在自主解读课文，获得自主感悟后迸发。

在周老师的不断鞭策下，《活化石》一课得以成功。然先生教给我的，又岂止是一堂课呢？如何"以生为本"，如何形成学生的"学习体验"，如何勤于思考，如何坚持教育原点……每一次"容膝斋"的促膝谈话都令我获得深刻的启发和无穷的动力，我愿如先生窗前的吊兰，在"容膝斋"的书香氤氲中，明媚向阳，四季葱茏。

附 录

一、为中青年名师出版的专著作"序"60篇（序目）

1. 序（为马成永主编《探索优质教育》作）陕西人民出版社，2001年版
2. 序（为沈小玲著《悟·课堂内外》作）中国人事出版社，2002年版
3. 序（为陶月梅著《语文开放教学论》作）中央文献出版社，2003年版
4. 序（为陈建新著《生命的歌唱》作）中国文联出版社，2003年版
5. 序（为郑百苗著《走近语文新课标》作）中国文联出版社，2004年版
6. 序（为董建奋编著《语文参与教学论》作）中央文献出版社，2004年版
7. 序（为李国娟、卢海勇主编《体验的教育与教育的体验》作）国际文化出版公司，2004年版
8. 序（为孙华劼主编《阳光教师的成长履痕》作）人民日报出版社，2005年版
9. 序（为沈小玲著《和谐的语文课堂》作）人民日报出版社，2005年版
10. 序（为陈汉祥编著《生活·个性·创造》作）辽宁少年儿童出版社，2005年版
11. 序（为夏伍华编著《儿童作文新走向》作）作家出版社，2005年版
12. 序（为陶月梅主编《国学启蒙读本》作）宁波出版社，2005年版
13. "看"似寻常最奇崛（为吴琳编著《梅林看课堂》作）百家出版社，2006年版
14. 序（为李国娟著《小学数学体验学习研究》作）西泠印社出版社，2006年版
15. 序（为杭谓河主编《话题作文：快乐的海侃海聊》作）中国少年儿童出版社，2005年版
16. 序（为白莉莉主编《智慧课堂：师生的"生命共同体"》作）浙江科学技术出版社，2007年版
17. 作业"变脸"，差异教育的校本"套路"（为白莉莉主编《快乐碰碰餐：让孩子在动脑动手中享受"作业"》作）浙江科学技术出版社，2007年版
18. 序（为杭渭河、蒋菊芬主编《与国学经典文化对话》作）中国少年儿童出

版社，2007 年版

19. 序（为许芳芳著《有效教学，站在教学原点的诗情守望》作）北京理工大学出版社，2008 年版

20. 序（为张云鹰著《开放式习作教学》作）教育科学出版社，2008 年版

21. 文质彬彬 然后君子（为肖绍国著《诗画语文》作）浙江教育出版社，2008 年版

22. 序（为季科平著《语文教学叙事研究》作）浙江人民出版社，2009 年版

23. 序（为吴荣山编著《和谐课堂——追求和谐课堂的教学行为策略》作）吉林教育出版社，2008 年版

24. 屠素凤："对话语文"的非常求索（为屠素凤著《语文教学有效对话的实践探索》作）浙江人民出版社，2009 年版

25. 把鲁迅还给儿童（为刘发建著《亲近鲁迅》作）北京师范大学出版社，2009 年版

26. 序（为裴海安主编《名师同步教学设计》作）山西教育出版社，2006 年版

27. 作文：需要这样的革命（为管建刚著《我的作文教学革命》作）福建教育出版社，2007 年版

28. 序（为盛新凤著《语文课堂：教学走向和美》作）福建教育出版社，2010 年版

29. 序（为王慧琴著《语文本体教学的实践与思考》）宁波出版社，2010 年版

30. 序（为叶燕芬著《语文教育的审美视野》作）宁波出版社，2010 年版

31. 生本：语文教学要顺应天意（为沈小玲著《生本语文：教学主流价值的确认和追求》作）作家出版社，2011 年版

32. 序（为金明东主编《直面未来：智慧教育的探索与感悟》作）宁波出版社，2012 年版

33. 生本课堂，顺应天意之道（为洪志明、胡水娟主编《生本课堂的建构与超越》作）宁波出版社，2012 年版

34. 像田野一样朴实、芬芳（为刘发建著《落地麦田野课堂》作）福建教育出版社，2013 年版

35. 还学生习作一个本真（为罗树庚、陆青青等著《玩出名堂 写出精彩——小

学情趣作文教学》作）宁波出版社，2013 年版

36. "和美"：在皈依课堂生态中发挥正能量（为盛新凤著《盛新凤生态文明烛照下的和美教学》作）首都师范大学出版社，2013 年版

37. 周璐的"路"（为周璐著《在"以情导学"的语文行旅上跋涉》作）浙江教育出版社，2014 年版

38. 做"童真语文"的忠诚守护者（为季科平著《童真语文》作）浙江教育出版社，2014 年版

39. 仰望新中国小语教育的星空（为李少萍主编《见证小学语文教学——名师 名课 名主张》）山西教育出版社，2014 年版

40. 序（为董建奋著《"重文本"到"超文本"：语文教育的价值追求》作）宁波出版社，2015 年版

41. 序（为沈小玲著《风过小玲》作）中国文联出版社，2015 年版

42. 研究"写作好课堂"的一个时代样本（为裴海安主编《儿童习作：走向真实与自由》）江苏凤凰科学技术出版社，2015 年版

43. 教育：生命的向善（为何夏寿著《爱满教育》作跋）上海教育出版社，2015 年版

44. 一个校长的乡土教育情怀（为夏伍华编著《兰芎花开》作）中国文史出版社，2015 年版

45. 序（为叶燕芬主编《戢山新书院国学读本》作）宁波出版社，2015 年版

46. 序（为裴海安主编《特级教师新设计 新课堂 新说课》作）山西教育出版社，2014 年版

47. "互联网＋"时代的"如歌语文"（为彭才华著《语文如歌》作）东北师范大学出版社，2016 年版

48. 行万里路 教万卷书（为肖绍国著《荡舟英伦》作）首都师范大学出版社，2016 年版

49. 关注语文课堂运转模式的切换（为陈宝铝著《小学语文教法探微》作）福建教育出版社，2016 年版

50. 民间文学：童年的生命初乳（为周毅主编《绍兴民间文学儿童读本》作）

51. 序（为雪野著《雪野的童诗课堂》作）

52. 《"语文本体"与"全人本体"的"人""文"合一》（为王惠琴主编《从"立人"到"全人"的童年语文课堂》作）宁波出版社，2016 年版

53. 《民间文学：童年的精神初乳》（何夏寿著《民间文学课堂》跋）二十一世纪出版社，2017 年版

54. 《本色见秀 本真传秀》（为张敏华著《小学本色语文课堂实践和探索》作）宁波出版社，2016 年版

55. "诗画语文"节奏论的哲学思辩（为肖绍国著《诗画语文节奏论》作）广东教育出版社，2017 年版

56. 序（为沈小玲著《人大代表：爱的担当》作）中国民主法制出版社，2016年版

57. 让教育写作充满心灵表白的快意（为周毅著《我的语文我的课》作）

58. 前言（为越语文陈列馆作）

59. 前言（为州山小学"绍籍院士院"作）

60. 若耶国学馆志（为树人小学若耶国学馆作）

二、在省级以上教育报刊发表
语文教育研究文章（主要篇目）

文章名	报刊名	时　间
《浅谈谜语的教学》	《辽宁教育》	1981（3）
《解题小议》	《陕西教育》	1981（5）
《有感于"寓教于乐"》	《小学教学研究》	1981（4）
《浅说指导学生写好字》	《教学参考》（绍兴师专学报）	1981（9）
《解缙和他的对联》	《中学语文报》	1981（11）
《拖泥带水要不得》	《少年文史报》	1981（26）
《言为心声》	《少年文史报》	1981
《直陈心愿》	《辽宁教育》（通讯）	1981（3）

文章名	报刊名	时　间
《杂志要办得"杂"》	《辽宁教育》（通讯）	1981（4）
《寓言和寓言教学》	《陕西教育》	1982（2）
《语文八册板书设计例说》（一）	《小学语文教学》	1982（1）
《语文八册板书设计例说》（二）	《小学语文教学》	1982（2）
《浅谈语文教材中的儿童诗》	《教学研究》（浙江）	1982（1）
《阅读能力训练要有科学程序》	《辽宁教育》	1982（5）
《把数字用准确》	《花朵》（广西）	1982（4）
《言外有旨，意中传情》	《小学教学参考》（广西）	1982（4）
《篇章思路图示化的尝试》	《小学教学参考》（广西）	1982（6）
《正字教学应当更重视研究别字问题》	《教学研究》（浙江）	1982（6）
《开讲浅探》	《小学教学》	1982（6）
《无情不成文》	《少年文史报》	1982
《谈小学散文教学》	《陕西教育》	1982（8）
《因文定法话板书》	《浙江教育》	1982（9）
《提纲·思路·读写能力》	《教学研究》（浙江）	1982（10）
《小学应用文教学之我见》	《陕西教育》	1982（10）
《略谈语文教材中的童话》	《小学教学研究》	1982（6）
《写文章要有真情实感》	《花朵》（广西）	1982（11）
《一堂重在培养思维能力的训练课》	《小学教学参考》（广西）	1982（12）
《什么人说什么话》	《少年文史报》	1982（23）
《文体研究在小学语文教学中的意义》	《小学教学研究》	1983（2）
《释疑答难二则》	《小学语文教学》	1983（6）
《全面贯彻党的教育方针笔谈》	《浙江教育》	1983（1）
《浅谈三下年级作文思路的训练》	《教学月刊》	1983（3）
语文第七册《记金华的双龙洞》	《云南教育》	1983（2）

续表

文章名	报刊名	时　间
《文体研究在小学语文教学中的意义》	《小学教学研究》	1983（2）
《试谈小学生议论能力的培养》	《福建教育》	1983（5）
《语文课型设计试步》	《小学教学参考资料》	1983（5）
《科学小品课文教学管见》	《湖南教育》	1983（6）
《归纳段意五法》	《黑龙江教育》	1983（6）
《积极解决矛盾，抓好师资培训》	《人民教育》	1983（8）
《指导学生概括课文中心思想刍议》	《教学月刊》（小学版）	1983（9）
《作文命题断想》	《甘肃教育》	1983（10）
《谈"读写例话"的教学》	《河北教育》	1983（11）
《选准讲读的"切入点"》	《广东教育》	1983（10）
《提纲·思路·读写能力》	《小学语文教学》	1983（5）
《浅谈小学的小说教学》	《教学月刊》（小学版）	1983（12）
《二"讲"八"抓"，上好教材教法进修辅导课》	《小学教学研究》（金华）	1984（1）
《从〈冀中地道战〉话"条理"》	《小学教学参考资料》	1984（2）
《用"提纲法"教〈王小二〉》	《教学月刊》（浙江）	1984（3）
《谈谈语文第十册的景物描写》	《小学教学研究》	1984（2）
《篇章思路线型分析法初探》	《小学教学参考资料》	1984（4）
《从传说的特点谈传说的教学》	《湖南教育》	1984（5）
《正确发挥神话的教育作用》	《福建教育》	1984（6）
《美的感受，美的鉴赏》	《山东教育》	1984（6）
《用读写课型教〈我爱故乡的杨梅〉》	《教学月刊》（浙江）	1984（2）
《讲得准些，挖得深些，教得浅些》	《教学月刊》（浙江）	1984（4）
《由感到知，由知促感》	《教学月刊》（浙江）	1984（7）
《第九册句子训练小议》	《山东教育》	1984（7—8）

续表

文章名	报刊名	时　间
《小语七册"抓主要内容"训练序列设计》	《河北教育》	1984（7—8）
《小学语文教学中的表解法》	《云南教育》	1984（8）
《"读懂课文"话文脉》	《浙江教育》	1984（8）
《板书例说：〈在炮兵阵地上〉》	《湖南教育》	1984（9）
《〈晏子使楚〉教学三题》	《小学教学》	1984（9）
《用尝试法教语文的尝试》	《甘肃教育》	1984（8）
《重视培养观察的优秀品质》	《小学教学参考资料》	1984（10）
《标点符号教学咨询》	《小学教学参考资料》	1984（10）
《从"习以句读"说起》	《湖南教育》	1984（11）
《小议某些课文的主题之争》	《小学语文教学》资料（山西）	1984（6）
《从辩误中指导应用》	《湖南教育》	1984（12）
《从〈瑞雪〉到〈第一场雪〉》	《小学教学参考》资料	1984（12）
《指导学生理解句子的含义》	《山东教育》	1984（7—8）
《〈蚕和蜘蛛〉备课扎记》	《教学月刊》	1984（9）
《语文教学中的符号系统》	《教学月刊》小学版	1985（1）
《备课资料　教材中的名胜》	《小学语文教学》	1985（1）
《解意·显义·比巧·悟情》	《云南教育》	1985（2）
《从信息论说精讲》	《山东教育》	1985（2）
《提高理解文章事理逻辑的能力》	《浙江教育》	1985（3）
《"惯用语"教学浅谈》	《福建教育》	1985（3）
《语文教学中的"板画"》	《小学教学参考资料》	1985（3）
《主角·主线·主题》	《小学教学》	1985（4）
《〈凡卡〉》	《湖南教育》	1985（4）
《六、八册课文中的名胜》	《小学语文教学》	1985（4）
《抓"片言"统全文——警句教学谈》	《小学语文教学》	1985（5）

续表

文章名	报刊名	时　间
《以一句尽传精神》	《教学研究》（山西）	1985（5）
《小学语文八册复习提要》	《云南教育》	1985（6）
《语文试卷题型的发展》	《教学月刊》	1985（6）
《在读写训练中培养学生的想象能力》	《山东教育》	1985（6）
《凭借阅读教材　训练制造思维》	《湖南教育》	1985（6）
《读好〈小青石〉，学会抓重点》	《教学月刊》（浙江）	1985（8）
《怎样引导学生进行创造性阅读》	《广东教育》	1985（11）
《游程·思路·哲理——〈大理石街〉赏析》	《教学月刊》	1985（2）
《用提要法导读〈科学的大门〉》	《教学月刊》	1985（3）
《凭借教材，发展创造性思维》	《教学月刊》	1985（4）
《〈我是什么〉的图示法导读》	《教学月刊》	1985（5）
《重视创造性复述，培养创造型思维》	《小学教学参考》（广西）	1985（7）
《浅谈阅读教学中发散性思维的训练》	《山东教育》	1985（8—9）
《单册教材中的名胜》	《小学语文教学》	1985（8）
《〈八只小猫〉导读》	《福建教育》	1985（9）
《单册课文中的名胜》（三）	《小学语文教学》	1985（10）
《全方位立体思考与创造性阅读》	《小学教学》	1985（10）
《从信息论看跳跃式讲读》	《福建教育》	1985（11）
《基础训练应注意培养学生的创造能力》	《云南教育》	1985（11）
《惯用语的表达作用》	《花朵》	1985（10）
《小学阅读教学中实验演示法的运用》	《河北教育》	1985（11）
《怎样引导学生进行创造性阅读》	《广东教育》	1985（11）
《美哉板书》	《湖南教育》	1985（12）
《"看图写话"教学管见》	《小学教学研究》	1986（1）
《花潮·人潮·心潮》	《福建教育》	1986（1）

续表

文章名	报刊名	时　间
《小学阅读教学法纵谈》	《小学教学参考》	1986（1）
《一组新选课文的板书设计》	《小学语文教学》	1986（1）
《小学阅读教学法纵谈》	《小学教学参考》	1986（2）
《在观察中发展思维——〈盲童的画〉导读》	《小学教学》	1986（3）
《小学阅读教学法纵谈》（三）	《小学教学参考资料》	1986（3）
《复式教学实行"伙伴分组教学法"的探索》	《教学月刊》（浙江）	1986（4）
《85 年小学语文升学考新题型试析》	《山东教育》	1986（4）
《从"微缩技术"谈板书设计》	《山东教育》	1986（4）
《小学阅读教学法纵谈》（四）	《小学教学参考资料》	1986（4）
《浅谈自读思考题的设计》	《贵州教育》	1986（4）
《小学语文考试题型放谈》	《湖南教育》	1986（5）
《从信息论谈语文试卷的命题》	《教学月刊》	1986（5）
《试谈"质疑问难"的课堂控制》	《福建教育》	1986（5）
《小学语文试题题型综述》	《小学教学改革与实验》（厦门）	1986（5）
《阅读教学法纵谈》	《小学教学参考》	1986（5）
《评迎接时代挑战的阅读教学法研究》	《小学教学研究》	1986（5）
《从 85 年小学毕业升学考谈作文试题的发展》	《小学教学参考资料》	1986（6）
《小学阅读教学法纵谈》（六）	《小学教学参考资料》	1986（6）
《谈小学语文考试命题的综合化》	《河北教育》	1986（6）
《朗读教学的情感激发》	《山东教育》	1986（7—8）
《重新认识培养形象思维在语文教学中的作用》	《小学教学研究》	1986（7）
《大哉，板画之为用》	《湖南教育》	1986（7—8）
《九册新选课文板书设计》	《湖南教育》	1986（7—8）
《小学阅读教学法纵谈》（七）	《小学教学参考资料》	1986（7）
《六年制语文第七册新选课文的板书示例》	《小学教学》	1986（8）

文章名	报刊名	时　间
《小学阅读教学法纵谈》（八）	《小学教学参考资料》	1986（8）
《板书评价：〈田忌赛马〉》	《湖南教育》	1986（9）
《小学阅读教学法纵谈》	《小学教学参考资料》	1986（10）
《板书导读：〈打碗碗花〉》	《教学月刊》（浙江）	1986（10）
《谈谈绕口令及其教学》	《陕西教育》	1986（10）
《〈孔融让梨〉的难点处理》	《教学月刊》（浙江）	1986（11）
《"讨论法"在小学阅读教学中的运用》	《湖南教育》	1986（11）
《语文课本图象系统的教学》	《福建教育》	1986（12）
《努力创造小语教学研究的良好"生态环境"》	《湖南教育》	1986（12）
《六年制小语双册新课文的名胜·花木》	《小学语文教学》	1986（12）
《六年制统编语文教材的名胜、名物》（二）	《小学语文教学》（山西）	1987（1）
《"导读"浅探》	《小学语文教学》（山西）	1987（1）
《"全方位识字教学法"实验》	《小学教学改革与实验》（厦门）	1987（1）
《篇章思路教学七法》	《青海教育》	1987（2）
《博采与提练》	《小学生语文学习》	1987（2）
《〈视死如归〉的词语教学》	《教学月刊》	1987（3）
《不可小"看"》	《云南教育》	1987（3）
《用表解法导读〈穆老师的眼睛〉》	《小学教学》（河南）	1987（3）
《赶花》	《湖南教育》	1987（3）
《作文命题纵横谈》	《小学教学改革与实验》（厦门）	1987（3）
《寻绪·拎线·串珠·结环》	《小学教学研究》	1987（4）
《感知规律在板书设计中的作用》	《小学教学参考资料》	1987（4）
《语文考试改革综述》	《教学月刊》	1987（5）
《谈谈〈花潮〉的立意》	《语文报》（山西）	1987（40）
《从〈穆老师的眼睛〉话选材》	《语文报》（山西）	1987（40）

文章名	报刊名	时　间
《语文测试的主、客观题型》	《小学教学参考资料》	1987（5）
《选择题型在小学语文测试中的应用》	《山东教育》	1987（4）
《二年级语文试卷评价》	《河北教育》	1987（5）
《用模糊理论改进阅读教学》	《教学月刊》（浙江）	1987（5）
《六年制单册新选课文人物　风物汇释（上）》	《小学语文教学》	1987（5）
《语文试题的综合化手段初探》	《小学教学研究》	1987（6）
《〈草船借箭〉的悬念》	《语文报》（山西）	1987（50）
《浅议课堂争议》	《河北教育》	1987（6）
《识字教学改革综述》	《教学月刊》	1987（7）
《抓住四点导读〈观潮〉》	《云南教育》	1987（7—8）
《板书设计要培养学生的创造能力》	《湖南教育》	1987（7—8）
《六年制第五册新选课文板书设计》	《湖南教育》	1987（7—8）
《六年制单册新选课文人物风物汇释（下）》	《小学语文教学》（山西）	1987（6）
《作文命题研究浅论》	《河北教育》	1987（7—8）
《抓住联想读〈灯光〉》	《小学教学参考资料》	1987（8）
《〈董存瑞舍身炸碉堡〉教法三例》	《陕西教育》	1987（9）
《听说训练研究综述》	《教学月刊》（浙江）	1987（9）
《变序导读〈雕凤凰〉》	《小学教学参考资料》	1987（9）
《阅读教学要动之以情》	《山东教育》	1987（7—8）
《听说训练改革综述（续）》	《教学月刊》	1987（10）
《以图示助读〈鸡毛信〉》	《云南教育》	1987（10）
《比较在阅读教学中的运用》	《福建教育》	1987（11）
《〈手〉的不同教法设计》	《小学教学》（河南）	1987（11）
《〈打碗碗花〉中心思想三题》	《云南教育》	1987（11）

续表

文章名	报刊名	时　间
《锦衣全凭巧裁剪》	《读与写》（广西）	1987（10）
《〈打碗碗花〉的托事寓理》	《读与写》（广西）	1987（11）
《由〈手〉说手》	《小学生学习报》（河南）	1987.12（2）
《找一找对立面》	《小学生学习报》（河南）	1987.12（9）
《句型训练与思维体操》	《湖南教育》	1987（12）
《思维训练教学改革信息综述》	《教学月刊》（浙江）	1987（12）
《〈白杨〉教法两例》	《云南教育》	1987（12）
《绘声绘色，如见如闻》	《小学生学习报》（河南）	1987.12（16）
《"好花还需绿叶扶"》	《小学生学习报》（河南）	1987.12（23）
《为"露"而"藏"》	《小学生学习报》（河南）	1987.12（30）
《谈谈阅读课"背景材料"的介绍》	《小学语文教学》	1987（11）
《小学语文外国题材课文的教学》	《广东教育》	1987（12）
《端正教育思想与改革教法的相关性探讨》	《小学语文教学》	1987（12）
《〈瀑布〉的比喻手法》	《语文报》（山西）	1988（70）
《让语文使我们快乐》	《小学教学改革与实验》（厦门）	1988（1）
《尝试阅读的基本模式例谈》	《教学月刊》（小学版）	1988（1）
《语文的"情趣教学"研究综述》	《教学月刊》（浙江）	1988（1）
《用"图示法"教〈祖国多么广大〉》	《小学语文教学》	1988（1）
《尝试阅读的基本模式例谈》（续）	《教学月刊》	1988（2）
《明确教学目标突出训练重点》	《云南教育》	1988（3）
《1987年全国小学语文毕业、升学统测试命题述评》	《小学教学》	1988（3）
《综合训练题评》	《河北教育》	1988（3）
《小学语文毕业、升学考试好题简析》（一）	《小学教学参考资料》	1988（3）
《作文考试题型改革综述》	《山东教育》	1988（4）

文章名	报刊名	时　间
《丰富命题形式》（一）	《教学月刊》（小学版）	1988（4）
《从心理描写看〈穷人〉》	《小学生天地》（浙江）	1988（65）
《作文教学应面向社会现实》	《课程·教材·教法》	1988（3）
《开拓训练途径》	《教学月刊》（小学版）	1988（5）
《"军中不能无统帅"》	《小学生周报》（福建）	1988（172）
《不能"捡到篮里都是菜"》	《小学生周报》（福建）	1988（173）
《小学语文毕业、升学考试好题简析》（二）	《小学教学参考资料》	1988（3）
《"竹筒倒豆子"要不得》	《小学生周报》（福建）	1988（174）
《谈〈西门豹〉语言的含蓄》	《读写算》（湖北）	1988（5）
《不能"东拉葫芦西扯瓢"》	《读写算》（湖北）	1988（4）
《怎样写〈我和××〉》	《读写算》（湖北）	1988（4）
《判断题在语文测试中的应用》	《湖南教育》	1988（5）
《考考您自己》	《小学生天地》（浙江）	1988（68）
《"拖泥带水"不可取》	《小学生周报》（福建）	1988（22）
《"无情不成文"》	《小学生周报》（福建）	1988（23）
《于细微处见精神》	《小学生天地》（浙江）	1988（69）
《得真·得趣·得情》	《小学生天地》（浙江）	1988（67）
《作文怎样联想》	《小学生周报》（福建）	1988（20）
《状物课文教学略谈》	《小学语文教学》（山西）	1988（5）
《重视发展学生的经济思维》	《浙江教育报》	（181）
《小学语文毕业、升学考好题简析》（三）	《小学教学参考》	1988（6）
《优化程序设计》	《教学月刊》（小学版）	1988（6）
《"倒置法"教〈鸬鹚〉》	《云南教育》	1988（7—8）
《小学语文毕业、升学考好题简析》（四）	《小学教学参考》	1988（7）
《用它的矛戳它的盾》	《读写算》（湖北）	1988（7）

续表

文章名	报刊名	时　间
《"秤砣虽小压千斤"》	《读写算》（湖北）	1988（8）
《〈鸬鹚〉教法两例》	《小学教学参考》（广西）	1988（8）
《小学语文毕业、升学考好题简析》（五）	《小学教学参考》	1988（8）
《用"变换重组法"教〈心愿〉》	《云南教育》	1988（9）
《"全息规律"给阅读教学改革的启迪》	《教学月刊》（小学版）	1988（10）
《国内阅读教法改革态势扫描》	《山东教育》	1988（10）
《板演法在语文教学中的应用》	《河北教育》	1988（11）
《不见高山，难知平地》	《小学生学习报》（河南）	1988（12）
《"同伴辅导法"的理论和实践》	《湖南教育》	1988（12）
《作文要有新意》	《小学生学习报》（河南）	1988（20）
《〈水晶宫里的秘密〉读法指导三例》	《云南教育》	1988（10）
《新选课文的板书导读》	《教学月刊》（小学版）	1989（1—2）
《以"作"读"文"，以"文"导"作"》	《教学月刊》（小学版）	1989（3）
《〈寓言三则〉的一课多式教学》	《小学语文教学》（山西）	1989（3）
《小学作文组合试题研究》	《小学教学改革与实验》（厦门）	1989（4）
《浅谈语文课思想教育的针对性与效益》	《湖南教育》	1989（21）
《万事起头难》	《读写算》（湖北）	1989（2）
《写文章要学会"照应"》	《读写算》（湖北）	1989（1）
《题目与提示》	《小学生周报》（福建）	1989（24）
《交际与作文》	《小学生周报》（福建）	1989（20）
《小学毕业、升学考作文命题趋势》	《福建教育》	1989（4）
《从〈林海〉学比拟》	《小学生周报》（福建）	1989.4（10）
《"言过其实"的合理性》	《读写算》（湖北）	1989（4）
《漫话语文试题的"活"》	《小学教学》（河南）	1989（4）
《"画蛇"不必"添足"》	《读写算》（湖北）	1989（5）

续表

文章名	报刊名	时　间
《小学毕业考阅读试题题型研究》	《教学月刊》（浙江）	1989（5）
《多样化：当代作文教学走出低谷》（一）	《小学教学改革与实验》（厦门）	1989（7）
《全方位识字教学法实验初探》	《小学语文教学》（山西）	1989（5）
《"看图作文"，不可"小看"》	《小学生周报》（福建）	1989（19）
《阅读题中的作文题》	《小学生周报》（福建）	1989（17）
《〈鸟的天堂〉的作文题》	《小学生周报》（福建）	1989（12）
《命题作文中的分解》	《小学生周报》（福建）	1989（20）
《填注式阅读题的解答》	《小学生学习报》（河南）	1989（17）
《符号式阅读题的解答》	《小学生学习报》（河南）	1989（15）
《谈谈语文测试中的排列题型》	《湖南教育》	1989（5）
《多样化：当代作文教学走出低谷》	《小学教学改革与实验》（厦门）	1989（8）
《眉批式阅读题的解答》	《小学生学习报》（河南）	1989（18）
《汉语拼音教学改革信息一瞥》	《教学月刊》（小学版）	1989（6）
《读写结合式阅读题的解答》	《小学生学习报》（河南）	1989（22）
《文后作业题的解答》	《小学生学习报》（河南）	1989（20）
《研讨教改信息　探求发展趋向》	《河北教育》	1989（6）
《作文批改方法研究述略》	《教学月刊》（小学版）	1989（7）
《社会化——语文教材建设的视点》	《浙江教育》	1989（8）
《发展学生的经济思维》	《普教研究》（辽宁）	1989（4）
《作文的社会观和社会的作文观》	《小学语文教学》（山西）	1989（9）
《在传统与未来的交叉口上》	《湖南教育》	1989（22）
《作文考试题型改革述评》	《陕西教育》	1989（9）
《"编筐编篓，全在收口"》	《读写算》（湖北）	1989.10（11）
《小学语文整体改革巡礼》	《教学月刊》（小学版）	1989（11）

续表

文章名	报刊名	时　间
《全线奋进，纵深开拓——1989 年全国小学语文教学改革研究综述》	《山东教育》年终专稿	1989（11）
《"目标"与"手段"的同一（一）》	《小学教学参考》	1990（3）
《直面社会，建构语文教改思路》	《浙江教育》	1990（3）
《学会归纳中心思想》	《湖南教育》	1990（Z1）
《体会文章的写法》	《湖南教育》	1990（Z1）
《正确回答问题》	《湖南教育》	1990（Z1）
《多种笔法的写作技巧》	《读写算》（湖北）	1990（4）
《判断题型的解法》	《小学生》（山西）	1990（3）
《"目标"与"手段"的同一（二）》	《小学教学参考》	1990（3）
《语文填充测试题的类型及应用》	《山东教育》	1990（4）
《谈谈语文测试中的归类题型》	《山东教育》	1990（4）
《浅谈语文测试中的改错题》	《小学教学改革与实验》（厦门）	1990（7）
《五年级语文升级考试复习题》	《小学语文报》（山西）	（204—208）
《选择题的命题范围和答题要领》	《小学生》（山西）	1990（5）
《变换题在语文测试中的应用》	《云南教育》	1990（5）
《〈灰尘的旅行〉教学设计三例》	《小学教学》（河南）	1990（5）
《从"兄弟"是"兄"还是"弟"说起》	《小学语文报》（203）	
《阅读教改的呼唤：社会性和时代性》	《福建教育》	1990（6）
《"目标"与"手段"的同一（三）》	《小学教学参考》	1990（6）
《怎样解答归类题》	《小学生》（山西）	1990（8）
《阅读教学中阅读心理障碍的排除》	《广西教育》	1990（6）
《"目标"与"手段"的同一（四）》	《小学教学参考》	1990（7—8）
《风景入画图》	《读写算》（湖北）	1990（7）
《交际第一步：学会介绍》	《小学生世界》（浙江）	1990（1）

文章名	报刊名	时　间
《话说"客套"：开口不忘"情"》	《小学生世界》（浙江）	1990（1）
《疏能走马，密不透风》	《读写算》（湖北）	1990（8）
《用比较法教〈大森林的主人〉》	《小学教学》（河南）	1990（9）
《心中要有"他"》	《小学生世界》	1990（5）
《教学板画的设计和运用》	《河北教育》	1990（9）
《祝愿：良言一句三冬暖》	《小学生世界》（浙江）	1990（9）
《绘声绘色，如见如闻》	《读写算》（湖北）	1990（10）
《明明白白：口头解说的技巧》	《小学生世界》（浙江）	1990（11）
《教学板画的心理效应》	《浙江教育》	1990（11）
《"目标"与"手段"的同一（五）》	《小学教学参考》（广西）	1990（11）
《询问：层层深入的探求》	《小学生世界》（浙江）	1990（13）
《心服口服：你能这样劝说吗》	《小学生世界》（浙江）	1990（15）
《板书：课堂教学的"集成块"》	《云南教育》	1990（12）
《幽默：彩色的交际语言》	《小学生世界》（浙江）	1990（18）
《关于语文教学教育性问题的部分论述》	《小学教学》（河南）	1990（12）
《语文测试的匹配题型》	《河北教育》	1990（12）
《作文教学效益与语体意识错位》	《河北教育》	1990（11）
《重视培养学生阅读的评论能力》	《山东教育》	1991（1—2）
《面向社会，建构语文教改的大思路》	《小学语文教学》（山西）	1991（1）
《"目标"与"手段"的同一（六）》	《小学教学》（河南）	1991（1）
《实用化：当代作文教改的主要走向》	《小学教学改革与实验》（厦门）	1991（5）
《"横看成岭侧成峰"·谈侧面描写》	《读写算》（湖北）	1991（1）
《面向社会，建构语文教改的大思路》	《小学教学研究》	1991（2）
《"目标"与"手段"的同一（七）》	《小学教学研究》	1991（3）
《作文怎样反映社会生活》	《当代小学生》（山东）	1991（1）

续表

文章名	报刊名	时　间
《称呼：交往的"先锋官"》	《小学生世界》（浙江）	1991.4（8）
《怎样理解句子的深刻含义》	《小学生世界》（浙江）	1991.4（1）
《名师台：答小读者》	《小学生学习报》（河南）	1991.3（6）
《从"讲读"到"导读"：阅读教学的重大变革》	《福建教育》	1991（4）
《试论语文教改研究信息的吸收和运用》	《山东教育》	1991（4）
《关于语文教学教育性的哲学思考》	《浙江教学研究》	1991（2）
《知人要知心》	《读写算》（湖北）	1991（2）
《作文测试手段改革概述》	《湖南教育》	1991（5）
《作文要注重内容淡化文体》	《湖南教育》	1991（6）
《面向新世纪的课题》	《小学教学改革与实验》（厦门）	1991（14）
《阅读教学的"暗示"效应》	《河北教育》	1991（7—8）
《作文也须有疑》	《湖南教育》	1991（7）
《乡（镇）中心校骨干教师下村小任教的调查与分析》	《浙江教育》	1991（10）
《谈学习策略》	《河北教育》	1991（10）
《小学识字教学流派简介》（上）	《山东教育》	1991（10）
《训练型语文教材构想》	《小学语文教学》（山西）	1991（11）
《阅读教学的课堂总结》	《小学教学》（河南）	1991（12）
《新教材试验的教研管理》	《浙江教学研究》	1991（6）
《小学识字教学流派简介》（中）	《山东教育》	1991（11）
《小学语文科的术语教学问题》	《福建教育》	1992（1—2）
《课堂情绪场的构建》	《湖南教育》	1992（1）
《小学识字教学流派简介》（下）	《山东教育》	1992（1）
《精心设计作业练习》	《小学语文教学》（山西）	1992（2）

续表

文章名	报刊名	时　间
《少讲·精讲·以练代讲》	《小学教学参考资料》	1992（3）
《命题作文传统训练的负面影响》	《浙江教育》	1992（4）
《作文组合命题的搭配方式》	《湖南教育》	1992（4）
《浅谈语文教学的课堂艺术》	《小学教学》（河南）	1992（6）
《开门见山——"正起"法》（二）	《小学生学习报》（河南）	1992.4（22）
《旁敲侧击——"侧起"法》（三）	《小学生学习报》（河南）	1992.5（13）
《声东击西——"反起"法》（四）	《小学生学习报》（河南）	1992.6（2）
《一锤定音——"总起"法》（五）	《小学生学习报》（河南）	1992.6（3）
《单刀直入——"叙起"法》（六）	《小学生学习报》（河南）	1992.7（8）
《巧设悬念——"问起"法》（七）	《小学生学习报》（河南）	1992.7（15）
《感慨入题——"叹起"法》（八）	《小学生学习报》（河南）	1992.7（22）
《以虚带实——"论起"法》（九）	《小学生学习报》（河南）	1992.7（28）
《借题发挥——"引起"法》（十）	《小学生学习报》（河南）	1992.8（5）
《托物起兴——"喻起"法》（十一）	《小学生学习报》（河南）	1992.8（11）
《文以意为主》	《读写算》（湖北）	1992（10）
《建构"语文教育社会学"刍议》（上）	《小学教学参考资料》	1992（6）
《建构"语文教育社会学"刍议》（二）	《小学教学参考资料》	1992（7—8）
《作文实用性研究课堂策略》	《福建教育》	1992（7—8）
《趣味性——语文教学的追求》	《湖北教育》	1992（6）
《语文科的"预习"研究》	《陕西教育》	1992（7—8）
《谈语文教师的课堂应变》	《山东教育》	1992（7—8）
《语文教学要增强效率意识》	《湖南教育》	1992（9）
《在希望的田野上耕耘》	《小学教学》（河南）	1992（10）
《平列的层迭式》	《读写算》（湖北）	1992（10）
《语文教学的课堂效率》	《小学语文教学》（山西）	1992（11）

文章名	报刊名	时　间
《阅读教学过程的运行机制》	《陕西教育》	1992（11）
《递进的层迭式》	《读写算》（湖北）	1992（11）
《语文趣题的编制技巧》	《小学教学》（河南）	1992（12）
《语文教学的导语设计》	《福建教育》	1993（1—2）
《思维方法训练例谈》	《小学教学参考资料》	1993（1）
《论作文教学的社会偏移》	《云南教育》	1993（1）
《乡土教学及语文乡土教材探讨》	《浙江教学研究》	1993（1）
《语文教学的迁移规律》	《浙江教育》	1993（2）
《回归生活：作文教改的大趋势》	《山东教育》	1993（2）
《作文批改方法总揽》（上）	《山东教育》	1993（4）
《作文批改方法总揽》（下）	《山东教育》	1993（5）
《微型作文说“微”》	《小学教学》（河南）	1993（6）
《阅读教学中的语言训练运行机制》	《江苏教育》	1993（6）
《语文教学要增强训练意识》	《浙江教育》	1993（7—8）
《语文乡土教学研究》	《山西教育》	1993（9）
《作文教改话“命题”》	《小学教学改革与实验》（厦门）	1993（9）
《试论板书的效度》	《云南教育》	1993（9）
《语文教学的“引导”机制》	《小学教学参考》	1993（9）
《国情、民俗与语文教学》	《湖南教育》	1993（10）
《瞄准语文的整体素质》	《小学教学参考》	1993（11）
《阅读教学方法改革轨迹探踪》	《小学教学》	1994（1）
《六年制语文六册目标达成度测试设计（第一单元）》	《小学教学参考》	1994（1）
《六年制语文六册目标达成度测试设计（第二单元）》	《小学教学参考》	1994（2）

文章名	报刊名	时 间
《语文教改走向：从"导读"到"导练"》	《湖南教育》	1994（3）
《六年制语文六册目标达成度测试设计（第三单元)》	《小学教学参考》	1994（4）
《六年制语文六册目标达成度测试设计（第四单元)》	《小学教学参考》	1994（5）
《教学扎记：教师的情结》	《小学教学》	1994（5）
《语文课堂训练百例赏析》	《浙江教育》	1994（7—8）
《语文课堂训练的分类》	《山东教育》	1994（2）
《作文怎样结尾（一）"编筐编篓，全在结口"》	《小学生学习报》（河南）	（495）
《语文课堂训练的分类》（续）	《山东教育》	1994（9）
《作文怎样结尾》（二）	《小学生学习报》（河南）	（496）
《作文怎样结尾》（三）	《小学生学习报》（河南）	（497）
《语文教师的轻武器：典故》	《河北教育》	1994（9）
《作文怎样结尾》（四）	《小学生学习报》（河南）	（498）
《作文怎样结尾》（五）	《小学生学习报》（河南）	（499）
《作文怎样结尾》（六）	《小学生学习报》（河南）	（500）
《作文教学中的"学"与"用"》	《云南教育》	1994（10）
《作文怎样结尾》（七）	《小学生学习报》（河南）	（501）
《作文怎样结尾》（八）	《小学生学习报》（河南）	（502）
《作文怎样结尾》（九）	《小学生学习报》（河南）	1994（37）
《课堂训练要暴露思维过程》	《小学语文教学》	1994（11）
《作文怎样结尾》（十）	《小学生学习报》（河南）	1994（38）
《作文怎样结尾》（十一）	《小学生学习报》（河南）	1994（11）
《营造课堂教学氛围》	《小学教学》	1994（12）
《浅谈教学研究课题的选择》	《小学教学》	1994（12）

文章名	报刊名	时　间
《语文课堂训练艺术探胜》（一）	《河北教育》	1995（1）
《语文课堂训练百例赏析》（续）	《浙江教育》	1995（2）
《语文课堂训练百例赏析》（续）	《浙江教育》	1995（3）
《答客问——语文教学社会性研究》	《山东教育》	1995（C1）
《"导练"的语文课堂模式》	《湖南教育》	1995（2）
《朗读：语文教学呼唤回归》	《甘肃教育》	1995（3）
《语文课堂训练百例赏析》（续）	《浙江教育》	1995（4）
《朱作仁的语文教学效率论》	《辽宁教育》	1995（4）
《语文课堂训练百例赏析》（续）	《浙江教育》	1995（5）
《对"为何作文"的思考》	《浙江教育》	1995（7—8）
《"发现—发展"的语文课堂训练艺术》	《河北教育》	1995（5）
《情感——语文课堂训练艺术之魂》	《河北教育》	1995（6）
《语文课堂训练的语境策略》	《河北教育》	1995（2）
《寻求"暴露过程"的训练途径》	《河北教育》	1995（9）
《让"表达"、"交际"手拉手》	《浙江教育》	1995（9）
《突破文体的束缚》	《浙江教育》	1995（10）
《朗读：语文教学呼唤回归》	《小学教学》（河南）	1995（8—9）
《语言转换训练的艺术》	《河北教育》	1995（10）
《阅读教学的语言转换训练》	《福建教育》	1995（10）
《训练：语文教学的重要命题》	《湖南教育》	1995（9）
《关于"语言文字训练"的理性思考》	《山东教育》	1995（C2）
《开展"学科素质教育实施规范"研究实验》	《小学教学改革与实验》（厦门）	1995（8）
《课堂教学评价述略》	《小学教学改革与实验》（厦门）	1995（9）
《营造课堂训练的氛围》	《河北教育》	1995（11）
《作文命题呼唤"解放"》	《浙江教育》	1995（11）

续表

文章名	报刊名	时　间
《"应用文"应登"大雅大堂"》	《浙江教育》	1995（12）
《语文课堂训练的应变艺术》（九）	《湖北教育》	1995（12）
《"活"：训练艺术的核心要素》（十）	《湖北教育》	1996（1）
《语文尝试教学培养学生现代素质的五个基本点》	《福建教育》	1996（1—2）
《厚积薄发，亦教亦研》	《小学教学改革与实验》（厦门）	1996（5）
《区域教育综合实力试论》	《浙江教育科学》	1996（1）
《阅读教学的课堂延伸》	《辽宁教育》	1996（3）
《国外作文教学实用性研究的走势》（上）	《浙江教育》	1996（4）
《国外作文教学实用性研究的走势》（下）	《浙江教育》	1996（5）
《"活"：训练艺术的核心要素》	《河北教育》	1996（1）
《语文素质教育的学业评价》	《读写算教研》	1996（2）
《大处着眼话"修改"》	《小学教育》	1996（4）
《探珠·串线·结环》	《河北教育》	1996（4）
《动口不动手——语文课堂训练的"灯下黑"》	《福建教育》	1996（4）
《美国阅读教学给我们的启示》	《浙江教育》	1996（1）
《准确把握"训练"的时代内涵》	《小学语文教学》	1996（5）
《"板书研究"的当代视野》	《河北教育》	1996（5）
《语文考试重在测评学生的语文应用能力》	《福建教育》	1996（5）
《重视语文教学的课堂"生态平衡"》	《浙江教学研究》	1996（3）
《"工具性"与"情感性"的聚集》	《河北教育》	1996（C1）
《语文课堂训练的微格研究》	《福建教育》	1996（9）
《与发展思维相结合，加大语文训练的力度》	《山东教育》	1996（C2）
《与思维训练相结合，加强语文训练的力度》	《山东教育》	1996（17）
《识字的课堂训练艺术》	《福建教育》	1996（10）

续表

文章名	报刊名	时　间
《如日中天：〈福建教育〉45 岁》	《福建教育》	1996（10）
《驾驭"训练点"的艺术》	《河北教育》	1996（10）
《阅读教学课堂模式的历史性转换》	《湖南教育》	1996（9）
《考试方法改革举措例谈》	《读写算教研》	1996（5）
《词语的课堂训练艺术》	《福建教育》	1996（11）
《句子的课堂训练艺术》	《福建教育》	1996（12）
《"有境界便自成高格" 王燕骅的语言训练艺术》	《小学语文教师》	1996（10）
《"参与机制"：学生主体地位的觉醒》	《山东教育》	1997（C1）
《变"讲—懂、练"为"讲、练—懂"》	《河北教育》	1997（1）
《小学优课的"解题"艺术》	《浙江教育》	1997（1）
《小学优课的"导入"艺术》	《浙江教育》	1997（2）
《小学优课的提问艺术》③	《浙江教育》	1997（3）
《段落的课堂训练艺术》	《福建教育》	1997（4）
《热点：小学语文教学改革的前沿课题》	《小学教学改革与实验》（厦门）	1997（6）
《课堂教学的"精品"意识》	《浙江教育》	1997（4）
《优课的"讲解"艺术》	《浙江教育》	1997（5）
《篇章的课堂训练艺术》	《福建教育》	1997（4）
《听写的课堂训练艺术》	《福建教育》	1997（5）
《运用"选择机制"唤起学生的自主意识》	《山东教育》	1997（5）
《以"全脑"运动提高训练效率》	《河北教育》	1997（5）
《"优课"——教学的最高境界》	《小学教学改革与实验》（厦门）	1997（11）
《"激励机制"：课堂调控的强大内驱力》	《山东教育》	1997（11）
《优课的"讨论"组织艺术》	《浙江教育》	1997（7—8）
《朗读的课堂训练艺术》	《福建教育》	1997（7—8）

续表

文章名	报刊名	时 间
《"竞争机制"：给学生留下终生受用的体验》	《山东教育》	1997（11—13）
《半个世纪来的历史经验——精讲多练》	《小学教学改革与实验》（厦门）	1997（17）
《优课的作业设计艺术》	《浙江教育》	1997（9）
《尝试机制：自主学习，全面参与》	《山东教育》	1997（19）
《课堂教学效率呼唤"协同机制"》	《山东教育》	1997（21）
《暗示机制：开发潜能，激活思维》	《山东教育》	1997（23）
《优课的课堂总结艺术》	《浙江教育》	1997（11）
《语文素质教育：跨世纪的探索和追求》	《小学教学改革与实验》（厦门）	1997（22）
《复述的课堂训练艺术》	《福建教育》	1997（9）
《导读教学模式的时代风采》	《河北教育》	1997（12）
《语文教学现代化：带入新世纪的课题》	《小学教学改革与实验》（厦门）	1998（2）
《怎样指导学生写好条件作文》	《小学教学》	1998（3）
《优课的教学节奏》	《福建教育》	1998（1）
《优课的穿插之美》	《福建教育》	1998（3）
《谈教学语言的应变艺术》	《山东教育》	1998（7）
《营造课堂教学的高潮》	《福建教育》	1998（5）
《语文课堂训练设计放谈》（一）	《江西教育》	1998（6）
《优化教学的点拨术》	《福建教育》	1998（6）
《语文课堂训练设计放谈》（二）	《江西教育》	1998（9）
《课堂教学的蓄势》	《福建教育》	1998（7—8）
《"字族文识字"第四届学术研讨会在绍兴召开》	《福建教育》	1998（10）
《优课的过渡和照应》	《福建教育》	1998（10）
《语文课堂训练设计放谈》（三）》	《江西教育》	1998（10）
《语文课堂训练设计放谈（四）》	《江西教育》	1998（11）

续表

文章名	报刊名	时 间
《"名师"与"优课"》	《小学教学》	1998（10）
《教学语言：优课的主导媒体》	《河北教育》	1998（11）
《语文课堂教学的剪裁》	《福建教育》	1998（11）
《语文课堂训练设计放谈》（五）	《江西教育》	1998（12）
《关于"课堂教学最优化"的思考》	《山东教育》	1999（C1）
《语文课堂训练设计放谈》（六）	《江西教育》	1999（1）
《语文优课的创作机制》	《湖南教育》	1999（4）
《破译黑箱："课堂实录"研究和优课创作》	《小学语文教师》	1999（3）
《语文课堂训练设计放谈》	《江西教育》	1999（2）
《语文课堂训练设计放谈》	《江西教育》	1999（3）
《语文课堂训练设计放谈》	《江西教育》	1999（4）
《语文课堂训练设计放谈》	《江西教育》	1999（5）
《对小学语文教育的反思》	《小学语文教学》	1999（5）
《语文课堂训练设计放谈》（十一）	《江西教育》	1999（6）
《清晰度：课堂语言的生命力》	《河北教育》	1999（6）
《主体性：语文教学的世纪追求》	《江西教育》	1999（9）
《语文课堂教学改革要突破"高原现象"》	《小学语文教师》	1999（11）
《学为主：21世纪的语文课堂特征》	《江西教育》	1999（10）
《形象化：让语言通"电"带"磁"》	《河北教育》	1999（10）
《在"自主选择"中培养学生的主动性》	《江西教育》	1999（11）
《阅读教学中"导"的艺术》	《湖南教育》	1999（23）
《创造的课堂：引发学生求新意识》	《江西教育》	1999（12）
《大胆尝试：学生主体意识的唤起》	《江西教育》	2000（1）
《活动教学：把语文课堂还给学生》	《江西教育》	2000（2）
《民主、平等、合作：主体性的语文课堂管理》	《江西教育》	2000（3）

续表

文章名	报刊名	时 间
《语文课堂教学的"硬设计"和"软设计"》	《小学语文教师》	2000（1）
《在传统与现代的交叉点上拓进——贺诚的"引导——发现"语文教学法评价》	《中国教育报》	（3940）
《课堂表演：阅读教学的全身心感受》	《福建教育》	2000（4）
《灵活性：教学辞令的应变力》	《河北教育》	2000（4）
《研读：一个正向我们走来的课题》	《小学语文教学》	2000（6）
《幽默术：教学语文的智慧闪光》	《河北教育》	2000（6）
《"感性"、"理性"、"灵性"和创新》	《小学语文教师》	2000（7）
《语文创新教育文摘》	《小学语文教师》	2000（7—8）
《让学生在阅读活动中学会"发现"》	《小学教学》（河南）	2000（10）
《真诚感：让教学语言成为接通心灵的桥梁》	《河北教育》	2000（11）
《"天生我材必有用"——我的个性化治学之路》	《自考·职教·成教》（山东）	2000（23—24）
《"教学设计"读解》	《小学教学设计》	2000（10）
《点拨，在自读过程中的相机诱导》	《福建教育》	2001（1）
《鼓动力：交给学生一把火》	《河北教育》	2001（1）
《语文教学：让学生展示生命的"原生态"》	《山东教育》	2001（13）
《浅论涵泳：语文教学要"把根留住"》	《中国小学语文教学论坛》	2001（6）
《超文本：阅读教学改革的世纪视点》	《小学语文教学》	2001（6）
《研究性阅读：新世纪的课题》	《福建教育》	2001（6）
《"超文本"理念和"大阅读"策略》	《小学语文教师》	2001（7）
《从阅读教学发展轨迹看"研读"》	《福建教育》	2001（7）
《名师优课中的"研读"探索》	《福建教育》	2001（8）
《作文教学"新概念"：让思想冲破牢笼》	《江西教育》	2001（7）
《释放生命活力》	《中国小学语文教学论坛》	2001（10）

续表

文章名	报刊名	时　间
《研读起步：从"通读"课文到"读通"课文》	《福建教育》	2001（9）
《在提炼主线中探求研读专题》	《福建教育》	2001（10）
《课感：教师的心智艺术》	《小学青年教师》	2001（10）
《"研读"课堂交流中教师的"片言只语"》	《福建教育》	2001（11）
《研读模式的"常"与"变"》	《福建教育》	2001（12）
《把作文的"话语权"还给学生》	《小学教学设计》	2001（12）
《关注课堂交流，切莫等闲视之》	《中国小学语文教学论坛》	2002（3）
《个性写真：作文教学改革的热点话题》	《小学语文教师》	2002（2）
《课堂教学案例的撰写和研究》	《小学青年教师》	2002（4）
《"研究性阅读"课堂教学模式的构建》	《教学月刊》（小学版）	2002（6）
《开发生命》	《小学语文教师》	2002（9）
《穿越昨日与明天的思考》	《中国小学语文教学论坛》	2002（7）
《端正研究性阅读的目标意识》	《江西教育》	2002（10）
《研读专题的多元设计》	《河北教育》	2002（10）
《课文中的"课题研究"策略》	《小学语文教学》	2002（11）
《课堂倾听：师生的心灵之约》	《中国小学语文教学论坛》	2002（11）
《扩展阅读："提供有价值的学习材料"》	《江西教育》	2002（21）
《探究学习设计须警惕语文本体的淡出》	《小学教学设计》	2002（11）
《体验，语文教学的倾心追寻》	《教学月刊》（小学版）	2002（12）
《生命独白与心灵对话》	《新作文》	2003（1）
《从课文中提炼研究课题》	《教学月刊》（小学版）	2003（1）
《在研读中感悟　于深究处提升》	《教学月刊》（小学版）	2003（1）
《语文课堂：投射十大新焦点》	《山东教育》	2003（C1）
《学情：不该遗忘的教学资源》	《中国小学语文教学论坛》	2003（6）
《为"儿童作文"立名》	《新作文》	2003（6）

文章名	报刊名	时 间
《从"儿童画"看"儿童作文"》	《新作文》	2003（7）
《对课堂活力的诗情追寻》	《江西教育》	2003（4）
《从"认知体"到"生命体"的跃升》	《江西教育》	2003（6）
《关注学生课堂的"生命态"》	《江西教育》	2003（7）
《综合实践：跳出语文学语文》	《小学青年教师》	2003（8）
《"儿童作文"不是"技巧活儿"》	《新作文》	2003（8）
《引导课堂的"生命流"》	《江西教育》	2003（10）
《"课堂生命活力"中的教师生命意识》	《江西教育》	2003（11）
《对话：探究性阅读中的话语系统》	《河北教育》	2003（10）
《"儿童作文"只让儿童说话》	《新作文》	2003（9）
《"儿童作文"应当是写真作文》	《新作文》	2003（11）
《"问题"怎样富有挑战性》	《中国小学语文教学论坛》	2003（11）
《研读：转变学习方式的主阵地》	《小学教学参考》	2003（11）
《对"研究性"阅读的诗情追寻》	《小学教学设计》	2003（19）
《是"人"，是"神"？》	《小学教学设计》	2003（10）
《"课文对我说什么"与"我想对课文说什么"》	《山东教育》	2003（31）
《语文教学设计要基于生活更高于生活》	《小学教学设计》	2003（21）
《开发学生"反常"思考的价值》	《小学语文教学》（山西）	2003（12）
《课堂因生命活力而精彩纷呈》	《江西教育》	2003（13）
《教学叙事："教师成为研究者"的思路重构》	《小学语文教师》	2004（1）
《新课程语文课堂的诗情追寻》	《语文教学通讯》	2004（1）
《教育故事：教学生活中的璀璨明珠》	《福建教育》	2004（3A）
《实践智慧：点化课堂遭遇的尴尬》（上）	《小学教学参考》	2004（3）
《新课程语文课堂看"点"》	《小学教学改革与实验》（厦门）	2004（22）

续表

文章名	报刊名	时 间
《教学反思，路在何方》	《山东教育》	2004 (13)
《从"教案"到"案例式合作备课"》	《小学教学设计》	2004 (5)
《实践智慧：点化课堂遭遇的尴尬》（下）	《小学教学参考》	2004 (5)
《关注语文课堂教学设计新视野》	《小学语文教师》	2004 (7)
《"儿童作文"：呼唤儿童精神》	《语文教学通讯》	2004 (7)
《写好"教学故事"：专家型教师的必由之路》	《小学青年教师》	2004 (9)
《新作文：追寻作文教学的原点》	《新作文》	2004 (9)
《有效交往：测定好课的"天平"》	《语文教学通讯》	2004 (10)
《我为课狂：教师"课感"的自我修炼》	《语文教学通讯》	2004 (28)
《直面"另类作文"的尴尬》	《小学语文教学》	2004 (12)
《设计·设计的僵化和反设计》	《教案·案例》	2004 (11)
《教学的柔性设计》	《教案·案例》	2004 (12)
《自由表达中的真实与正确》	《小学教学参考》	2004 (12)
《变"习作"为"喜作"》	《小学青年教师》	2004 (12)
《"自由表达"与"少儿不宜"》	《山东教育》	2004 (34)
《培养语感：一条遵循语文教学本质的道路》	《语文教学通讯》	2005 (1)
《教学实践研究呼唤"教学评论"》	《语文教学通讯》	2005 (3)
《个性化：作文教改的序因子》	《江西教育》	2005 (3)
《〈放弃射门〉教学设计及点评》	《小学教学参考》	2005 (3)
《聚集个性化"儿童作文"中的价值取向》	《江西教育》	2005 (3)
《关注儿童真实生活的个性经历》	《江西教育》	2005 (8)
《"交流"好，才是真的好》	《小学语文教学》	2005 (5)
《儿童思维过程的个性化方式》	《江西教育》	2005 (5)
《课堂：让"预设"与"生成"激情共舞》（上）	《福建教育》	2005 (4A)

续表

文章名	报刊名	时 间
《课堂：让"预设"与"生成"激情共舞》（下）	《福建教育》	2005（5A）
《爱护儿童言说方式的个性化表达》	《江西教育》	2005（6）
《撰写教学故事必须选择典型题材》	《小学青年教师》	2005（7）
《宽容儿童作文结构的个性化格局》	《江西教育》	2005（7）
《多元感悟：像雾像雨又像风》	《语文教学通讯》	2005（5）
《凸现明确中心，写好教学故事》	《小学青年教师》	2005（9）
《价值引导：是"价值灌输"还是"价值探究"》	《小学教学参考》	2005（9）
《朴实自然：长青的姿质，永恒的时尚》	《语文教学通讯》	2005（9）
《语文名师的课堂修炼》	《语文教学通讯》	2005（25）
《尊重细节，润泽课堂教学的生命活力》	《山东教育》	2005（28）
《对语文教学"诗性""诗性""诗意""诗化"的叩问》	《语文教学通讯》	2005（10）
《作文："套"声依旧之痛》	《新作文》	2005（9）
《小学语文应是儿童语文》	《人民教育》	2005（20）
《语文课堂须"常回家看看"》	《小学语文教师》	2005（11）
《让儿童精神在习作中诗意地栖居》	《新作文》	2006（C1）
《孙双金：情智语文的魅力》	《小学青年教师》	2006（1）
《语文课堂"情"探》	《小学语文教学》	2006（2）
《细节：语文课堂教学的生态研究》	《小学教育参考》	2006（1）
《"心根"论：刘云生语文教育的人文情怀》	《语文教学通讯》	2006（3）
《一分为二："自由表达"与规范指导的融通》	《新作文》	2006（3）
《语文课堂：不要浪费"错误"》	《小学教学改革与实验》	2006（30）
《"儿童文化"视野中的"小学生作文"》	《新作文》	2006（5）

续表

文章名	报刊名	时　间
《阅读与创新》	《小学生阅读世界》	2006（5）
《从细节中触摸教学实践智慧》	《小学青年教师》	2006（5）
《语文课堂：追寻"简单"的艺术境界》	《山东教育》	2006（6）
《教育：开发生命的事业》	《人民教育》	2006（10）
《让小学生作文回归儿童本位》	《新作文》	2006（C2）
《名师风范：半个世纪铸就的经典课堂》	《语文教学通讯》	2006（C1）
《读通课文：阅读教学的"底线"》	《小学教学参考》	2006（9）
《名师文化：小语界不落的彩虹》	《语文教学通讯》	2006（25）
《语文课堂的"场"效应》（上）	《福建教育》	2006（9）
《本色语文：不要问我从哪里来》（上）	《小学青年教师》	2006（10A）
《"风"行"蜂"语》	《小学语文教学》	2006（10）
《我和小学语文教学》	《小学语文教学》	2006（10）
《语文课堂：多一点辩证法》	《小学语文教师》	2006（10）
《语文课堂的"场"效应》（下）	《福建教育》	2006（10）
《语文意识、语文方式和语文味》	《山东教育》	2006（3）
《儿童作文：在母语的怀抱里健康成长》	《新作文》	2006（10）
《儿童作文突围——走出成人化的阴影》	《新作文》	2006（12）
《深度汇谈让儿童文化重构小语课堂》	《人民教育》	2006（21）
《本色语文：不要问我从哪里来》（下）	《小学青年教师》	2006（11）
《新课程：阅读教学范式探寻》	《小学教学参考》	2007（1）
《误读：为信息不对称埋单》	《小学教学》	2007（1）
《"大"气"明"朗，课如其人》	《教学月刊》（小学版）	2007（2）
《"从去个性化"到"个性化"和警惕"伪个性化"》	《新作文》	2007（3）
《风格、流派与主旋律》	《语文教学通讯》	2007（3）

续表

文章名	报刊名	时 间
《儿童习作的"真实"与"正确"》	《新作文》	2007 (5)
《新近"亲近真实的鲁迅"》	《小学教学》	2007 (6)
《让语文训练重新焕发"人文情怀"的光彩》	《小学教学参考》	2007 (7)
《语文训练的生命机制》	《小学教学》	2007 (8)
《语文课堂：莫在课文外围漫游》	《教学月刊》	2007 (9)
《语文课，请多让学生"自助"》	《山东教育》	2007 (9)
《读出童年的心梦之境》	《语文教学通讯》	2007 (9)
《语文课堂的话语权》	《福建教育》	2007 (7)
《"古诗文诵读"与语文教学传统经验的传承发展》	《小学语文教师》	2007 (11)
《公开课：坚守"家常课"的优良品格》	《语文教学通讯》	2007 (10)
《一分为三：让对立的"二"和合于生命发展之"三"》	《今日教育》	2007 (11)
《综合性学习：跳出语文学语文》	《福建教育》	2007 (11)
《新"训练"观：贴近生命的"无痕"之境》	《教育理论与实践》	2007 (11)
《2007：〈小语论坛〉的风云际会》	《语文教学通讯》	2007 (12)
《课堂虚拟：真作假时假还真》	《小学语文》	2007 (12)
《短信评课：大众教研的话语新时空》	《小学教学》	2007 (12)
《让"诗意语文"走向"生本"》	《小学语文教师》	2008 (1)
《"课标"语境中的语文传统教学经验审视》	《语文教学通讯》	2008 (1)
《预习：一个老话题的新视野》	《云南教育》	2008 (C1)
《阅读课堂教学"五说"》	《小学教学参考》	2008 (1)
《彰显课改时代精神，构建新型考试文化》	《小学教学》	2008 (2)
《说说"我"自己》	《作文新天地》	2008 (3)
《观课评教，"路在何方"》	《语文教学通讯》	2008 (4)

续表

文章名	报刊名	时　间
《课堂教学应"悠着点"》	《小学语文教学》	2008（5）
《智慧课堂的哲学思考》（上）	《小学教学参考》	2008（6）
《"苹果落地"与捕捉素材》	《小学教学》（河南）	2008（6）
《课堂质感：源于教师对课文的深度解读》	《福建教育》	2008（2）
《一声叹惜，只悔课文解读粗》	《小学语文教师》	2008（7—8）
《智慧课堂的哲学思考》（下）	《小学教学参考》（广西）	2008（9）
《教师的钝感力：智慧像花儿一样开放》	《福建教育》	2008（7）
《"思有路"只是一条路吗》	《小学教学》	2008（9）
《教师在教学中的"自恋"倾向》	《今日教育》	2008（C1）
《"心""图"相融的读写冲击波》	《语文数学通讯》	2008（9）
《当"时尚"嵌入课堂》	《山东教育》	2008（9）
《快意阅读，留心世事》	《中国教育报》	2008.9（25）
《语文课堂的田野性格》	《人民教育》	2008（18）
《拒绝"单调"》	《小学教学》	2008（10）
《思想缺位：作文教学的"脑瘫症"》	《小学语文》	2008（10）
《放胆、放手与放飞》	《新作文》	2008（11）
《"还学于生"：企盼语文课堂的智慧转身》	《语文教学通讯》	2008（11）
《"最顺手的一招是瞎招"》	《小学教学》	2008（12）
《把鲁迅还给儿童》	《中国教育报》	2008.11（6）
《课堂："抓而不紧"是"善抓"》	《小学语文教学》	2008（12）
《"读写共同体"：一个老话题的新视野》	《新作文》	2008（12）
《"示弱法"教学琐议》	《小学教学》	2009（1）
《把语文课上得好玩一些》	《小学教学参考》	2009（1）
《儿童作文应当是"创新作文"》	《新作文》	2009（C1）
《在现实与想象间确立链接点》	《小学语文教师》	2009（2）

文章名	报刊名	时　间
《〈小学语文教师〉引领小学语文教师》	《小学语文教师》	2009（2）
《教学叙事的生命在于真实》	《小学教学》	2009（3）
《课改"回望"助力胜利前行》	《辽宁教育》	2009（3）
《寻根之旅：母语教学传统经验的读与思》	《小学语文教学·人物》	2009（2）
《在火热的当代生活中放飞心灵》	《语文教学通讯》	2009（9）
《坚守课堂教学的主流价值观》	《福建教育》	2009（4）
《课堂：讲究迂回的艺术》	《云南教育》	2009（4）
《教学写作，语文教师的一种生存状态》	《小学语文教师》	2009（5）
《细节像花儿一样开放》	《小学教学》	2009（5）
《课堂的"精彩"：几多欢乐几多忧》	《小学语文》	2009（5）
《语文教师"懒"亦有道》	《小学语文教学》	2009（6）
《选择最典型的事件》	《小学教学》	2009（6）
《"文本细读"中的"不等于"……》	《福建教育》	2009（7）
《现场：教学叙事的魅力》	《小学教学》	2009（7）
《鲁迅：读图时代应当仰望的背影》	《中国教育报》	2009.8（27）
《"为了不需要教"，应当怎样教》	《小学教学参考》	2009（8）
《九月：情满"三耕"族》	《语文教学通讯》	2009（27）
《60 年：小学作文教改皈依童真本色的求索》	《语文教学通讯》	2009（30）
《洪志明执教〈全神贯注〉点评》	《小学教学》	2009（12）
《唯有"生本"最语文》	《小学教学》	2009（2）
《"论坛"风采——2009〈语文教学通讯·小学刊〉年度述评》	《语文教学通讯》	2009（36）
《警惕语文课堂的"失学"症》	《福建教育》	2010（1）
《在中国小学语文教学改革的折点上》	《教学月刊》	2010（1）
《"生本课堂"：像田野一样朴实、芬芳》	《语文教学通讯》	2010（1）

续表

文章名	报刊名	时　间
《课堂：警惕流行的"软暴力"》	《今日教育》	2010（1）
《从"生本"到"童本"：小学语文教学的求"本"之道》	《江苏教育》	2010（1）
《同课异构：课堂教学创新研究的多维视野》	《语文教学通讯》	2010（3）
《阅读课堂，沟通学生与课文"同化"中的阻隔》	《云南教育》	2010（5）
《作文教学，需要这样的革命》	《小学教学》	2010（6）
《虞大明〈家是什么〉课堂评析》	《小学教学》	2010（7）
《师本、文本、生本：语文教学以何为本》	《福建教育》	2010（7）
《"高耗低效"，呼唤语文教学的"低碳"课堂》	《语文教学通讯》	2010（C3）
《教教材作文，还是用教材教作文》	《小学教学》	2010（10）
《语文教学的童本之道》（课评）	《小学教学》	2010（11）
《生本：语文教育的原点思维》	《云南教育》	2010（11）
《简朴清新：于式语文流派的常青品格》	《人民教育》	2010（23）
《2010：对〈通讯〉领航小语教改的年度报告》	《语文教学通讯》	2010（36）
《别对教学写作说不会》	《小学教学》（河南）	2010（12）
《"渐进自然"与"低碳课堂"》	《教学月刊》（小学版）	2011（1）
《写教学札记，重要的是习惯》	《小学教学》	2011（1）
《语文课堂"被××"的前世今生》	《小学语文教师》	2011（3）
《朱作仁教授的求实精神与"浙派语文"》	《教学月刊》（小学版）	2011（3）
《简朴：于永正语文教学艺术的仙境》	《江苏教育》	2011（7）
《课改：摆脱高耗低效的梦魇》	《小学语文教学》	2011（4）
《由国民的文字功底反省识字教学问题》	《福建教育》	2011（4）
《"故事"使教学写作柔软温润》	《小学教学》	2011（5）
《峥嵘六秩　桃李九洲》	《福建教育》	2011（6）

续表

文章名	报刊名	时　间
《"君子务本，本立而道生"》	《小学语文教学》	2011（6）
《"化教为学"：语文课堂的"习得"之道》	《语文教学通讯》	2011（18）
《童化作文：重在"化"字上给力》	《江苏教育研究》	2011（21）
《过渡讲析：语文教学应治之本》	《语文教学通讯》	2011（7—8）
《"不通则痛"阅读教学先要把课文读通》	《小学语文教学》	2011（22）
《今天，重读鲁迅的儿童》	《内蒙古教育》	2011（19）
《"习导"才是语文教学之道》	《江苏教育》	2011（25）
《大巧若拙的教学智慧》	《语文教学》	2011（10）
《走"生命"路线，奏响知音之歌》	《教学月刊》	2011（11）
《焕发儿童的生命光彩》	《人民教育》	2011（22）
《2011，"论"在教改前沿的〈通讯〉》	《语文教学通讯》	2011（36）
《语文课堂：坚守本色与适度"混搭"》	《福建教育》	2012（1—2）
《过渡讲析：语文教学应治之"本"》	《小学语文教与学》	2012（1）
《教师永远应该是"新"的》	《新教师》	2012（1）
《童化作文：重在"化"字上给力》	《小学语文教与学》	2012（2）
《做"童真语文"的真诚守护者》	《小学语文教学》	2012（2）
《重构语文"学导课堂"的应然性与可然性》	《语文教学通讯》	2012（9）
《贵乎"童问"》	《小学语文教学》	2012（4）
《今天，重读鲁迅的儿童观》	《教育理论与实践通讯》	2012（5）
《袁微子："浙派语文"的全国领军人物》	《教学月刊》（小学版）	2012（6）
《屠素凤：从"尝试自主"到"多元对话"》	《小学语文教学》	2012（18）
《儿童语文不可弃"根"忘"本"》	《成才》（武汉）	2012（6）
《名师工作室：教坛新星的发展共同体》	《辽宁教育》	2012（13）
《教学语文要强化汉字教育意识》	《小学教学》	2012（7—8）

续表

文章名	报刊名	时　间
《儿童作文：释放生命的活力》	《语文教学通讯》	2012（7）
《关注"课标"作文，"自由表达"与"规则指导"的融通》	《语文教学通讯》	2012（7）
《反思课堂教学"外包"现象》	《福建教育》	2012（10）
《一问一世界：课堂转型从"童问"起步》	《小学教学》	2012（10）
《顺应课堂教学"不确定性"的设计新路径》	《小学语文教师》	2012（10）
《白马湖："浙派语文"的一泓圣水》	《教学月刊》	2012（12）
《2012，年终概观〈"通讯"〉的"话题"战略》	《语文教学通讯》	2012（36）
《学与导：寻求语文课堂形态的深度变革》	《小学教学》	2013（1）
《一位语文教师的"童话"事业》	《语文教学通讯》	2013（9）
《概观"浙派语文"历史发展的"源"与"流"》	《教学月刊》	2013（4）
《改课命脉：让学生自主解读课文》	《语文教学通讯》	2013（12）
《重塑语文课堂教学美学观》	《小学语文教师》	2013（5）
《重构以"读写一体"为本位的语文教学体系》	《小学语文教学》	2013（13）
《作文从模仿入门，一开始就走错了路?》	《福建教育》	2013（18）
《教师与书房》	《新教师》	2013（7）
《让语文课堂在"对话"中焕发生命活力》	《教育学刊》	2013（7）
《致青春："善养吾浩然之气"》	《江苏教育》	2013（7）
《在课堂上寻找儿童》	《小学语文教师》	2013（10）
《注重课堂产出的习作指导课》	《小学教学》	2013（10）
《在多元逻辑关系中寻找语文教学的最佳整合点》	《福建教育》	2013（18）
《提倡"裸读"：不要外包装》	《语文教学通讯》	2013（3）
《语文"运用"：立"道"方能得法》	《新教师》	2013（10）

续表

文章名	报刊名	时 间
《学生自主解读：占领"文化自觉"的制高点》	《语文教学通讯》	2013（33）
《习作：在"写真"与"模仿"结合点上的智慧把握》	《福建教育》	2013（44）
《教育报刊应坚守教师立场》	《中国教育报》	2013.5.13
《2013：话说〈"通讯"·C刊〉的新锐品格》	《语文教学通讯》	2013（36）
《"微时代"中的语文教学新样态》	《小学语文教学》	2014（1）
《改课：从咬得着的地方下口》	《小学教学》	2014（1）
《破解儿童写作与校园文化生活的同构密码》	《小学语文教师》	2014（2）
《月亮婆婆侬有几个囡：〈唱玩民间童谣〉课堂观察》	《语文教学通讯》	2014（9）
《仰望"浙派语文"的常青树》	《小学语文教与学》	2014（4）
《"蒙以养正"：低段教学的"圣功"》	《小学语文教学》	2014（5）
《在皈依课堂生态中发挥正能量》	《江西教育》	2014（4）
《语文教学的"潮课"》	《小学语文教师》	2014（5）
《夏丏尊：浙派语文的"师"道之"范"》	《教师学刊》	2014（6）
《警惕语文课堂教学中的"洁癖"》	《小学教学》	2014（6）
《〈神笔马良〉课堂实录及评析》	《小学语文教师》	2014（6）
《"翻转课堂"：越界与回归带来的教学挑战》	《语文教学通讯》	2014（18）
《〈维也纳生活圆舞曲〉教学案例与评析A、B案对比评析》	《小学教学设计》	2014（7）
《语文课程对文体教学的价值考量》	《语文教学通讯》	2014（3）
《导学：教师的硬实力、软实力、巧实力和实力》	《福建教育》	2014（7）
《开放，小学习作教学的灵魂所在》	《小学语文教师》	2014（C1）
《备受关注的大事件》	《小学教学》	2014（C1）

续表

文章名	报刊名	时　间
《撩开文字对应美的面纱》	《语文教学通讯》	2014（9）
《"看"似寻常最奇崛》	《小学语文教学》	2014（27）
《翻转课堂：重建学生学习的自信心和自动力》	《小学语文教学》	2014（28）
《"习作"与"作文"的理念识别与策略重建》	《小学语文教师》	2014（10）
《用"中国功夫"教学中国语文》	《福建教育》	2014（44）
《斯霞：给孩子的那片爱的霞光》	《教学月刊》	2014（12）
《"学导"：2014〈通讯〉的年度记忆》	《语文教学通讯》	2014（36）
《小学课程建设呼唤儿童文学》	《教学月刊》	2015（2）
《语文课程建设的乡土情怀》	《小学语文教师》	2015（1）
《儿童立场：开发国学经典教育的乡土基因》	《新教师》	2015（2）
《儿童习作：在网络"自写作"时代的履新》	《福建教育》	2015（9）
《新常态课堂：语文在体制内外的碰撞和交集》	《语文教学通讯》	2015（21）
《让儿童写作回归生活的交际表达》	《小学教学》	2015（5）
《越派语文：打造现代的"师爷课堂"》	《教学月刊》	2015（6）
《字典：学导课堂的"神器"》	《小学语文教学》	2015（6）
《微课程：教育人性化的时代之舞》	《小学教学》	2015（6）
《语文课堂：让学生任性地"疑"起来》	《小学语文教师》	2015（6）
《让习作知识教学走向〈精准〉》	《小学教学》	2015（C1）
《关注课型，感知"改课"风向标》	《福建教育》	2015（36）
《"教者必以正"》	《小学语文教学》	2015（9）
《切己体察：儿童习作之本》	《小学教学》（河南）	2015（9）
《"浙派语文"与浙江的学塾》	《教学月刊》	2015（10）
《〈董永与织女〉教学》	《小学语文教学》	2015（10）

续表

文章名	报刊名	时 间
《发现经典中的财富》	《语文教学通讯》	2015（30）
《阅读课堂新常态：“1＋X”》	《语文教学通讯》	2015（33）
《语文课堂的"超文本"结构》	《小学语文教师》	2015（11）
《"互联网＋"时代擂响的小语鼓点》	《语文教学通讯》	2015（36）
《教育：生命的向善》	《小学语文教师》	2016（1）
《微课程：教育人性化的时代之舞》	《小学语文教与学》	2016（1）
《谱写美丽的"童话"》	《教学月刊》	2016（C1）
《"互联网＋"思维镜像中的语文教学变革》	《小学教学》	2016（1）
《汪潮：小学语文界的弄潮人》	《语文教学通讯》	2016（6）
《民间戏曲：一门新课程开发的成功样本》	《小学教学参考》	2016（2）
《听读"种子书"的写作风景》	《新作文》	2016（3）
《警惕语文课改的"常态偏执"》	《小学语文教师》	2016（5）
《〈古文观止〉：浙江塾师编的"全国通用教材"》	《教学月刊》	2016（13）
《识字教学：从突围到进入新常态》	《小学教学》	2016（5）
《"一节课读一本书"的导学样本》	《小学语文教学》	2016（5）
《童真语文：基于儿童真实生活的统整连动》	《语文教学通讯》	2016（5）
《本土教育家："名士之乡"的越城新篇》	《小学语文教师》	2016（6）
《从"教语文"到"教人学语文"》	《语文知识》	2016（6）（下）
《"浙派语文"的发展路径：在"开放"中"求是"》	《教学月刊》	2016（C4）
《"因情立体"，"即体成势"》	《小学语文教师》	2016（C1）
《当儿童写作皈依真实的"生命表达"》	《语文教学通讯》	2016（C3）
《核心素养：语文深度课改的靶向》	《小学教学参考》	2016（9）

续表

文章名	报刊名	时　间
《教育隐喻：古文中的育人之道》	《小学语文教学》	2016（10）
《汉语文教学：呼唤中国精神、中国气派和中国功夫》	《新教师》	2016（10）
《铁肩担师道，"用心做语文"》	《福建教育》	2016（40）
《"核心素养"语境下的语文课堂改革走向》	《语文教学通讯》	2016（10）
《改革"教"的"供给侧"》	《小学语文教师》	2016（10）
《小语教材选编中的文体观嬗变》	《小学教学》	2016（10）
《我写是我创，我创故我在》	《小学语文教师》	2016（13）
《从"浙派语文"史迹说"人文浙派"》	《教学月刊》	2016（31）
《〈凉州词〉教学》	《小学语文教学》	2016（11）
《注重体验乃学生"真学"之本》	《语文知识》	2016（22）
《写作指导课的统整艺术》	《语文教学通讯》	2016（33）
《"后作文时代"：在自由表达中提升核心素养》	《中小学教材教学》	2016（12）
《部编语文教材：弘扬中国精神，呼唤"中国功夫"》	《小学教学》（河南）	2016（12）
《"十三五"元年语文课改新发展景观——2016〈语文教学通讯·C刊〉年终述评》	《语文教学通讯》	2016（12）

三、正式出版的教育专著及教学用书主要书目

书　名	著作方式	出版社	出版时间
《小学生学数学》（七）	合著	浙江人民出版社	1983年
《小学生学数学》（八）	合著	浙江人民出版社	1983年
《文体各异，教法不同》	独著	浙江教育出版社	1984年
《阅读教学设计撷英》	主编	浙江《教学月刊》社	1985年
《小学语文教学答疑》	合著	浙江教育出版社	1986年
《小学语文一课多式教例》（九）	独著	福建教育出版社	1989年
《小学语文一课多式教例》（十）	独著	福建教育出版社	1989年
《从课文中学作文》	独著	广西教育出版社	1989年
《小学生学习手册》	参编	浙江教育出版社	1990年
《可爱的家乡——绍兴》	参编	复旦大学出版社	1990年
《小学生家庭辅导丛书》（三）	独著	浙江少年儿童出版社	1990年
《语文教育辞典》	撰稿	延边人民出版社	1991年
《语文教学改革研究概观》	独著	杭州大学出版社	1991年
《小学语文学法大全》	主编	浙江少年儿童出版社	1990年
《小学语文教师手册》（五）	合著	中国卓越出版公司	1991年
《小学语文教师手册》（六）	合著	中国卓越出版公司	1991年
《小学语文趣味题集（一—十二）》	主编	北京师范大学出版社	1992年
《小学语文趣味题集（十二）》	主编	北京师范大学出版社	1992年
《小学数学趣味题集（一—十二）》	主编	北京师范大学出版社	1992年
《学法·想法·考法（三至六年级·语文）》	主编	陕西人民教育出版社	1993年
《学法·想法·考法（三年级至六年级·数学）》	主编	陕西人民教育出版社	1993年
《语文教学答疑》（一—十二）	主编	杭州大学出版社	1993年

续表

书　名	著作方式	出版社	出版时间
《作文使我们快乐》（一—四）	主编	国际文化出版公司	1998 年
《小学语文教育学》	撰稿	湖北教育出版社	1993 年
《语文教学训练论》	独著	海南出版社	1994 年
《语文教学方法论》	主编	山西高校联合出版社	1994 年
《快乐的双休日》（九—十）	编写	国际文化出版公司	1996 年
《材料作文指导》	独著	浙江少儿出版社	1997 年
《小学语文课堂训练设计》（一—十二）	主编	陕西人民教育出版社	1998 年
《语文教学优课论》	独著	宁波出版社	1998 年
《中国小学语文教学·名师精品录》	主编	杭州大学出版社	1998 年
《应用文起步》	独著	浙江省少儿出版社	1999 年
《语文尝试教学设计》	主编	教育科学出版社	2000 年
《小学生必读古诗词 80 首》	合著	浙江少年儿童出版社	2001 年
《阅读课堂教学设计论》	独著	宁波出版社	2001 年
《智力游乐园》（一—六）	主编	宁波出版社	2001 年
《小学作文教学新概念研究》	主编	上海少年儿童出版社	2001 年
《小学语文优课精彩片段评点》	编著	陕西人民出版社	2001 年
《小学生趣味数学宝典》	主编	宁波出版社	2001 年
《研究性阅读教学探索》	独著	上海教育出版社	2002 年
《小学研究性阅读教学设计精编》	合著	国际文化出版公司	2003 年
《小学生作文 300 问》	合著	浙江少年儿童出版社	2003 年
《新生代·新课标·新作文》（一—六）	主编	宁波出版社	2003 年
《语文教研案例论》	独著	宁波出版社	2004 年
《小学生作文常见病诊治百例》（中年级）	主编	浙江少年儿童出版社	2004 年
《小学生作文常见病诊治百例》（高年级）	主编	浙江少年儿童出版社	2004 年

续表

书　　名	著作方式	出版社	出版时间
《小学语文名师课堂教学经典设计》	主编	上海教育出版社	2004 年
《小学生阅读词典》	主编	辽宁教育出版社	2004 年
《小学生必读古诗 70 首》	合编	浙江少年儿童出版社	2004 年
《"儿童作文"教学论》	独著	宁波出版社	2005 年
《新课标·新作文》（一上）	主编	浙江人民美术出版社	2005 年
《新课标·新作文》（一下）	主编	浙江人民美术出版社	2005 年
《新课标·新作文》（二上）	主编	浙江人民美术出版社	2005 年
《新课标·新作文》（二下）	主编	浙江人民美术出版社	2005 年
《新课标·新作文》（三上）	主编	浙江人民美术出版社	2005 年
《新课标·新作文》（三下）	主编	浙江人民美术出版社	2005 年
《小学生作文锦囊 360 计·说话写话》	主编	浙江少年儿童出版社	2007 年
《小学生作文锦囊 360 计·日记周记》	主编	浙江少年儿童出版社	2007 年
《小学生作文锦囊 360 计·记实作文》	主编	浙江少年儿童出版社	2007 年
《小学生作文锦囊 360 计·想象作文》	主编	浙江少年儿童出版社	2007 年
《小学生作文锦囊 360 计·图像作文》	主编	浙江少年儿童出版社	2007 年
《小学生作文锦囊 360 计·话题作文》	主编	浙江少年儿童出版社	2007 年
《小学生作文锦囊 360 计·实用作文》	主编	浙江少年儿童出版社	2007 年
《周一贯语文教育 60 年》	著	宁波出版社	2011 年
《容膝斋随笔》	独著	宁波出版社	2013 年
《中国古代语文教育言论读解》	合著	宁波出版社	2015 年
《语文智慧教育的教学智慧》	合著	宁波出版社	2015 年
《唐诗 300 首》	选编	浙江少年儿童出版社	2016 年
《小学语文文体教学大观》	主编	上海教育出版社	2017 年
《周一贯序言　书评选集》	编著	宁波出版社	2017 年
《周一贯：语文课堂变革的好课创意》		华东师范大学出版社	2017 年

四、"步行道上"（"语文人生"的年表摘要）

1936 年

农历 3 月 3 日，出生在绍兴城区宣花坊旧宅。

1942 年

旧宅被日寇炸毁，逃难小皋埠村，在村上崇圣小学上学。1948 年 7 月毕业。

1949 年

春季，在绍兴城越光中学上初中，半年未及，学校停课，辍学。

1950 年

3 月，参加中国人民解放军，任文书、文化教员。1951 年 3 月，在部队参加新民主主义青年团。后因病于 1952 年 8 月转业地方。

1952 年

转业后，于是年九月在皋埠区仁读完小当教师，开始执教语文学科。

1953 年

9 月，奉调皋埠区樊江乡中心小学任教，执教语文学科。

1954 年

9 月，保送去嵊县初级师范小学教师轮训班脱产就读两年，先后任班团支部书记，学生会宣传部长。

1956 年

毕业后分配在钱清区杨汛桥乡中心小学任教，担职教导主任，执教语文学科。

1957 年

9 月，奉调钱清区中心小学，先后任教师、少先队总辅导员、教导主任、副校长，并在小学部、初中部执教语文课程。1966 年前在《宁波日报》上发表随笔 7篇。"文化大革命"后，1981 年 3 月开始在《辽宁教育》发表第一篇语文教学研究文章《谈谈谜语的教学》起，全年即在各家教育杂志共发表 9 篇文稿。

1982 年

接受聘请，任浙江教育学院《教学月刊》（小学版）兼职编辑，每月处理稿件

50 件左右。

1984 年

9 月调离钱清区校。至此，在省级以上教育报刊发表语文教学研究文章 60 篇。出版教学研究著述三册。

10 月，奉调绍兴县教育局教研室，任分管小学、幼教副主任。

年末，指导漓渚区校开展语文尝试教学研究。之后数年，邱学华教授（数学尝试教学创始人）在《尝试教学研究之"第一"》一文中有这样的记录："第一个系统研究在语文教学中运用尝试法的是绍兴县教育局教研室副主任、特级教师周一贯。"

1988 年

4 月，经省教师职务评委会评定，获浙江省首批"中学高级教师"职称。

1989 年

12 月，在省小学语文教学研究会第四届年会上，被推选为浙江省小语会副理事长。

1990 年

8 月，经浙江省人民政府批准为"特级教师"。

1991 年

接受省教育厅聘请，任浙江省义务教育教材小学语文编委会副主编。

1993 年

11 月，在省小学语文教学研究会第五届年会上，被推选连任浙江省小语会副理事长。

1994 年

兼任全国尝试教学研究会副理事长。

1996 年

按县教育局退休"一刀切"规定，从教研室退休。之前，已有越城区鲁迅小学、绍兴县教师进修学校预聘分别任顾问，即在两单位设办公室事职。

至退休，共在省级以上报刊发表教育教学研究文章 501 篇，正式出版教学专著 55 本（到 1996 年底）。

1997 年

在县教师进修学校主持教科室工作，编印《教科与进修》小报；策划绍兴县名师工程，并主持第一期名优教师研修班，招收优秀青年教师 16 人，首届学员为李文泉、洪志明、马孝花、李军、金明东、屠素凤、于慧萍、施祖扬、何素梅、王雄伟、陆燕芬、李建忠、钱金炎、罗丹红、濮朝阳、姚国海。学员与全国小语名师于永正、贾志敏、靳家彦、支玉恒分别结对，计划三年结业。在鲁迅小学招收陈丽君、周毅、叶燕芬、张蔚、朱雁为弟子（迄今已全获中学高级教师职称，其中两人为特级教师）。是年，发表研究文章 27 篇。特别是《小学教学改革与实验》报特辟一整版的"周一贯专栏"本年相继发表 4 期：《热点：小学语文教学改革的前沿课题》，《优课——教学的最高境界》，《半个世纪的历史经验——精讲多练》，《语文素质教育，跨世纪的探索与追求》。正式出版的著述有《语文教学答疑》第八、第九、第十册（陕西人民出版社），《材料作文写作指导》（浙江少儿出版社）等。

1998 年

出版的教学专著有《小学语文课堂训练设计》一至十二册，由陕西人民教育出版社出版，《语文教学优课论》（34 万字）也由宁波出版社出版发行。在杭州大学出版社还出版了《中国小学语文教学·名师精品录》（50 万字）。

是年在省级以上报刊发表的教学研究文章 16 篇，除在《小学教学改革与实验》上继续刊出"周一贯专栏"文章外，开始在《福建教育》上连续刊发《优课调节艺术》长文，本年连载 7 篇。

1999 年

首期名优教师研修班如期结业，第二期开始举办。招收学员丁水虎、王菊芳、车霞萍、叶燕玲、史海燕、包林军、卢海勇、朱雅文、朱月芬、李升、陈素琴、陈坚、陈水祥、陈建新、宋国琴、邵芳娟、金彩娣、金丽芳、季科平、郦彩仙、俞锡锋、俞东江、胡建新、钟国仙、钟凤逸、唐茂盛、陶敏霞、傅海炎、傅冬芳、鲍国潮、蒋爱凤 31 人。

同年 5 月，在浙江省小学语文教学研究会第 6 届年会上，被推选为浙江省小语会顾问。

是年，在省级以上报刊发表专业研究文章 19 篇，主要如在《江西教育》刊出连载的语文教学研究文章《语文课堂训练设计放谈》的 5～10 篇。在上海《小学语文教师》还发表了《破译黑箱："课堂实录"研究和优课创作》（第 3 期）和《语文课堂教学改革要突破"高原现象"》（第 11 期）。

2000 年

2月，绍兴市教育学会小学语文教学研究分会举行"周一贯语文教育思想研讨会"，全国著名特级教师靳家彦等专家学者莅临，同时祝贺周一贯先生从教五十周年。市小语会编印《半个世纪的求索——周一贯先生从教五十周年志》一书，分"学长寄语""教坛轨迹""杏林笔耕""师友传情""新秀慰勉"五个部分。

接受绍兴市教师进修学校聘请，任该校顾问。是年即着手筹办绍兴市名优教师研修班，修业期限五年，招收来自各县（市）（区）的优秀教师：章玲萍、杨三琳、朱雁、葛龙玲、李敏、罗刚勤、金淙淙（越城）；屠素凤、濮朝阳、施祖扬、陆燕芬（绍兴县）；何夏寿、杭渭河、夏伍华、陈泉忠、许可珍、宋星亮（上虞）；陈建军、张虹、袁小平、朱玉红、杨春娟、阮桂芳、金国永、蔡雷云（诸暨）；马东贤、沈春亚、张文彩（嵊州）；邵玉兰、王越英、王玉卿（新昌）共32人。

本年发表语文教学研究文章15篇，其中主要如在《小学语文教师》第一期发表的《语文课堂教学的"硬设计"和"软设计"》，最早提出课堂教学设计如何从"刚性"（硬）转化为"弹性"（软）的问题，对当时的教学设计改革有较高的推动作用。

是年，在教育科学出版社出版了《语文尝试教学设计》（21万字），在浙江少年儿童出版社出版《小学生必读古诗词80首》，之后该书多次印刷和再版。《阅读课堂教学设计论》（30万字），也在宁波出版社付梓。

2001 年

在省级以上报刊发表语文教学研究文章17篇，主攻对"研究性阅读"的探索，在《福建教育》连载"聚集'研读'"的系列文章①至⑦篇。在《小学语文教师》刊发《"超文本"理念和大阅读策略》（第7～8期）；在《小学青年教师》第10期提出教师如何培养"课感"的前沿课题（《课感：教师的心智艺术》）。正式出版专著9册，主要如《小学作文教学新概念研究》（37万字，上海少年儿童出版社），《小学语文优课精彩片断评点》（36万字，陕西人民出版社）等。

在绍兴市进修学校同时带导越城区名师研修班，学员35人。

2002 年

全年发表语文教学研究文章13篇，继续深化对研究性阅读的实践研究，发表

《端正研究性阅读的目标意识》（《江西教育》第 10 期），《研究性阅读课堂教学模式的构建》（《教学月刊》第 6 期），《"研读"专题的多元设计》（《河北教育》第 10 期）等。

是年正式出版《研究性阅读教学探索》（上海教育出版社，28.8 万字）。

2003 年

全年有 8 册教学著述正式出版，主要有 38.8 万字的《小学生作文 300 问》（浙江少年儿童出版社），《小学研究性阅读教学设计精编》（国际文化出版公司）等。其中有宁波出版社出版的一套 6 册《新生代·新课标·新作文》。在省级以上报刊发表的语文教学研究文章 26 篇，特别值得一提的是系列文章《"儿童作文"宣言》①—⑤篇，连载《新作文》杂志第 6～9 期和 11 期。在《江西教育》连续分 6 期刊发了《破译"让课堂充满活力"》的系列文章 6 篇。

9 月，被绍兴县人民政府授予"教育功臣"称号。

2004 年

继续在绍兴县教师进修学校举办第三届名优教师研修班，由进修学校聘请第一、二届结业的优秀学员季科平老师为导师助理。青年骨干教师学员有于炜明、王春野、王芳、孔建芳、史小芳、田苗红、刘发建、朱华良、朱小莉、朱小花、朱叶娣、许望红、孙永祥、汤海亮、吴罗青、张瑛、李秀霞、余卫君、陈萍、陈月娟、周国萍、周建国、孟向荣、孟王芳、范信子、金妙红、俞建红、俞伟芬、俞慧琴、俞小峰、相丽丹、赵建芳、唐雅萍、唐卫明、唐燕琴、徐鸣鸣、徐金玉、徐晓燕、倪水良、顾永丽、袁芳、章素娥、章佩华、韩水金 44 人。至 2007 年 6 月结业。在先后三届名优教师研修班的学员中，已成为"特级教师"的 4 人，一半以上获得了"中学高级教师"职称。

是年，在省级以上报刊发表语文教学研究文章 22 篇，其中主要如《儿童作文：呼唤儿童精神》（《语文教学通讯·C 刊》第 7、第 8 期），《关注语文课堂教学设计新视野》（《小学语文教师》第 7、8 期），《对新课程语文课堂的诗情追寻》（《语文教学通讯·C 刊》第 1 期）等。同时《语文教学案例论》（宁波出版社 33.2 万字）出版。《小学生作文常见病诊治百例》（分中、高两册）在浙江少儿出版社出版，计 48 万字。在上海教育出版社主编《小学语文名师课堂教学经典设计》，33.1 万字，在人民教育出版社·辽宁出版社主编《小学生阅读词典》。

2005 年

发表语文教学研究文章 23 篇，主要如在《江西教育》刊出《"个性化作文"教学研究》系列文稿①—⑥篇，分别发表于该刊第 2～8 期。《课堂：让"预设"与"生成"激性共舞》分上下两篇刊发于《福建教育》第 4、第 5 期。《多元感悟：像雾像雨又像风》、《语文名师的课堂修炼》刊发于《语文教学通讯·C 刊》的第 5、第 9 期。《人民教育》第 11 期登载了《小学语文应是儿童语文》这是继我在 1983 年刊发的《积极解决矛盾，抓好师训工作》之后，在《人民教育》发表的第二篇文章。正式出版的专著，这年有《儿童作文教学论》（宁波出版社，34 万字）《新课标新作文》6 册（浙江人民美术出版社）等。

是年，因绍兴市教师进修学校撤并，周一贯先生自然离职，绍兴市名师班的带班工作被人为中断。

2006 年

全年有 28 篇语文教学研究文章公开发表。其中主要的如《语文课堂：多一点辩证法》（《小学语文教师》），《语文课堂的"场效应"》上下两篇，刊登在《福建教育》。《名师风范：半个世纪铸就的经典课堂》、《名师文化：小语界不落的彩虹》均发表在《语文教学通讯·C 刊》。此外，《新课程作文教学热点问题"面对面"》系列文章①至⑥篇，发表在《小学作文创新教学》（之前叫《新作文》）。

2007 年

6 月，受聘于北京师范大学教育学院，东方北师教育培训中心，任"教学顾问"。

是年十月，绍兴县第三届名优教师研修班结业。在结业仪式上教育局副局长李建中出席并致辞。

同年，发表教学研究文章 23 篇。主要如在《小学语文教学》（第 6 期）发表访谈录《留住传统经验的"根"》（第 6 期），《语文课，多让学生"自助"》（《山东教育》第 9 期），《让语文训练重新焕发"人文情怀"的光彩》（《小学教学参考》第 7、第 8 期），《课堂虚拟：真作假时假还真》（《小学语文》第 12 期）等。

同年，出版《小学生作文锦囊 360 计》7 本，分"说话写话""日记周记""记实作文""想象作文""图像作文""话题作文""实用作文"等。

2008 年

2 月，教育局长许义平一行，岁末走访慰问周一贯先生。会谈间，周先生提出欲收绍兴县 5 位入室弟子事宜，许局长表示全力支持，答应将参加拜师仪式并讲话。之后，即借绍兴县实验小学兼任顾问之便，在金明东校长的大力支持下，成立"周一贯名师工作室"（"语文教育工作室"）。

4 月 12 日，"周一贯入室弟子拜师仪式"（结合"县小学语文知名学科打造启动仪式"和"县第三届小学语文骨干教师研修班结业典礼"）在柯桥小学教育集团笛扬路校区举行。教育局许义平局长到会并作重要讲话。

年内先后发表语文教学研究文章 33 篇，主要有《在千年视野内寻找语文教学的传统》《把鲁迅还给儿童》《快意阅读，留心世事——以鲁迅的儿童阅读理念瞻观今日》，均发表于《中国教育报》（1 月 17 日、11 月 6 日与 9 月 25 日）。《语文课堂的田野性格》发表于《人民教育》第 18 期。此外，如《思想缺位：作文教学的"脑瘫症"》（发《小学语文》第 10 期），《课堂："抓而不紧"是"善抓"》（《小学语文教学》第 12 期）等。

2009 年

全年在省级以上报刊发表语文教学研究文章 39 篇，如《课改："回望"助力胜利前行》（《辽宁教育》第 3 期）等，《〈小学语文教师〉引领小学语文教师》一文获创刊纪念文章特等奖。《小学语文教学·人物》创刊后第二期即是"周一贯专刊"，发表的各类文章多篇和同人的评价文章多篇。《中国教育报》8 月 27 日刊发《鲁迅：读图时代应当仰望的背影》。

2010 年

在省级以上报刊发表语文教学研究文章 17 篇，其中如《简朴清新：于式语文流派的常青品格》刊于《人民教育》第 23 期。该文全面梳理了著名特级教师于永正先生的课堂主张和艺术风格。此外，如《警惕语文课堂的"失学"症》（《福建教育》第 1 期）。

时逢浙江《教学月刊》复刊，主编陈永华同志专程去绍兴拜访周先生，《在中国小学语文教改的折点上……》一文便是访谈记录。同时，《同课异构：课堂教学创新研究的多维视野》（刊《语文教学通讯·C 刊》）以及《高耗低效，呼唤语文教学的低碳课堂》（刊《语文教学通读·C 刊》）等文，都提出了语文课改的前沿热点。

是年，《教师教学写作 360°》在宁波出版社出版（32 万字）《小学生经典诵读100 课》共 6 册在浙江少年儿童出版社付梓。

是年，是周先生从教 60 周年，宁波出版社出版《周一贯语文教育 60 年》一书，36 万字。在绍兴市、绍兴县分别举行活动祝贺。

2011 年

全年发表语文教学研究文章 21 篇。在浙江《教学月刊》主编陈永华同志的指导和支持下，由周一贯主持"浙派语文"专栏。《朱作仁教授的求实精神与"浙派语文"》一文，刊发于《教学月刊》（第 3 期），以纪念这位"浙派语文"的举旗人。《今天，重读鲁迅的儿童观》刊载于《中国教育报》（9 月 1 日）；《焕发儿童的生命光彩——孙双金"情智语文"的价值和意义》一文发表在《人民教育》第 22 期上。

6 月 22 日参加省委、省府表彰会，荣获"浙江省离退休干部优秀共产党员"称号。

2012 年

先后发表语文教学研究文章 23 篇。在《教学月刊》的"浙派语文"专栏上，刊发了《袁微子——"浙派语文"的全国领军人物》（第 6 期），《白马湖："浙派语文"的一泓圣水》（第 12 期）。其他的主要文章还有《名师工作室：教坛新星的发展共同体》（《辽宁教育》第 7 期），《教师永远应该是"新"的》（福建《新教师》第 1 期），《今天，重谈鲁迅的儿童观》（《教育理论与实践》第 5 期），《一问一世界，课堂转型从"童问"起步》（《小学教学》第 10 期）。

2013 年

4 月 7 日，教育局蒋国洪局长在审阅了"2012 年周一贯名师工作室大事记"之后，郑重回信（摘要）："周老师：您好！您的名师工作室 2012 年大事记已收悉拜读，受益匪浅，深受感动。在您不辞辛劳的耕耘付出下，您的名师工作室工作扎实、内容丰富、形式多样、成绩突出、享誉内外。您不顾年高，深入一线，躬亲授业，为我县小学语文培养了大批名师。在此，我谨代表县教体局和本人，对您为我县教育事业做出的巨大贡献表示由衷的感谢和崇高的敬意，并祝您工作室成果丰硕，名师辈出！"……"在这里，我冒昧向周老师您提个建议，建议您在健康允许的前提下，多提宝贵意见，继续为我县的名师建设发挥积极作用。"

全年发表专业研究文章 21 篇。"浙派语文"专栏发表了《概观"浙派语文"历史发展的"源"与"流"》（《教学月刊》第 4 期）。其他主要文章如《致青春："善养浩然之气"》（《江苏教育》第 7、第 8 期）；《"为谁教"从来没有如此重要》（《小学语文教师》访谈，第 9 期）；《在课堂上"寻找"儿童》（《小学语文教师》第 10 期）；《学生自主解读：占领课堂文化自觉的制高点》（《语文教学通讯·C 刊》第 11 期）《语文运用：立"道"方能得"法"》（《新教师》第 10 期）等。《中国教育报》5 月 13 日还发表了评价福建《新教师》刊物的文章《教育报刊应坚守教师立场》。此外，在宁波出版社出版了《容膝斋随笔》（18 万字）。

2014 年

12 月，被上海师范大学语文教学研究中心，上海《小学语文教师》编辑部"新体系作文教学研究共同体"聘请为学术顾问。

是年，发表语文教学研究文章 28 篇。"浙派语文"的专栏文章有《夏丏尊：浙派语文的师道之范》（《教学月刊》第 6 期）；《试论"浙派语文"的文化地貌和群体风格》（《教学月刊》第 10 期）；《洪汛涛：涌动小学语文教学的"浙江潮"》（《教学月刊》第 9 期）；》《斯霞——给孩子的那片爱的霞光》（《教学月刊》第 12 期）。另外，主要文章有《用"中国功夫"教中国语文》（《福建教育》第 11 期）；《"蒙以养正"，低语教学的圣功》（《小学语文教学》第 5 期）；《"翻转课堂"，越界与回归带来的教学挑战》（《语文教学通讯·C 刊》第 6 期）；《语文课程对文体教学的价值考量》（《语文教学通讯·C 刊》第 7、第 8 期）；《教师课堂的软实力、硬实力、巧实力与和实力》（《福建教育》第 7、8 期）；《微时代，语文教学的新样态》（《小学语文教学》第 1 期）

11 月，周一贯语文教育工作室会同柯桥区实验小学展开"课程文化的本土开发："越派语文"的研究和课堂展示，上海《小学语文教师》社作为"教改风景线"的开场活动给予深度报道。

在 2007 年岁末，为《小学语文教学·论坛》（以后改名为《语文教学通讯·C 刊》）写年终评刊文章《〈小语论坛〉的风云际会》，得到良好反响。之后便一发不可收拾，每年均与编辑部有约作年终评刊，到今年的《2014，〈"通讯"〉C 刊的年度记忆》，已连续发 9 年。

2015 年

这一年是周先生从教 65 周年，又逢 80 生辰，"周一贯语文教育工作室"全体同人正在筹划"周一贯八旬文丛"的出版，这套文丛共七册，第一、第二册已脱稿付样：周一贯、鲍国潮著的《中国古代语文教育言论读解》（56 万字）周一贯、俞慧

琴著的《语文智慧教育的教学智慧》（34 万字），已于 3 月底正式出版。

至此，"周一贯名师工作室"（"语文教育工作室"）成员有鲍国潮、刘发建（已调杭州市）、包林军、俞东江、俞慧琴、倪水良、张幼琴、陈建新 8 人。

4 月 24 日，为"庆贺周一贯先生从教 65 周年暨 80 华诞"，由山西《语文教学通讯 C 刊》》主编裴海安联络中国语文报刊协会、上海师范大学小学语文研究中心、上海《小学语文教师》、陕西《小学语文教学》、河南《小学教学》、浙江《教学月刊》、《语文世界》和浙江大学"千课万人"活动组委会 8 个单位发起并筹备庆贺活动；由北京名师之约文化传播中心杭州分中心承办。筹备工作已全面展开。活动愿景为：周一贯先生是当下中国小学语文界的"常青树"。从教 65 年来，他以"吾道一以贯之"执着精神和人生态度，积极探求母语教学之道，他倡导的语文教育生命观、方法观、训练观、研究型阅读模式观、弹性教学设计观、儿童习作教学"个性写真"观等已经成为中国小学语文教学改革的风向标，对中国的小学语文今后的发展之路影响深远。在周一贯先生从教 65 周年暨 80 华诞之际，在中国小学语文教育深度改革的"攻坚克难"期，我们有责任而且也有义务来总结、宣传、推介他的语文教育思想和一辈子坚守农村小学教育的成长之路，以激发广大一线教师扎根专业、献身教育、激活生命，逐渐形成属于自己的"一贯之道"。

是年，农历小年夜，"千课万人"张伯阳同志发起在国际大酒店聚餐，陪周一贯先生吃年夜饭。30 多位语文人欢聚一堂，共贺新春。

是年，柯桥区教育局教师发展中心举行"庆贺周一贯先生从教 65 周年暨 80 华诞"活动，并作学术报告《关注路向，才能更好地行走课堂》。

全年发表专业研究文章 22 篇。其中研究"浙派语文"的专题文章有《浙派语文：打造现代的"师爷课堂"》《"浙派语文"与浙江的学塾》等。年终，继续为《语文教学通讯·C 刊》作年终评刊，题为《"互联网＋"时代擂响的小语鼓点》。

2016 年

1 月 31 日是农历 12 月 23 日，民俗为小年夜。是日，"千课万人"组委会张伯阳同志再次发起，邀请杭绍小学语文特级教师、名师 30 余人，在咸亨大酒店（绍兴）聚餐，陪周一贯先生吃年夜饭。活动由季科平主持，张伯阳、周一贯先后讲话。

　　《小学语文教学·人物》杂志，新年第一期为周一贯名师工作室出专辑。

　　是年，开始筹建"越语文陈列馆"，馆址确定在钱清镇中心小学钱东校区。王松泉（绍兴文理学院中文系前主任、教授）、周一贯为布展总设计。

　　五月，漓渚镇中心小学尝试教学研究与上海《小学语文教师》编辑部联合举行观摩研讨活动。这是继20世纪80年代始由周一贯主持指导的"漓渚语文尝试教学"课题研究的继新。

　　是年，正式出版由裴海安主编、季科平任副主编的《师道一贯——周一贯先生从教65周年暨80华诞文集选编》正式出版发行。同年，由周一贯老师主编的《新选唐诗300首》，也由浙江少年儿童出版社正式出版。

　　应上海《小学语文教师》编辑部约请，由周一贯主编的《小学语文文体教学大观》（上海教育出版社）开始运作（约40万字）。

　　《周一贯序言·书评选集》一书，由工作室张幼琴一起投入编辑。

　　是年，在全国省级以上教育报刊发表研究文章36篇。其中为人教社复印件《小学语文教与学》选载两篇：《微课程：教育人性化的时代之舞》《"互联网＋"思维镜像中的语文教学变革》。岁末，继续为《语文教学通讯·C刊》撰写并发表年终评刊《"十三五"元年语文课改新发展景观》。